大学人文导读

DAXUERENWENDAODU

主　编　程金城　徐宏勋

副主编　王骁勇　张克锋

兰州大学出版社

编写人员(以姓氏笔划为序)

王骁勇	王　旸	王　媛
王彦彦	王新霞	任丽花
刘　涵	张克锋	张军民
张晓红	陈自仁	周　晖
郑炜华	徐宏勋	程金城

前　言

《大学人文导读》是高等学校对学生进行人文素质教育的教材，可作为“大学语文”课本，供教学之用，也可作为大学生和其他读者进行人文素质培养的辅助读物。

为了兼顾教学和自学的需要，本书基本保持了以往大学语文在编写体例方面的特点，但在内在特质和编辑思路上则有新的追求。

我们认为，编写大学人文读物，不仅是在建构一个虽然有限但相对完整的知识性、技能性的体系，而且是在为读者提供一个通过教学和阅读作用于心灵世界的体验性与评价性体系，是提高其人文素养、完善人性的基础性工作之一。特别是在当前全球化、信息化和市场化的背景下，对学生进行人文素质、人文精神教育的针对性和目的、方式都需要重新思考和探索。因此，需要在有限的篇幅里，在注意传播人文知识、提高读者综合素质和文化品格的同时，更着眼于培养其人文思想方法和人文精神，引导他们完整而正确地认识世界和自我，思考人生的目的、意义和价值，掌握辨别是非、分析问题和解决问题的能力；要将人类优秀的文化成果，通过人文科学知识的传授，使之内化为思想、人格、气质和修养，成为人的相对稳定的内在品格，促使人的全面发展。鉴于此，本书编写时力图在以下方面做出努力：

第一，在编写目的上，着眼于培养“通才”和“世界公民”的人文素质，以人类的眼光和更开阔的视野，吸收古今中外人类的精神营养。这体现在选文范围的扩大和内容的多样性上，既注意中华民族精神资源的传承和优秀文化的弘扬，同时，加强对国外文化精神了解的引导。同时，特别突出了对人与自然、人与世界关系的体悟的内容，培养学生全面健康的宇宙观、世界观，以博大的胸怀和世界意识观察事物，思考如何建构人与自然、人与世界的和谐关系。

第二，在对现代与古代人文精神关系的处理上，在继续重视传统文化的同时，加强了现、当代的容量，特别注意吸收20世纪以来新的成果，以增强读者对当代文化精神特点和走向的了解与介入意识。在主要选择经典性作品的同时，对新的文化、文学现象中出现的代表性作品也予以介绍，如海德格尔的散文、中外现代派文学和当代文学，等等，使读者尽可能全面地了解文化的多样性及发展态势，以培养读者辩证反思历史、理解现实的独立思考能力。

第三，在作品形式上，注意各种不同体裁和艺术门类的丰富性，除传统文、史、哲方面的作品外，新增加了关于艺术、美学方面的文章和科幻小说、武侠小说等，真正体现出“人文”范围的广泛性特点，培养学生的历史哲学、伦理道德、人格修养、文学艺术、语言文字等全面素养和内在精神气质。

第四，在作品导读方面，体现开放性意识。对作品的“导读”，严格要求基本知识的学术性、科学性、规范性，但对意蕴的理解及艺术感受，则不做过于坐实的解释和定论，以开启读者更开阔的思路和接受空间。同时，尽可能多地提供相关信息，如附录了关于古今中外文学史的概述，科幻小说概述，历届诺贝尔文学获奖者及其简要评语，中国当代主要文学奖介绍，以及相关人文网站，等等。

我们不追求“完美”，但注意了相对完整，在教学中可根据需要进行取舍。可结合多媒体等现代化、形象化教育手段进行辅助教学。

本教材也是一种新的尝试，特别是在具体选目上，与以往的读本有较大区别，其中难免有不妥之处，希望专家、读者提出批评，以进一步修订，逐步完善。

目　录

自然、人类篇

人类——宇宙最伟大的骄傲　忻迎一(003)
归园田居(其一)　陶渊明(008)
春江花月夜　张若虚(011)
右溪记　元　结(014)
第一次的茉莉　泰戈尔(016)
我为什么住在乡下?　海德格尔(018)
面朝大海,春暖花开　海　子(021)
我的邻居胡蜂　苇　岸(023)

社会、历史篇

赫克托尔之死　荷　马(031)
郑伯克段于鄢　《左传》(039)
寡人之于国也　孟　子(042)
共产党宣言(节选)　马克思、恩格斯(045)
灯下漫笔　鲁　迅(048)
春之声　王　蒙(055)
都江堰　余秋雨(065)

爱国、感念篇

离骚(节选)　屈　原(073)
行路难(其一)　李　白(080)

锦瑟 李商隐(082)
江城子 苏　轼(084)
声声慢 李清照(086)
八声甘州 柳　永(088)
摸鱼儿 辛弃疾(090)
关山月 陆　游(092)
秋声赋 欧阳修(094)
致大海 普希金(098)
我爱这土地 艾　青(102)

人性、民生篇

古代神话三则 (107)
《论语》十则 (111)
冯谖客孟尝君 《战国策》(113)
管晏列传 《史记》(117)
前赤壁赋 苏　轼(122)
答李翊书 韩　愈(126)
寓言二则 柳宗元(129)
哈姆莱特(节选) 莎士比亚(132)
谈厄运 培　根(138)
老人与海(节选) 海明威(140)
边城(节选) 沈从文(146)

亲情、爱情篇

蒹葭 《诗经》(161)
柳毅传 李朝威(163)
长恨歌 白居易(174)
长亭送别 王实甫(180)
葬花吟 曹雪芹(186)
爱 张爱玲(189)
受戒 汪曾祺(191)

神女峰　舒　婷(206)
雪国　川端康成(208)

生命、哲思篇

短歌行　曹　操(215)
登高　杜　甫(217)
我与地坛　史铁生(219)
魂　波特莱尔(231)
豹——在巴黎动物园　里尔克(233)
等待戈多(节选)　贝克特(235)
弃妇　李金发(248)
雨巷　戴望舒(250)
不朽——我的宗教　胡　适(253)
一只特立独行的猪　王小波(260)
生命中不能承受之轻(节选)　米兰·昆德拉(263)

艺术、情采篇

文心雕龙·情采　刘　勰(273)
中国书法　林语堂(277)
中国古代的绘画美学思想　宗白华(283)
秦腔　贾平凹(292)
神雕重剑(节选)　金　庸(298)
地球历险记　阿瑟·克拉克(307)
腐蚀　叶永烈(317)

附录

外国文学概述　(334)
中国古代文学概述　(338)
中国现当代文学概述　(353)
科幻小说概述　(365)

历届诺贝尔文学奖获奖作家 (373)
茅盾文学奖 (380)
鲁迅文学奖 (383)
相关人文网站目录 (389)

自然

人类

我们的宇宙为我们准备了一切机制，允许一个只能在小尺度上演化的智能生命能在宏观的大宇宙中驰骋翱翔。

——忻迎一

◎忻迎一

人类——宇宙最伟大的骄傲[1]

忻迎一，中央电视台科技节目制作中心的主任编导，负责《科技博览》的制作。曾担任北京科教电影制片厂摄制的科教大片《宇宙与人》的导演兼制作人。

人类的出现，最终实现了宇宙的物质向精神的飞跃。由大爆炸推动的4种力[2]使我们成为宇宙物质运动的最大受益者。这时，宇宙的大爆炸和引力的游戏已经把宇宙变得如此精彩，既有巨大的百亿光年[3]的空间，又有无数不同尺寸的引力创造的小物质团。宇宙的物质运动真是太奇妙了。

人类的最终诞生，也许是宇宙中最重要的一件事，也是原子、电子和种种粒子之间无所不能的一种表现。人类进化证明了40亿年的生命史为人类的出现做了全部生理上的准备，而这一进程的最后冲刺大约开始于500万年前。从那时起，有一些灵长类[4]放弃了动物的本能而以智能的方式去求生存。这当中，许多尝试都遭到惨败，很多介乎于人和灵长类之间过渡状态的生物灭绝了。发掘到的一些介乎于人和猿之间的进化类型的化石，给我们展示了相当多的悲壮，这些类种走进了死胡同，在生存中被淘汰。在没有学会人的生活方式之前，轻易地放弃猿的灵巧或者技能，是十分危险的。但是，我们的祖先仍旧义无反顾地踏着失败者的尸骨前进，他们坚持用两条腿行走，努力地把前肢变成了手，变成了可以制作工具的器官。然后，他们坚持用工具代替生理器官使自己生活得更好，而工具的使用又促进了我们祖先的饮食逐渐细腻并导致他们的口腔逐渐精致，并最终进化出了语言，显示了一个可以相互说话的动物在这颗星球上一定是最终的成功者，因为相互交流是对大脑皮层最好的训练。智慧的发生是和能够表达语言的器官的完善联系在一起的。

人类的大脑这个超级信息处理器是目前宇宙中最完美的智能结构。宇宙赠给我们的东西似乎很超前。据说，人类从远古的原始状态到现代高科技的思维，大脑并没有进化，我们今天使用的大脑和3万年前的大脑没有多大的差别，而且一般情况下还只是使用了整个大脑潜能的10%。也就是说，人类是一下子得到了一个非常高级的大功率的信息和思考的机器，以至于人类甚至还没有来得及在生理上做好接受的准备。

脑容量的快速增加显然给生育带来痛苦，人类的分娩因为婴儿的头颅太大而在哺乳动物中是最艰难的。生育和哺育乃至教育，都是人类从古至今最为艰辛的劳作，而这一智能生命和生理器官的不匹配，几乎完全是由人类的女性默默承受的。人类的进步，是因为我们有坚强的母亲。

自从人类出现以来，自然的进化已经没有任何意义了。人类靠智慧做到的事情，要比宇宙靠自然选择做到的事情效率高得多。几百万、几千万乃至几亿年的演化，人类可能在几百年甚至几十年间就能完成。人类给自己创造的奇迹，现在都认为是理所当然的。如果在几十年前人们还怀疑有些事情人类可能永远做不到，而今天，几乎大部分的人都相信，人类没有做不到的事情，一切只是时间问题。

生命用了近36亿年才站在地球的甲板[5]——陆地上，而此后生命只用了4亿年就能够离开地球，在真正的宇宙中飞行38万公里，到达另一个星球——月亮。这一壮举对人类的震撼恐怕很难用语言表达透彻，但是，人们的心底会涌动一种困惑。这种困惑有理智上的思考，更有来自地球生命本能的一种超越感。因为人们在理智的常识和实际操作的感觉体验中，只是把地球当作实实在在的物质实体，而对地球以外的世界似乎只有理论和观赏方面的意义。当人类触摸到月亮的土地时，的确真真切切地感受到地球以外仍是物质的正常延续。令人感到震撼的一点就是：它的正常要远远超过人们期待的不正常。

不过，和辽阔的宇宙相比，从地球到月亮只是穿越一个小小的海峡，真正的宇宙的海洋还要靠我们拥有更好的航行技能和勇气去游弋。

人类已经把自己在太阳系中的存在并且拥有文明的友好信息发送出了太阳系。这个渺小的地球漂流瓶[6]什么时候能被别的智能生命捡到，还远不是我们讨论的话题。但是，它标志着人类的一个信念：既然我们能在这个宇宙中存在，就会有像我们一样的生命形式也在某个地方存在。虽然我们不能证明它们在哪儿，但我们能证明的是，宇宙不可能只生产单件产品。也就是说，宇宙的生产模式只能是“批发”。宇宙最不可能做的事情就是对它的某种技术进行“专利”限制。事实上，宇宙中的所有现象都是数量巨大的，尽管生命的概率非常小，特别是智慧生命，但在宇宙如此接近无限的磅礴的物质数量之中，什么概率都可能在统计数字上让我们为之吃惊。

当人类拥有整个地球的时候，人类可以把地球的整体当作是一个无障碍空间，因为地球的尺度适合人类的沟通。也就是说，人类用宇宙中最快的光和电进行联络在地球上是没有任何问题的。在理论上，现代通讯工具能让信息瞬间到达任何角落。然而，这个概念只要出了地球就行不通，而且可笑。

这是因为虽然光是宇宙中最快的速度，1秒钟能围绕地球转7圈半，然而，这个速度在宇宙中简直就是蜗牛爬行。我们现在看到的所有的星光，都是经过漫长的时间旅行才到达我们的视线中的。当然，这个过程在我们看到星光之前就已经完成了。其实，我们看到的宇宙全是“假”的，因为它们都没有时间上的真实。离我们最近的恒星是比邻星，有4.3光年，也就是光要走4年多的时间才能到达地球。那么我们看到的它永远是4年前的模样，如果它现在已经爆炸了，我们也只有在4年后才能知道。其他恒星因为更远而在这个意义上就更“假”。目前人类看到的最远的天体离我们大约有130多亿光年,这就意味着我们现在看到的它的模样是130多亿年前的模样,当然此时此刻它肯定不是我们看见的样子了。但是,我们也不用沮丧,认为宇宙永远用虚假欺骗我们。尽管宇宙是一个历史的呈现,但这种历史其实就是最真实的。因为宇宙中最快的就是光了,没有比光更快的速度,其他一切物理因素都不能比光更快。如果所谓的真实就是天体对我们的影响,那么这个影响也不会超过光速。即便一颗恒星爆炸了,它的引力的消失也不会超过光速。比方说,太阳光到地球是8分钟,如果突然把太阳拿走,那么地球上还将继续享有8分钟的阳光,同时也还有8分钟的引力存在(理论上引力波的传播速度和光一样)。

我们生活在一个不能超过光速的宇宙中,这给我们带来哲学上的某种困惑,那就是人类似乎永远无法到稍远一点的地方去旅行,因为即便有一天人类能够使用光的速度,毕竟自己的寿命还有限呢。也就是说,人类即使使用光速,也只能到自己寿命极限所允许的半径范围内转悠——大约100光年左右远的空间,更何况要达到光速更是一个梦想。然而,宇宙总是有意想不到的神奇,虽然它限制了最高的速度,但它还有时间和空间的弹性——这就是爱因斯坦发现的相对论[7],它是人类创建的最伟大的理论。

根据相对论的观点,当一个物体的运动速度接近光速时,它的时空参照会发生变化。离光速越近,时空的参照系数变化会越大。这就是说,速度的状态不同会对原来的时空产生巨大的影响。理论上讲,速度越快,时间越慢,当达到光速时,时间就会停止,而空间也会自动地缩小或者缩短。对这个意思可以做如下理解:当你的速度接近光速时,不仅你的速度很快,更重要的是,由于达到这个速度从而使时间发生了改变,原来的1秒可能就变成了1万年,而原来的1亿光年的距离就可能缩短成1公里。这样,人类的宇宙遨游就不是梦想了。

我们的宇宙为我们准备了一切机制,允许一个只能在小尺度上演化的智能生命能在宏观的大宇宙中驰骋翱翔。

在中国古代,有一段玄妙的对话。一位僧人问另一位僧人[8]:天上的云在飞,是云动,还是风动?回答是:既不是云动,也不是风动,而是你的心动。这里似乎就蕴藏着相对论的时空观。

一般来说,时间的概念是由原子的电子振荡[9]来表达的,电子以接近光的速度围绕原子核运动。其实不管是蠕动的蚂蚁还是飞驰的汽车,它们的原子核运动的速度相对于电子运动都可以忽略,对电子围绕原子核的运动没有任何影响。但是在一架非常快的飞机上,电子的振荡会稍稍减慢,这就是说在飞机上的表会比地面的表慢一点点。然而,当原子核接近光速时,电子会逐渐达到它的速度极限而越转越慢,这就意味着电子的振荡变慢。生命是由电子控制的,因此生命过程将被延缓,时间自然变慢。

这意味着人类可以提高速度使生命的进程变慢，如果我们能把一万年当作一天来用，宇宙旅行当然不在话下，而人类也可以因此而延长寿命。人类长寿的秘诀居然在速度之中。

相对论的观念，完全来自于对宇宙的观察，在地球上是很难验证的；而且如果仅在地球上，牛顿[10]的经典理论也就够用了。准确地说，相对论是一种宇宙的理论，大尺度物质的理论，在理解宇宙并且超越地球的时候，必须使用相对论。可以说，地球就如同是一口井，人类就如同井底之蛙，而相对论则使人类跳出了这口井，进一步看清了物质世界更神秘的内容。一旦人类进入真正的宇宙文明，那么首先要适应的也许就是"时差"了。那时人类在不同的时空中转换也许就像今天坐飞机一样普遍。

我们再看一下爱因斯坦思想的精髓——$E=MC^2$，这其中 E 是能量，M 是质量，C^2 是光速的平方。这里表达的就是能量和物质相互转化的关系，用光速作为一个常数，物质就可以精确地计算出能量，而且一点点的质量就能转化成巨大的能量。实际上，物质和能量是宇宙这个事物的两个方面，我们的一切，说到底都来自能量。宇宙就是一个物质—能量转换器，我们就是在凝固的能量——物质中存在。

【注释】

[1]本文选自忻迎一依据电影《宇宙与人》的解说词增补而成的科教图书《宇宙与人》的最后一节。

[2]大爆炸推动的 4 种力："大爆炸"是天体科学领域内对宇宙产生的一种推测，认为宇宙在形成之前所有的物质都是以能量的形式集中在一个绝对的点上，"爆炸"使宇宙开始成形，地球和其他所有天体都处在爆炸之中。这个理论是以美国天文学家哈勃发现所有天体都在飞速地远离为基础，又获得爱因斯坦相对论的理论支持，才渐渐得到公认的。这里说的 4 种力指的是宇宙中 4 种基本力的形式，即强力、弱力、电磁力和引力。

[3]光年：是计量天体距离的一种单位。光在真空中一年所走过的距离，约等于 94605 亿公里。例如，天狼星距离地球约 8.7 光年，即它发出的光在宇宙空间需走 8.7 年才能到达地球。

[4]灵长类：生物学上也称灵长目，是哺乳纲最高等的哺乳动物，猴、类人猿都属于这一目。它们大脑较发达，面部短，锁骨发育良好，四肢都有五趾，便于握物。

[5]甲板：原指将船体分隔成层的板架结构，分为上甲板、下甲板、首楼甲板、桥楼甲板、尾楼甲板等，一般意义上多指上甲板。这里用船舰的上甲板比喻地球的表面陆地。

[6]漂流瓶：本来是指人们把某种信物密封其中后将之投放到江河海洋中顺流漂走的瓶子，它一般寄托着某些希望和信仰。这里喻指存在智能生物的地球。

[7]爱因斯坦(Albert Einstein，1879—1955)：德国物理学家，主要从事理论物理的研究，对物理学和其他相关学科都做出了极大贡献。更为重要的是，他在 1905 年建立狭义相对论，在此基础上于 1916 年推广为广义相对论。他还提出光的量子概念，用量子理论解释了光电效应、辐射过程和固体的比热。1912 年，由于发现光电效应定律，获得了当年的诺贝尔物理学奖。

[8]一位僧人问另一位僧人：据《六祖坛经》载，六祖惠能到了广州法性寺时，正值印宗法师讲涅槃经。当时有风吹幡动，一僧说是风在动，一僧说是幡在动，议论不休。惠能进言："不是风动，不是幡

动，仁者心动。”文中所引旨意与此相同。

[9]原子的电子震荡：原子是组成单质和化合物分子的最小微粒，由带正电荷的原子核和绕核运动着的、与核电荷数相等的电子组成。电子震荡即指电子的绕核运动。

[10]牛顿（Issac Newton，1642—1727）：英国物理学家、数学家与天文学家。他建立“牛顿运动定律”（即第一、第二、第三运动定律），成为经典力学的基础，还发现万有引力定律。由于他建立了经典力学的基本体系，人们常把经典力学称为“牛顿力学”。

导读

忻迎一曾引用爱因斯坦的话“宇宙最不好理解的是，它是可以理解的”，足显宇宙物质体系的深奥和复杂。但是，图书《宇宙与人》和电影《宇宙与人》一样，将抽象化为具体，引导读者从相对完全的角度，清晰、细致地探究了我们人类赖以存在的无限复杂的宇宙物质体系，在可理解的宇宙范围内给人类做出时间、空间上的定位，为人类的精神空间提供现实的存在基础。

《人类——宇宙最伟大的骄傲》主要通过对人类诞生和发展的描述，运用爱因斯坦相对论原理，在广大尺度上逐步深入地论述了宇宙物质空间的构成核心在于物质和能量，并在这一过程中凸显人类的生存意义和价值。

本文作为说明性的文章，在叙述手法上并没有限于一般性的解说，而是在电影实践的基础上，把宇宙物质运动的细节构成和人类独特的存在始终贯穿在一起，最终在与无限宇宙时间空间的比说中发掘渺小人类的伟大与尊严。如上百亿年的宇宙形成过程和顶多几百万年的人类发展过程，几亿年的宇宙演化和几十年人类科技创举，宇宙极端的冷酷和人类母亲特有的坚强，宇宙的无限庞大和人类将之相对地分析与涵盖等等，这些都最终指向宇宙和人类之间超级真实的关系。

在表达方式和语言运用上，作者尽可能摒弃让人望而生畏的专业名词和从理论到理论的叙述方式，多采用人性化的比喻，化抽象为具体。如“引力的游戏”、“人类的大脑这个超级信息处理器”、“地球的甲板”、“地球漂流瓶”、“宇宙的生产模式只能是‘批发’”、“我们看到的宇宙全是‘假’的”、“蠕动的蚂蚁和飞驰的汽车”、“地球就如同是一口井，人类就如同井底之蛙”、“宇宙就是一个物质—能量的转换器”等等，使行文舒缓轻松、亲切自然而深入浅出。

思考与练习

1.人类的发展历程和宇宙的形成过程各自反映出什么特征？

2.爱因斯坦的相对论原理在理解宇宙空间上有什么实际意义？

3.人类为什么是宇宙最伟大的骄傲？

◎陶渊明

归园田居(其一)[1]

陶渊明(365—427),字元亮,一说名潜,字渊明。号靖节先生,浔阳柴桑(今江西省九江市西南)人。东晋著名诗人。曾祖陶侃官至大司马,后家道中衰,加之东晋门阀制度盛行,陶渊明直到29九岁才出仕。从晋孝武帝太元十八年(393)起的13年间,先后担任过江州祭酒、镇军参军、建威参军、彭泽县令等小官。由于东晋政治的腐败、官场的黑暗,他"大济苍生"的抱负无法实现,更不愿"为五斗米折腰",便在晋义熙元年(405)毅然辞去彭泽县令之职,坚决走上了归隐田园的道路,终老不复出仕。

陶渊明现存的作品,大都写于归隐之后,有一百二十多首诗歌,十多篇辞赋、散文。其诗在艺术上具有独特的风格,质朴自然,把平凡的田园劳动生活引入诗歌的艺术园圃,是古代田园隐逸诗派的开创者,其影响当推为六朝时期第一人。有《陶渊明集》。

少无适俗韵[2],性本爱丘山。
误落尘网中[3],一去三十年[4]。
羁鸟恋旧林[6],池鱼思故渊[6]。
开荒南野际[7],守拙归园田[8]。
方宅十余亩[9],草屋八九间。
榆柳荫后檐[10],桃李罗堂前[11]。
暧暧远人村[12],依依墟里烟[13]。
狗吠深巷中,鸡鸣桑树颠[14]。
户庭无尘杂[15],虚室有余闲[16]。
久在樊笼里[17],复得返自然。

【注释】

[1]园田:即田园。

[2]适:适应,适合。韵:气质,性情。

[3]尘网:尘世的罗网,比喻官场的束缚。

[4]三十年:当作"十三年"。诗人从初任江州祭酒到辞去彭泽县令归田,前后恰为13年。

[5]羁鸟：被关在笼中的鸟，与后面的“池鱼”都比喻不自由的官场生活。

[6]池鱼：被养在池中的鱼。故渊：过去曾生活过的深潭。

[7]际：间。

[8]守拙：坚守愚拙的性格。意为自己没有逢迎官场的本领，宁愿抱守愚拙的本性归耕田园。拙：愚拙，自谦之词。

[9]方宅：屋宅及其四周。方：四周。

[10]荫：遮蔽。

[11]罗：罗列，排列。

[12]暧(ài)暧：昏暗的样子。

[13]依依：轻柔而随风摇摆的样子。墟里：村落。烟：炊烟。

[14]颠：同“巅”，顶部。

[15]户庭：门户和庭院。尘杂：尘世的繁杂之事。

[16]虚室：虚空闲静的居室。一说用《庄子·人间世》“虚室生白”之意，比喻内心洞明清净。

[17]樊笼：鸟笼，比喻仕宦生活。

导读

《归园田居》共5首，大概写于陶渊明辞官归隐的第二年(公元406年)。本篇为第一首，写辞官归田的志向以及乡居的愉快心情。

本诗的开篇即写自己没有适应世俗习惯的性格，以“误落”二字点出对自己一度混迹官场的悔恨之意，并把官场的生活斥为“尘网”，把投身其中看成是“羁鸟”、“池鱼”，把归隐田园说成是冲出“樊笼”，重返“自然”，表现了他对丑恶的社会、污浊的官场的憎恶。“方宅”以下八句描写田园村居的风景。最后四句从虚处着笔，写居室之乐，前后照应，收束全篇。全诗质朴醇厚，极富诗情画意。在诗中，我们不只看到柳榆桃李中的几间草房、村落中的几缕炊烟，听见深巷的狗吠、树头的鸡鸣；所有这一切还构成一种境界，它幽美、安谧、淳朴自然。在这里，恬淡宁静、风景秀美的田园世界，恰恰与污浊、虚伪、互相倾轧的官场和纷乱、动荡的外部世界形成了鲜明的对比，从而使诗具有格外吸引人的力量。

诗中多处借比喻达意。用“尘网”和“樊笼”比喻仕途的束缚和险恶，贴切醒目。“羁鸟恋旧林，池鱼思故渊”两句包涵多重喻意：“羁鸟”、“池鱼”的喻意是官场的狭隘、禁锢；旧林、深渊的喻意是田园的广阔、自由；而这两句的总体喻意，则是诗人对解脱困扰、重返自然的向往、追求。这些比喻，使诗的旨意更加鲜明生动。

这首诗的取景、造句都很质朴。特别是中间描写田园风光的十句，由近及远，又由远及近，随视线转移所取的种种景色，都是农村最常见的事物，毫无夸饰，所用语言也几近口语，无雕琢痕迹，但却浅中寓深、淡中见味，充分体现出陶渊明清新淡远的审美情趣和平易自然的诗歌风格。

思考与练习

1.概括全诗的旨意。

2.指出诗中运用对比手法的地方,并说明其表现作用。

3.为什么说这首诗体现了陶诗平易自然的风格?

4.熟读这首诗。

◎张若虚

春江花月夜[1]

张若虚(生卒年不详,约在660—720之间),扬州(今江苏省扬州市)人。曾任兖州兵曹。唐中宗神龙(705—707)年间,与贺知章、贺朝、万齐融、邢巨、包融等以文词俊秀驰名于京都。玄宗开元初年,又与贺知章、张旭、包融并称"吴中四士"。其生平事迹已不可详考。所做诗篇多散佚,《全唐诗》仅存《代答闺梦还》和《春江花月夜》两首。

春江潮水连海平,海上明月共潮生[2]。滟滟随波千万里[3],何处春江无月明!
江流宛转绕芳甸[4],月照花林皆似霰[5];空里流霜不觉飞[6],汀上白沙看不见[7]。
江天一色无纤尘,皎皎空中孤月轮[8]。江畔何人初见月?江月何年初照人?
人生代代无穷已[9],江月年年望相似。不知江月待何人[10],但见长江送流水[11]。
白云一片去悠悠[12],青枫浦上不胜愁[13]。谁家今夜扁舟子?何处相思明月楼[14]?
可怜楼上月徘徊[15],应照离人妆镜台[16]。玉户帘中卷不去,捣衣砧上拂还来[17]。
此时相望不相闻,愿逐月华流照君[18]。鸿雁长飞光不度,鱼龙潜跃水成文[19]。
昨夜闲潭梦落花[20],可怜春半不还家[21]。江水流春去欲尽,江潭落月复西斜。
斜月沉沉藏海雾,碣石潇湘无限路[22]。不知乘月几人归,落月摇情满江树[23]。

【注释】

[1]《春江花月夜》是《乐府·清商曲辞·吴声歌曲》旧题。曲调创始于陈后主叔宝。后主与宫中女学士及朝臣唱和为诗,《春江花月夜》是其中最艳丽的曲调。

[2]"春江潮水"二句:写明月随潮水的涌动而升起时的壮观景象。连海平:江面浩瀚无边,仿佛与大海相连。明月共潮生:月亮从地平线上升起,从水上望去,就好像从浪潮中涌出一般。海:指宽阔的江面。

[3]滟滟(yàn):波光闪烁的样子。

[4]宛转:曲折。芳甸(diàn):花草丛生的原野。

[5]霰(xiàn):白色的小冰粒,俗称雪子、雪糁。此喻指月光映照下的花朵。

[6]空里流霜不觉飞:月光皎洁柔和,如霜在空中飞泻,但看不见踪影。古人以为下霜亦如下雪,是由天上飞下来的,故云"空里流霜"。飞霜:比喻皎洁的月光像白霜一样悄悄泻满大地。

[7]汀上白沙看不见:江畔的白沙在月光的照耀下,白茫茫一片空明。汀:水中或水边平地,此指江畔沙滩。

[8]孤月轮:一轮明月。

[9]无穷已：没有止尽。已：止，止息。

[10]待：一本作“照”。

[11]但：只，只是。

[12]白云：此喻指游子。

[13]青枫浦：一名双枫浦，故址在今湖南省浏阳县浏阳湖边。浦：原指大江、大河与其支流的交汇处，此指离别的场所。不胜：经受不起。

[14]“谁家”二句：是说在此月夜，有许多游子身处孤舟之中，在江上漂泊；也有许多思妇伫立楼头，思念丈夫。扁舟子：指驾着孤舟飘零江湖的游子。“谁家”、“何处”，互文见义。

[15]月徘徊：指月影缓缓移动。

[16]离人：指思妇。妆镜台：梳妆台。

[17]“玉户”二句：说月光似乎故意与思妇为难，帘卷不去，手拂还来。玉户：此指思妇居室。捣衣砧(zhēn)：捣衣时用的垫石。

[18]逐：追随。月华：月光。君：指游子。

[19]“鸿雁”二句：意谓鸿雁远飞，飞不出月光的光影；鱼儿在深水里跃动，只是激起层层波纹，都不能为游子、思妇传递音讯。鸿雁：指信使。《汉书·苏武传》记载有鸿雁传递书信之事。长飞光不度：鸿雁飞得再远，也不能逾越月光。度：通“渡”。鱼龙：鲤鱼。《古诗·饮马长城窟行》：“客从远方来，遗我双鲤鱼。呼儿烹鲤鱼，中有尺素书。”说鲤鱼也能传递书信。潜跃水成文：鲤鱼在水中游动，水面上会激起波纹。文：通“纹”，波纹。

[20]闲潭：平和、幽静的水潭。

[21]可怜：可惜。

[22]“碣石”句：谓游子思妇分处天南地北，难以相见。碣石潇湘：此指天南地北。碣石：山名，故址在今河北省黎县北。一说，碣石山已沉入海中。潇湘：水名，在今湖南省。无限路：形容离人相距遥远。

[23]“落月”句：意谓游子无着无落、不安、惆怅的思妇之情，伴着落月的余光，洒满在江边的树木之上。

导读

这是一首七言古诗，被闻一多先生誉为“诗中的诗，顶峰上的顶峰”。诗作描绘了春江花月夜的幽美恬静，由此生发出对宇宙、人生的思索和对游子思妇在明月今宵里天各一方、无法相聚的叹惋之情。

本诗可分为两大部分。从开头到“但见长江送流水”为第一部分，写春江月夜的美丽景色和由此而产生的联想与感慨。先围绕“春”、“江”、“花”、“月”、“夜”五字逐层描绘景色，创造出幽美恬静的美妙境界。写景细腻生动，如“空里流霜不觉飞，汀上白沙看不见”、“江天一色无纤尘”形象精妙地写出了月光的皎洁明澈；“月照花林皆似霰”，比喻准确生动，既写出了月光的皎洁明亮，又写出了花林在月光下的清静、绰约的奇异风姿，令人神往。然后由“江月”联想到人生，抒写情思，表达对宇宙奥秘和人生哲理的思考。诗中含有一些消极感伤的情绪,但并不颓废与绝望,在消极中有对人生的执著追求和热爱。"白云一片去悠悠"至结束为第二部分,写男女之间的离愁别恨。"白云"四句,总写思妇与游子在此春江花月夜中的两地相思之情。"可怜"八句,从思妇的角度写她对离人的怀念。末尾八句,从游子的角度写其思妇之情。

这首诗融诗情、画意、哲理为一体,超越了以前那些单纯描摹山水的景物诗、思考人生的哲理诗和抒发儿女别情离绪的爱情诗,作者借对春江花月夜的描绘,尽情赞叹大自然的奇丽景色,讴歌人间纯洁的爱情,把对游子、思妇的同情与对人生的思考、对宇宙的探索结合起来,从而汇成情、景、理水乳交融的幽美而邈远的意境。全诗紧扣春江花月夜的背景来写,又以月为主体,用月来统摄其他意象。月是诗中情景兼容之物,它跳动着诗人的脉搏,犹如一条生命纽带,通贯上下,触处生神,诗情随明月的升落而起伏变化。在月的照耀下,江水、沙滩、夜空、原野、枫树、花林、白云、闺阁、镜台、砧石、扁舟、鸿雁、鱼龙、不眠的思妇和漂泊的游子,共同组成了一幅充满人生哲理与生活情趣的动人画卷。

这首诗的语言清新、优美、自然,音韵和谐、宛转、悠扬。全诗共36句,四句一换韵,共换九韵。随着韵脚的转换和平仄的交错,全诗具有一唱三叹、回环往复的节奏感。这种语音与韵味的变化又切合着诗情的起伏,声情与文情丝丝入扣,婉转和谐。

这首诗的结构也很有特色。作者一面以明月从初升到坠落的过程作为全诗起止的外在线索,一面又以月亮为景物描写的主体和抒写离情别绪的依托,使全诗神气凝聚,浑然一体。

思考与练习

1.这首诗在写景上有什么特色?

2.分析此诗的语言特色。

3.《春江花月夜》为乐府旧题,郭茂倩《乐府诗集》所录除了张若虚这一首外,尚有隋炀帝二首,诸葛颖一首,张子容二首,温庭筠一首。试比较这首诗与其他同题之作的异同,说明这首诗所取得的突出成就。

◎元　结

右溪记[1]

元结(719—772),字次山,河南鲁山(今河南省鲁山县)人。少时放荡不羁,从17岁起虚心学习。天宝十二年(753)进士。安史之乱中,史思明攻河阳,肃宗召他进京问策,乃上《时议》三篇,受到赏识,推为右金吾兵营参军,摄监察御史,充为山南东道节度参谋。因讨史思明有功,迁监察御史里行,又进水部员外郎。代宗即位,拜道州刺史。官至容管经略使。元结同情人民疾苦,在道州任间,曾两次上书,请求蠲免百姓租税,得到皇帝许可。又"为民营舍给田,免徭役",召还流民一万多人,受到人民的爱戴。其诗文注重反映政治现实和社会矛盾,文风力求摆脱六朝以来雕饰华靡的弊病和声律的束缚,力求不尚词华,不事雕饰,清淡简洁,纯真自然。欧阳修曾指出他有"笔力雄健,寓气超拔"的特色。惟过于质朴,文采稍逊,缺乏情趣诗意。他是唐代古文运动的先驱者之一,原有集,已散佚,明人辑有《元次山集》十卷。他还曾编《箧中集》诗选行世。

道州城西百余步,有小溪。南流数十步,合营溪[2]。水抵两岸,悉皆怪石,攲嵌盘屈[3],不可名状。清流触石,洄悬激注[4]。休木异竹[5],垂阴相荫[6]。此溪若在山野,则宜逸民退士之所游处[7];在人间[8],可为都邑之胜境[9],静者之林亭[10]。而置州已来[11],无人赏爱。徘徊溪上,为之怅然!乃疏凿芜秽,俾为亭宇[12];植松与桂,兼之香草[13],以裨形胜[14]。为溪在州右,遂命之曰"右溪"。刻铭石上,彰示来者[15]。

【注释】

[1]《舆地记胜》卷五十八:"(今湖南省道州)右溪在城西百余步,元次山有记。"道州朔治唐时属江南西道,在今湖南省道县。右溪泉清石奇,草木葱郁,环境十分优美。元结曾两度任道州刺史,第一次在代宗广德元年(763)至永泰元年(765),第二次在大历元年至三年(766—768)。此文可能为重任道州刺史时所作。

[2]营溪:河流名。发源于今湖南省宁远县南,流经道县,北至零陵县西流入湘水。自道县以上,又称为泥水:道县以下,又称为潇水。

[3]攲(qī)嵌盘屈:倾斜重叠、曲折盘旋的样子。攲:通"敧",颇侧不平。嵌:开张的样子。

[4]洄悬激注:水流回旋,浪花飞溅。洄:水流回旋。激:水势受阻后腾涌或飞溅。注:倒入,灌入。

[5]休木:一本作"佳木"。休:美好。异竹:奇异的竹子。

[6]"垂阴"句:谓树阴遮天蔽日。阴:树阴。荫:遮盖。

[7]逸民退士:退居山林的隐士。

[8]人间：与前文“山野”对称，指有居民的地方，人烟聚集的地方。

[9]一本“可”前有“则”字。

[10]静者：喜欢清静的人。

[11]置州已来：道州州治，隋时本为零陵郡的水阳县，唐高祖武德四年(621)始置营州，后改为道州。见《旧唐书·地理志》。已：通“以”。

[12]俾(bǐ)：使。

[13]香草：即香茅，多年生草本植物，其根状茎蔓延，可巩固坡地。这里也可指芬香的花草。

[14]裨(bǐ)形胜：意谓用亭宇和树木把这个天然风景区点缀得更好。裨：补益。胜：优美。

[15]“刻铭”两句：现在把这些文字刻在石上，以便让后来的人知道。

导读

这是一篇山水游记。文章用短短一百多字，描绘了右溪的美景、幽趣，以及其“无人赏爱”的冷清，表达了对右溪的赞美和其价值无人欣赏的惋惜遗憾之情。

本文融记叙、写景、抒情、议论于一体，既叙述了右溪的位置、流向，描写了右溪的石、水、竹、木等景色，又评论了右溪的价值，抒写了无人赏识、游玩的怅惘之情，还叙写了自己为增益右溪景致魅力而所做出的行动、命名与刻铭于石上的目的。文字虽短，却表现了丰富的内容。由景及情，一路写来，毫无滞碍。作者擅长状物记事，笔墨简洁而形象鲜明，对右溪景色的描绘，由两岸怪石到溪水形态再到两岸竹木垂阴，从正面作了生动形象的描绘，然后又通过侧面写此溪若“在山野”和“在人间”的佳处，烘托渲染了右溪的优雅美好。

此文语言清新隽永，骈散结合。首尾叙述说明性的文字用散句，中间写景议论部分多用骈句，夹杂以散句，行文活泼灵动。淡雅隽永的文笔，与清新俊秀的景物和谐统一。

在艺术表现上，本文用了对比手法。右溪景致的优美与无人知晓及游览的冲淡形成鲜明的对比，从而流露出作者的惋惜之情。

此文篇幅短小，结构紧凑，语言简洁优美，文笔与景物和谐统一，写景与抒志融为一体，意境要妙，发人深思，可视为柳宗元山水游记的先声。

思考与练习

1.本文所写之景与作者之情是如何结合起来的?

2.将此文与柳宗元《永州八记》对照阅读，体会山水游记的艺术特色。

◎泰戈尔

第一次的茉莉

泰戈尔(1861—1941),印度诗人,作家,艺术家,社会活动家。他于1861年5月7日生在加尔各答市的一个贵族地主家庭。这个家庭植根于印度教哲学思想土壤,深受西方文化的影响。泰戈尔没有在学校里完成正规学习,他的广博知识得自父兄和家庭教师的传授以及自己的不懈努力。1878年赴英学习。1880年回国,专门从事文学活动。1884年至1911年担任梵社秘书。从1891年起,他经管祖传田产,目睹农村的凋敝和农民的贫穷,巩固了他的民主主义和人道主义思想。19世纪90年代是泰戈尔创作的旺盛时期,他写了60多篇短篇小说,发表了《金帆船》(1893)等7部重要诗集,奠定了他的文学地位。1901年他在和平村办了一所学校,从事教育事业,这所学校在20世纪20年代发展成国际大学。1905年领导和参加印度第一次民族独立运动。1907年又回到和平村,从事农村改造事业。1919年面对"阿姆利则惨案",泰戈尔拍案而起,放弃爵位,抗议殖民当局。这段时期是他创作的成熟阶段,先后发表《奉献集》(1901)、《渡口》(1905)、《吉檀迦利》(1910)等5部宗教抒情诗集,出版《戈拉》(1910)等5部中长篇小说以及象征剧《国王》(1910)和《邮局》(1910)等。1913年因英文版《吉檀迦利》而获诺贝尔奖。从1914年起,他把注意力主要转向世界舞台,先后10余次访问世界各国。1924年访问中国,1936年访问苏联,写了许多政治抒情诗(《敬礼佛陀的人》、《忏悔》、《号召》等),反对法西斯,支持人民斗争,并在《摩克多塔拉》(1925)等剧本里表达对殖民统治的憎恨。1941年8月7日在加尔各答市的祖宅逝世。泰戈尔一生共创作了50多部诗集,12部中长篇小说,100余篇短篇小说,20余部剧本,2000多首歌曲,1500帧画,以及有关文学、哲学、政治、社会等问题的论著多部,给印度和世界文学宝库增添了珍贵的遗产。

呵,这些茉莉花,这些白的茉莉花!

我仿佛记得我第一次双手满捧着这些茉莉花,这些白的茉莉花的时候。

我喜爱那日光,那天空,那绿色的大地;

我听见那河水淙淙的流声,在黑漆的午夜里传过来;

秋天的夕阳,在荒原上大路转角处迎我,如新妇揭起她的面纱迎接她的爱人。

但我想起孩提时第一次捧在手里的白茉莉，心里充满着甜蜜的回忆。

我生平有过许多快活的日子，在节日宴会的晚上，我曾跟着说笑话的人大笑。

在灰暗的雨天的早晨，我吟哦过许多飘逸的诗篇。

我颈上戴过爱人手织的醉花的花圈，作为晚装。

但我想起孩提时第一次捧在手里的白茉莉，心里充满着甜蜜的回忆。

（郑振铎译）

导读

《第一次的茉莉》选自泰戈尔的《新月集》，该集于1913年出版，着重歌咏儿童。泰戈尔一生热爱儿童，对儿童充满同情，认为儿童“什么都说不出，他们没有反抗的声音”。早在《吉檀迦利》集中，他就颂扬了儿童的天真无邪。这种对儿童的同情，构成了泰戈尔泛神论思想的重要内容。

一束白的茉莉将诗人带回遥远的童年，那里有灿烂的“日光”、明净的“天空”、“绿色的大地”、“秋天的夕阳”和“河水淙淙的流声”，那里的回忆充满甜蜜！回想起生命的早晨，第一次满捧洁白的茉莉时的惊喜与沉醉，诗人不禁发出了真情的呼告。于是，“白的茉莉花”成了诗人抒情的触媒，唤起良知与善念，促使人回归自然与本真。

接着，诗人自然而然地联想到生命中的许多欢乐的时刻：节日宴会上纵情的欢笑，灰暗日子里抚慰心灵的诗篇，爱人手织的花环……但这一切比之孩提时第一次满捧白色的茉莉，都要逊色许多。这是一种不经意的类比。

《第一次的茉莉》抒发了真切自然的情感，具有朴素单纯而不乏热情的语言特质。这种单纯体现在朴素情感的自然流露和日常生活的形象捕捉上，比如上面提到的“秋天的夕阳”和“河水淙淙的流声”；这种热情则来自于对生命的悉心体悟和由衷热爱。平易流畅的描写，信口道出的言语，自由运行的节奏，质朴生动的比喻，使这首短小的诗歌如同它的标题一样朴素而富丽。

思考与练习

1.反复品读此诗，体会泰戈尔诗歌朴素、单纯的风格。

2.结合具体的句子，分析诗人是如何捕捉日常生活的形象入诗的。

◎海德格尔

我为什么住在乡下?

海德格尔(1889—1976),德国哲学家,存在主义的创始人和主要代表之一。1889年9月26日生于德国西南部巴登邦弗莱堡市附近的梅斯基尔希。早年在弗莱堡大学攻读神学、哲学,1913年获博士学位。1915年获大学讲师资格,后于弗莱堡大学执教。1923年起任马堡大学哲学教授。1927年发表《存在与时间》。1928年,受退休的现象学大师胡塞尔推荐,回到弗莱堡大学接任哲学讲座教授。20世纪30年代之后与胡塞尔关系破裂。二战后,因曾在纳粹肆虐期间公开表示拥护希特勒而被禁止授课,至1951年才得以恢复上课。1959年退休后,避居家乡黑森林的山间小屋,只与少数亲近的朋友讨论哲学问题。1976年5月26日去世。

海德格尔著述极其丰富,主要论著除《存在与时间》外,还有《邓斯·斯各特的范畴和意义学说》等。

南黑森林[1]一个开阔山谷的陡峭斜坡上,有一间滑雪小屋,海拔1150米。小屋仅6米宽,7米长。低矮的屋顶覆盖着3个房间:厨房兼起居室,卧室和书房。整个狭长的谷底和对面同样陡峭的山坡上,疏疏落落地点缀着农舍,再往上是草地和牧场,一直延伸到林子,那里古老的杉树茂密参天。这一切之上,是夏日明净的天空。两只苍鹰在这片灿烂的晴空里盘旋,舒缓、自在。

这便是我"工作的世界"——由观察者(访客和夏季度假者)的眼光所见的情况。严格说来,我自己从来不"观察"这里的风景。我只是在季节变换之际,日夜地体验它每一刻的幻化。群山无言的庄重,岩石原始的坚硬,杉树缓慢精心的生长,花朵怒放的草地绚丽又朴素的光彩,漫长的秋夜里山溪的奔涌,积雪的平坡肃穆的单一 ——所有这些风物变幻,都穿透日常存在,在这里突现出来,不是在"审美的"沉浸或人为勉强的移情发生的时候,而仅仅是在人自身的存在整个儿融入其中之际……

严冬的深夜里,暴风雪在小屋外肆虐,白雪覆盖了一切,还有什么时刻比此时此景更适合哲学思考呢?这样的时候,所有的追问必然会变得更加单纯而富有实质性。这样的思想产生的成果只能是原始而锐利的。那种把思想诉诸语言的努力,则像高耸的杉树对抗的风暴一样。

这种哲学思索可不是隐士对尘世的逃遁,它属于类似农夫劳作的自然过程。当农家少年将沉重的雪橇拖上山坡,扶稳橇把,堆上高高的山毛榉,沿危险的斜坡运回坡下的家里；当牧人恍无所思，漫步缓行赶着他的牛群上山；当农夫在自己的棚屋里将数不清的盖屋顶用的木板整理就绪：这类情景和我的工作是一样的。思深深扎根于到场的生活，二者亲密无间。

城市里的人认为屈尊纡贵[2]和农民作一番长谈就已经很不简单了，夜间工作之余，我和农民们一起烤火，或坐在“主人的角落”的桌边时，通常很少说话。大家在寂静中吸着烟斗。偶尔有人说起伐木工作快结束了，昨夜有只貂钻进了鸡棚，有头母牛可能早晨会产下牛犊，某人的叔伯害着中风，或者天气很快要“转”了。我的工作就是这样扎根于黑森林，扎根于这里的人民几百年来未曾变化的生活的那种不可替代的大地的根基。

生活在城里的人一般只是从所谓的“逗留乡间”获得一点“刺激”，我的工作却是整个儿被这群山和人民组成的世界所支持和引导。后来，我在小屋里的工作一次次被各种各样的研讨会、演讲邀请、会议和弗莱堡的教职所打断。然而，只要我一回到那里，甚至是在那小屋里“存在”的最初几个小时里，以前追问思索的整个世界就会以我离去时的原样重新向我涌来。我只是涌身进入工作自身的节奏，从根本意义上讲，我自己并不能操纵它的隐蔽的命令。城里人总担心，在山里和农民呆那么长时间，生活一无变化，人会不会觉得寂寞？其实，在这里体会到的不是寂寞，而是孤独。大都市中，人们像在其他地方一样，并不难感到寂寞，但绝对想像不出这份孤独。孤独有某种特别的原始的魔力，不是孤立我们，而是将我们整个存在抛入所有到场事物本质而确凿的近处。

在公众社会里，人可以靠报纸记者的宣传，一夜间成为名人，这是造成一个人本己的意愿被曲解并很快被彻底遗忘的最确定无疑的遭际了。

相反，农民的记忆有其朴素明确永志不忘的忠实性。前些时候，那里的一位农妇快要去世了，她平日很爱同我聊天，告诉我许多村子里古老的传说。她的质朴无文的谈吐充满了丰富的想像。她还在使用村里许多年轻人不再熟悉很快就会湮没的不少古字和习语。去年，我独自在小屋里接连住过几星期。那阵子，这位农妇经常不顾 83 岁高龄，爬上高坡来看我。照她自己说，她一次次来，不过是想看看我是否还在那儿，或者，是否“有人”突然把我的小屋洗劫一空。整个弥留之夜，她都在跟家人谈话。就在生命最后一刻前一个半钟头，她还要人向那个“教授”致意，这样的记忆，胜过任何国际性报刊对据说是我的哲学的聪明的报导。

都市社会面临着堕入一种毁灭性的错误的危险。都市人想到农民的世界和存在时，常常有意把他们那种其实非常顽固的炫耀姿态暂时收敛一番，殊不知这与他们心底里的实情——和农民的生活尽量疏远，听任他们的存在一如既往，不逾旧轨，对学究们言不由衷的关于“民风”、“土地的根基”的长篇大论嗤之以鼻——又自相矛盾了。农民可不需要也不想要这种城市派头的好管闲事。他们所需所想的是对其存在与自主的静谧生活的维系。但是今天许多城里人(比如那些个滑雪者)在村子里，在农民的家里，行事往往就跟他们在城市的娱乐区“找乐子”一样。这种行为一夜之间破坏的东西比几百年来关于民俗民风的博学炫耀所能毁坏的还要多。

让我们抛开这些屈尊俯就的熟悉和假冒的对“乡下人”的关心,学会严肃地对待那里的原始单纯的生存吧!惟其如此,那种原始单纯的生存才会重新向我们言说它自己。

最近我接到赴柏林大学讲课的第二次邀请。其时我离开弗莱堡,重返山上小屋。我倾听群山、森林和农田无声的言说,还去看望了我的老友,一个75岁的农民。他已经在报上看到了邀请消息。猜猜他说了些什么?慢慢地,他那双清澈无比的眼睛不加任何掩饰地紧紧盯着我,双唇紧抿,意味深长地将他真诚的双手放在我肩上,几乎看不出来地摇摇头,这就是说:“别去!”

【注释】

[1]南黑森林:海德格尔1959年退休后避居在家乡黑森林的山间小屋。

[2]屈尊纡(yū)贵:指降低身份俯就。纡:弯曲,曲折。

导读

在这篇两千余字的散文里, 作为哲学家的海德格尔用质朴简洁的文字描画了南黑森林的风物之美,并在此背景之上,将自我的哲学追思融入到对乡民宁静单纯的生活的深切关注与思考当中,充分肯定了“乡下人”那种“原始单纯的生存”中所包含的生命真义, 同时也明确地表明了他对现代都市社会 “面临着堕入一种毁灭性的错误的危险”的深刻洞悉。

全文共11自然段,可分为4部分。1至3自然段重在描写作者对“山上小屋”及其周围环境的独特体验——当人自身的存在整个儿融入这里的“风物变幻”时,“所有的追问必然会变得更加单纯而富有实质性”;4至5段指出“我”的哲学思索与农夫生活在存在层面上的一致性以及我的哲学思考所深深依托的生活的根基;6至10段通过充分的对比,肯定了乡民“原始单纯的生存”的意义,指出现代都市生活及其各种表现对人类生存本义的违背与破坏; 最后一段用他人的态度间接而不无深意地回答了题目中所涉及的问题:为什么住在乡下? 因为“此中有真意”。

综观全文,描写简单朴素而现筋脉,抒情自然而显真挚,议论深入而不晦涩,真正实现了景、情、理的三体合一,具有浑然天成之美。

思考与练习

1.作者为什么说“都市社会面临着堕入一种毁灭性的错误的危险”? 请结合你的实际观察和体验,谈谈对此问题的看法。

2.文中提到一位农妇,经常不顾83岁高龄,爬上高坡来看“我”。照她自己说,她一次次来,不过是想看看“我”是否还在那儿,或者,是否“有人”突然把“我”的小屋洗劫一空。你对这位农妇的行为如何理解?

◎海　子

面朝大海，春暖花开

海子（1964—1989），原名查海生，安徽省怀宁县人。1979 年考入北京大学法律系，毕业后在中国政法大学任教。1989 年 3 月 26 日在河北山海关结束了自己的生命。已出版的作品有长诗《土地》、短诗集《海子、骆一禾作品集》以及《海子的诗》。

海子的诗具有意象空阔，语言纯粹、本真，风格单纯明净的特点。

从明天起，做一个幸福的人
喂马、劈柴，周游世界
从明天起，关心粮食和蔬菜
我有一所房子，面朝大海，春暖花开

从明天起，和每一个亲人通信
告诉他们我的幸福
那幸福的闪电告诉我的
我将告诉每一个人

给每一条河每一座山取一个温暖的名字
陌生人，我也为你祝福
愿你有一个灿烂的前程
愿你有情人终成眷属
愿你在尘世获得幸福
我只愿面朝大海，春暖花开

1989.1.13

导读

首先，这首诗以清新明朗的语言表达了诗人愿世人都在人间获得幸福的善良真诚的愿望。全诗分为 3 节。首节虚构了一幅远离尘世喧嚣的美好图景，带有浓烈的清新潮润的浪漫主义抒情气息；第二、三节表达了对亲情、友情的珍惜，显得温暖甜美。这两节的重点转为抒情，由表达个人情感转为抒写社会情感，将肯定世俗生活的愿望扩大，体现出胸襟的渐趋博大；而对陌生人所发的3个愿望，则洋溢着诗人的博爱、泛爱之情。

其次，该诗是海子向往新型隐居生活的一种诗意表达。隐逸情怀在中西方都有着悠久的传统，海子作为一个“浪漫主义王子型诗人”，其诗中的那所“面朝大海，春暖花开”的房子，实际上是为心灵浮躁的当代人寻觅的精神家园，这里没有物质的奢华与感官的满足，更没有世俗的“权势”与“业绩”，有的只是生命本真与人格终极价值的自我呈现。这里虽然显得粗拙简朴，却可尽享自由与快乐。也许海子要求诗人必须热爱的“人类的秘密”也正在于此吧？

思考与练习

1.《面朝大海，春暖花开》是北大一年一度的“未名诗会”上的保留节目之一。你能说说人们喜欢该诗的原因吗？

2.这首诗表现出海子诗歌语言的哪些特征？

◎苇 岸

我的邻居胡蜂[1]

苇岸(1960—1999),原名马建国,北京市昌平县人。1984年毕业于中国人民大学哲学系。大学期间开始写诗,1982年开始发表作品,1988年起主要从事散文写作。苇岸有一颗热爱自然、献身文学的炽热的赤子之心,认同列夫·托尔斯泰和"圣雄"甘地、马丁·路德·金等人促进和践行的非暴力主义,身体力行地积极倡导梭罗、托尔斯泰、萧伯纳等人主张的素食主义。他的生活原则是:"厉行节俭,抑制贪欲。"他把文学看作是提升精神境界、自我完善的途径,以敬畏、虔诚、慎重、认真的态度从事写作,发表的作品数量很少,但篇篇都是精品。他是一位和民间、和大地建立了一种血脉交融、浑然一体的联系的原创性作家,他的写作母题基本是"大地上的事情":空气、阳光、水、月亮、星星、草木、田野、庄稼、虫蚁、禽鸟等物象以及与之相连的农事、物候、星相、季节、劳作、繁衍……他以一生的经历和创作,温和地表达了他对实利主义、对人文环境及产品的技术化和商品化的拒斥和抵制,对工具理性和现代化负面影响的困惑、忧虑和不满,对人类和自然界中渺小而可爱的生灵们的关怀、尊重和热爱。他的散文纯净而坚实,质朴而灵动,简洁而丰富,细致入微的描写与博大深刻的思想并存,诗意与哲理辉映。他被称为20世纪最后一位"大地上的诗人"。出版有散文集《大地上的事情》。他死后,友人袁毅编辑出版了《上帝之子》,集中收入了他的散文代表作和一些书信、访谈。

(一)

胡蜂即我们通常所称的马蜂,也称黄蜂。它们是在我搬入新居3个月后出现的。6月上旬的一天,我在书房意外地发现了它们。它们的巢筑在我的书房窗外右扇窗框上端的一角,隔着玻璃,我能清楚地看到它们的建设工作。它们的工程刚刚开始,巢还很小,尚未成形,安静的工地上仅有三两个建设者。

它们没有去别的地方,没有选择4层或6层,而把巢筑在了我的窗下。对于它们的信赖,我深为感动,我愿意相信这是一种纯粹的不具任何含义的偶然,但又隐隐觉得这里似乎存在着某种可以引申的其他因素。在《大地上的事情》系列随笔中,我曾指责过那种无端焚烧胡蜂蜂房的强盗行径。

我的新来的邻居,受到了诚挚欢迎。它们是我远方的客人。为了避免以后打扰它们,我做了一点微不足道的牺牲。我把这扇窗户彻底封上,在已经来临的夏季里,我的书房将只开另一扇窗。尽管这会有诸多不便，但我依然感激它们。我的给予，远远不及它们为我带来的东西。

胡蜂是昆虫世界不多的具备防卫武器的个体。它们的大名鼎鼎的武器，为卑微的昆虫赢得了外界应有的敬畏与肯定，但也因此给它们自身招致了许多莫名的厄运。很早的时候，我曾试图写一篇关于昆虫的童话，这样开始："在昆虫的美丽国度里，大家各尽职守，一切井然有序。熊蜂是街头巡视的警察，胡蜂是边境护卫的士兵，它们装备精良，但从不主动……"的确，在它们与我们的敌对历史上，可以断定，不会有任何一次冲突真正起因于它们。

我的邻居的工程，正有条不紊地进行。坐在书房里，每天我都感受到它们带来的新鲜的原野气息。它们的巢在渐渐扩大，工地上的建设者不断增加。它们将生命中的两件大事非凡地结合起来，建设与繁殖和谐地同步推进。它们每建成一个巢间，即注进一卵。幼蜂破巢而出后，立刻便会投入工作，为新的生命继续诞生加紧建设。这一感人的过程，构成了它们完美的一生。

即使像胡蜂这样拥有锐利自卫武器的强悍生命，亦仍须倚靠它们庞大的数量，才能在布满死亡陷阱的世上不灭地延续下去。我的邻居的建设与繁殖，一直持续到9月，方悄然终止。此时，它们的巢，已碗口大小；它们的数量，浩浩荡荡。

进入10月，气温便完全主宰了它们。它们密集地覆盖在巢上，抵御着寒冷的步步进逼。它们已不再觅食，甚至很少蠕动。它们对未来似乎早有预感，安然等待那神秘时刻的降临。10月下旬的一个早晨，我终于发现，它们已全部无影无踪。我不知它们何时离去的，不知它们去了哪里。它们仿佛是一群候鸟，无声地告别了自己的生息之地。

一年过去了，它们一去不返，没有再次出现。它们怎样过冬，怎样进行生命的新陈更替，是它们自己的秘密。它们遗下的巢，依然悬挂在那里，成为我的书房不可缺少的一部分。它让我想像一段稍纵即逝的历史，一个家族盛衰或王朝兴亡的故事。它孕育的生命，我知道已散布四方，正继续做着它们未竟的大事。

(二)

在一篇同题散文里，我已经写过它们。现在，我所以重复写下这个题目，是由于它们今年再一次，以一种奇迹，与我比邻而居。

还是在我的书房窗外，上次的空巢，依然悬挂在一角，这次它们将巢筑在了外面窗顶的中央。这一次，我更清晰地目睹了它们的整个建设过程，及它们辉煌灿烂的一生。

与上次一样，它们的创业，起始于6月。它们具有一种足以令它们在我面前，备感骄傲和自豪的建设速度。到了6月的下旬，它们建设中的新巢，已同那只空巢一般大小。

它们真正的建设奇迹,出现在7月中旬至8月初这段时间里。这期间,它们源源不断扩充的建设大军,使它们的巢以每天1厘米的速度向外围推进。7月19日,隔着玻璃,我首次用尺量了巢,此时巢的直径为13厘米。到了8月3日,巢的直径已达28厘米。8月3日后,它们的建设便骤然终止,这个尺寸,保持至今。尽管我拥有18岁前宝贵的乡村见闻和经验,但如此巨大的蜂巢,我还是第一次看到。

在它们半个月的建设高潮期,我多次计数了,巢上每分钟至少有八九只蜂返回或飞离。它们采集巢材、猎食、取水,各司其职,往来不息。它们天一亮即开始工作,直到天黑才会停止,最后回来的蜂,往往已不能准确找到巢的位置,即使一般的阴雨天,也不能把它们的热烈工作中断。

出猎归来的蜂,行程非常沉重。它们抱着比它们的头部大得多的猎物(一般是由青虫构成的球),艰难地盘旋上升。到了5楼的巢上,它们将猎物分给在家的留守者,由这些蜂逐穴饲喂幼蜂。而它们稍事休整,两只前足捋捋触角,便再次离巢远行。

我长时间地盯过一只取水的蜂。它的上升,是直线的,口衔的水珠,晶莹耀眼。它上升,降落,一刻不停地往返于巢与楼下雨后的水洼之间。过度的辛劳,使它负重上来时,有时不得不先落在巢下的窗上,然后再爬行完成它的工作。这个感人的情景,使我猛然想到一件我早应为它们做的事情。我拿来一个盘子,盛上水,放在外面的窗台上。但直到傍晚,没有一只取水的蜂,走这个捷径。一天上午,我正在书房读一本小书,是里尔克的《给一个青年诗人的十封信》[2]。忽然,窗外传来一阵翅膀的声响,一只灰鸽前所未有地落在了我的窗台上。它收翅站定,仰头看了看窗顶,当它发觉我正在注视它时,便马上飞走了。此时,我才注意蜂巢,我看到全巢的蜂,双翅展开,触角直挺,一动不动:群起而战的自卫,瞬息就要发生。尽管鸽子已经离开了,但它们这种令人震慑的临战姿态,依然保持了数分钟。

自8月23日起,接连几天,巢上都有尚未羽化的乳白色幼蜂掉下。这些脱离襁褓的生命,不久即通体变为一种黑色焦状的东西。起初,我有些不解。当我发现它们出巢的频率显著减少,我才恍然明白:它们对节气的神秘感应,已指引它们全面停止饲喂幼蜂。而这一天,8月23日,恰是"处暑"。

它们不再饲喂幼蜂,也早已终止筑巢,它们自己食用很少。因此,每天除偶有个别蜂出行,它们只在巢上嬉戏打闹。它们不时纠结一团,随后像一滴水那样,重重地砸在窗台上。坐在书房里,我时常会听到它们摔下的声响。它们松开起飞的样子,很像一群满身泥土的乡下儿童。是的,它们的童年,在它们完成一生的使命后刚刚出现。

到了10月9日,这天,风和日暖。午后,我发现许多蜂意外地起飞了,我明白,这意味着它们告别的日子已到。在依依不舍地环巢飞舞后,第一批蜂开始离去,接着,10月13日、19日和22日,都有蜂离巢,它们挑选的都是好天。而最后的几只蜂,在渐渐进逼的寒冷中固守着家园,一直坚持到了10月31日。

它们全部离去了，我不知它们去了哪里，不知它们与上次那群蜂是否有亲缘联系。我不想向昆虫学家请教，也不想查阅有关书籍，我愿意尊重它们对我保守的这些秘密。它们为我留下的巢，像一只籽粒脱尽的向日葵盘或一顶农民的褪色草帽，端庄地高悬在那里。在此，我想借用一位来访的诗人的话说：这是我的家徽，是神对我的奖励[3]。

【注释】

[1]苇岸有两篇同题散文《我的邻居胡蜂》，分别写于 1993 年 8 月和 1994 年 11 月，编者将它们合为一篇，以(一)、(二)标明。

[2]里尔克(1875—1926)：全称为莱内·马利亚·里尔克，奥地利象征主义诗人，曾留学德、意、法、俄、瑞士等国。有诗集《象征的书》、《时辰的书》、《新诗》和《给奥尔菲斯的十四行诗》，带有颓废情调和神秘色彩，追求形式的美和诗句的音乐性，对当代西方颓废文学很有影响。《给一个青年诗人的十封信》是他于 1902 年至 1908 年期间，为一位向他求救的青年诗人弗兰斯·克萨危尔·卡尔斯所写，讨论了诗和艺术，两性的爱，生活和职业的艰难等问题，内容丰富，文笔优美，体现了里尔克对艺术、生活的真知灼见和乐于助人、平易可亲的高尚品格。

[3]苇岸的好朋友、诗人黑大春曾说蜂巢是苇岸先生的家徽。

导读

苇岸的散文大多是写大自然中的小生命的。他对这些细小的生命充满了尊重与关爱，与它们对话，进行心灵的交流。《我的邻居胡蜂》是其中的代表作。

苇岸自称“观察者”，他经常在清晨，带上望远镜，在高楼群不远的田地里，一边散步，一边观察树上的鸟儿和地里的庄稼，以及早起觅食的野兔。在《我的邻居胡蜂》中，他详细地、准确地记录了胡蜂筑巢、繁殖、猎食、取水、自卫、嬉戏打闹等一系列活动，以及悲壮的告别场景。他对胡蜂充满了尊重，关爱，甚至敬畏。他把那种无端焚烧胡蜂房的行径称作强盗行径，并加以指责，他把胡蜂在他窗下筑巢看作是胡蜂对他的信赖，因而“深为感动”、“诚挚欢迎”，对它们的到来表示感激，把它们称为“我的邻居”。为了避免打扰它们，他把那扇窗户彻底封上，而自己则忍受着炎夏的闷热和诸多不便。他说，“它们将生命中的两件大事非凡地结合起来，建设与繁殖和谐地同步推进”，他认为这一过程是“感人”的，赞扬它们的一生是“完美的”，“光辉灿烂的”。对于它们神秘的离去，他“愿意尊重它们对我保守的这些秘密”。他把蜂巢看作是“家徽”，是神对他的奖励。这些描写展现了生命的顽强、艰辛与神秘，字里行间都渗透着一个大自然的赤子对生命的敬畏与悲悯，并含蓄地表达了他对“布满死亡陷阱”、“冲突”与暴力的世界的不满与批判，贯穿着他的“土地道德”，即“要把人类在共同体中以征服者的面目出现的角度，变成这个共同体的平等的一员和公民，热爱并尊重土地及土地上的一切生命”。他对自然的崇尚、敬慕和热爱，是人性建设的需要，也体现了他人格的健康和光明。

苇岸的文章与他的人格完美地合为一体，他的每个字都生动、准确、朴素，和大地的原生态一样，简单朴素而饶有诗意，充满着虔敬与悲悯的深情。他说：“准确、清晰、简约、自然、行云流水般不现笔底的媚痕。这是一种为生气和力量作后盾的自信，坦荡直率地面对事物本身。”这段话体现了他的语言观，也恰是他散文语言的写照。

思考与练习

1.《我的邻居胡蜂》是如何细致描写胡蜂的活动的？

2.《我的邻居胡蜂》体现了作者怎样的自然观？

社会

历史

但我们也就都像古人一样，永久满足于“古已有之”的时代么？都像复古家一样，不满于现在，就神往于300年前的太平盛世么？

自然，也不满于现在的，但是，无须反顾，因为前面还有道路在。而创造这中国历史上未曾有过的第三样时代，则是现在的青年的使命！

——鲁迅

◎荷　马

赫克托尔之死[1]

古希腊诗人荷马(Homer)大约生活于公元前9至公元前8世纪,相传是一个既老且瞎的说书艺人,经常出入宫廷,为宴饮的贵族演唱助兴,很受当时的人们崇拜。柏拉图在《理想国》中认为"荷马教育了希腊",这是因为在古希腊,与荷马名字相连的两部史诗——《伊利亚特》和《奥德赛》被看作智慧的宝库,所有城邦都把它当作学校教育的基础。

《伊利亚特》和《奥德赛》合称《荷马史诗》,长达15000余行。有关荷马是否就是这两部史诗的著者,曾有过不少争论。有人甚至否认荷马实有其人。可以肯定的是,两部史诗都起源于民间口头创作,为数众多的行吟诗人是史诗的真正作者,荷马是传唱、整理、加工史诗过程中最为优秀的一个说唱艺人。公元前6世纪中叶,雅典统治者才首次组织学者用文字编订成两部史诗。公元前3世纪至2世纪,经亚历山大城几代学者整理和校订,完成了最后的定本。

捷足的阿基琉斯继续疯狂追赶赫克托尔,
有如猎狗在山间把小鹿逐出窝穴,
在后面紧紧追赶,赶过溪谷和沟壑,
即使小鹿转身窜进树丛藏躲,
也要寻踪觅迹地追赶把猎物逮住。
赫克托尔也这样摆脱不了捷足的阿基琉斯,
每当他偏向达尔达尼亚城门方向,
企图挨着建造坚固的城墙奔跑,
城上的人们朝下放箭保护他的时候:
每次阿基琉斯都抢先把他挡向平原,
自己始终占着靠近城墙的道路。

有如人们在梦中始终追不上逃跑者,
一个怎么也逃不脱,另一个怎么也追不上,
阿基琉斯也这样,怎么也抓不着逃跑的赫克托尔。
赫克托尔怎么能躲过残忍的死神?

只因为阿波罗最后一次来到他身边，
向他灌输力量，给他敏捷的脚步。
神样的阿基琉斯向他的部队摇头示意，
不许他们向赫克托尔投掷锐利的枪矢，
免得有人击中得头奖，他屈居次等。
当他们一逃一追第四次来到泉边，
天父[2]取出他的那杆黄金天秤，
把两个悲惨的死亡判决放进秤盘，
一个属阿基琉斯，一个属驯马的赫克托尔，
他提起秤杆中央，赫克托尔一侧下倾，
滑向哈得斯，阿波罗立即把他抛弃。

目光炯炯的女神雅典娜迅速来到
佩琉斯[3]之子身边，说出有翼飞翔的话语：
“宙斯的宠儿阿基琉斯，我们可望
今天让阿开奥斯人带着全胜回船，
难以制伏的赫克托尔将被我们杀死。
现在他已不可能逃脱我们的手掌，
不管射神阿波罗怎样费心帮助他，
甚至匍匐着哀求持盾的天父宙斯。
你且停住脚步喘喘气，我这就去
上前找他，劝他和你一决胜负。”

阿基琉斯听从雅典娜心中欢喜，
拄着那杆铜尖梣木枪停住脚步。
雅典娜离开他，赶上神样的赫克托尔，
模仿得伊福波斯[4]的外貌和洪亮的嗓音，
站到他近旁说出有翼飞翔的话语：
“亲爱的兄弟，捷足的阿基琉斯如此快步
绕着普里阿摩斯[5]的都城把你追赶，
现在让我们停下来就在这里迎战。”

头盔闪亮的伟大的赫克托尔回答雅典娜：
“得伊福波斯，在赫卡柏[6]和普里阿摩斯

给我的所有兄弟中，你一向对我最亲近，
现在我心中比以前更为深挚地敬爱你，
只有你看见我被追赶，愿意出城帮助我，
其他人都不敢出来在城里惊惶地藏躲。”

目光炯炯的女神雅典娜这样回答说：
“亲爱的兄弟，父王和母后都曾抱膝
哀求我不要出城，部下也这样力劝，
他们全都如此害怕那个阿基琉斯，
但我在城里心中为你痛苦难忍，
现在让我们大胆迎战和他厮杀，
枪下不留情面，看看如何结果：
是他杀死我们，带着血污的铠甲
返回空心船，还是他倒在你的枪下。”

雅典娜这样说，用狡计带领他冲上前去，
阿基琉斯和赫克托尔就这样走到一起。
头盔闪亮的伟大的赫克托尔首先说话：
“佩琉斯之子，我不再逃避你，像刚才
绕行普里阿摩斯的伟大都城三遭，
不敢停住脚步。现在心灵吩咐我
停下来和你拼搏，我杀你或是你杀我。
但不妨让我们敬请神明前来作证，
神明能最好地监督和维护我们的誓言：
如果宙斯主我获胜，把你杀死，
我绝不会残忍地侮辱你的躯体，
阿基琉斯，我只剥下你那副辉煌的铠甲，
尸体交阿开奥斯人。你也要这样待我。”

捷足的阿基琉斯狠狠地看他一眼回答说：
“赫克托尔，最可恶的人，没什么条约可言，
有如狮子和人之间不可能有信誓，
狼和绵羊永远不可能协和一致，
它们始终与对方为恶互为仇敌，

你我之间也这样不可能有什么友爱，
立什么誓言，惟有其中一个倒下，
用自己的血喂饱持盾的战士阿瑞斯。
鼓起你的全部勇气，现在正是你
表现自己是名枪手和无畏战士的时候。
不会有别的结果，帕拉斯·雅典娜将用
我的枪打倒你，你杀死了我那么多朋友，
使我伤心，你将把欠债一起偿清。”

阿基琉斯说完，举起长杆枪投了出去。
光辉的赫克托尔临面看见，把枪躲避。
他见枪飞来，蹲下身，铜枪从上面飞过，
插进泥土，但帕拉斯·雅典娜把它拔起，
还给阿基琉斯，把士兵的牧者赫克托尔瞒过。
赫克托尔对勇敢的佩琉斯之子大声说：
“神样的阿基琉斯，你枉费力气没投中，
并非由宙斯得知我的命运告诉我。
你这是企图用花言巧语把我蒙骗，
想这样吓住我失去力量和作战勇气。
我不会转身逃跑让你背后投枪，
我要迎面冲上来让你刺中胸膛，
如果神意这样。现在你先吃我一枪，
但愿你把这支铜枪全部吃进肉里。
只要你一死，这场战争对于特洛亚人
便会变容易：你是他们的最大祸殃。”

赫克托尔说完，晃动臂膀投出长杆枪，
击中佩琉斯之子那面盾牌的中心，
他没有白投，但枪却被盾牌弹回。
赫克托尔懊恼长杆枪从手里白白飞去，
又不禁愕然，因为没有第二枝梣木枪。
他大声喊叫手持白盾的得伊福波斯，
要他递过来长杆枪，但身旁已不见踪影。
赫克托尔明白是怎么回事，心中自语：

“天哪，显然是神明安排我来受死，
我以为英雄得伊福波斯在我身边，
其实他在城里，雅典娜把我蒙骗。
现在死亡已距离不远，就在近前，
我无法逃脱，宙斯和他的射神儿子，
显然已这样决定：命运已经临近，
我不能束手待毙，暗无光彩地死去，
我还要大杀一场，给后代留下英名。”

赫克托尔这样说，一面抽出锋利的长剑，
那剑又大又重，佩带在他的腰边，
他挥剑猛扑过去，有如高飞的老鹰，
那老鹰穿过乌黑的云气扑向平原，
一心想捉住柔顺的羊羔或胆怯的野兔，
赫克托尔也这样挥舞利剑冲杀过去。
阿基琉斯也冲杀上来，内心充满力量，
把那面装饰精美的盾牌举在胸前，
头上晃动着闪亮的四行装饰的头盔，
缕缕美丽的金丝在盔顶不断摇曳，
赫菲斯托斯把它们密密地紧镶盔脊。
夜晚的昏暗中金星太白闪熠于群星间，
无数星辰繁灿的天空数它最明亮，
阿基琉斯的长枪枪尖也这样闪耀；
他右手举着为神样的赫克托尔构思不幸，
看那美丽的身体哪里戳戮最容易，
赫克托尔全身有他杀死帕特罗克洛斯
夺得的那副精美的铠甲[7]严密护卫，
只有连接肩膀和颈脖的锁骨旁边
露出咽喉，灵魂最容易从那里飞走。
阿基琉斯一枪戳中赫克托尔的喉部，
枪尖正穿进颈脖的柔软嫩肉里。
沉重的梣木铜枪尚未戳断气管，
赫克托尔还能言语，和阿基琉斯答话。
阿基琉斯见赫克托尔倒下这样夸说：

“赫克托尔，你杀死帕特罗克洛斯无忧虑，
见我长时间退出战斗自以为安然，
愚蠢啊，那里还有一个比帕特罗克洛斯
强很多的人在，我还留在空心船前，
现在我杀了你，恶狗飞禽将把你践踏，
阿开奥斯人却将为帕特罗克洛斯行葬礼。”

头盔闪亮的赫克托尔声音虚弱地回答说：
“我求你，以你的心灵、双膝和双亲的名义，
不要把我丢给阿开奥斯船边的狗群，
你会得到许多黄金、青铜作赎金，
我的父王和母后会给你送来礼物，
把我的身体运回去，好让特洛亚人
和他们的妻子给我的遗体行火葬祭礼。”

捷足的阿基琉斯怒目而视回答说：
“你这条狗，不要提膝盖和我的父母，
以你的行为在我的心中激起的恼怒，
恨不得把你活活剁碎一块块吞下肚。
绝不会有人从你的脑袋旁把狗赶走，
即使特洛亚人为你把十倍二十倍的
赠礼送来，甚至许诺还可以增添；
即使普里阿摩斯吩咐用你的身体
秤量赎身的黄金，你的生身母亲
也不可能把你放上停尸床哭泣，
狗群和飞禽将会把你吞噬干净。”

头盔闪亮的赫克托尔临死前回答说：
“我现在看清了你的本性，我曾预感
不可能把你说服，因为你的心如铁。
不过不管你如何勇敢，也请你当心，
我不要成为神明迁怒于你的根源，
当帕里斯[8]和阿波罗把你杀死在斯开埃门前。”

他这样说，死亡降临把他罩住，
灵魂离开肢体前往哈得斯的居所，
留下青春和壮勇，哭泣命运的悲苦。
捷足的阿基琉斯对死去的赫克托尔这样说：
“你就死吧，我的死亡我会接受，
无论宙斯和众神何时让它实现。”

【注释】

[1]节选自罗念生、王焕生译《伊利亚特》第22卷（人民文学出版社1994年版），标题是编者加的。

[2]天父：即宙斯，古希腊新奥林波斯神系的众神之王。下文中的哈得斯为冥神，阿波罗为太阳神，阿瑞斯为战神，赫菲斯托斯为匠神。

[3]佩琉斯：古希腊国王，阿基琉斯之父。

[4]得伊福波斯：赫克托尔的众多兄弟之一。

[5]普里阿摩斯：特洛亚国王，赫克托尔的父亲。

[6]赫卡柏：赫克托尔之母。

[7]阿基琉斯曾因一个女俘而与希腊联军主帅阿伽门农发生内讧，愤而退出战斗。后来阿基琉斯的好友帕特罗克洛斯在联军危机时，穿戴上阿基琉斯那副由匠神特制的铠甲出战，抵挡特洛亚人，却因为孤军深入不幸被赫克托尔杀死并剥去铠甲。匠神赫菲斯托斯受阿基琉斯母亲之托，又为阿基琉斯赶制了一副盔甲和战具，十分精美。

[8]帕里斯：特洛亚王子。他拐走了斯巴达王后海伦，招致了希腊联军对特洛亚长达10年的战争。

导读

《伊利亚特》写希腊人围攻小亚细亚北岸的特洛亚城的故事。战争打到第10年，两军不分胜负。这时，希腊联军的主将阿基琉斯与主帅阿伽门农起了内讧，前者愤怒地退出了战斗，致使特洛亚王子赫克托尔在反攻中取胜并杀死了阿基琉斯的一个好友。阿基琉斯出战与赫克托尔决斗，杀死了后者。特洛亚王只身到阿基琉斯的营寨中求回了赫克托尔的尸身，回去后为儿子举行国葬。

本课所节选的部分是《伊利亚特》中最扣人心弦的一部分。从赫克托尔面对半神半人的阿基琉斯不由地心生恐惧而绕城遁走，到雅典娜利用狡计执行命运的裁决、赫克托尔横下必死之心与阿基琉斯做最后的对话，再到赫克托尔壮烈受死，层层铺垫，步步蓄势，荡气回肠，体现出《伊利亚特》这部长诗的“阳刚之美”。其中最引人注目的是对两位英雄同中有异、异中有同的英雄气概的描绘。阿基琉斯的勇猛嗜杀、目空一切与赫克托尔的豪迈稳健、视死如归形成了鲜明的对照。但2人同时都具备了古希腊英雄的标准品格——视荣誉如生命。阿基琉斯的出战是为了给好友报仇和一雪铠甲被夺之耻。赫克托尔面对必死的命运没有表现出丝毫的懦弱，他在战前和死前两次要求敌人不要辱践自己尸体的细节，不但无损其英勇豪迈的光辉形象，相反更加衬托出这位以家国大义为重的具有东方色彩的英雄的人性之美。

《荷马史诗》长于描写的特点在此也多有体现，特别是“显喻”的使用，将真实的生活内容与浪漫的想像完美地统一在一起，形成后浪推前浪式的联珠妙喻，使诗作美仑美奂、大气磅礴。

思考与练习

1.诗中两位英雄各具什么样的性格特征？

2.赫克托尔在战前和死前两次向敌人提出归还自己尸体的要求是否表现出他的懦弱？

3.找出诗中的联珠妙喻，并体会它的特点及表现力。

郑伯克段于鄢[1]

《左传》又名《春秋左氏传》或《左氏春秋》,是我国现存最早的一部记事详明的编年体史书,同时也是一部具有文学价值的散文名著。相传为鲁国史官左丘明所作。

《左传》所记年代起自鲁隐公元年(公元前722年),止于鲁悼公四年(公元前464年),较详细地记载了这二百五十多年间各诸侯国的政治、经济、军事、外交和文化等方面的历史事实,着重记叙了当时各诸侯国之间的矛盾纷争,尤其重视通过对战争起因和结果的描写来分析战争中的政治因素,揭示战争的本质。叙事过程中,作者还善于通过对人物的言行及内心活动进行生动细致的描述来刻画人物形象。全书记叙线索明晰,详略得当,语言生动,手法多样,对后世的历史著作和叙事散文的写作产生了很大影响。

初[2],郑武公娶于申[3],曰武姜[4],生庄公及共叔段[5]。庄公寤生[6],惊姜氏,故名曰寤生,遂恶之。爱共叔段,欲立之。亟[7]请于武公,公弗许。

及庄公即位,为之请制[8]。公曰:"制,岩邑也[9],虢叔死焉,他邑唯命[10]。"请京[11],使居之,谓之京城大叔[12]。祭仲曰[13]:"都城过百雉[14],国之害也。先王之制,大都不过参国之一;中,五之一;小,九之一[15]。今京不度,非制也,君将不堪[16]。"公曰:"姜氏欲之,焉辟害[17]?"对曰:"姜氏何厌之有[18]?不如早为之所,无使滋蔓。蔓,难图也。蔓草犹不可除,况君之宠弟乎?"公曰:"多行不义必自毙。子姑待之。"

既而大叔命西鄙、北鄙贰于己[19]。公子吕曰[20]:"国不堪贰,君将若之何?欲与大叔,臣请事之。若弗与,则请除之,无生民心。"公曰:"无庸[21],将自及。"大叔又收贰为己邑,至于廪延[22]。子封曰:"可矣,厚将得众[23]。"公曰:"不义不暱,厚将崩。"

大叔完聚,缮甲兵,具卒乘,将袭郑。[24]夫人将启之。公闻其期,曰:"可矣!"命子封帅车二百乘以伐京[25]。京叛大叔段,段入于鄢。公伐诸鄢[26]。五月辛丑[27],大叔出奔共。

遂置姜氏于城颍[28],而誓之曰:"不及黄泉[29],无相见也。"既而悔之。颍考叔为颍谷封人[30],闻之,有献于公。公赐之食,食舍肉[31]。公问之,对曰:"小人有母,皆尝小人之食矣,未尝君之羹[32],请以遗之[33]。"公曰:"尔有母遗,繄我独无[34]!"颍考叔曰:"敢问何谓也[35]?"公语之故,且告之悔。对曰:"君何患焉?若阙地及泉[36],隧而相见[37],其谁曰不然?"公从之。公入而赋:"大隧之中,其乐也融融!"姜出而赋:"大隧之外,其乐也泄泄[38]!"遂为母子如初。君子曰[39]："颍考叔，纯孝也，爱其母，施及庄公[40]。诗曰：'孝子不匮，永锡尔类。'[41]其是之谓乎？"

【注释】

[1]本篇选自《左传·隐公元年》。郑：国名，姬姓，在今河南省新郑县一带。郑伯：指郑庄公（"庄"是谥号）；春秋时，有公、侯、伯、子、男五等爵，郑属伯爵级国家，故称。克：战胜，打败。段：庄公的弟弟。鄢：郑地名，在今河南省鄢陵。

[2]初：当初。用来表示追溯往事。

[3]郑武公：姓姬，名掘突，"武"是谥号。申：国名，姜姓，在今河南南阳一带。

[4]武姜：指郑武公的妻子姜氏。"武"表示丈夫为武公，"姜"表示母家姓姜。

[5]共(gōng)：国名，在今河南省辉县。叔：排行在末的，年少的，这里表示"段"是庄公的弟弟；段战败后逃到共地，故称共叔段。

[6]寤生：逆生，谓产儿脚先出，即难产。寤，通"牾"，逆，倒着。

[7]亟(qì)：屡次。

[8]制：地名，又名虎牢，在今河南省巩县东。

[9]岩：险要，险峻。

[10]虢(guó)叔：东虢国的国君。制原是该国领地，虢叔曾依仗此地的险要形势，不修德政，后为郑武公所灭，死于此。唯命：即"惟命是从"。

[11]京：地名，在今河南省荥阳县东南。

[12]大(tài)：同"太"。

[13]祭(zhài)仲：郑大夫。

[14]雉：古代计算城墙面积的单位，长三丈、高一丈为一雉。

[15]"先王"句：意谓先王的制度规定，诸侯国下属城市的城墙，大的不能超过它的1/3，中等的不能超过它的1/5，小的不能超过它的1/9。侯伯一级诸侯国的城墙为三百雉。参：同"三"。

[16]不度：不合法度。非制：不是先王的制度。

[17]焉：疑问代词，哪里。辟：通"避"。

[18]"姜氏"句：姜氏有什么满足呢？厌：满足。

[19]既而：不久。鄙：边远的城邑。贰：两属，两方管理，即一方面属于庄公，一方面属于共叔段。

[20]公子吕：字子封，郑大夫。

[21]无庸：不用，指用不着这样做。庸：同"用"。

[22]廪延：地名，在今河南省延津县北。

[23]厚：指土地扩大。

[24]"完聚"句：指修筑城郭，聚集民众，修整盔甲兵器，准备好步兵战车，将要袭击郑国。完：修葺，指修城。聚：指聚集百姓。

[25]帅：同"率"。乘：辆。古时一车四马为一乘，一乘有甲士3人，步卒72人。

[26]伐诸鄢：到鄢地讨伐共叔段。诸：兼词，相当于"之于"。

[27]古代以干支记日。五月辛丑，即鲁隐公元年五月二十三日。

[28]置：放置，安顿，这里有放逐之意。颍：地名，今河南省临颍县西北。

[29]黄泉：指人死后埋葬的地穴，旧时迷信指阴间，故称人死亡为赴黄泉。

[30]颍考叔：郑大夫。颍谷：地名，在今河南省登封县西南。封人：管理疆界的官。

[31]食舍肉：吃的时候把肉留下来。舍：放着，留下。

[32]羹(gēng)：用肉或菜调和五味做成的带汤的食物，这里指肉汁。

[33]遗(wèi)：赠送，留给。

[34]繄(yī)：句首语气词，无义。

[35]敢：大胆，冒昧，表示谦敬的副词。何谓：说的是什么意思？这话怎么讲？

[36]阙：通"掘"，挖掘。

[37]隧：地道。这里用作动词，挖地道的意思。

[38]泄(yì)泄：和上文"融融"一样，都形容舒畅快乐的样子。

[39]君子曰：这是《左传》作者用以发表议论的方式。

[40]施(yì)：延续，蔓延，推及。

[41]"孝子"二句：见《诗经·大雅·既醉》篇。匮(kuì)：缺乏，不足。锡：通"赐"，赐予，给予，这里指影响。类：指同类的人。

导读

本文通过记叙春秋初期郑国王室内部的矛盾斗争，揭露了春秋时代统治阶级的残酷寡情和虚伪卑劣，揭示了政治斗争对人性的戕害。

文章叙述得简洁生动，略写战争经过和战争场面，着重叙述战争的起因和不断激化的过程。通过郑庄公和其弟共叔段为争夺权利而至兵戎相见的史事，揭示人物的内心世界，突现文章主旨。文章集中笔墨刻画出鲜明生动的人物形象，用不同的语言描写突出不同的人物性格，如姜氏的偏爱重私，共叔段的贪婪狂妄，庄公的工于心计，以及颍考叔的聪明机智等，都表现得惟妙惟肖。文中还用了烘托、映衬的手法和相应的细节描写，将细节描写与重大历史事件相结合，使文章生动有趣，对表现人物性格特征、深化文章主题，都有很好的作用。

思考与练习

1.谈谈你对本文主题的理解。

2.结合文章，具体分析细节描写对刻画人物的作用。

3.怎样理解文章末端对于颍考叔纯孝的描写？

◎孟　子

寡人之于国也[1]

孟子(前372？—前289？),名轲,字子舆,又字子车、子居,战国时邹(今山东省邹县东南)人。孟子受业于孔子之孙孔伋的门人,是继孔子之后战国中期儒家学派最有权威的代表人物,被尊称为“亚圣”。

孟子继承和发展了孔子的学说,在列国诸侯混战最激烈的时代提出了“民为贵,社稷次之,君为轻”的民本思想,主张施仁政、行王道,反对掠夺战争,反对暴政虐民。他曾周游列国,游说自己的“仁政”思想,但不为诸侯所用,于是回到家乡与弟子万章、公孙丑等人著书立说,作《孟子》七篇。《孟子》是儒家的重要学术著作,其文章长于辩论,善设机巧,语言流畅,气势充沛,极富文采和感染力,对后代的散文有较大的影响。

梁惠王曰[2]:“寡人之于国也,尽心焉耳矣[3]!河内凶,则移其民于河东,移其粟于河内[4];河东凶亦然[5]。察邻国之政[6],无如寡人之用心者。邻国之民不加少,寡人之民不加多[7],何也?”

孟子对曰:“王好战,请以战喻[8]:填然鼓之[9],兵刃既接[10],弃甲曳兵而走[11],或百步而后止,或五十步而后止[12],以五十步笑百步,则何如?”

曰:“不可,直不百步耳[13],是亦走也[14]。”

曰:“王如知此,则无望民之多于邻国也[15]。

“不违农时,谷不可胜食也[16];数罟不入洿池[17],鱼鳖不可胜食也[18];斧斤以时入山林[19],材木不可胜用也。谷与鱼鳖不可胜食,材木不可胜用,是使民养生丧死无憾也[20]。养生丧死无憾,王道之始也[21]。

“五亩之宅[22],树之以桑,五十者可以衣帛矣[23];鸡豚狗彘之畜[24],无失其时[25],七十者可以食肉矣;百亩之田,勿夺其时,数口之家,可以无饥矣;谨庠序之教[26],申之以孝悌之义[27],颁白者不负戴于道路矣[28]。七十者衣帛食肉,黎民不饥不寒[29];然而不王者[30],未之有也[31]。

“狗彘食人食而不知检[32],涂有饿莩而不知发[33];人死,则曰:‘非我也,岁也。’[34]是何异于刺人而杀之[35],曰‘非我也,兵也’?王无罪岁[36],斯天下之民至焉[37]。”

【注释】

[1]本篇选自《孟子·梁惠王上》,题目为编者所加。寡人:古代国君对自己的谦称,表示自己是寡

德之人。

[2]梁惠王(前370—前334)：即魏惠王，名䓨。魏国原来的都城在安邑(今山西省夏县西北)，因受秦威胁，迁都大梁(今河南省开封市西北)，所以又称梁惠王。

[3]焉、耳矣：都是句末语气词，连用等于说“啦”。

[4]“河内”三句：如果河内地区发生灾荒，就迁移河内的灾民到河东，搬运河东的粮食到河内。河内：魏国的黄河以北地区，今河南济源一带地方。河东：黄河以东，今山西西南部。凶：荒年。粟：小米，这里泛指粮食。

[5]亦然：也是这样。

[6]察：观察。

[7]加少：更加减少。

[8]请：请允许我。喻：比喻。

[9]填然鼓之：咚咚地敲起鼓来。填：摹声词，这里用来摹拟鼓声。鼓：用作动词，击鼓。击鼓是进军的信号。

[10]兵：兵器。刃：刀口，这里指锋利的兵器。既：已经。接：接触，交锋。

[11]甲：铠甲。曳(yè)：拖。走：跑，这里指逃跑。

[12]或：有的人。

[13]直：仅仅，只不过。

[14]是：这里代指“五十步而后止”。

[15]无：同“勿”，不要。与下文“王无罪岁”的“无”相同。

[16]不可胜(shèng)食：粮食吃不完。胜：尽。

[17]数(cù)：细密。罟(gǔ)：网。洿池：低洼地，这里指池塘。洿(wū)：浊水不流。

[18]鳖(biē)：甲鱼。

[19]斤：斧头的一种。以时：按照一定的时间。《礼记·王制》：“草木零落，然后入山林。”

[20]养生：供养活着的人。丧死：为死者办丧事。

[21]王道：孟子主张用仁政来治理天下，称之为“王道”。

[22]五亩之宅：五亩的住宅地。五亩：合现在一亩二分多。一夫一妇受宅五亩、田百亩，是当时儒家的理想。

[23]衣(yì)：穿。帛(bó)：丝织品的总称，这里指丝绵衣服。

[24]豚(tún)：小猪。彘(zhì)：猪。畜(chù)：牲畜。

[25]无：通“毋”，不要。时：指繁殖的时机。

[26]谨庠(xiáng)序之教：认真办好学校教育。谨：谨慎从事，认真办好。庠序：学校。殷代称“序”，周代称“庠”。

[27]申：重复，反复进行。这里是反复教导的意思。孝：顺从并奉养父母。悌(tì)：敬爱兄长。义：道理。

[28]颁：通“斑”。斑白：须发花白的人。负：背上驮东西。戴：头上顶东西。

[29]黎民：指老百姓。

[30]然：这样。王(wàng)：即王天下，指行仁政而统一天下。

[31]未之有也：即未有之也，从来不曾有过的。

[32]食人食：吃人所吃的东西。检：约束，制止。

[33]涂：通“途”。饿莩(piǎo)：饿死的人。发：指开仓放粮以赈救饥民。

[34]岁：年成，年景，收成。

[35]是：这种情况。

[36]无罪岁：不归罪于年成不好。

[37]斯天下之民至焉：这样，普天下的老百姓就都会投奔到您这儿来了。焉：于此。

导读

本文体现了孟子王道政治的主要内容：即倡导仁政，“省刑罚，薄税敛”，反对暴政虐民，消除战乱，发展生产，使民不饥不寒，安居乐业，“养生丧死无憾”；然后施以礼仪道德的教育，使天下人自然归服。这就是他的以民为本的“王道”，而民本思想是孟子的主要政治思想。

文章围绕“民不加多”这一线索展开论述。全文可分为3个部分：第一部分提出“民不加多”的疑问，第二部分分析“民不加多”的原因，第三部分分别阐述了使民加多的措施和应持的正确态度。文章采用连锁推理的句式，前后承接，论证严密，具有很强的说服力。最后以“王无罪岁，斯天下之民至焉”收束全篇，点出全文的中心论点。

本文的说理方法，具有抑扬兼施、循循善诱的特色。先批评梁惠王因施小恩小惠于百姓而矜功自得的心理，然后再提出行王道的具体措施；先揭露统治者不顾人民死活的行径，然后再说只要“王无罪岁”就可以使“民至焉”，这都是先抑后扬。在批评梁惠王的治国方法的同时，又针对其渴望得到民众的拥护的潜在心理进行诱导，采用先易后难、步步推进的方式，劝其施行“仁政”，循循善诱，引人入彀，使人无法躲避。

善用比喻是文章的突出特点。孟子以梁惠王熟悉的事例——战争设喻，用逃跑者“以五十步笑百步”的比喻，说明梁惠王的治国方法与邻国本质上是相同的。之后又用“刺人而杀之，曰‘非我也，兵也’”的比喻，对统治者把“涂有饿莩”归罪于年成不好的荒谬观点加以抨击，一针见血地揭穿了统治者推卸责任的把戏，不留余地。

《孟子》文章多用排偶句，使说理显得更加透彻有力，完整严谨，气势充沛。在语言上，大都接近口语，十分生动而风趣。总之，《孟子》的散文虽然基本上还没有脱离语录体，但较之《论语》却有了很大的发展，篇幅更长，论证更充分、详尽，更有气势。

思考与练习

1.本文是如何体现孟子的王道政治的？

2.举例说明本文设喻的妙处。

3.概括本文抑扬兼施、循循善诱的说明方法。

◎马克思、恩格斯

共产党宣言(节选)[1]

卡尔·马克思(1818—1883),生于普鲁士王国莱茵省的特利尔城,父亲是一个犹太律师。马克思中学毕业先后进入波恩大学和柏林大学,研究了法学、历史学和哲学,当时是一个黑格尔唯心主义者。1842年,被聘为莱茵激进者创办的《莱茵报》的主要撰稿人和主编。1843年该报被查封后的同年秋天,他到了巴黎。1844年9月,他同恩格斯会面并成了最亲密的朋友。在1845年至1849年间,马克思因为指导革命运动,曾两次被逐出巴黎,也曾被比利时和德国驱逐出境。1849年移居伦敦,在艰苦的侨民状态下继续指导工人革命。1864年,马克思在伦敦成立了“第一国际”(“国际工人协会”),并成为这个协会的灵魂。但是,此后紧张的革命工作和理论研究完全破坏了他的健康。1883年3月14日,已经失去爱妻的马克思逝世,同夫人葬在了一起。

弗里德里希·恩格斯(1820—1895),生于普鲁士王国莱茵省的巴门城,父亲是工厂主。1838年,由于家庭原因,上中学的恩格斯被迫到不来梅的一家商号当办事员。但这并未妨碍他研究政治和哲学以及成为黑格尔的信徒。1842年,他转入父亲在英国工业中心曼彻斯特与人合办的商号工作,这样一来,他凭借对工人们近距离的观察研究,渐渐成为一个社会主义者了。1844年,在回德国途经巴黎的时候,他认识了马克思并和他成为最好的朋友。1845年至1847年,恩格斯在布鲁塞尔和巴黎一面进行科学研究,一面指导革命工作。1848年欧洲革命爆发后,回国与马克思共同主编了民主派的《新莱茵报》。该报被查封后,恩格斯亲自参加了人民武装起义的3次战役,为自由而战。失败后,经瑞士逃往伦敦。不久,又去了曼彻斯特的商号做办事员,后来成了股东。这期间他一直与马克思保持密切的联系。1870年,恩格斯移居伦敦,与马克思共同紧张地工作。在马克思逝世后,恩格斯分别在1885年和1894年整理出版了《资本论》的第二卷和第三卷。1895年,恩格斯与世长辞。

两人著作丰富。马克思主要有《哲学的贫困》、《1844年经济学哲学手稿》、《政治经济学批判》、《法兰西内战》及未完成的《资本论》;恩格斯主要有《英国工人阶级状况》、《政治经济学批判大纲》、《家庭、私有制和国家的起源》、《路德维希·费尔巴哈》;两人还合写有《神圣家族,或对批判的批判所做的批判》、《共产党宣言》。作品均收入《马克思恩格斯全集》、《马克思恩格斯选集》。

看过第二章之后,就可以了解共产党人对已经形成的工人政党的态度,因而也就可以了解他们对英国宪章派[2]和北美土地改革派[3]的态度。

共产党人为工人阶级的最近的目的和利益而斗争，但是他们在当前的运动中同时代表运动的未来。在法国,共产党人同社会主义民主党[4]联合起来反对保守的和激进的资产阶级，但是并不因此放弃对那些从革命的传统中产生出来的空谈和幻想采取批判态度的权利。

在瑞士,共产党人支持激进党人,但是并不忽略这个政党是由互相矛盾的分子组成的,其中一部分是法国式的民主社会主义者,一部分是激进的资产者。

在波兰人中间,共产党人支持那个把土地革命当作民族解放的条件的政党,即发动过 1846 年克拉科夫起义[5]的政党。

在德国,只要资产阶级采取革命的行动,共产党就同它一起去反对君主专制、封建土地所有制和小市民的反动性。

但是，共产党一分钟也不忽略教育工人尽可能明确地意识到资产阶级和无产阶级的敌对的对立，以便德国工人能够立刻利用资产阶级统治所必然带来的社会的和政治的条件作为反对资产阶级的武器，以便在推翻德国的反对阶级之后立即开始反对资产阶级本身的斗争。

共产党人把自己的主要注意力集中在德国，因为德国正处在资产阶级革命的前夜,因为同 17 世纪的英国和 18 世纪的法国相比,德国将在整个欧洲文明更进步的条件下,拥有发展得多的无产阶级去实现这个变革,因而德国的资产阶级革命只能是无产阶级革命的直接序幕。

总之,共产党人到处都支持一切反对现存的社会制度和政治制度的革命运动。

在所有这些运动中,他们都强调所有制问题是运动的基本问题,不管这个问题当时的发展程度怎样。

最后,共产党人到处都努力争取全世界的民主政党之间的团结和协调。

共产党人不屑于隐瞒自己的观点和意图。他们公开宣布:他们的目的只有用暴力推翻全部现存的社会制度才能达到。让统治阶级在共产主义革命面前发抖吧。无产者在这个革命中失去的只是锁链。他们获得的将是整个世界。

“全世界无产者,联合起来!”

【注释】

[1]本文选自《共产党宣言》第四章,原章标题为“共产党人对各种反对党派的态度”。

[2]英国宪章派:19 世纪 30、40 年代英国无产阶级为争取实行《人民宪章》而发起了一场革命运动,史称“英国宪章运动”,这场运动的组织者和参加者被称为“宪章派”。

[3]北美土地改革派:“青年美国”是美国手工业者和工人的组织。该组织是 1845 年创立的群众

性的全国改革协会的核心，该协会的参加者又称作“民族改良派”或“北美土地改革派”。

[4]社会主义民主党：当时这个党在议会中的代表是赖德律·洛兰，在著作界的代表是路易·勃朗，在报纸方面的代表是《改革报》。“社会主义民主党”这个名称在它的发明者那里是指民主党或共和党中或多或少带有社会主义色彩的一部分人。（恩格斯在1888年英文版上加的注）

[5]1846年克拉科夫起义：波兰人民曾准备在1846年2月起义，但由于小贵族的背叛和领袖被捕，总起义没能成功，只有在由奥、俄、普共管的克拉科夫，起义者在2月22日取得胜利并建立了国民政府，但在3月初被镇压。

导读

《共产党宣言》以透彻鲜明的天才笔调叙述了新的世界观，包括彻底的唯物主义、全面深刻的辩证法和无产阶级肩负的世界历史革命使命三方面理论。

《共产党人对各种反对党派的态度》具体说明了共产党人对各国各种反对党派的态度，集中指出共产党人政治策略的基本原则是：“共产党人为工人阶级的最近的目的和利益而斗争，但是他们在当前的运动中同时代表运动的未来。”相关的策略是：“共产党人到处支持一切反对现存的社会制度和政治制度的革命运动”，“到处都努力争取全世界的民主政党之间的团结和协调”，在共产党人参加的一切革命运动中，要特别“强调所有制问题是运动的基本问题”等等。

在论述顺序上，马克思、恩格斯由分到总，先谈对较远的英国、北美革命派的态度，再谈对较近的法国、瑞士、波兰、德国革命派的态度。特别是其中一段对德国革命的论述，表达了马克思、恩格斯以及以德国人为主的共产主义者同盟对德国无产阶级革命的热切期望，体现了马克思和恩格斯关于不断革命的思想，即由资产阶级革命不停顿地发展到无产阶级革命的思想。在此基础上，文章总结了共产党人根本的政治态度，发出对全世界无产者的号召——“全世界无产者，联合起来！”

文章不仅层次清晰、言简意赅，而且坦率果决、气势夺人。

思考与练习

1.理解并说明共产党人对各国反对党派的态度。

2.体会“全世界无产者，联合起来”的伟大意义。

◎鲁　迅

灯下漫笔[1]

鲁迅(1881—1936),本名周樟寿,字豫山,后改名周树人,字豫才。浙江绍兴人。中国现代伟大的文学家、思想家,中国现代文学的奠基人。

鲁迅幼年受过诗书经传的传统文化教育,也接触过农民百姓的生活。1898年考入南京江南水师学堂,后改入陆师学堂附设的矿物铁路学堂,开始接触西方科学,接受达尔文的进化论学说。1902年赴日本留学,初学医,后弃医从文。1909年8月回国,先后在杭州、绍兴任教。1912年应蔡元培的邀请,在南京临时政府任佥事,5月随政府迁居北京。1918年4月,用笔名"鲁迅"在《新青年》杂志上发表了第一篇白话小说《狂人日记》。1920年起,先后在北京大学、北京女子师范大学、厦门大学、中山大学任教。1927年,为抗议国民党右派在广州发动"四·一五"事变,愤而辞去教职。同年10月,定居上海。在经历中国社会、思想、文化的巨大变迁过程中,鲁迅逐渐形成自己独立的思想,成为中国的文化伟人。1936年10月19日,因积劳成疾,与世长辞。

鲁迅一生文学创作近400万字,翻译五百多万字,整理古籍六十多万字。主要代表作品有《呐喊》、《彷徨》、《故事新编》等小说集,《坟》等16本杂文集和书信集《两地书》、散文集《朝花夕拾》、散文诗《野草》等。鲁迅的著作现已译成英、日、俄、法、德等五十多种文字,流传世界各地。1981年,人民文学出版社出版了16卷本《鲁迅全集》。

一

有一时,就是民国二三年时候,北京的几个国家银行的钞票,信用日见其好了,真所谓蒸蒸日上。听说连一向执迷于现银的乡下人,也知道这既便当,又可靠,很乐意收受,行使了。至于稍明事理的人,则不必是"特殊知识阶级",也早不将沉重累坠的银元装在怀中,来自讨无谓的苦吃。想来,除了多少对于银子有特别嗜好和爱情的人物之外,所有的怕大都是钞票了罢,而且多是本国的。但可惜后来忽然受了一个不小的打击。

就是袁世凯[2]想做皇帝的那一年,蔡松坡[3]先生溜出北京,到云南去起义。这边所受的影响之一,是中国和交通银行的停止兑现[4]。虽然停止兑现,政府勒令商民照旧行用的威力却还有的;商民也自有商民的老本领,不说不要,却道找不出零钱。假如拿几十几百的钞票去买东西,我不知道怎样,但倘使只要买一枝笔,一盒烟卷呢,难道就付给一元钞票么?不但不甘心,也没有这许多票。那么,换铜元,少换几个罢,又都说没有铜元。那么，到亲戚朋友那里借现钱去罢，怎么会有？于是降格以求，不讲爱国了，要外国银行的钞票。但外国银行的钞票这时就等于现银，他如果借给你这钞票，也就借给你真的银元了。

我还记得那时我怀中还有三四十元的中交票[5]，可是忽而变了一个穷人，几乎要绝食，很有些恐慌。俄国革命以后的藏着纸卢布的富翁的心情，恐怕也就这样的罢；至多，不过更深更大罢了。我只得探听，钞票可能折价换到现银呢？说是没有行市。幸而终于，暗暗地有了行市了：六折几。我非常高兴，赶紧去卖了一半。后来又涨到7折了，我更非常高兴，全去换了现银，沉垫垫地坠在怀中，似乎这就是我的性命的斤两。倘在平时，钱铺子如果少给我一个铜元，我是决不答应的。

但我当一包现银塞在怀中，沉垫垫地觉得安心，喜欢的时候，却突然起了另一思想，就是：我们极容易变成奴隶，而且变了之后，还万分喜欢。

假如有一种暴力，"将人不当人"，不但不当人，还不及牛马，不算什么东西；待到人们羡慕牛马，发生"乱离人，不及太平犬"的叹息的时候，然后给与他略等于牛马的价格，有如元朝定律[6]，打死别人的奴隶，赔一头牛，则人们便要心悦诚服，恭颂太平的盛世。为什么呢？因为他虽不算人，究竟已等于牛马了。

我们不必恭读《钦定二十四史》[7]，或者入研究室，审察精神文明的高超。只要一翻孩子所读的《鉴略》[8]，——还嫌烦重，则看《历代纪元编》[9]，就知道"三千余年古国古"[10]的中华，历来所闹的就不过是这一个小玩艺。但在新近编纂的所谓"历史教科书"一流东西里，却不大看得明白了，只仿佛说：咱们向来就很好的。

但实际上，中国人向来就没有争到过"人"的价格，至多不过是奴隶，到现在还如此，然而下于奴隶的时候，却是数见不鲜的。中国的百姓是中立的，战时连自己也不知道属于那一面，但又属于无论那一面。强盗来了，就属于官，当然该被杀掠；官兵既到，该是自家人了罢，但仍然要被杀掠，仿佛又属于强盗似的。这时候，百姓就希望有一个一定的主子，拿他们去做百姓，——不敢，是拿他们去做牛马，情愿自己寻草吃，只求他决定他们怎样跑。

假使真有谁能够替他们决定，定下什么奴隶规则来，自然就"皇恩浩荡"了。可惜的是往往暂时没有谁能定。举其大者，则如五胡十六国[11]的时候，黄巢[12]的时候，五代[13]时候，宋末元末时候，除了老例的服役纳粮以外，都还要受意外的灾殃。张献忠[14]的脾气更古怪了，不服役纳粮的要杀，服役纳粮的也要杀，敌他的要杀，降他的也要杀：将奴隶规则毁得粉碎。这时候，百姓就希望来一个另外的主子，较为顾及他们的奴隶规则的，无论仍旧，或者新颁，总之是有一种规则，使他们可上奴隶的轨道。

"时日曷丧，予及汝偕亡！"[15]愤言而已，决心实行的不多见。实际上大概是群盗如麻，纷乱至极之后，就有一个较强，或较聪明，或较狡滑，或是外族的人物出来，较有秩序地收拾了天下。厘定规则：怎样服役，怎样纳粮，怎样磕头，怎样颂圣。而且这规则是不像现在那样朝三暮四的。于是便"万姓胪欢"[16]了;用成语来说,就叫作"天下太平"。

任凭你爱排场的学者们怎样铺张,修史时候设些什么"汉族发祥时代""汉族发达时代""汉族中兴时代"的好题目,好意诚然是可感的,但措辞太绕湾子了。有更其直捷了当的说法在这里——

一、想做奴隶而不得的时代;

二、暂时做稳了奴隶的时代。

这一种循环,也就是"先儒"之所谓"一治一乱"[17];那些作乱人物,从后日的"臣民"看来,是给"主子"清道辟路的,所以说:"为圣天子驱除云尔。"[18]

现在入了那一时代,我也不了然。但看国学家的崇奉国粹,文学家的赞叹固有文明,道学家的热心复古,可见于现状都已不满了。然而我们究竟正向着那一条路走呢?百姓是一遇到莫名其妙的战争,稍富的迁进租界,妇孺则避入教堂里去了,因为那些地方都比较的"稳",暂不至于想做奴隶而不得。总而言之,复古的,避难的,无智愚贤不肖,似乎都已神往于300年前的太平盛世,就是"暂时做稳了奴隶的时代"了。

但我们也就都像古人一样,永久满足于"古已有之"的时代么?都像复古家一样,不满于现在,就神往于300年前的太平盛世么?

自然,也不满于现在的,但是,无须反顾,因为前面还有道路在。而创造这中国历史上未曾有过的第三样时代,则是现在的青年的使命!

二

但是赞颂中国固有文明的人们多起来了,加之以外国人。我常常想,凡有来到中国的,倘能疾首蹙额而憎恶中国,我敢诚意地捧献我的感谢,因为他一定是不愿意吃中国人的肉的!

鹤见祐辅[19]氏在《北京的魅力》中,记一个白人将到中国,预定的暂住时候是一年,但5年之后,还在北京,而且不想回去了。有一天,他们两人一同吃晚饭——

"在圆的桃花心木的食桌前坐定,川流不息地献着山海的珍味,谈话就从古董,画,政治这些开头。电灯上罩着支那式的灯罩,淡淡的光洋溢于古物罗列的屋子中。什么无产阶级呀,Proletariat[20]呀那些事,就像不过在什么地方刮风。

"我一面陶醉在支那生活的空气中,一面深思着对于外人有着'魅力'的这东西。元人也曾征服支那,而被征服于汉人种的生活美了;满人也征服支那,而被征服于汉人种的生活美了。现在西洋人也一样,嘴里虽然说着Democracy[21]呀,什么什么呀,而却被魅于支那人费6000年而建筑起来的生活的美。一经住过北京,就忘不掉那生活的味道。大风时候的万丈的沙尘,每三月一回的督军们的开战游戏,都不能抹去这支那生活的魅力。"

这些话我现在还无力否认他。我们的古圣先贤既给与我们保古守旧的格言,但同时也排好了用子女玉帛所做的奉献于征服者的大宴。中国人的耐劳，中国人的多子，都就是办酒的材料，到现在还为我们的爱国者所自诩[22]的。西洋人初入中国时，被称为蛮夷，自不免个个蹙额，但是，现在则时机已至，到了我们将曾经献于北魏，献于金，献于元，献于清的盛宴，来献给他们的时候了。出则汽车，行则保护：虽遇清道，然而通行自由的；虽或被劫，然而必得赔偿的；孙美瑶[23]掳去他们站在军前，还使官兵不敢开火。何况在华屋中享用盛宴呢？待到享受盛宴的时候，自然也就是赞颂中国固有文明的时候；但是我们的有些乐观的爱国者，也许反而欣然色喜，以为他们将要开始被中国同化了罢。古人曾以女人作苟安的城堡，美其名以自欺曰"和亲"，今人还用子女玉帛为作奴的贽敬，又美其名曰"同化"。所以倘有外国的谁，到了已有赴宴的资格的现在，而还替我们诅咒中国的现状者，这才是真有良心的真可佩服的人！

但我们自己是早已布置妥帖了，有贵贱，有大小，有上下。自己被人凌虐，但也可以凌虐别人；自己被人吃，但也可以吃别人。一级一级的制驭着，不能动弹，也不想动弹了。因为倘一动弹，虽或有利，然而也有弊。我们且看古人的良法美意罢——

"天有十日，人有十等。下所以事上，上所以共神也。故王臣公，公臣大夫，大夫臣士，士臣皁，皁臣舆，舆臣隶，隶臣僚，僚臣仆，仆臣台[24]。"(《左传》昭公七年)

但是"台"没有臣，不是太苦了么？无须担心的，有比他更卑的妻，更弱的子在。而且其子也很有希望，他日长大，升而为"台"，便又有更卑更弱的妻子，供他驱使了。如此连环，各得其所，有敢非议者，其罪名曰不安分！

虽然那是古事，昭公七年离现在也太辽远了，但"复古家"尽可不必悲观的。太平的景象还在：常在兵燹[25]，常有水旱，可有谁听到大叫唤么？打的打，革的革，可有处士来横议么？对国民如何专横，向外人如何柔媚，不犹是差等的遗风[26]么？中国固有的精神文明，其实并未为共和二字所埋没，只有满人已经退席，和先前稍不同。

因此我们在目前，还可以亲见各式各样的筵宴，有烧烤，有翅席，有便饭，有西餐。但茅檐下也有淡饭，路傍也有残羹，野上也有饿莩[27]；有吃烧烤的身价不资的阔人，也有饿得垂死的每斤8文的孩子[28]。所谓中国的文明者，其实不过是安排给阔人享用的人肉的筵宴。所谓中国者，其实不过是安排这人肉的筵宴的厨房。不知道而赞颂者是可恕的，否则，此辈当得永远的诅咒！

外国人中，不知道而赞颂者，是可恕的；占了高位，养尊处优，因此受了蛊惑，昧却灵性而赞叹者，也还可恕的。可是还有两种，其一是以中国人为劣种，只配悉照原来模样，因而故意称赞中国的旧物。其一是愿世间人各不相同以增自己旅行的兴趣，到中国看辫子，到日本看木屐，到高丽看笠子，倘若服饰一样，便索然无味了，因而来反对亚洲的欧化。这些都可憎恶。至于罗素[29]在西湖见轿夫含笑，便赞美中国人，则也许别有意思罢。但是，轿夫如果能对坐轿的人不含笑，中国也早不是现在似的中国了。

这文明，不但使外国人陶醉，也早使中国一切人们无不陶醉而且至于含笑。因为古代传来而至今还在的许多差别，使人们各各分离，遂不能再感到别人的痛苦；并且因为自己各有奴使别人，吃掉别人的希望，便也就忘却自己同有被奴使被吃掉的将来。于是大小无数的人肉的筵宴，即从有文明以来一直排到现在，人们就在这会场中吃人，被吃，以凶人的愚妄的欢呼，将悲惨的弱者的呼号遮掩，更不消说女人和小儿。

这人肉的筵宴现在还排着，有许多人还想一直排下去。扫荡这些食人者，掀掉这筵席，毁坏这厨房，则是现在的青年的使命！

1925年4月29日

【注释】

[1]本文选自《鲁迅全集·坟》。

[2]袁世凯(1851—1916)：河南项城人，北洋军阀的首领。他勾结帝国主义，在1900年的辛亥革命后窃取了国家政权。于1902年3月就任中华民国临时大总统，组织了代表大地主大买办阶级利益的第一个北洋政府，后又于1913年10月雇用"公民团"包围议会，选举他为正式大总统，更于1916年1月恢复君主专制政体，自称皇帝。与此同时，蔡锷等人在云南起义反对帝制，得到各省响应。1916年3月22日，袁世凯被迫取消帝制，6月6日死于北京。

[3]蔡松坡(1882—1916)：名锷，字松坡，湖南邵阳人。辛亥革命时任云南都督，1913年被袁世凯调到北京，加以监视。1915年潜离北京，回到云南组织护国军，讨伐袁世凯。

[4]兑现：现在一般指凭票据向银行换取现款，这里指将发行的纸币兑换成现银。

[5]中交票：指当时作为国家银行的中国银行和交通银行发行的钞票。

[6]有如元朝定律：多桑《蒙古史》引元太宗窝阔台的话说："成吉思汗法令，杀一回教徒者罚金40巴里夫，而杀一汉人者其偿价仅与一驴相等。"

[7]《钦定二十四史》：清朝乾隆时将从《史记》至《明史》等二十四部史书定为正史，统称"钦定二十四史"。

[8]《鉴略》：清朝王仕云著。上起盘古，下至明朝弘光，是当时学塾用的初级历史读物。

[9]《历代纪元编》：清朝李兆洛著，是中国历史的干支年表。

[10]三千余年古国古：化用清代诗人黄遵宪《出军歌》"四千余岁古国古，是我完全土"句。

[11]五胡十六国：公元304年至439年间，我国匈奴、鲜卑、羌、羯、氐等5个少数民族先后在北方和西蜀立国，计有前赵、后赵、前燕、后燕、南燕、后凉、南凉、北凉、前秦、后秦、西秦、夏、成汉，加上汉族建立的前凉、西凉、北燕，共有十六国，史称"五胡十六国"。

[12]黄巢：唐末农民起义领袖。

[13]五代：指在公元907年唐王朝灭亡后至960年间相继建立的后梁、后唐、后晋、后汉、后周五个朝代。

[14]张献忠：明末农民起义领袖。和黄巢一样，旧史书都有关于他们杀人的夸大记载。

[15]"时日曷丧，予及汝偕亡"：语出《尚书·汤誓》。意思是说这个太阳什么时候灭亡，我要和你同归于尽，表达了被奴役者对夏代暴君夏桀的愤恨。

[16]万姓胪(lú)欢：意思是人们相互传告快乐之情。胪：陈述，传告。

[17]一治一乱：语出《孟子·滕文公下》："天下之生久矣，一治一乱。"

[18]为圣天子驱除云尔：语出《汉书·王莽传赞》。意思是为圣明的皇帝驱赶清除一些势力。

[19]鹤见祐辅(1885—1973)：日本评论家。鲁迅曾译过他的随笔集《思想·山水·人物》,《北京的魅力》即其中的一篇。

[20]Proletariat：英语，无产阶级。

[21]Democracy：英语，民主。

[22]自诩(xǔ)：即自夸。

[23]孙美瑶：当时占领山东抱犊崮的土匪头子。1923 年 5 月他在津浦铁路临城站劫车，掳去中外旅客二百多人，是当时哄动一时的事件。

[24]王、公、大夫、士、皁、舆、隶、僚、仆、台：奴隶社会等级的名称。前四种是统治者的等级，后六种是被奴役者的等级。

[25]兵燹(xiǎn)：指战火。

[26]差等的遗风：指封建等级制度遗留下来的作风。

[27]饿莩(piǎo)：指饿瘦和饿死的人。

[28]每斤 8 文的孩子：1925 年 5 月 2 日《现代评论》第一卷第二十一期载仲瑚《一个四川人的通信》，说当时四川穷苦人民在军阀统治下卖儿卖女，“男小孩只卖八枚铜子一斤，女小孩连这个价钱也卖不了”。

[29]罗素(B.Russell，1872—1970)：英国哲学家和数学家。1920 年曾来中国讲学和游览风物。他的《中国问题》一书谈到：“我记得一个大夏天，我们几个人坐轿过山，道路崎岖难行，轿夫非常地辛苦；我们到了山顶，停 10 分钟，让他们休息一会。立刻他们就并排地坐下来了，抽出他们的烟袋来，谈着笑着，好像一点忧虑都没有似的。”

导读

作为思想家与文学家，鲁迅在观察、分析与表现中国历史进程时，始终关注着处在中国社会历史巨变中的人的问题，特别是不同阶级、阶层以至整个民族的社会心理。他的杂文常常透过人们习以为常的生活现象，发掘隐秘的内在心理，再从广阔的社会关系与深远的历史背景中进行纵向的开掘，探讨这种社会心理的深层根源，并指出历史与现实所带来的经验教训。

《灯下漫笔》就是一篇从生活现象出发，深入分析中国旧社会和旧文明如何造成当时民族奴性心理的著名杂文，体现了鲁迅对历史与现实深刻清醒的洞察力，自嘲以嘲人中表露出强烈的否定历史糟粕的批判精神和苦心劝世、争取人性自由的强烈愿望。

文章形式上分为两部分，各有侧重。第一部分主要从民族心理的角度，对中国历史进行深刻的检视和反省，分析认为中国劳苦大众奴性意识深重的历史根源，就在于过去人们一直生活在“想做奴隶而不得的时代”与“暂时做稳了奴隶的时代”的交替循环之中。第二部分侧重从民族文化的角度，对中国社会现实作振聋发聩的揭露，指出当时中国所谓的“文明”其实建立在剥削和奴役广大人民的基础上，注定要被广大人民戳穿、摒弃并被新文明彻底取代。

两部分又相对应统一，因为民族心理与民族文化本来就是紧密相连并互为因果，其中都贯穿了鲁迅强烈的批判和否定精神。鲁迅认为只有扫荡这些食人者，“掀掉这筵席，毁坏这厨房”，才能创造劳苦大众们的第三样时代，所以在两部分结尾都以“现在的青年的使命”相号召。

在议论方面，两部分都从自身感受起笔，以大量的日常生活事件、历史事实和文献典籍为论据，多方面进行论证，最后推出文章结论。论证过程层层深入而又环环相扣，具有很强的逻辑性和说服力。作者手写所想，自由纵笔，论证材料丰富多样，正体现了“漫笔”的特色。

文中大量采用反语和讽刺的手法，语言含蓄而意味深长。

思考与练习

1.本文两个部分之间有什么内在联系？

2. 3个时代分别是怎样的？它们之间又有什么联系？

3.说明本文主题的深刻性。

◎王　蒙

春之声[1]

王蒙(1934—　　),河北南皮人,生于北平。上中学时参加中共领导的城市地下工作。1948年,加入中国共产党。1950年,从事青年团的区委会工作。1953年,创作长篇小说《青春万岁》。1956年,发表短篇小说《组织部新来的年轻人》,由此被错划为右派。1958年后,在京郊劳动改造。1962年,调北京师范学院任教。1963年起,赴新疆生活工作了10多年。1978年,调北京市作协工作。后任《人民文学》主编、中国作协副主席、中共中央委员、文化部长、国际笔会中心中国分会副会长等职。

有作品集《王蒙小说报告文学选》、《王蒙中篇小说集》、《王蒙选集》、《王蒙集》,专著《红楼启示录》,自选集《琴弦与手指》以及10卷本《王蒙文集》等,其中有多篇小说和报告文学获奖。作品被译成英、俄、日等多种文字在国外出版。

咣地一声,黑夜就到来了。一个昏黄的、方方的大月亮出现在对面墙上。岳之峰的心紧缩了一下,又舒张开了。车身在轻轻地颤抖。人们在轻轻地摇摆。多么甜蜜的童年的摇篮啊!夏天的时候,把衣服放在大柳树下,脱光了屁股的小伙伴们一跃跳进故乡的清凉的小河里,一个猛子扎出十几米,谁知道谁在哪里露出头来呢?谁知道被他慌乱中吞下的一口水里,包含着多少条蛤蟆蝌蚪呢?闭上眼睛,熟睡在闪耀着阳光和树影的涟漪[2]之上,不也是这样轻轻地、轻轻地摇晃着的吗?失去了的和没有失去的童年和故乡,责备我么?欢迎我么?母亲的坟墓和正在走向坟墓的父亲!

方方的月亮在移动,消失,又重新诞生。惟一的小方窗里透进了光束,是落日的余辉还是站台的灯?为什么连另外三个方窗也遮严了呢?黑咕隆咚,好像紧接着下午便是深夜。门咣地一关,就和外界隔开了。那愈来愈响的声音是下起了冰雹吗?是铁锤砸在铁砧[3]上?在黄土高原的乡下,到处还靠人打铁,我们祖国的胳膊有多么发达的肌肉!呵,当然,那只是车轮撞击铁轨的噪音,来自这一节铁轨与那一节铁轨之间的缝隙。目前不是正在流行一支轻柔的歌曲吗,叫做什么来着——《泉水叮咚响》。如果火车也叮咚叮咚地响起来呢?广州人可真会生活,不像这西北高原上,人的脸上和房屋的窗玻璃上到处都蒙着一层厚厚的黄土。广州人的凉棚下面,垂挂着许许多多三角形的瓷板,它们伴随着清风,发出叮叮咚咚的清音,愉悦着心灵。美国的抽象派[4]音乐却叫人发狂。真不知道基辛格[5]听我们的杨子荣[6]咏叹调时有什么样的感受。京剧锣鼓里有噪音,所有的噪音都是令人不快的吗?反正火车开动以后的铁轮声给人以鼓舞和希望。下一站,或者下一站的下一站，或者许多许多的下一站以后的下一站，你所寻找的生活就在那里，母亲或者孩子，友人或者妻子，温热的澡盆或者丰盛的饮食正在那里等待着你。都是回家过年的。过春节，我们的古老的民族的最美好的节日。谢天谢地，现在全国人民都可以快快乐乐地过年了。再不会用"革命化"的名义取消春节了。

这真有趣。在出国考察[7]3个月回来之后，在北京的高级宾馆里住了一阵——总结啦，汇报啦，接见啦，报告啦……之后，岳之峰接到了八十多岁的刚刚摘掉地主帽子的父亲的信。他决定回一趟阔别20多年的家乡。这是不是个错误呢？他怎么也没想到要坐两个小时零四十七分钟的闷罐子车[8]呀。3个小时以前，他还坐在从北京开往X城的三叉戟[9]客机的宽敞、舒适的座位上。两个月以前，他还坐在驶向汉堡的易北河客轮上。现在呢，他和那些风尘仆仆的，在黑暗中看不清面容的旅客们挤在一起，就像沙丁鱼挤在罐头盒子里。甚至于他辨别不出火车到底是在向哪个方向行走。眼前只有那月亮似的光斑在飞速移动，火车的行驶究竟是和光斑方向相同抑或相反呢？他这个工程物理学家竟为这个连小学生都答得上来的、根本算不上是几何光学的问题伤了半天脑筋。

他已经有二十多年没有回过家乡了。谁让他错投了胎？地主，地主！1956年他回过一次家，一次就够用了——回家呆了4天，却检讨了21年！而伟人的一句话，也够人们学习贯彻100年。使他惶惑的是，难道人生一世就是为了作检讨？难道他生在中华，就是为了作一辈子检讨的么？好在这一切都过去了。斯图加特的奔驰汽车工厂的装配线在不停地转动，车间洁净敞亮，没有多少噪音。西门子公司规模巨大，具有130年的历史。我们才刚刚起步。赶上，赶上！不管有多么艰难。咔，咔，咔，快点开，快点开，快开，快开，快，快，快，车轮的声音从低沉的三拍一小节变成两拍一小节，最后变成高亢的呼号了。闷罐子车也罢，正在快开。何况天上还有三叉戟？

尘土和纸烟的雾气中出现了旱烟叶发出的辣味，像是在给气管和肺作针灸[10]。梅花针大概扎在肺叶上了。汗味就柔和得多了。方言的浓度在旱烟与汗味之间，既刺激，又亲切。还有南瓜的香味哩！谁在吃南瓜？X城火车站前的广场上，没有见卖熟南瓜的呀。别的小吃和土特产倒是都有。花生、核桃、葵花籽、柿饼、醉枣、绿豆糕、山药、蕨麻……全有卖的。就像变戏法，举起一块红布，向左指上两指，这些东西就全没了，连火柴、电池、肥皂都跟着短缺。现在呢，一下子又都变了出来，也许伸手再抓两抓，还能抓出更多的财富。柿饼和枣朴质无华，却叫人甜到心里。岳之峰咬了一口上火车前买的柿饼，细细地咀嚼着儿时的甜香。辣味总是一下子就能尝到，甜味却埋得很深很深。要有耐心，要有善意，要有经验，要知觉灵敏。透过辛辣的烟草和热烘烘的汗味儿，岳之峰闻到了乡亲们携带的绿豆香。绿豆苗是可爱的，灰兔子也是可爱的，但是灰色的野兔常常要毁坏绿豆。为了追赶野兔，他和小柱子一口气跑了3里，跑得连树木带田垄都摇来摆去。在中秋的月夜，他亲眼见过一只银灰色的狐狸，走路悄无声息，像仙人，像梦。

车声小了，车声息了。人声大了，人声沸了。咣——哧，铁门打开了，女列车员——

一个高个子、大骨架的姑娘正在洒利地用家乡方言指挥下车和上车的乘客。"没有地方了,没有地方了,到别的车厢去吧,"已经在车上获得了自己的位置的人发出了这种无效的、也是自私的呼吁。上车的乘客正在拥上来,熙熙攘攘。到哪里都是熙熙攘攘。与我们的王府井[11]相比,汉堡的街道上简直可以说是看不见人,而且市区的人口还在减少。岳之峰从飞机场来到X城火车站的时候吓了一跳——黑压压的人头,压迫得白雪不白,冬青也不绿了。难道是出了什么事情?1946年学生运动,人们集合在车站广场,准备拦车去南京请愿,也没有这么多人!岳之峰上大学的时候在北平,有一次他去逛故宫博物院,刚刚下午4点就看不见人影了,阴森森的大殿使他的后脊背冒凉气。他小跑着离开了故宫,上了拥挤的有轨电车才放心了一点。如果跑慢了,说不定珍妃[12]会从井里钻出来把他拉下去哩!

但是现在,故宫南门和北门前买入场券的人排着长队。而且不是星期天。X城火车站前的人群令人晕眩。好像全中国有一半人要在春节前夕坐火车。到处都是团聚,相会,团圆饺子,团圆元宵,对于旧谊,对于别情,对于天伦之乐,对于故乡和童年的追寻。卖刚出屉的肉馅包子的,盖包子的白色棉褥子上尽是油污。卖烧饼、锅盔、油条、大饼的。卖整盒整盒的点心的。卖面包和饼干的。X车站和X城饮食服务公司倾全力到车站前露天售货。为了买两个烧饼也要挤出一身汗。岳之峰出了多少汗啊!他混饱了(环境和物质条件的急骤改变已使他分辨不出饥和饱了)肚子,又买到了去家乡的短途客车的票。找给钱的时候使他一怔,写的是一块二,怎么只收了6角呢?莫非是自己没有报清站名?他想再问一问,但是排在他后面的人已经占据了售票窗口前的有利阵地,他挤不回去了。

他怏怏地看着手中的火车票。火车票上黑体铅字印的是1.20元,但是又用双虚线勾上了两个占满票面的大字:陆角。这使他百思不得其解,简直像是一种生物学上的密码。"这是怎么回事?为什么我买一块二角的票她却给了我六角钱的?"他自言自语。他问别人。没有人回答他。等待上车的人大多是一些忙碌得可以原谅的利己主义者。

各种信息在他的头脑里撞击。黑压压的人群。遮盖热气腾腾的肉包子的油污的棉被。候车室里张贴着的大字通告:关于春节期间增添新车次的情况,和临时增添的新车次的时刻表。男女厕所门前排着等待小便的人的长队。陆角的双勾虚线。大包袱和小包袱,大篮筐和小篮筐,大提兜和小提兜……他得出了这最后一段行程会是艰难的结论。他有了思想准备。终于他从旅客们的闲谈中听到了"闷罐子车"这个词儿,他恍然了。人脑毕竟比电脑聪明得多。

上到列车上的时候,他有点垂头丧气。在20世纪80年代的第一个春节即将来临之时,正在梦寐以求地渴望实现四个现代化的人们,却还要坐瓦特和史蒂文森时代[13]的闷罐子车!事实如此。事实就像宇宙,就像地球,华山和黄河,水和土,氢和氧,钛和铀。既不像想像那样温柔,也不像想象那么冷酷。不是么,闷罐子车里坐满了人,而且还在一个两个，十个二十个地往人与人的缝隙，分子与分子，原子与原子的空隙之中嵌进。奇迹般地难以思议，已经坐满了人的车厢里又增加了那么多人。没有人叫苦。

有人叫苦了："这个箱子不能压。"一个包着头巾的抱着孩子的妇女试探着能不能坐到一只箱子上。"您到这边来，您到这边来。"岳之峰连忙站起身，把自己的靠边的位置让了出来。坐在靠边的地方，身子就能倚在车壁上，这就是最优越的"雅座"了。那女人有点不好意思。但终于抱着小孩子挪动了过来，她要费好大的力气才能不踩着别人。"谢谢您！"妇女用流利的北京话说。她抬起头。岳之峰好像看到一幅炭笔的素描。题目应该叫《微笑》。

叮铃叮铃的铃声响了，铁门又咣地一声关上了，是更深沉的黑夜。车外的暮色也正在浓重起来嘛。大骨架的女列车员点起了一枝白蜡，把蜡烛放到了一个方形的玻璃罩子里。为什么不点油灯呢？大概是怕煤油摇洒出来。偌大车厢，就靠这一盏蜡烛照亮。些微的亮光，照得乘客变成了一个又一个的影子。车身又摇晃了，对面车壁上的方形的光斑又在迅速移动了。离家乡又近一些了。摘了帽子，又见到了儿子，父亲该可以瞑目了吧？不论是他的罪恶或者忏悔，不论是他的眼泪还是感激，也不论是他的狰狞丑恶还是老实善良，这一切都快要随着他的消失而云消雾散了。老一辈人正在一个又一个地走向河的那边。咚咚咚，噔噔噔，嘭嘭嘭，是在过桥了吗？联结着过去和未来，中国和外国，城市和乡村，此岸和彼岸的桥啊！

靠得很近的蜡灯把黑白分明的光辉和阴影印制在女列车员的脸上。女列车员像是一尊全身的神像。"旅客同志们，春节期间，客运拥挤，我们的票车[14]去支援长途……提高警惕……"她说得挺带劲，每吐出一个字就像拧紧了一个螺母。她有一种信心十足，指挥若定的气概，以小小的年纪，靠一枝蜡烛的光亮，领导着一车的乌合之众。但是她的声音也淹没在轰轰轰，嗡嗡嗡，隆隆隆，不仅是七嘴八舌，而且是七十嘴八十舌的喧嚣里了。

自由市场。百货公司。香港电子石英表。豫剧片《卷席筒》。羊肉泡馍。醪糟蛋花。三接头皮鞋。三片瓦帽子。包产到组。收购大葱。中医治癌。差额选举。结婚筵席……在这些温暖的闲言碎语之中，岳之峰轮流把体重从左腿转移到右腿，再从右腿转移到左腿。幸好人有两条腿，要不然，无依无靠地站立在人和物的密集之中，可真不好受。立锥之地，岳之峰现在对于这句成语才有了形象的理解。莫非古代也有这种拥挤的、没有座位和灯光的旅行车辆吗？但他给一个女同志让了"座位"。不，没有座，只有位。想不到她讲一口北京话。这使岳之峰兴致似乎高了一些。"谢谢"，"对不起"，在国外到处是这种礼貌的用语。虽然有一个装着坚硬的铁器的麻袋正在挤压他右腿的小腿肚子。而另一个席地而坐的人的脊背干脆靠到了他的疲麻[15]难忍的左腿上。

简直是神奇。不仅在慕尼黑的剧院里观看演出的时候；而且在北京，在研究所、部里和宾馆里，在 23 平方米的住房和 103 和 332 路公共汽车上；他也想不到人们还要坐闷罐子车。这不是运货和运牲畜的车吗？倒霉！可又有什么倒霉的呢？咒骂是最容易不过的。咒骂闷罐子车比起制造新的美丽舒适的客运列车来，既省力又出风头。无所事事而又怨气冲天的人的口水，正在淹没着忍辱负重、埋头苦干的人的劳动。人们时而用高调，时而又用低调冲击着、替代着那些一件又一件，一天又一天，一年又一年的坚韧不拔的工作。

"给这种车坐，可真缺德！"

"你凑合着吧。过去，还没有铁路哩！"

"运兵都是用闷罐子车，要不，就暴露了。"

"要赶上拉肚子的就麻烦了，这种车上没有厕所。"

"并没有一个人拉到裤子里么。"

"有什么办法呢？每逢春节，有一亿多人要坐火车……"

黑暗中听到了这样一些交谈。岳之峰的心平静下来了。是的，这里曾经没有铁路，没有公路，连自行车走的路也没有。阔人骑毛驴，穷人靠两只脚。农民挑着1500个鸡蛋，从早晨天不亮出发，越过无数的丘陵和河谷，黄昏时候才能赶到X城。我亲爱的美丽而又贫瘠的土地！你也该富饶起来了吧？过往的记忆，已经像烟一样，雾一样地淡薄了，但总不会被彻底地忘却吧？历史，历史；现实，现实；理想，理想；哞——哞——咣嘁咣嘁……喀郎喀郎……沿着莱茵河的高速公路。山坡上的葡萄。暗绿色的河流。飞速旋转。

这不就是法兰克福的孩子们吗？男孩子和女孩子，黄眼睛和蓝眼睛，追逐着的，奔跑着的，跳跃着的，欢呼着的。喂食小鸟的，捧举鲜花的，吹响铜号的，扬起旗帜的。那欢乐的生命的声音。那友爱的动人的呐喊。那红的、粉的和白的玫瑰。那紫罗兰和蓝蓝的毋忘我。

不。那不是法兰克福。那是西北高原的故乡。一株巨大的白丁香把花开在了屋顶的灰色的瓦楞上，如雪，如玉，如飞溅的浪花。摘下一条碧绿的柳叶，卷成一个小筒，仰望着蓝天白云，吹一声尖厉的哨子，惊得两个小小的黄鹂飞起。挎上小篮，跟着大姐姐，去采撷[16]灰灰菜。去掷石块，去追逐野兔，去捡鹌鹑的斑斓的彩蛋。连每一条小狗，每一只小猫，每一头牛犊和驴驹都在嬉戏。连每一根小草都在跳舞。

不，那不是西北高原。那是解放前的北平。华北局城工部（它的部长是刘仁同志）所属的学委组织了平津学生大联欢。营火晚会。"太阳下山明朝依旧爬上来……我的青春小鸟一样不回来"，"山上的荒地是什么人来开？地上的鲜花是什么人来栽？"一支又一支的歌曲激荡着年轻人的心。最后，大家发出了使国民党特务胆寒的强音："团结就是力量……让一切不民主的制度死亡！"信念和幸福永远不能分离。

不，那不是逝去了的，遥远的北平。那是解放了的，飘扬着五星红旗的首都。那是他青年时代的初恋，是第一次吹动他心扉的和煦的风。春节刚过，忽然，他觉察到了，风已经不那么冰冷，不那么严厉了。2月的风就带来了和暖的希望，带来了早春的消息。他跑到北海,冰还没有化哩。还没有什么游人哩。他摘下帽子,他解开上衣领下的第一个扣子。还是冬天吗?当然,还是冬天。然而是已经联结着春天的冬天,是冬与春的桥。有风为证,风已经不冷!风会愈来愈和煦,如醉,如酥……他欢迎着承受着别人仍然觉得凛冽,但是他已经为之雀跃的"春"风,小声叫着他悄悄地爱着的女孩子的名字。

那,那……那究竟是什么呢?是金鱼和田螺吗?是荸荠[17]和草莓吗?是孵蛋的芦花鸡吗?是山泉,榆钱,返了青的麦苗和成双的燕子吗?他定了定神。那是春天,是生命,是青年时代。在我们的生活里,在我们每个人的心房里,在猎户星座和仙后星座里,在每一颗原子核,每一个质子、中子、介子[18]里,不都包含着春天的力量,春天的声音吗?

他定了定神,揉了揉眼睛。分明是法兰克福的儿童在歌唱,当然,是德语。在欢快的童声合唱旁边,有一个顽强的、低哑的女声伴随着。

他再定了定神,再揉了揉眼睛。分明是在从X城到N地的闷罐子车上。在昏暗和喧嚣当中,他听到了德语的童声合唱,和低哑的,不熟练的,相当吃力的女声伴唱。

什么?一台录音机。在这个地方听起了录音。一支歌以后又是一支歌,然后是一个成人的歌。3支歌放完了。是叭啦叭啦的揿动键钮的声音,然后3支歌重新开始。顽强的、低哑的,不熟练的女声也重新开始。这声音盖过了一切喧嚣。

火车悠长的鸣笛。对面车壁上的移动着的方形光斑减慢了速度,加大了亮度。在昏暗中变成了一个个的影子的乘客们逐渐显出了立体化的形状和轮廓。车身一个大晃,又一个大晃,大概是通过了岔道。又到站了。咣——哧,铁门打开了,站台的聚光灯的强光照进了车厢。岳之峰看清楚了,录音机就放在那个抱小孩的妇女的膝头。开始下人和上人。录音机接受了女主人的指令,"叭"地一声,不唱了。

"这是……什么牌子的?"岳之峰问。

"三洋牌。这里人们开玩笑地叫它做'小山羊'。"妇女抬起头来,大大方方地回答。岳之峰仿佛看到了她的经历过风霜的,却仍然是年轻而又清秀的脸。

"从北京买的么?"岳之峰又问,不知为什么这么有兴趣。本来,他并不是一个饶舌的人。

"不,就从这里。"

这里?不知是指X城还是火车正在驶向的某一个更小的县镇。他盯着"三洋"商标。

"你在学外国歌吗?"岳之峰又问。

妇女不好意思地笑了,"不,我在学外国语。"她的笑容既谦逊,又高贵。

"德语吗?"

"噢,是的。我还没学好。"

"这都是些什么歌儿呀?"一个坐在岳之峰脚下的青年问。岳之峰的连续提问吸引了更多的人。

"它们是……《小鸟,你回来了》,《五月的轮转舞》和《第一株烟草花》,"女同志说,

"欣梅尔——天空,福格尔——鸟儿,布鲁米——花朵……"她低声自语。

他们的话没有再继续下去。车厢里充满了的照旧是"别挤!""这个箱子不能坐!""别踩着孩子!""这边没有地方了!"……之类的喊叫。

"大家注意啦!"一个穿着民警服装的人上了车,手里拿着半导体扬声喇叭,一边喘着气一边宣布道:"刚才,前一节车厢里上去了两个坏蛋,混水摸鱼,流氓扒窃。有少数坏痞,专门到闷罐子车上偷东西。那两个坏蛋我们已经抓住了。希望各位旅客提高警惕,密切配合,向刑事犯罪分子作坚决的斗争。大家听清楚了没有?"

"听清楚了!"车上的乘客像小学生一样地齐声回答。

乘务警察满意地,匆匆地跳了下去,手提扩音喇叭,大概又到别的车厢作宣传去了。

岳之峰不由得也摸了摸自己携带的两个旅行包,摸了摸上衣的4个和裤子的3个口袋。一切都健在无恙。

车开了。经过了短暂的混乱之后,人们又已经各得其所,各就其位。各人说着各人的闲话,各人打着各人的瞌睡,各人嗑着各人的瓜子,各人抽着各人的烟。"小山羊"又响起来了,仍然是《小鸟,你回来了》,《五月的轮转舞》和《第一株烟草花》。她仍然在学着德语,仍然低声地歌唱着欣梅尔——天空,福格尔——鸟儿,和布鲁米——花朵。

她是谁?她年轻吗?抱着的是她的孩子吗?她在哪里工作?她是搞科学技术的吗?是夜大学的新学员吗?是"老三届"[19]的毕业生吗?她为什么学德语学得这样起劲?她在追赶那失去了的时间吗?她做到了一分钟也不耽搁了吗?她有机会见到德国朋友或者到德国去或者已经到德国去过了吗?她是北京人还是本地人呢?她常常坐火车吗?有许多个问题想问啊。

"您听音乐吧。"她说。好像是在对他说。是的,3支歌曲以后,她没有揿键钮。在《第一株烟草花》后面,是约翰·斯特劳斯[20]的《春之声圆舞曲》。闷罐子车正随着这春天的旋律而轻轻地摇摆着,熏熏地陶醉着,袅袅地前行着。

车到了岳之峰的家乡。小站,停车一分钟。响过了到站的铃,又立刻响起了发车的铃。岳之峰提着两个旅行包下了车。小站没有站台,闷罐子车又没有阶梯。每节车厢放着一个普通木梯,临时支上。岳之峰从这简陋的木梯上终于下得地来,他长出了一口气。他向那位女同志道了再见。那位女同志也回答了他的再见。他有点依依不舍。他刚下车,还没等着验票出站,列车就开动了。他看到了闷罐子车的破烂寒伧[21]的外表:有的地方已经掉了漆,灯光下显得白一块、花一块的。但是,下车以后他才注意到,火车头是蛮好的,火车头是崭新的、清洁的、轻便的内燃机车。内燃机车绿而显蓝,瓦特时代毕竟没有内燃机车。内燃机车拖着一长列闷罐子车向前奔驶。天上升起了月亮。车站四周是薄薄的一层白雪。天与雪都泛着连成一片的青光。可以看到远处墓地上的黑黑的、永远长不大的松树。有一点风。他走在了坑坑洼洼的故乡土地上。他转过头,想再多看一眼那一节装有小鸟、五月、烟草花和约翰·斯特劳斯的神妙的春之声的临时代用的闷罐子车。他好像从来还没有听过这么动人的歌。他觉得如今每个角落的生活都在出现转机，都是有趣的，有希望的和永远不应该忘怀的。春天的旋律，生活的密码，这是非常珍贵的。

【注释】

[1]本文选自1980年短篇小说年编。

[2]涟漪(lián yī)：指水面上细小的波纹。

[3]铁砧(zhēn)：指铁制的用于捶或砸东西时垫在底下的器具。

[4]抽象派：亦称抽象主义。大约产生于20世纪初的俄国，后来流行于西欧和美国，是现代西方流行的一种艺术流派。主张艺术完全脱离现实生活而表现“纯精神的世界”，否定艺术的形象性、真实性和社会教育作用。第二次世界大战后，抽象派运动重心由西欧转到美国，更追求下意识的狂乱无羁的自我表现。

[5]基辛格：美国前总统尼克松的国家安全事务助理，曾于1971年、1972年两度访华，为中美邦交关系的恢复和发展做出过很大贡献。

[6]杨子荣：是当代作家曲波《林海雪原》中的主人公。20世纪50至70年代，这部小说非常受欢迎，曾被改编成评书、戏曲、电影等多种文艺形式。1967年，以小说描述的一次战斗“智取威虎山”改编的京剧《智取威虎山》更成为“八个革命样板戏”之一。

[7]出国考察：主人公去了德国，后文出现的外国城市名、河流名、公司名都出自德国。

[8]闷罐子车：指用来运货的只有方形小气窗的火车车厢。在那个年代，客运车厢不足，就用货运车厢来载人。由于外面的光线透过小气窗在车厢板上留下方形的光斑，所以在前文作者把它想像成“方方的大月亮”。

[9]三叉戟：这里指“三叉戟”飞机，是由原英国德·哈维兰公司于上世纪50年代开始研制的一种三发中近程喷气式民航客机。上世纪60年代，我国进口了3架“50050”型三叉戟，它们成为我国从国外进口的第一批专用大型喷气式客机，经过改建和装修，长期用作党和国家领导人以及军队首长的专机。3架中，除了1架于1971年载林彪外逃坠毁外，另两架直至上世纪80年代才光荣退役。

[10]针灸：中医学名词，是针刺和灸法的总称。针刺就是应用各种特制针具，以一定的刺激方法作用于经络穴位来防病治病；灸法主要是用艾绒等物熏灼经络穴位以防病治病。后文的“梅花针”即是一种针刺用具，由五枚小针集束而成，状如梅花。

[11]王府井：位于北京城区东南，占地375公顷，是集商业、餐饮、娱乐等于一体的著名大街。

[12]珍妃：清光绪帝妃，由于倾向变法，支持光绪帝掌握政权，引起慈禧太后的忌恨。1900年八国联军进攻北京，慈禧太后在逃离时命太监把她推入井中溺死。

[13]瓦特和史蒂文森时代：瓦特(James Watt，1736—1819)，英国发明家，对当时已经出现的原始蒸汽机做了重大改进和发明，提高了蒸汽机的效率和可靠性，使之在工业上得以广泛应用；史蒂文森(George Stephenson，1781—1848)，英国铁路机车发明家，创制并改良了世界上第一台实用的蒸汽式铁路机车。两人分别处于西方第一、二次工业革命的时代。

[14]票车：铁路人员一般称旅客列车为票车。

[15]痠(suān)麻：即酸麻。

[16]采撷(xié):即采摘。

[17]荸荠(bí qí):多年生草本植物,通常栽培在水田,地下茎扁圆形,皮赤褐色或黑褐色,肉白色,可以吃,又可以制淀粉。

[18]在每一颗原子核,每一个质子、中子、介子里:粒子物理学证实,原子是组成单质和化合物分子的最小微粒,由带正电荷的原子核和绕核运动着的、与核电荷数相等的电子组成;而原子核一般认为是由质子和中子组成;介子是一种质量介于电子和质子之间的粒子,它不能稳定存在,经历一定平均寿命后即转变为其他粒子。

[19]老三届:由于"文化大革命"的破坏,我国在1966年至1969年四年间取消了高考,致使1966、1967、1968的3届高中毕业生无法升学,后来人们称这3届高中毕业生为"老三届"。

[20]约翰·斯特劳斯(1825—1899):一译施特劳斯,奥地利著名作曲家。他所作的圆舞曲有四百多首,以具有旋转舞步的快速律动为特征,世称"维也纳圆舞曲"。其中《蓝色多瑙河》、《维也纳森林故事》、《艺术家的生涯》、《春的声息》(即王蒙所说的《春之声圆舞曲》)等流传甚广。

[21]寒伧(chen):即寒碜。这里有丑陋、难看和不体面的意思。

导读

王蒙的作品善于敏锐地捕捉和透视当今时代的新现象、新主题,并且在向社会各个层面如历史、文化、意识、心理大力拓展的同时,又能够将这些复杂的内容聚集和交叉于统一的形象中。

《春之声》通过主人公岳之峰站在"闷罐子车"里进行的那些"满天花"式的联想和幻想,着重表现人物的内心体验和主观感受,反映了在改革开放后"春回大地"给人们生活带来的新转机和新活力。

作品以人物的意识流动为线索,突破时间空间的限制,使结构呈现离散状。主人公的联想,从过去到现在、从国外到国内、从城市到乡村,一道道放射线令读者的目光和思维也不断跳跃跌宕。顺着所有的射线逆向追寻,能发现一个共同的端点,就是超越了1980年春节前夕这个特定的时间和闷罐子车里这个特定的空间的主人公自由敏感的心灵。

王蒙在这篇小说中借鉴了"意识流"的表现手法,尤其自由联想的运用非常成功。如小说第二自然段,主人公由车轮撞击铁轨的噪音想到家乡人的打铁,又想到流行歌曲《泉水叮咚响》,又想到广州人习惯挂的三角瓷板风铃,还有美国抽象派音乐、基辛格听杨子荣咏叹调、京剧锣鼓以及人们家中洗澡的热水和餐桌饮食。这一连串的联想之间并没有必然的因果关系,它们只是基于在某一点上相似或者相关就被灵活自如地捏合在了一起。王蒙通过这种"意识的流动",深刻反映了相当广泛的生活层面,使各种生活现象和状况之间产生一系列强烈对比,如中国和外国,乱糟糟的车厢与童年生活的平静,瓦特和史蒂文森时代的闷罐子车身与崭新的火车头,落后和令人难以忍受的闷罐子车里却有精巧先进的进口录音机在放德语歌曲等等。最终的主题对比是:当初到处的文化革命、人民困苦盲目、物资匮乏难得，在改革开放后社会生活的各个层面都展现了新的气象。

作品人物形象塑造得相当成功。作者给主人公岳之峰赋予了特定的时代特征：情绪上稍显敏感脆弱，但在对生活现象深深的思考中显示出内心的沉稳冷静与饱历沧桑，是一个典型的跨越了不同时代的知识分子形象。

思考与练习

1.本篇主要表现了什么时代的状况？表达了什么主题？

2.主人公在这个特定的时代联想到了哪些内容？最终的感触如何？

3.举例说明本文体现的“意识流”手法。

◎余秋雨

都江堰

余秋雨，1946年生，浙江人。艺术理论家，中国文化史学者，当代著名的散文作家，上海戏剧学院教授，曾任该院院长。专著有《艺术创造工程》等多种，散文集有《文化苦旅》、《山居笔记》、《霜冷长河》等多本。2004年11月，余秋雨在其自传《借我一生》发行已达30万册的情况下，宣布"封笔"。近年来，余秋雨以一系列"大文化散文"而独步文坛。其散文不仅融写景、抒情、议论为一炉，且结构、过渡、开合自然从容，作者往往将历史、现实、想像等材料顺手拈来，发人深思。

一

我以为，中国历史上最激动人心的工程不是长城，而是都江堰。

长城当然也非常伟大，不管孟姜女们如何痛哭流涕，站远了看，这个苦难的民族竟用人力在野山荒漠间修了一条万里屏障，为我们生存的星球留下了一种人类意志力的骄傲。长城到了八达岭一带已经没有什么味道，而在甘肃、陕西、山西、内蒙一带，劲厉的寒风在时断时续的颓壁残垣间呼啸，淡淡的夕照、荒凉的旷野溶成一气，让人全身心地投入对历史、对岁月、对民族的巨大惊悸，感觉就深厚得多了。

但是，就在秦始皇下令修长城的数十年前，四川平原上已经完成了一个了不起的工程。它的规模从表面上看远不如长城宏大，却注定要稳稳当当地造福千年。如果说，长城占据了辽阔的空间，那么，它却实实在在地占据了邈远的时间。长城的社会功用早已废弛，而它至今还在为无数民众输送汩汩清流。有了它，旱涝无常的四川平原成了天府之国，每当我们民族有了重大灾难，天府之国总是沉着地提供庇护和濡养。因此，可以毫不夸张地说，它永久性地灌溉了中华民族。

有了它，才有诸葛亮、刘备的雄才大略，才有李白、杜甫、陆游的川行华章。说得近一点，有了它，抗日战争中的中国才有一个比较安定的后方。

它的水流不像万里长城那样突兀在外，而是细细浸润、节节延伸，延伸的距离并不比长城短。长城的文明是一种僵硬的雕塑，它的文明是一种灵动的生活。长城摆出一副老资格等待人们的修缮，它却卑处一隅，像一位绝不炫耀、毫无所求的乡间母亲，只知贡献。一查履历，长城还只是它的后辈。

它，就是都江堰。

二

我去都江堰之前，以为它只是一个水利工程罢了，不会有太大的游观价值。连葛洲坝都看过了，它还能怎么样？只是要去青城山玩，得路过灌县县城，它就在近旁，就乘便看一眼吧。因此，在灌县下车，心绪懒懒的，脚步散散的，在街上胡逛，一心只想看青城山。

七转八弯，从简朴的街市走进了一个草木茂盛的所在。脸面渐觉滋润，眼前愈显清朗，也没有谁指路，只向更滋润、更清朗的去处走。忽然，天地间开始有些异常，一种隐隐然的骚动，一种还不太响却一定是非常响的声音，充斥周际。如地震前兆，如海啸将临，如山崩即至，浑身起一种莫名的紧张，又紧张得急于趋附。不知是自己走去的还是被它吸去的，终于陡然一惊，我已站在伏龙馆前，眼前，急流浩荡，大地震颤。

即使是站在海边礁石上，也没有像这里这样强烈地领受到水的魅力。海水是雍容大度的聚会，聚会得太多太深，茫茫一片，让人忘记它是切切实实的水，可掬可捧的水。这里的水却不同，要说多也不算太多，但股股叠叠都精神焕发，合在一起比赛着飞奔的力量，踊跃着喧嚣的生命。这种比赛又极有规矩，奔着奔着，遇到江心的分水堤，刷地一下裁割为二，直窜出去，两股水分别撞到了一道坚坝，立即乖乖地转身改向，再在另一道坚坝上撞一下，于是又根据筑坝者的指令来一番调整……也许水流对自己的驯顺有点恼怒了，突然撒起野来，猛地翻卷咆哮，但越是这样越是显现出一种更壮丽的驯顺。已经咆哮到让人心魄俱夺，也没有一滴水溅错了方位。阴气森森间，延续着一场千年的收伏战。水在这里，吃够了苦头也出足了风头，就像一大拨翻越各种障碍的马拉松健儿，把最强悍的生命付之于规整，付之于企盼，付之于众目睽睽。看云看雾看日出各有胜地，要看水，万不可忘了都江堰。

三

这一切，首先要归功于遥远得看不出面影的李冰。

四川有幸，中国有幸，公元前 251 年出现过一项毫不惹人注目的任命：李冰任蜀郡守。

此后中国千年官场的惯例，是把一批批有所执持的学者遴选为无所专攻的官僚，而李冰，却因官位而成了一名实践科学家。这里明显地出现了两种判然不同的政治走向，在李冰看来，政治的含义是浚理，是消灾，是滋润，是濡养，它要实施的事儿，既具体又质朴。他领受了一个连孩童都能领悟的简单道理：既然四川最大的困扰是旱涝，那么四川的统治者必须成为水利学家。

前不久我曾接到一位极有作为的市长的名片，上面的头衔只印了“土木工程师”，我立即追想到了李冰。

没有证据可以说明李冰的政治才能，但因有过他，中国也就有过了一种冰清玉洁的政治纲领。

他是郡守，手握一把长锸，站在滔滔的江边，完成了一个“守”字的原始造型。那把长锸，千年来始终与金杖玉玺、铁戟钢锤反复辩论。他失败了，终究又胜利了。

他开始叫人绘制水系图谱。这图谱，可与今天的裁军数据、登月线路遥相呼应。

他当然没有在哪里学过水利。但是，以使命为学校，死钻几载，他总结出治水三字经（“深淘滩，低作堰”）、八字真言（“遇湾截角，逢正抽心”），直到20世纪仍是水利工程的圭臬。他的这点学问，永远水气淋漓，而后于他不知多少年的厚厚典籍，却早已风干，松脆得无法翻阅。

他没有料到，他治水的韬略很快被替代成治人的计谋；他没有料到，他想灌溉的沃土将会时时成为战场，沃土上的稻谷将有大半充作军粮。他只知道，这个人种要想不灭绝，就必须要有清泉和米粮。

他大愚，又大智。他大拙，又大巧。他以田间老农的思维，进入了最澄彻的人类学的思考。

他未曾留下什么生平资料，只留下硬扎扎的水坝一座，让人们去猜详。人们到这儿一次次纳闷：这是谁呢？死于2000年前，却明明还在指挥水流。站在江心的岗亭前，“你走这边，他走那边”的吆喝声、劝诫声、慰抚声，声声入耳。没有一个人能活得这样长寿。

秦始皇筑长城的指令，雄壮、蛮吓、残忍；他筑堰的指令，智慧、仁慈、透明。

有什么样的起点就会有什么样的延续。长城半是壮胆半是排场，世世代代，大体是这样。直到今天，长城还常常成为排场。

都江堰一开始就清朗可鉴，结果，它的历史也总显出超乎寻常的格调。李冰在世时已考虑事业的承续，命令自己的儿子作3个石人，镇于江间，测量水位。李冰逝世400年后，也许3个石人已经损缺，汉代水官重造高及3米的“三神石人”测量水位。这“三神石人”其中一尊即是李冰雕像。这位汉代水官一定是承接了李冰的伟大精魂，竟敢于把自己尊敬的祖师，放在江中镇水测量。他懂得李冰的心意，惟有那里才是他最合适的岗位。这个设计竟然没有遭到反对而顺利实施，只能说都江堰为自己流泻出了一个独特的精神世界。

石像终于被岁月的淤泥掩埋，本世纪70年代出土时，有一尊石像头部已经残缺，手上还紧握着长锸。有人说，这是李冰的儿子。即使不是，我仍然把他看成是李冰的儿子。一位现代作家见到这尊塑像怦然心动，“没淤泥而蔼然含笑，断颈项而长锸在握”，作家由此而向现代官场衮衮诸公诘问：活着或死了应该站在哪里？

出土的石像现在正在伏龙馆里展览。人们在轰鸣如雷的水声中向他们默默祭奠。在这里，我突然产生了对中国历史的某种乐观。只要都江堰不坍，李冰的精魂就不会消散，李冰的儿子会代代繁衍。轰鸣的江水便是至圣至善的遗言。

四

继续往前走,看到了一条横江索桥。桥很高,桥索由麻绳、竹篾编成。跨上去,桥身就猛烈摆动,越犹豫进退,摆动就越大。在这样高的地方偷看桥下会神志慌乱,但这是索桥,到处漏空,由不得你不看。一看之下,先是惊吓,后是惊叹。脚下的江流,从那么遥远的地方奔来,一派义无反顾的决绝势头,挟着寒风,吐着白沫,凌厉锐进。我站得这么高还感觉到了它的砭肤冷气,估计它是从雪山赶来的罢。但是,再看桥的另一边,它硬是化作许多亮闪闪的河渠,改恶从善。人对自然力的驯服,干得多么爽利。如果人类干什么事都这么爽利,地球早已是另一副模样。

但是,人类总是缺乏自信,进进退退,走走停停,不停地自我耗损,又不断地为耗损而再耗损。结果,仅仅多了一点自信的李冰,倒成了人们心中的神。离索桥东端不远的玉垒山麓,建有一座二王庙,祭祀李冰父子。人们在虔诚膜拜,膜拜自己同类中更像一点人的人。钟鼓钹磬,朝朝暮暮,重一声,轻一声,伴和着江涛轰鸣。

李冰这样的人,是应该找个安静的地方好好纪念一下的,造个二王庙,也合民众心意。

实实在在为民造福的人升格为神,神的世界也就会变得通情达理、平适可亲。中国宗教颇多世俗气息,因此,世俗人情也会染上宗教式的光斑。一来二去,都江堰倒成了连接两界的桥墩。

我到边远地区看傩戏,对许多内容不感兴趣,特别使我愉快的是,傩戏中的水神河伯,换成了灌县李冰。傩戏里的水神李冰比二王庙中的李冰活跃得多,民众围着他狂舞呐喊,祈求有无数个都江堰带来全国的风调雨顺,水土滋润。傩戏本来都以神话开头的,有了一个李冰,神话走向实际,幽深的精神天国一下子贴近了大地,贴近了苍生。

导读

《都江堰》是一篇典型的"大文化散文"。文章从游览都江堰写起,通过描山绘水来颂赞李冰父子建堰造福于民的业绩, 反思与中华民族传统文化相反的另一种为官之道,感怀历史,直面现实。

文章由4部分组成。第一部分将都江堰与长城作对比,提出都江堰是"中国历史上最激动人心的工程"的惊人论断;第二部分写偶然发现都江堰的过人之美;第三部分,通过将李冰父子与历史上其他类型的为官之道作比较,对前者兴修水利的业绩和历史地位进行了高度的评价;第四部分,借助丰富的想像,比较了与李冰修堰相关或相反的一些事理,把李冰父子的行为和精神提高到民族精神和民族灵魂的高度,印证了开篇的惊人之语。

文章使用了近20处对比和含蓄精当的议论,塑造了李冰这个不求私利、为民造福的古代官吏的崇高形象。治水人物在作者的笔下具有张力,仿佛其封存久远的文化内涵会一下子影显出来一样,思想内蕴丰富而深刻。同时,文章的语言显得简劲而隽永,言辞考究而富于感染力。

思考与练习

1.谈谈文章每一部分的内容所包含的意义和这几部分内容之间的联系。

2.本文是用什么方法展开联想的?这种联想的表达方式有何表达效果?

爱国

感念

路漫漫其修远兮，

吾将上下而求索。

——屈原

为什么我的眼里常含泪水？
因为我对这土地爱得深沉……

——艾青

◎屈　原

离　骚（节选）[1]

屈原（约前340—约前278），名平，字原。战国末期楚国人。他是楚王同姓贵族，学识渊博，善于辞令，曾任左徒、三闾大夫等职，对内主张举贤任能，改革政治，变法图强，对外主张联齐抗秦，统一六国，甚得楚怀王信任。但屡遭上官大夫等保守势力排挤、打击，后被怀王疏远。顷襄王时因令尹子兰等人忌恨，被长期流放江南。终因痛心国家政事日益混乱，为秦国侵凌而迫近沦亡，加上个人理想无法实现，遂自投汨罗江而死。

屈原是中国文学史上第一位伟大的爱国诗人，是浪漫主义的杰出代表。他的作品有《离骚》、《天问》、《九歌》（11篇）、《九章》（9篇）、《招魂》等。这些作品揭露了统治集团的腐朽污浊，表现了作者进步的政治理想、坚决与黑暗现实抗争的精神和热爱祖国的真挚感情。作者运用了大量的神话传说及比兴象征的手法，想象丰富，构思奇特，文辞华丽，感情充沛，堪称古代积极浪漫主义的典范。

帝高阳之苗裔兮[2]，朕皇考曰伯庸[3]；
摄提贞于孟陬兮[4]，惟庚寅吾以降[5]；
皇览揆余初度兮[6]，肇锡余以嘉名[7]；
名余曰正则兮，字余曰灵均[8]。
纷吾既有此内美兮，又重之以修能[9]；
扈江离与辟芷兮[10]，纫秋兰以为佩[11]；
汨余若将不及兮，恐年岁之不吾与[12]；
朝搴阰之木兰兮[13]，夕揽洲之宿莽[14]；
日月忽其不淹兮，春与秋其代序[15]；
惟草木之零落兮，恐美人之迟暮[16]；
不抚壮而弃秽兮，何不改乎此度[17]？
乘骐骥以驰骋兮，来吾道夫先路[18]。
昔三后之纯粹兮，固众芳之所在[19]；
杂申椒与菌桂兮[20]，岂维纫夫蕙茝[21]；
彼尧舜之耿介兮，既遵道而得路[22]；
何桀纣之猖披兮[23]，夫唯捷径以窘步[24]；
惟夫党人之偷乐兮，路幽昧以险隘[25]；

岂余身之惮殃兮，恐皇舆之败绩[26]；
忽奔走以先后兮，及前王之踵武[27]；
荃不察余之中情兮，反信谗而齌怒[28]；
余固知謇謇之为患兮[29]，忍而不能舍也；
指九天以为正兮，夫唯灵修之故也[30]；
曰黄昏以为期兮，羌中道而改路[31]；
初既与余成言兮，后悔遁而有他[32]；
余既不难夫离别兮，伤灵修之数化[33]。

余既滋兰之九畹兮，又树蕙之百亩[34]；
畦留夷与揭车兮[35]，杂杜衡与芳芷[36]；
冀枝叶之峻茂兮，愿竢时乎吾将刈[37]；
虽萎绝其亦何伤兮，哀众芳之芜秽[38]。
众皆竞进以贪婪兮[39]，凭不厌乎求索[40]；
羌内恕己以量人兮，各兴心而嫉妒[41]；
忽驰骛以追逐兮[42]，非余心之所急；
老冉冉其将至兮，恐修名之不立[43]；
朝饮木兰之坠露兮，夕餐秋菊之落英[44]；
苟余情其信姱以练要兮，长顑颔亦何伤[45]；
擥木根以结茝兮，贯薜荔之落蕊[46]；
矫菌桂以纫蕙兮，索胡绳之纚纚[47]；
謇吾法夫前修兮，非世俗之所服[48]；
虽不周于今之人兮，愿依彭咸之遗则[49]！
长太息以掩涕兮，哀民生之多艰[50]；
余虽好修姱以鞿羁兮，謇朝谇而夕替[51]；
既替余以蕙纕兮，又申之以揽茝[52]；
亦余心之所善兮[53]，虽九死其犹未悔；
怨灵修之浩荡兮[54]，终不察夫民心。
众女嫉余之蛾眉兮，谣诼谓余以善淫[55]；
固时俗之工巧兮，偭规矩而改错[56]；
背绳墨以追曲兮，竞周容以为度[57]；
忳郁邑余侘傺兮[58]，吾独穷困乎此时也；
宁溘死以流亡兮[59]，余不忍为此态也；
鸷鸟之不群兮，自前世而固然；

何方圜之能周兮，夫孰异道而相安[60]；
屈心而抑志兮，忍尤而攘诟[61]；
伏清白以死直兮[62]，固前圣之所厚。

悔相道之不察兮，延伫乎吾将反[63]；
回朕车以复路兮，及行迷之未远[64]；
步余马于兰皋兮，驰椒丘且焉止息[65]；
进不入以离尤兮，退将复修吾初服[66]；
制芰荷以为衣兮，集芙蓉以为裳；
不吾知其亦已兮，苟余情其信芳；
高余冠之岌岌兮，长余佩之陆离[67]；
芳与泽其杂糅兮，唯昭质其犹未亏[68]；
忽反顾以游目兮，将往观乎四荒[69]；
佩缤纷其繁饰兮，芳菲菲其弥章[70]；
民生各有所乐兮，余独好修以为常[71]；
虽体解吾犹未变兮，岂余心之可惩[72]。

【注释】

[1]这里节选的是《离骚》的第一部分。离骚：关于"离骚"的命题之义，历来有不同说法，其中最主要的有两种看法：一为遭遇忧愁。离，通"罹"，遭受；骚，忧愁。二为离别之忧愁。离，离别；骚，愁。

[2]帝高阳：上古帝王颛顼（zhuān xū）之号。相传颛顼为黄帝之孙、昌意之子，20岁即帝位，初国高阳，因以为氏。一说高阳是楚人的远祖祝融。苗裔（yì）：后代子孙。传说楚为颛顼之后，屈原为楚国的同姓，所以屈原有这种说法，自称上古帝王高阳氏之苗裔。

[3]朕（zhèn）：我。"朕"作第一人称代词，上古民间通用，自秦始皇起，才为皇帝自称专用。皇考：王逸认为皇考即亡父，伯庸为屈原父亲之字。据今人赵逵夫先生考证，皇考应指先祖中有王侯地位者；伯庸即西周末年楚君熊渠长子熊伯庸，他被分为勾亶王，屈原为其后裔。这句话的意思是说：我的太祖叫伯庸。

[4]摄提：即寅年摄提格简称。《尔雅·释天》："太岁在寅曰摄提格。"古人把黄道附近的一周天分成十二等分，配以十二支，设想太岁与岁星（即木星，约十二年绕地球一周）运行方向相反，每年运行一个分次，运行到寅位时称摄提格，简称摄提。贞：正。孟陬（zōu）：夏历正月。《尔雅·释天》："正月为陬。"正月斗柄指寅位，也称寅月。

[5]寅：即庚寅日。降：降生，古音"洪"。

[6]皇：即皇考。览：看，观察。揆（kuí）：揣度。初度：初生之时。或释"度"为"姿态"。

[7]肇（zhào）：借作"兆"，封兆说，初始。锡：同"赐"。

[8]正则：隐含"平"的意思。正：公平；则：法则。灵均：美好的土地，隐含"原"的意思。

[9]纷：多。内美：与生俱来的美。"纷"字修饰"内美"，放在句子开头，这是楚辞常用的修辞手法。

重(chóng):加上。修能:富于优异的才能;一说修能即“修态”,美好的容貌姿态。

[10]扈(hù):披。江离:即江蓠,香草名,川芎。辟芷(zhǐ):缀织连结起来的白芷。辟:同“擗”、“擘”,缉结,系结。一说为幽僻处生长的白芷。白芷亦香草。或释“辟”为“辟绩为裳”之“辟”(析而成缕),亦通。

[11]纫:连缀。秋兰:即兰草,8月开淡紫色小花,香气馥郁。佩:身上佩戴之饰物。

[12]汩(yù):迅疾的样子。不及:赶不上。不吾与:不等待我。与:等待。

[13]搴(qiān):拔取,南楚方言。阰(pí):与“陂”同,山坡。木兰:香树名,皮似桂,大的高五六丈,经冬不凋,去皮不死。

[14]揽:采摘。宿莽:香草名,楚人名草曰“莽”。此草经冬不死,故名。宿:经冬,隔年。

[15]忽:倏忽,快的样子。淹:久留。代序:季节交替。

[16]惟:思,念。零落:凋谢落下。美人:一说指楚怀王,一说为屈原自喻,还有的人认为泛指贤士或比喻壮盛之年,皆可通。迟暮:指年老。

[17]抚壮:趁着盛壮之年。抚:持。秽(huì):原义指不洁,此指恶行。度:法度,此处指处事态度和行为方式。

[18]骐骥(qí jì):良马。乘骐骥,喻国君的权力与威势。驰骋:指整顿朝纲,肃清政绩,励精图治。来:表呼唤号召的语气。导:引导。先路:前路。一说为车名,即诸侯所乘之车。以后说为是。

[19]三后:三位君主,指西周末年楚君熊渠所封句亶王、鄂王、越章王。一说指夏禹、商汤、周文王。纯粹:指德行纯正完美。固:本来。众芳:比喻众多贤臣。在:聚集。

[20]杂:杂用兼取。申椒:申地所产的香木,其果实称花椒。菌桂:“菌”亦作“箘(jùn)”,花白蕊黄,正圆如竹,叶与肺叶相似,或称肉桂。椒、桂均辛香之物,因喻耿直之士。

[21]岂维:难道只是。维:通“唯”,仅,只。蕙:一种香草,俗名佩兰。茝(chǎi):“芷”之古字,即白芷。

[22]彼:指三后,楚三王。尧舜之耿介:像尧舜一样专一而有节度,守正不阿。耿介:正大光明。遵道:遵循正道。

[23]何:为什么。用以修饰“猖披”。一说,多么。桀纣:夏王桀和殷王纣,历史上有名的两个暴君。猖披:放肆、不遵法度的样子。

[24]夫:发语词。唯:同“惟”,只是一味地。捷径:斜出的小路。窘步:困窘无法前行。

[25]党人:结党营私的小人。偷乐:苟且贪图安乐。幽昧:阴暗不明。险隘:危险狭窄。

[26]惮(dàn)殃:害怕灾祸。皇舆:国君所乘之车,此处喻指国家政权。败绩:指车翻功败。比喻政权颠覆,国家败亡。

[27]忽:迅速,匆忙的样子。及:赶上。前王:前代君王,即上文之“三后”。踵:脚跟。武:足迹。踵武:指步伐。

[28]荃(quán):香草名,即“荪”。此处喻楚王。齌(jì)怒:大怒。齌,炊火猛烈,形容暴怒。

[29]謇(jiǎn)謇:正直感言的样子。一说忠恳进谏,虽事有碍口而必说,故像口吃样。患:祸。

[30]九天:九本来为虚数,九天是言天之高,后来视为实数,但仍以之指高天。正:通“证”,凭证。灵修:楚人对君王的美称。

[31]“曰黄昏”句:据考证,是后人添加上去的衍文,应删去。

[32]成言:订约。悔遁:后悔而改变心意。有他:有别的打算。

[33]既:已经。难:犹“惧”,担心。数(shuò)化:屡次改变主意。

[34]滋:培植繁育。畹(wǎn):12亩。一说30亩。

[35]畦(qí):培垄围成的长行菜地。此处作动词,指分畦栽种。留夷:香草名,即芍药。揭车:香草名。

[36]杂:夹杂,指穿插种植,套种。杜衡:香草名,俗名马蹄香。芳芷:即白芷。因其芳香,故称芳芷。

[37]冀:希望。峻茂:高大茂盛。竢(sì):同"俟",等待。刈(yì):收割,收获。

[38]萎绝:枯萎凋落。喻贤才受挫被弃。芜秽:荒芜变质。喻贤才变节,与佞臣同流合污。

[39]众:指臣僚中的庸人、小人。竞进:争相求进,指争相追逐私利。

[40]凭:满。楚方言。厌:通"餍",满足。求索:贪求索取(权势和财富)。

[41]"羌内恕"句:小人私下以自己狭隘的心胸揣度他人。羌:发语词,表反诘语气。恕:以己度人。兴心:起坏心。

[42]驰骛:本指马乱跑,此处指奔走钻营,追名逐利。

[43]修名:美名。

[44]冉冉:渐渐,同"荏苒"。落英:落花。一说初开的花。

[45]苟:假如。信姱(kuā):确实美好。以:犹"而"。练要:精纯而切要。练:煮制丝麻或布帛,使洁白柔软。比喻心地纯洁。顑颔(kǎn hàn):因饥饿而面容憔悴。何伤:犹"何妨"。伤:妨碍。

[46]揽:采,持。木根:木兰之根。结:系,编结。贯:贯串。薜荔(bì lì):常绿藤本植物,又名"木莲"。之:同于"其"。

[47]矫:使之直,一说指举起。索:用为动词,犹言搓或编结。胡绳:香草名。纚纚(xǐ xǐ):本义为多毛的样子。此形容用胡绳搓成的绳子,上带着花叶,很好看。

[48]謇(jiǎn):发语词。夫:犹"那"。前修:前代贤人。服:佩戴,用。

[49]彭咸:殷大夫。传说因谏其君不听,自投水而亡。遗则:留下的行为准则。

[50]太息:叹息。掩涕:即拭泪。

[51]虽:借为"唯"。好(hào):喜好。修姱:美好。鞿羁:马的缰绳与络头,引申为自我约束,不苟且行事。谇(suì):激烈劝谏。替:废弃。

[52]纕(xiāng):佩戴。申:重,加上。

[53]亦:句首助词,有加强语气的作用。

[54]灵修:此处指楚怀王。浩荡:恣意放纵的样子。

[55]众女:喻朝中反对政治改革的旧贵族。蛾眉:如蚕蛾之触角一样细长而好看的眉,用以代指女子的美貌。此处比喻贤才。谣诼(zhuó):谮毁。

[56]工巧:善于投机取巧。工:善于。偭(miǎn):面对着。一说违反。规:画圆的工具。矩:画方的规矩。这里用规矩比喻法度和政治、道德的准则。错:同"措",措施,设置。

[57]绳墨:木工用墨斗打的直线,此处喻指正直之道。追:追求。曲:承上"绳墨"而言,指曲线,比喻斜曲之路。竞:争先恐后的。周容:苟合取容。度:法则,此处指生活的准则。

[58]忳(tún):忧虑烦乱的样子。郁邑:心情抑郁烦乱又难以诉说的样子。侘(chà)傺(chì):茫然失神的样子。

[59]宁:宁肯。溘(kè):忽然,很快地。

[60]圜:同"圆"。周:相合。道:指思想意识、政治主张。

[61]尤:过错。忍尤:忍受着加给自己的罪名。攘诟:招致各种侮辱。诟:侮辱。

[62]伏:本义为佩戴,此处为保持、持守之意。

[63]相:看。察:看得仔细、清楚。延伫:伫立远望。延:引颈遥望。

[64]回:此处为使动用法,调转。及:趁着。行迷:迷路,走错路。

[65]步:缓慢而行。兰皋:长有兰草的水湾处。椒丘:长满花椒树的山丘。且:将要。焉:于之,指在椒丘之上。

[66]进不入:进而不入。离:通“罹”,遭到。尤:过错。复修:重整。复:重新。初服:当初的服装。

[67]高:用作动词,加高。岌岌:高的样子。长:用作动词,加长。佩:佩饰。陆离:此处指长的样子。

[68]泽:光泽。杂糅:混合。昭质:纯洁光明的品质。亏:减损。

[69]游目:纵目远望。四荒:四方荒远之地。

[70]佩:佩戴。繁饰:繁多美好的饰物。芳菲菲:芳香四溢。弥:更。章:通“彰”,明显,突出。

[71]民生:人生。好修以为常:一贯把品德修养看得很重要。

[72]体解:肢解。古代一种酷刑。即将身体四肢分解。惩:受到打击而有所戒。此句意为自己坚持正义,不怕牺牲,不会被任何挫折所吓倒。

导读

《离骚》是屈原的代表作。全诗370余句,近2500字,是我国古代文学史上最长的一首抒情诗。屈原在诗中表达了举贤授能、修明法度以振兴楚国的进步政治理想和对楚国深深的眷恋之情,揭露和批判了楚国黑白颠倒的政治现实和谄佞小人的丑恶嘴脸,体现了绝不苟且偷安、同流合污而是为理想献身的光辉峻洁的人格精神。这些内容在第一部分均有所体现作者先叙述自己的家世,次叙述自己高尚正直的人格、忠贞为国的志向、奋发图强的精神,希望辅佐楚王、振兴楚国,然而群邪妒贤,终被楚王疏远,以致壮志难酬,满怀悲愤。最后表明尽管处境如此恶劣,但自己仍要坚守清白的情操和报国的理想,至死不变。在这里,我们看到了一位充满爱国热情、与恶势力和困窘的处境顽强斗争、刚正不阿、出污泥而不染、特立独行的伟大诗人的形象。

《离骚》是我国文学史上浪漫主义抒情诗的杰出代表,具有多方面的艺术成就。就所选的第一部分而言,其艺术特点主要表现在以下几个方面:

一、比兴象征的手法。王逸《离骚经序》说:“《离骚》之文,依《诗》取兴,引类譬喻,故善鸟香草,以配忠贞;恶禽臭物,以比谄佞;灵修美人,以媲于君;宓妃佚女,以譬贤臣;虬龙鸾凤,以托君子;飘风云霓,以为小人。”在第一部分中,作者以佩戴各种香花香草,象征自己努力自修,追求外美与才干;以栽培香草象征培养人才;以众芳芜秽象征贤才蜕化变俗;以“悲美人之迟暮”象征要珍惜年华,及时建功立业;以“乘骐骥以驰骋兮,来吾道夫先路”象征自己为楚怀王指引正确的治国方针……《离骚》的比兴象征手法由《诗经》发展而来,对后世文学创作产生了深远的影响。

二、浓郁缠绵的抒情色彩。诗人以委婉凄恻的笔调、曲折多变的情节,抒发了因深爱故国而生的希望、失望、悲痛、愤怒、抗争等一系列细致复杂的情绪变化。

三、多样灵活的表现手法。为表达对祖国的挚爱和对奸佞群小的痛恨,诗人或直抒胸臆，慷慨陈词，或比兴达意，托物言志。此外，诗中还运用夸张、拟人、对偶、排比、反诘、借代等修辞手法，既凸显了事物的特征，又很好地表达了情感。

四、新颖的语言形式。《诗经》基本上是整齐的四言形式，《离骚》则打破了四言句式的传统，创造了四、五、六、七言长短不拘的格式；用语助词“兮”入诗，使诗歌的音调回荡顿挫，婉转动人；引方言入诗，增强了诗的表现力和地方色彩，如“汩、纷、索、些、只、羌、侘傺”等。双声、叠韵、重言的运用，也较《诗经》有所发展。

思考与练习

1.组织讨论，主题是“假如我是屈原（屈原为什么写《离骚》？）”。先分组讨论 10 分钟，然后各组推荐一名同学发言。

2.《离骚》的结构是怎样安排的？

3.《离骚》的艺术价值有哪些？

◎李　白

行路难(其一)[1]

李白(701—762),字太白,号青莲居士,祖籍陇西成纪(今甘肃省秦安县东),先世隋时流亡至西域。一说李白生于碎叶(唐时属安西都护府,今吉尔吉斯斯坦境内)。5岁时随父迁居剑南道锦州昌隆县清廉乡(一作"青莲",今四川省江油县青莲乡)。开元十三年(725),出蜀漫游,寓居安陆(今湖北)。开元十八年(730),首入长安,虽"历抵卿相",但壮志难酬。天宝元年(742),因玉真公主推荐,奉诏入京,供奉翰林。天宝三年,上书请"还山"。玄宗亦以其"非廊庙器",赐金放还。从此又过着漫游生活。东至齐鲁,南下吴越。安史之乱爆发,李白入永王李璘幕府。后璘与肃宗抗衡,事败后,以"附逆作乱"罪入狱,被判流放夜郎(今贵州正安西北)。途中遇赦,后往来于金陵(今南京市)、宣城(今安徽宣州)一带。肃宗上元二年(761),前往李光弼军中请缨杀敌,半道因病而返,往当涂依县令李阳冰,次年11月死于当涂(今安徽当涂)。

李白诗现存九百多首(李白实际创作的诗歌远比这多,其族叔李阳冰为李白编《草堂集》时说:"当时著述,十丧其九。")。他的诗歌感情强烈,想像变换离奇,风格雄健奔放,色彩绚丽瑰伟,结构多变,语言自然清新,对后世诗歌的发展影响很大。有《李太白集》三十卷。

金樽清酒斗十千,玉盘珍羞直万钱[2]。
停杯投箸不能食,拔剑击柱心茫然[3]。
欲渡黄河冰塞川,将登太行雪满山[4]。
闲来垂钓碧溪上,忽复乘舟梦日边[5]。
行路难,行路难! 多岐路,今安在[6]?
长风破浪会有时,直挂云帆济沧海[7]。

【注释】

[1]原诗三首,这是第一首。《行路难》:古乐府杂曲歌名。《乐府解题》曰:"《行路难》备言世路艰难及离别悲伤之意。"

[2]"金樽"二句:以"斗十千"、"直万钱"极言酒与菜肴的名贵。清酒:清醇的美酒。斗十千:一斗酒值十千钱。斗:古代量酒的容器。珍羞:珍美的菜肴。羞:同"馐"。直:同"值"。

[3]箸(zhù):同"箸",筷子。

[4]"欲渡"二句:用自然界路途的艰险暗喻世路的艰险。川:河流。太行:即太行山。

[5]“闲来”二句：诗人借用两个典故表示对自己的前途充满了信心。垂钓碧溪：用吕尚故事。传说吕尚未遇周文王时，曾在渭水的磻溪上钓鱼。乘舟梦日：用伊尹故事。传说伊尹在受商汤聘用前忽然梦见自己乘船从日、月旁边经过。不久，伊尹果然受到商汤的聘用。

[6]“行路难”二句：写人生道路多艰，不知置身何处。与“拔剑击柱心茫然”句照应。岐：通“歧”。今安在：现在要走的路在哪里。

[7]“长风”二句：用“长风破浪”、“济沧海”表示自己一定会时来运转，前程远大，干一番轰轰烈烈的事业。长风破浪：借用南朝时宗悫(què)“乘长风破万里浪”的话来形容自己的宏伟抱负。会：当。直：表示毫不犹豫。济：渡。

导读

此诗写于唐玄宗天宝三年(744)李白被“赐金放还”之际。诗中流露出作者建功立业、“安社稷”、“济苍生”、“济天下” 的理想与受当权者排挤打压的现实冲撞下的矛盾心理。入长安前，李白踌躇满志，以为机遇来到，自此可一展宏图，施展抱负，他兴奋而得意地写下“仰天大笑出门去，我辈岂是蓬蒿人”的诗句(《南京别儿童入京》)。但不久触怒权贵，遭谗放还。对理想的执著追求，对自己才能的充分信任，使李白对前途充满希望，坚信“天生我材必有用”。但面对朝廷的昏暗和仕途艰险，又发出了行路难的感叹。

全诗情感起伏跌宕，洒脱自然，充分展现了诗人当时的苦闷心情和对理想的矢志不渝。一、二句以极其珍贵的“金樽清酒”、“玉盘珍羞”作铺垫。三、四句却“停杯投箸”，“拔剑击柱”。五、六句用比兴，以严酷的自然现实比仕途艰难。七、八句用典，借古明理。九、十句写出了心态茫然，不知所以。最后两句笔锋一转，相信总有一天，一切远大理想都将变成现实。

李白是继屈原之后我国最伟大的浪漫主义诗人。现存诗歌题材广泛，有对腐朽朝政的抨击，有对美好理想的追求，有对壮丽河山的讴歌，有对困境中命运的抗争。部分作品也流露出饮酒享乐、求仙访道的消极思想。艺术上洒脱不羁，易于触动而又善于爆发强烈的情感。想像丰富，夸张奇特，绘景抒情，运笔自然流畅。形成了飘逸、奔放、雄奇、壮丽的风格。对后世苏轼、陆游等大家都产生了深远的影响。

思考与练习

1.这首诗表现了作者怎样的思想感情？

2.联系现实，谈一谈“长风破浪会有时，直挂云帆济沧海”的意义。

3.背诵这首诗。

◎李商隐

锦　瑟[1]

李商隐(813—858),字义山,号玉溪生,又号樊南生,怀州河内(今河南省沁阳)人。开成二年(837)进士,历任秘书省校书郎、东川节度使判官等职。素有济世壮志,因身处牛李党争的夹缝中,一生郁郁不得志,46岁时客死在荥阳。

李商隐是晚唐著名诗人,和杜牧齐名。由于政治上的困顿失意、遭遇的坎坷,李诗往往流露出浓厚的感伤基调。李商隐擅长七律、七绝,尤以七律最为突出。其诗构思缜密,想像丰富,辞采华美,韵调和谐,擅用典故。部分诗用典深僻,过于晦涩朦胧,不易解索。有《李义山诗集》和《樊南文集》。

锦瑟无端五十弦[2],一弦一柱思华年[3]。
庄生晓梦迷蝴蝶[4],望帝春心托杜鹃[5]。
沧海月明珠有泪[6],蓝田日暖玉生烟[7]。
此情可待成追忆?只是当时已惘然[8]。

【注释】

[1]本篇诗题取起句首二字,因而,有人以为此诗属"无题诗"。此诗主旨历来歧解纷纭:有人说写悼亡,有人说写爱情,有人说写一生回忆,有人说是描摹音乐,有人说是对自身诗歌写作的回顾与总结。此诗大概作于作者晚年,当是他追述生平、自伤身世之辞。

[2]锦瑟:绘饰华美的瑟。瑟:古代一种拨弦乐器,形似古琴,但无徽位,古有五十弦,每弦有一柱,后经改制,通常为二十五弦。无端:没来由。

[3]"一弦"句:每弦每柱让我联想到自己年将半百而追思往事。华年:指逝去的青春岁月。

[4]"庄生"句:喻指往事若梦,渺茫莫测。《庄子·齐物论》:"昔者庄周梦为胡蝶,栩栩然胡蝶也……俄然觉,则蘧蘧然周也。不知周之梦为胡蝶与,胡蝶之梦为周与?"

[5]"望帝"句:意即托诗抒写内心的哀怨。据传望帝为古代蜀国君主,死后魂魄不散,化为杜鹃鸟,每当春季,哀鸣不已,其声凄楚动人。

[6]"沧海"句:借以自伤冷落不遇。《大戴礼记》云:"蚌蛤龟珠,与月盛虚。"

[7]"蓝田"句:意谓理想邈远,难以实现。《困学纪闻》引戴叔伦语云:"诗家之景,如蓝田日暖,良玉生烟,可望而不可置于眉睫之前也。"蓝田:今陕西省蓝田县,东南有玉山,产良玉。

[8]"此情"二句:是说这种怅然落寞之情,并非今日回首时才有,而是在当初历经坎坷之时就已产生。可待:岂待。

导读

本诗意蕴丰富，主要抒写年华逝去后，回忆一生遭遇坎坷而生的哀伤怅惘之情。

首联借瑟弦无端，引起伤怀情绪。既以瑟的华美喻自己才情卓越，又以瑟之一弦一柱，抒写诗人对青春年华的回忆及对华年悄然流逝的无限感伤。中间两联分别申说，细写"华年"之思的具体内容。以"庄生梦蝶"、"望帝伤春"、"沧海月明珠有泪"、"蓝田日暖玉生烟"四个典故，寓托自己满怀才情却遭埋没的身世遭际和大志无法实现的哀怅心绪，化实为虚，抒情含蓄隽永，极富艺术魅力。尾联收结全诗。

此诗想像奇丽，用典深僻，风格纤秾，语言清丽，具有很高的艺术成就。

思考与练习

1.根据自己的体会，谈谈你对这首诗的主旨的认识。

2.试析中间两联的艺术效果。

3.背诵这首诗。

◎苏 轼

江城子[1]

苏轼(1037—1101),字子瞻,号东坡居士,四川眉山人。宋仁宗嘉祐二年(1057)进士。神宗熙宁年间,因与主张新法的王安石政见不合,通判杭州,历知密州、徐州、湖州。元丰二年(1079),因乌台诗案下狱,后贬谪黄州团练副使。哲宗元祐年间,累迁翰林学士,出知杭州、颍州。绍圣元年(1094),新党再度执政,苏轼被贬谪惠州、儋州。徽宗即位时被赦北还,次年卒于常州。谥文忠。

苏轼在文学的几个主要方面都有杰出的成就。其散文汪洋恣肆,明白晓畅。诗歌风格豪迈,清新明丽。词开豪放一派,个性鲜明,意趣横生。对后世文学影响极深。有《苏东坡集》、《东坡乐府》。

老夫聊发少年狂,左牵黄,右擎苍[2],锦帽貂裘[3],千骑卷平岗。为报倾城随太守,亲射虎,看孙郎[4]。 酒酣胸胆尚开张[5];鬓微霜,又何妨!持节云中,何日遣冯唐[6]?会挽雕弓如满月,西北望,射天狼[7]。

【注释】

[1]江城子:词调名。

[2]“左牵”句:左手牵黄狗,右手举苍鹰。鹰和狗,古时打猎用以追捕猎物。

[3]锦帽貂裘:汉代羽林军的服饰,这里是指随从将士的服装。

[4]“亲射虎”二句:借用孙权射虎的典故,比喻自己亲自参加射猎。《三国志·吴志·孙权传》:“二十三年十月,权将如吴,亲乘马射虎于庱亭。马为虎所伤。权投以双戟,虎却废。常从张世击以戈,获之。”

[5]尚:更。

[6]“持节”句:作者以文帝派冯唐“持节”赦免魏尚的典故自喻,希望得到朝廷的信任。《史记·冯唐列传》载汉文帝时,魏尚为云中太守。他爱护士卒军吏,作战勇猛,匈奴畏之。一度匈奴进犯,魏尚亲自率军阻击,杀敌甚众。因报功文书上所记杀敌数字与实际不符,被削职。后经冯唐代为辩白,文帝即派冯唐“持节”(带着传达命令的符节)前去赦免了魏尚的罪,官复原职。

[7]天狼:星名,一称犬星。此比喻侵犯北宋的辽国与西夏。

导读

本词作于熙宁八年(1075)十月,此时是苏轼知密州次年初冬,他深察仕途的艰险，萌生迟暮之感，因而篇首自称“老夫”。因系内心的苦闷和牢骚，下面“聊”字一转，推出“少年狂”三字，使开篇显出豪放气韵。接着，寥寥几笔描绘出一幅气吞山河的围猎场面。“卷”字气势非凡，豪迈磅礴，渲染出词人外在的“狂”态。下阙转而抒写内心的“狂”情，把首句所隐含的人生迟暮之感一扫而为积极向上的人生态度，进一步抒发了他志在报国的豪迈胸襟。

苏轼此词，是对当时以革新政治为主要特征的时代精神的曲折反映，他打破了脉脉柔情的传统词风，形成慷慨激越、纵横奔放的意境，将词引向方向性的转变，对后世形成很大的影响。

思考与练习

1.结合本词，简要分析苏轼豪放词的特点。

2.分析词中典故的作用，并分析词中抒发的思想感情。

◎李清照

声声慢[1]

李清照(1084—约1151),号易安居士,济南(今山东济南)人,宋代杰出女词人。父亲李格非是著名学者。丈夫赵明诚历任州郡行政长官,对金石学深有研究。他们婚后生活优裕。南渡不久,赵明诚病死,李清照辗转漂泊于绍兴、杭州、金华一带,在孤寂中度过晚年。

其词只传下来四十多首,但质量很高,可以和宋朝一流作家比肩。其创作生涯横跨承平的北宋末年和动荡的南宋初年,以1126年靖康之变为界,大体可分前后两个时期。前期多闺情相思之作,后期多写个人身世之痛,抒发河山破碎的感慨。她善于创意出奇,语言清丽动人。有《漱玉词》。

寻寻觅觅,冷冷清清,凄凄惨惨戚戚[2]。乍暖还寒时候[3],最难将息[4]。三杯两盏淡酒,怎敌他、晚来风急!雁过也,正伤心,却是旧时相识[5]。　　满地黄花堆积[6],憔悴损[7],如今有谁堪摘[8]? 守着窗儿,独自怎生得黑[9]!梧桐更兼细雨,到黄昏、点点滴滴。这次第,怎一个愁字了得[10]!

【注释】

[1]声声慢:词调名。

[2]戚戚:忧愁悲伤的样子。

[3]“乍暖”句:天气时暖时寒。

[4]将息:休养。

[5]“雁过也”三句:古有鸿雁传书之说,时丈夫已逝,音信已绝,作者又流落南方,故见北雁南来,感到伤心。

[6]黄花:菊花。

[7]损:残损。

[8]堪:能够,可以。

[9]怎生:怎么。黑:天黑。

[10]“这次第”句:这种光景,岂是一个“愁”字能说尽的。次第:光景,情形。了得:了却,了结。

导读

此为李清照后期词作。

通篇直抒愁怀，家国之恨、死别之愁，个人遭遇与家国之痛交织在一起，感情深沉哀痛。开篇"寻寻觅觅"四字劈空而来，描写心中若有所失的精神状态，这种寻觅把她由于敌人入侵、北宋的崩溃、流离的经历、落寞的生涯而深藏在心底的悲哀充分显示出来了。环境的"冷冷清清"，先感于外；心情的凄戚，后感于内，十四字分三层说，由浅入深，沉痛无比。秋末忽寒忽暖的天气已使人烦闷不已，由北南来的大雁，又添一层国破家亡的天涯沦落之感。满地黄花，黄昏细雨，独自对窗，更增人悲戚。这一天从早到晚，所感所闻，处处生愁，自然是一个"愁"字所无法包容得了的，末句借反问将心头的无限愁苦一泻而出，感人肺腑。

全篇运用口语和叠字，仄声押韵，抒情朴素自然，真切动人。

思考与练习

1.试分析词中作者借暮秋景物抒发愁情的写作手法。

2.体会词开篇叠字在艺术上的表达效果，并说明其与词中所抒之情的联系。

3.背诵这首词。

◎柳　永

八声甘州[1]

柳永(987？—1053？),原名三变,字耆卿,又字景庄,家族排行第七,俗呼其为柳七。因他曾任过屯田员外郎,人又称其为“柳屯田”。出身于官僚家庭,兄三复、三接皆有文才,号称“柳氏三绝”。原籍崇安(今福建省崇安县)人。擅长词曲,流连坊曲,为乐工歌伎填词作曲,为达官贵人所不齿,屡试不第。后改名柳永。宋仁宗(1034)景祐元年,中进士,历任余杭县令、盐场大使、屯田员外郎。后在穷愁潦倒中死于润州(今江苏省镇江县)。

柳永一生在仕途上抑郁不得志,惟独以词著称于世。他是北宋第一个专力写词的作家,其词作流传很广,“凡有井水饮处,皆能歌柳词”。他精通音律,善于以新鲜、通俗的语言,铺叙的手法,大力发展以前流行不广的长调慢词;并用这种新体,歌唱了北宋繁荣时期的都市文明与市民生活,扩大了词的题材,丰富了词的表现手法,为词的通俗性、民间性、音乐性做出了贡献。现存词作二百多首,收入《乐章集》。

对潇潇暮雨洒江天[2],一番洗清秋。渐霜风凄紧[3],关河冷落[4],残照当楼[5]。是处红衰翠减[6],苒苒物华休[7]。惟有长江水,无语东流。　　不忍登高临远,望故乡渺邈[8],归思难收。叹年来踪迹,何事苦淹留[9]?想佳人、妆楼颙望[10],误几回、天际识归舟[11]。争知我、倚阑干处[12],正恁凝愁[13]!

【注释】

[1]八声甘州:一名《甘州》,本为唐玄宗时教坊曲名,来自西域,后用为词调。《词谱》卷二十五:“按此调前后段八韵,故名八声,乃慢词也。”

[2]潇潇:雨势急骤的样子。

[3]霜风:秋风。

[4]关河:泛指河山。

[5]残照:落日余晖。

[6]是处:到处。红衰翠减:形容花叶凋零。红,指花。翠,指叶。李商隐《赠荷花》:“此荷此叶常相映,翠减红衰愁煞人。”

[7]苒(rǎn)苒:渐渐,形容光阴逐渐流逝。物华:指美好的景物。

[8]渺邈(miǎo):渺茫遥远。

[9]何事:为什么。淹留:长期停留。

[10]颙(yóng)望：举首凝望，呆望。

[11]“误几回”句：多少回错把远处驶来的船只当作爱人的归舟。谢朓《之宣城郡出新林浦向板桥》：“天际识归舟，云中辨江树。”此用其成句。

[12]争：怎么。

[13]恁(nèn)：如此。凝愁：凝结忧愁，即愁思难解。

导读

柳永造诣最高的是抒写离人思妇和羁旅行役的作品，这类词在《乐章集》中占1/2，有一百多首。这位在政治上失意的词人，为了生活和其他原因，不得不怀着一颗漂泊的心，流浪于南北各地，时常遭受着凄凉和寂寞的侵袭。在这种境遇里，身世之感、羁旅之恨，就更加突出。这首《八声甘州》就是柳永表达羁旅行役之苦的名作之一。

全词以“登高临远”为线索，贯穿一个“望”字，上阕写望中所见之景，下阕抒望中所思之情。起笔遒劲有力，以“对”字领起，描写潇潇暮雨中的清秋，而这极富特征的深秋景色，正是使得漂泊者产生思乡之情的典型环境。一个“渐”字，便知秋雨涤空，凄风入骨，已非一日之苦；心绪抑郁，归思绵邈，也由来已久。这一幅凄寒、寂寥的图景中，包含的是词人背井离乡、飘零无处的游子之愁和对故乡、对亲人的相思之情。下阕紧承上阕，用“不忍”二字，反映了游子深沉的痛苦，开始抒情。先说欲归不得，“何事苦淹留”，为自己久居异乡而自叹自愁。后转换角度，驰骋想像，写家乡的佳人翘盼，凝伫良久。结尾处说明自己“不归”的原因，“实不能也，非不愿也”，由己及彼，由彼及己，再由现实到想像，由想像回到现实。这种回环往复的文笔，正表明对现实处境的不满、厌弃和对美好生活的向往在词人的心胸中起伏翻腾。

这首词上、下阕前后情景，具有相映交辉之美，于壮丽的景色中含有无限柔情。其首尾的呼应，非常巧妙。开头写“对潇潇暮雨洒江天”，没有把“凭栏”写出，结尾才明确点出“倚阑干处”。沉雄中寄委婉，清劲中寓奇丽，充分体现了柳永词作的婉约特色。

思考与练习

1.试分析本词上片写景层层铺叙的特点。

2.“惟有长江水，无语东流”，表达了词人怎样的思想感情？

3.熟读这首词。

◎辛弃疾

摸鱼儿[1]

辛弃疾(1140—1207),字幼安,号稼轩,历城(今山东济南)人。南宋爱国词人。22岁时在北方组织一支抗金义军,参加农民领袖耿京的队伍,初展才华。失败后,渡江归宋,历任建康、江西、湖北、湖南安抚使。在政治上、军事上都采取了利国便民的积极措施,但他恢复中原、亲上前线的壮志始终未能实现。曾先后奏进《美芹十论》、《九议》等,论述北伐大计,均未被采纳。因积极主张抗金,遭到当权者的忌恨,被免职。从42岁起闲居江西信州(今上饶)达20年。晚年又被任用为浙东安抚使和镇江知府,但不久又被弹劾免职。68岁时抑郁而逝。

稼轩词今传六百二十多首,内容丰富,题材多样,意境阔大,风格多变,但以豪放悲壮为主。他把自己的爱国热情和满腔忧愤倾注到词作中,大量熔铸经史诗文、口语入词,继苏轼之后进一步扩大了词的表现范围,开拓了词的意境,形成豪放悲壮、苍凉沉郁的风格,是南宋豪放词派的主要代表。有《稼轩长短句》。

淳熙己亥[2],自湖北漕移湖南[3],同官王正之置酒小山亭[4],为赋。

更能消、几番风雨[5],匆匆春又归去。惜春长怕花开早[6],何况落红无数[7]。春且住!见说道、天涯芳草无归路[8]。怨春不语。算只有、殷勤画檐蛛网,尽日惹飞絮[9]。　长门事,准拟佳期又误。蛾眉曾有人妒。千金纵买相如赋,脉脉此情谁诉[10]?君莫舞[11],君不见、玉环飞燕皆尘土[12]!闲愁最苦。休去倚危栏[13],斜阳正在,烟柳断肠处[14]。

【注释】

[1]摸鱼儿:词调名。

[2]淳熙己亥:宋孝宗淳熙六年(1179)。

[3]“自湖北”句:作者此年由湖北路转运副使调任湖南路转运副使。湖北:荆湖北路。漕:漕司,宋代主管一路财富的转运使。移:调任。

[4]同官:辛弃疾调离后,由王正之接任原来职务,故曰同官。王正之:名正己,是作者的旧交。小山亭:在鄂州(今湖北武汉)湖北转运副使衙内的乖崖堂。

[5]“更能消”句:意谓还能禁得起几番风雨,即再也经不住几番风雨。消:经得住。

[6]“惜春”句:花开得早落得便早,故云。

[7]落红:指落花。

[8]见说道:听说。

[9]“算只有”三句：意谓只有蛛网粘住柳絮，算是留住了一点儿春意。算：算来。画檐：雕画的屋檐。惹：沾惹。

[10]“长门事”五句：此用汉武帝、陈皇后故事。汉武帝时，陈皇后失宠，废居长门宫，愁闷悲伤，听说司马相如善作赋，就奉送黄金百斤，请司马相如为赋以解忧愁；于是司马相如作《长门赋》，使汉武帝感悟，陈皇后重新获宠。此故事恐后人伪托，据史传所载，陈皇后被废后并未再得宠幸，这里只是借题发挥。准拟：获准约定。蛾眉：细长而弯的眉毛，借指美人，这里喻贤臣忠良。纵：纵然，即使。

[11]“君莫舞”句：警告谗害忠良者不要高兴得太早。

[12]“君不见”句：意谓一时得宠者都没有好下场。玉环：唐玄宗宠妃杨贵妃的小名，安史之乱起，玄宗奔蜀途中被赐死于马嵬坡。飞燕：汉成帝宠后赵飞燕，后被废为庶人，自杀。

[13]危：高。

[14]“斜阳”二句：以暮春景象比喻国势危殆。

导读

辛弃疾一生力主抗金，但数年中屡被调动，才能遭当朝搁置，又遭政敌嫉恨。在这首词中，作者借春愁闺怨，抒发了对国势衰微、抗金大业无法实现的忧虑和自己报国无门、有志难酬的怨愤。

上片借物起兴，极写春意阑珊的哀怨之情，寄托作者政治上的忧愤。以伤春、惜春、留春、怨春，来象征作者对抗金复国的热望和对时局的沉重忧虑。下片托古喻今，以失意的陈皇后自喻，以美人的失宠、见妒、闲愁、苦思，来比喻自己的遭遇和抗战派在权奸压制下悲惨伤感的心情。全词委婉沉郁，读来回肠荡气。

本词通篇运用了香草美人的比兴手法，构成了整体性的象征意蕴。如以残春景象喻南宋国势衰微，以得宠的杨玉环和赵飞燕喻陷害忠良的权臣等。全词的外在意象与深层寓意若即若离，含蕴深永，是辛弃疾婉约词风的代表作。

思考与练习

1.分析词中所抒发的思想感情。

2.结合具体内容，分析这首词中融贯全篇的比兴手法。

3.熟读这首词。

◎陆 游

关山月[1]

陆游(1125—1210),字务观,号放翁,越州山阴(今浙江省绍兴市)人。高宗绍兴二十三年(1153),参加进士考试,名列第一,因触怒秦桧,在次年礼部复试时,被黜落第。孝宗时赐进士出身,曾任镇江、隆兴通判,不久因支持抗金将领张浚北伐而落职。乾道六年(1170)入蜀任夔州通判,参四川宣抚使王炎、范成大的幕府。后屡次被弹劾免官,终于在66岁时归老故乡,从此"身杂老农间",过着宁静而简朴的生活。

陆游是南宋伟大的爱国诗人,词和散文的成就也很高。他的诗现存九千多首,题材广泛,多表达广大人民恢复中原的强烈愿望,与辛弃疾的词,一同成为这个时代的最强音。在文学史上有很高地位,梁启超曾赞:"集中十九从军乐,亘古男儿一放翁!"有《渭南文集》、《剑南诗稿》。

和戎诏下十五年[2],将军不战空临边[3]。
朱门沉沉按歌舞[4],厩马肥死弓断弦[5]。
戍楼刁斗催落月[6],三十从军今白发。
笛里谁知壮士心[7]?沙头空照征人骨[8]。
中原干戈古亦闻[9],岂有逆胡传子孙[10]?
遗民忍死望恢复[11],几处今宵垂泪痕!

【注释】

[1]关山月:汉乐府《鼓角横吹曲》十五曲之一,内容多写戍边战士月夜思乡及与家人互伤离别之情。陆游借此古题来抒写南宋时事和自己的感受。

[2]和戎诏:与金人议和的诏书。隆兴元年(1163),宋孝宗任命王之望为金国通问史去金议和,此年订立和约,史称"隆兴和约"。戎:古时对西方少数民族的泛称,这里指金人。和戎:古代指与其他民族保持友善的关系。诏:皇帝颁发的命令。

[3]空临边:白白地来到边境。

[4]朱门:指达官贵人的宅第。古时豪门贵族的大门多漆为朱红色,故称。沉沉:深远的样子。这里形容屋宇庭院的深广。按歌舞:按节拍表演歌舞。

[5]厩(jiù):马房。

[6]"戍楼"句:戍楼上的刁斗声催着月亮下落,意思是岁月在刁斗声中流逝。戍楼:边地守望、警戒的岗楼。刁斗:古代军用铜锅,白天用来做饭,晚上用来敲击巡更。

[7]笛:指羌笛,这里借指《关山月》曲调。壮士:指戍边战士。

[8]沙头:指沙场。征人:远征的军人。这句是说戍边战士既未成功,又未成仁,白白地抛尸沙场,因此说月光“空照征人骨”。

[9]干戈:古代兵器,干为盾,戈为戟,这里指代战争。

[10]“岂有”句:哪有异族能在中原传子传孙呢?意思是说女真贵族占据中原的时间太久了。中原:指淮河以北沦陷在金人手中的地区。逆胡:这里指金人。

[11]遗民:这里指沦陷在金国的宋朝老百姓。忍死:痛不欲生,但因有所期待而不肯立即去死。恢复:指收复失地。

导读

这首诗是宋孝宗淳熙四年(1177)陆游在成都时所作。隆兴元年(1163),宋孝宗派王之望为金国通问使,进行议和,次年,订立合约。自隆兴元年至作诗时已 15 年,然而南宋统治者却只图自己安逸享乐,不思恢复,使众多志士报国无门,徒然等白了少年头;沦陷区人民久望王师,灰心绝望。此诗正是借乐府旧题写现实感慨,借守边士兵的口吻,痛斥统治者对敌屈辱投降的政策,表现了广大士兵报国无路的怨愤和中原人民渴望恢复的心情。

全诗共分 3 层,每四句为一层。前四句揭露统治阶级苟且偷生的丑陋面貌。“戍楼”以下四句主要写广大将士的遭遇和他们欲战不能的悲愤心情。将边关的惨象与后方朱门歌舞升平景象形成对比,并把边关月夜与士兵的心情相结合,用沉痛的笔调真实地写出了一代爱国者的不幸,严厉谴责了那些放弃保卫国土的神圣职责而沉溺于声色之好的将军们。后四句写中原人民对入侵者的愤恨。

此诗以“月夜”为线索,选择了 3 个典型场景,从将军不战、豪门做乐,写到壮士心志难酬以及遗民忍死望恢复,表现了 3 种人不同的境遇和心情。在此诗之前,《关山月》旧题,只写隔关山而月下怀人的思妇的哀怨,陆游却大胆地用以抒写月下边关戍卒之情、爱国志士之痛,用关山之月色,将几个不同地域的人事连接起来,加以对照,以此对屈辱的“和戎”政策以及投降派的“文恬武嬉”提出谴责,忧国之情跃然纸上。全诗构思巧妙,脉络清楚。

思考与练习

1.全诗选取了哪些典型事物来表现诗人的情感?

2.举例分析这首诗的对比映衬手法。

3.熟读这首诗。

◎欧阳修

秋声赋

欧阳修(1007—1072)字永叔,号醉翁,晚年更号六一居士,庐陵(江西永丰沙溪)人。北宋著名的文学家、政治家和史学家,"唐宋八大家"之一。4岁父亡,慈母郑氏折芦杆为笔,平沙地为纸,启蒙少年欧阳修。宋仁宗天圣七年(1029),欧阳修荣膺御试甲科第十四名,被录为西京留守推官。景祐三年(1036),因声援范仲淹改革,遭贬为湖北夷陵令。宝元二年(1039),欧阳修奉诏回汴京任馆阁校勘,编修《崇文总目》,积极参与了著名的"庆历新政"运动。新政受挫,欧阳修再次被逐,去安徽滁州。至和元年(1054),为权判流内铨,后迁翰林学士。向朝廷举荐诸如包拯、王安石等有为后生。嘉祐二年(1057),欧阳修任礼部贡举,负责科举考试,废止了"太学体"的"四六时文",制定了先考策论后考诗赋的新考法。他倡导刷新文风的古文创作。选拔苏轼、曾巩等优秀人才。平治四年(1067),欧阳修恳辞告退。熙宁五年(l072),卒于汝阴(颍州州治,今安徽省阜阳市)。有《欧阳文忠公集》、《六一词》等。

欧阳修一贯反对浮华绮靡的文风,主张"文以为道",讲文学必须与社会现实与政治斗争相结合并为之服务。他还认为文章的理辞是辩证统一的,诗的创作是一个由"忧思感情之郁积"的内因和"虫鱼草木、风云鸟兽之状类"的外因相结合的情景交融的过程。同时,欧阳修在史学等学术领域亦有非凡建树,可谓"博学强记、通知古今",无愧为"天下翕然师尊之"的一代文宗。

欧阳子方夜读书,闻有声自西南来者[1],悚然而听之[2],曰:"异哉!"初淅沥以萧飒[3],忽奔腾而砰湃[4],如波涛夜惊,风雨骤至。其触于物也,鏦鏦铮铮[5],金铁皆鸣;又如赴敌之兵,衔枚疾走[6],不闻号令,但闻人马之行声。余谓童子:"此何声也?汝出视之。"童子曰:"星月皎洁,明河在天[7],四无人声,声在树间。"余曰:"噫嘻悲哉!此秋声也,胡为而来哉?盖夫秋之为状也:其色惨淡[8],烟霏云敛[9];其容清明,天高日晶;其气栗冽[10],砭人肌骨[11];其意萧条,山川寂寥。故其为声也,凄凄切切,呼号愤发。丰草绿缛而争茂[12],佳木葱茏而可悦[13];草拂之而色变,木遭之而叶脱。其所以摧败零落者,乃其一气之余烈[14]。夫秋,刑官也[15],于时为阴[16];又兵象也[17],于行为金[18];是谓天地之义气[19],常以肃杀而为心。天之于物,春生秋实。故其在乐也,商声主西方之音[20],夷则为七月之律[21]。商,伤也,物既老而悲伤;夷,戮也,物过盛而当杀。

"嗟乎!草木无情,有时飘零。人为动物,惟物之灵[22];百忧感其心[23],万事劳其形;

有动于中，必摇其精。而况思其力之所不及，忧其智之所不能；宜其渥然丹者为槁木[24]，黟然黑者为星星[25]。奈何以非金石之质，欲与草木而争荣？念谁为之戕贼，亦何恨乎秋声！"童子莫对，垂头而睡。但闻四壁虫声唧唧，如助余之叹息。

【注释】

[1]西南方：据《太平御览》卷九引《易纬》："立秋，凉风至。"又注："西南方风。"这西南方来的声音暗指秋夜凉风，但作者避免了直言。

[2]悚(sǒng)然：恐惧貌。

[3]淅沥：雨声。以：而。萧飒：树木被秋风吹拂声。

[4]砰(pēng)湃：波浪汹涌声。

[5]锹(cōng)锹铮铮：金属相击声。

[6]衔枚：古代行军多令军士口中衔一种状如筷子的东西，以保行军秘密。

[7]明河：银河。

[8]惨淡：阴暗无色，凄惨。

[9]烟霏云敛：烟云密聚。

[10]栗冽：犹凛冽。

[11]砭(biān)：古代针灸的石针。此作针刺之意。

[12]缛(rù)：繁密的彩饰。

[13]葱茏：形容草木青翠而茂盛。

[14]一气：指秋气。余烈：余威。

[15]夫秋，刑官也：《周礼·秋官司寇》记载，周朝以天地四时之名命官(谓之六卿)，司寇为秋官，掌管刑法、狱讼。《礼记·月令》讲，判决死罪人犯在秋天。

[16]于时为阴：古以阴阳配合四时，春夏属阳，秋冬属阴。《汉书·律历志上》："春为阳中，万物以生；秋为阴中，万物以成。"《春秋繁露·阴阳义》："阴者，天之刑也。"

[17]又兵象也：古代征伐，多在秋天，故云。《礼记·月令》载"孟秋之月"，"天子乃命将帅，选士厉兵，简练桀俊，专任有功，以征不义"。《汉书·刑法志》："秋治兵以狝。"颜师古注："狝，应杀气也。"

[18]于行为金：以五行(金、木、水、火、土)分配四时，旧说谓秋天属金。《礼记·月令》载："某日立秋，盛德在金。"《汉书·五行志上》："金，西方，万物既成，杀气之始也。"

[19]是谓天地之义气：《礼记·乡饮酒义》："天地严凝之气，始于西南，而盛于西北，此天地之尊严气也，此天地之义气也。"孔颖达疏："西南，象秋始。"

[20]商声主西方之音：旧说以五声(宫、商、角、徵、羽)分配四时，秋天为商声。《礼记·月令》载孟秋、仲秋、季秋之月，"其音商"。西方，为秋天的方位。

[21]夷则为七月之律：《礼记·月令》：古代以十二律(黄钟、大吕、太簇、夹钟、姑洗、中吕、蕤宾、林钟、夷则、南吕、无射、应钟)分配十二个月，七月为夷则。《史记·律书》："七月也，律中夷则。夷则，言阴气之贼万物也。"张守节《史记正义》引《白虎通》："夷，伤也；则，法也。言万物始伤被刑法也。"

[22]人为动物，惟物之灵：谓人在万物中特别具有灵性，不同于草木之无情。《尚书·周书·泰誓上》："惟人万物之灵。"

[23]百忧感其心:《庄子·在宥(yòu)》:“必静必清,无劳女形,无摇女精,乃可以长生。”此处反用其义。

[24]渥(wò)然丹者为槁木:红润的容颜变为枯槁。《诗经·秦风·终南》:“颜如渥丹。” 渥丹,涂以赤色谓红而有光泽。《庄子·齐物论》:“形固可使如槁木,而心固可使如死灰乎?”

[25]黟(yī)然黑者为星星:谓黑发变白。黟:黑貌。星星:喻白色。谢灵运《游南亭》:“戚戚感物叹,星星白发垂。”

导读

《秋声赋》开头出人意料,绘声绘影,二段融写景、抒情、叙事、议论为一体。作者铺叙敷演,用汉赋写作“上下左右、东南西北”的传统手法,从颜色、容姿、气候、意绪一一阐明之后,才托出秋声“凄凄切切,呼号愤发”的特征,绿草丰茸、佳木葱茏,慑于秋气的威严而枯萎。至此,作者的悲秋之意溢于言表。又由自然界百卉凋零转视人世间:秋为刑官、主兵象、于乐律、为商(伤)声。于是作者发愤激之论:“是谓天地之义气,常以肃杀而为心”,“物既老而悲伤……物过盛而当杀”。庆历新政失败后,宋王朝“太平盛世”隐含危机;作者由自然的盛极而衰想到社会人生。总之,秋夜沉思,作为一个有远见的政治家,他为国家的前途隐忧,才写下这篇看似伤春悲秋,实则阐述社会现实哲理的作品。赋中触景生情,由草木零落联想到人生暮年,传达着作者的情怀和忧思:“草木无情……欲与草木而争荣?”作者操劳国事 30 年,须发早白,可他并不为个人得失而消沉。但每欲振起革新而又力不从心,因此他惆怅郁积;但人终究不能如草木“春风吹又生”,那就应达观自适,看清万物有生必有死的无法扭转的客观规律。《秋声赋》虽用悲秋的传统写法,但并未伤感凄戚不能自拔,而终归于宋人特色的理性思辨和精神超逸。

作者构思精巧,行文跌宕回环,富于整体结构韵律。如首段由幽静到宕开笔锋奔腾喧响再收拢归于悄然:“星月皎洁,明河在天,四无人声,声在树间。”文字勾勒出童话般奇妙神秘、寂寥空远的意境,把视野引向广袤无际的宇宙,令人遐思无穷。又如作者在阐发人生哲理后,笔锋一转:“童子莫对,垂头而睡。但闻四壁虫声唧唧,如助余之叹息。”清代孙琮谓:“结尾‘虫声唧唧’亦是从声上发挥,绝妙点缀。”赋的收尾确使人感到语意隽永、言犹未尽、余音袅袅、不绝如缕。

本文是抒情小赋,声情并茂、语言警绝。作者遣字造句独辟蹊径、变化多端。作者深夜读书悄静已极,忽有声来,“声”字点题,振起全篇。接着是一连串精彩的比拟,渲染出浓郁的秋意,摹写“声”由小而大、由远渐近、喧而复静、来之又去的全过程:“初淅沥以萧飒,忽奔腾而砰湃……但闻人马之行声。”作者连用风雨声、波涛声、金铁皆鸣声、人马行走声这四个比喻,将不可捉摸的无形秋声写得声情摇曳、倏忽变化、宛然若在、呼之欲出。

《秋声赋》以散句始,以散句终,形成散文化的流畅自然之美。故用韵不像骈赋、律赋般严整，而以尾韵为主，穿插句首、句中之韵位，既可叶韵，又有散文化句式的灵动。《秋声赋》既要描摹秋声凄切、秋气肃杀之景，又要表达作者超逸旷达的精神境界。写秋声、秋气多用拗折、顿挫的仄声韵或急切、迫促的入声韵；写秋气凛冽和人生晚秋的怡然自适心怀则多用开朗、舒畅的平声韵。平声韵或显或隐地贯穿始终，构成全赋基调。文中四六排偶，按散文句式，骈散结合，衔接圆转流畅，无斧凿痕。苏洵所谓："纡余委备，往复百折，而条达疏畅，无所间断。"(《上欧阳内翰第一书》)

体式方面，《秋声赋》上承汉赋传统，下开文赋新风。"赋"是中国文学史上第一个由作家创造出来的纯文学体式，在汉代司马相如时就得到极为繁荣的发展，但顶峰之后，便逐渐形成模仿因袭之风，抒情言志小赋也仅是回光返照。《秋声赋》创造了以文为赋的新体制，是一次文体革新。它确立了文赋的完整形式，赋予它特定的审美特征，为赋体文学的发展做出了创造性贡献。

思考与练习

1.请上网查找资料，撰写小文章《中国的悲秋文学》。

2.作者写《秋声赋》的目的是什么？

3.本文的艺术特色有哪些？

4.本文在文体上的创造性是如何表现的？

◎普希金

致大海

普希金(1799—1837) ,“俄罗斯文学之父”。出身于一个有着叛逆传统的古老的贵族家庭,这对造成他孤独、倔强、热情、急躁、刚烈自尊、喜怒无常的个性形成了较大的影响。他的父亲曾任禁卫军官,母亲是带有非洲血统的一位将军的孙女。1799年,普希金诞生在莫斯科。他有一位天资聪慧的奶娘,叫做阿林娜。这位不识字的保姆不但能无微不至地关怀普希金,给他以母亲的慈爱,而且还善于讲述动人的民间故事、童话,能吟唱意境深邃、想像丰富、韵脚和谐的歌谣,这使普希金从小就受到了文学的熏陶,同时也影响到他对民众的态度。1811年进入皇村学校,接近未来的十二月党人,受到资产阶级启蒙思想的影响。1816年加入文学团体“阿尔扎马斯社”。1817年皇村学校毕业后,在外交部供职。1819年成为革命外围组织“绿灯社”成员。这个时期他连续写了歌颂自由、反对暴政的著名诗篇《自由颂》、《致恰达耶夫》、《乡村》。因为这些诗在进步青年中广为传诵,普希金被亚历山大一世流放到南俄。流放期间,创作了《短剑》、《高加索俘虏》、《强盗兄弟》和《巴赫切萨拉伊的泪泉》等诗篇。1824年被幽禁在米哈伊洛夫斯克村,写了表现19世纪20年代进步贵族青年寻求社会出路的长诗《茨冈》、探索人民命运和历史作用的历史剧《鲍里斯·戈都诺夫》以及诗体小说《努林伯爵》。十二月党人起义失败后,新沙皇尼古拉一世赦免普希金,将他召回莫斯科。诗人对新沙皇一度抱有幻想,希望他成为彼得大帝式的开明国君,同时又无法忘怀旧日友好的十二月党人,写成《致西伯利亚的囚徒》和《阿里昂》。1830年在波尔金诺村创作四部小悲剧和《别尔金小说集》,其中《驿站长》是俄国文学中第一篇反映“小人物”命运的作品。最终完成诗体长篇小说《叶甫盖尼·奥涅金》(1823—1830),被别林斯基誉为“俄国生活的百科全书”。1831年2月与莫斯科第一美人冈察洛娃结婚,5月迁居彼得堡,仍在外交部任职。创作以彼得大帝为题材的长篇叙事诗《青铜骑士》、中篇小说《黑桃皇后》、童话诗《渔夫与金鱼的故事》、中篇小说《杜布罗夫斯基》以及反映布加乔夫起义的小说《上尉的女儿》。1836年创办《现代人》杂志。1837年2月在决斗中被法国流亡者丹特士杀害。

再见吧,自由的海洋!
这是最后一次在我面前
显示你浩瀚雄伟的美景,

翻动你那蓝色的波澜。

这是我最后一次谛听
你沉郁的喧嚷、召唤的呼喊，
像谛听朋友悲戚的怨诉、
在告别时刻发出的呼唤。

你是我的心灵向往的境界！
我为一个隐秘的思想而痛苦，
默默无言、愁眉不展地
经常在你的岸边踯躅！

我多么喜欢你的回声、
你深沉的轰鸣、来自海底的喧嚣、
你在傍晚时分的寂静
和那变化无常的怒涛！

渔夫们那些普通的帆船，
在你变幻莫测的波涛上航行，
它们在勇敢地破浪前进：
但你发起怒来就无法制服，
成群的船舶会在你腹中葬身。

至今我还不能永远离开
你这枯燥的、静止的海岸，
不能欢天喜地地向你庆贺，
我这诗人的逃亡还不能
在波涛汹涌的海面上实现！

你等待着，召唤着……可我不自由，
我的心灵徒然地挣扎：
我被一种强烈的感情所主宰，
于是我就在岸边留下……

有什么可惋惜的？如今哪里有
我的无忧无愁的途程？
在你荒凉的海面上，只有一件事
也许能够震动我的心。

一座岩石，一座光荣的坟墓……
那些动人心魄的回忆
正沉默在死气沉沉的睡梦中：
拿破仑就在那里逝去。

在那里，他正在痛苦中长眠。
紧接在他后面，另一位天才
像暴风雨的呼啸也离开了我们，
那是我们思想上的另一位主宰。

他曾为失去自由而痛哭，
如今逝去了，把桂冠留在世上，
咆哮吧，掀起惊涛骇浪吧，
哦，大海，他曾经为你歌唱。

在他身上体现了你的形象，
你的精气塑造了这位诗人，
他像你一样威严、深沉而阴郁，
也和你一样桀骜不驯。

世界空虚了……啊，海洋，
你现在要把我带到何方？
人们的命运到处都一样：
无论是文明，无论是暴君，
都把幸福深深地埋葬。

再见吧，大海！我不会忘记
你那庄严美丽的景象，
我将久久地、久久地倾听

你在黄昏时分发出的轰响。

我将永远怀念你，我要把
你的岩石和你的海湾、
你的光和影、波浪的絮语
带进森林，带进寂静的荒原。

导读

《致大海》这首典型的反映普希金政治理想的“自由诗歌”作于1824年。时年诗人因为和南俄总督发生了冲突，结束了自1820年以来在南俄长达4年的流放生活，又被放逐回父亲的领地。在南俄期间，他同十二月党人有十分密切的联系，因此写了不少反对农奴制、号召杀死暴君的著名诗篇，表达了进步的俄罗斯对自由的渴望。这也自然成为《致大海》所要抒发的主要思想感情。

诗作一开篇点明要与“自由的海洋”告别，面对大海的美景，他要“最后一次”谛听大海的声音，因为大海是诗人“心灵向往的境界”。诗人希望“来自海底的喧嚣”能够把窒息俄罗斯的现实撕得粉碎，然而他的心灵只能“徒然地挣扎”。诗人不愿接受失败，于是被某种强烈的感情所主宰：有两件事震动了诗人的心，那就是对横扫欧洲阴霾的拿破仑的刻骨铭心的缅怀以及对自由之子——英国诗人拜伦英年早逝的痛惜。最后，浓重的空虚之情几乎要把诗人引向绝望的深渊，但是大海的庄严美丽再次使诗人获得了力量——他也要做一个自由的使者，把自由的意志传向四面八方。

这首激情澎湃的诗作采用浪漫主义诗歌惯见的直抒胸臆的做法，显得情感多变而炽热，语言自由奔放而有致。诗中洋溢着19世纪初期欧洲特有的时代气息。

思考与练习

1.反复揣摩，理清本诗的抒情线索。
2.体会“大海”的形象与“自由”主题的关系。
3.熟读这首诗，并有感情地朗诵。

◎艾　青

我爱这土地

艾青(1910—1996),现代诗人。原名蒋海澄,1910年3月27日生于浙江省金华县。早年受到"五四"新文化运动的影响。1928年进杭州国立西湖艺术院绘画系学习,1929年赴法国勤工俭学,1932年回国开始在《现代》、《新诗》等杂志上发表诗歌,这些诗受现代派的影响比较明显。1937年出版第一个诗集《大堰河》。抗日战争时期,在抗日浪潮的激荡下,诗风大变,摆脱了现代派的影响,调子较为明快。先后有《向太阳》、《火把》等数个诗集问世。1941年春,艾青来到延安,主编《诗刊》,参加延安文艺座谈会。1945年到1976年,诗人生活诸多波折,写有《春天》等诗集。1976年10月起,艾青进入他的第二创作高潮期,在短短几年里写作并出版了《归来的歌》、《彩色的诗》、《雪莲》3本新诗集和1本新的论著《艾青谈诗》。

假如我是一只鸟,
我也应该用嘶哑的喉咙歌唱:
这被暴风雨所打击着的土地,
这永远汹涌着我们的悲愤的河流,
这无止息地吹刮着的激怒的风,
和那来自林间的无比温柔的黎明……
——然后我死了,
连羽毛也腐烂在土地里面。

为什么我的眼里常含泪水?
因为我对这土地爱得深沉……

导读

《我爱这土地》作于抗日战争爆发后不久,抒发诗人在国难当头、山河沦亡的年代对民族命运的关切和对祖国大地深挚的爱。全诗以"假如"开头,显得既熟悉,又新奇、突兀。诗里的"鸟"不像古诗词里的杜鹃、鹧鸪等,具有特定的内涵,是个泛指,结合下面的"嘶哑的喉咙",可看作是抗战初期那个悲壮时代里千千万万国人愿望的体现。诗人从3个层面强化这种时代的激情。以"假如"开头就是一层强化,鸟儿的"嘶哑的喉咙”是第二层强化，继之展开的一系列歌唱对象，形成第三层强化。诗人用穷形极相、酣畅淋漓的笔法描写这些对象，并依托长长的句子、大量的形容词和修饰语，展现对象的神采风貌，给人以特殊的立体感和雕塑感。

正当读者为“鸟”顽强的生命力量所折服时，诗思却来了个大逆转——“我死了”，让我的躯体化作肥土，给大地以滋养和生机。这种对土地的生死相依的爱，正是国破家亡时期中华儿女高尚情感的集中体现。

第二节急骤地发问并殷切而响亮地作答：“为什么我的眼里常含泪水？”“因为我对这土地爱得深沉……”，虽然只有两句，却能直接切入灵魂，唤醒国人起来捍卫沦亡之山河。

艾青是中国新诗史上产生过重要影响、具有独特风格的现实主义诗人。其诗较多地将个人的悲欢融合到时代的悲欢里，反映民族的命运和人民的苦难以及现实的生活和斗争，鲜明地传达时代的呼唤和人民的心声。这首诗里“为什么我的眼里常含泪水？/因为我对这土地爱得深沉……”的倾诉，就是一个把个人情感、命运都赋予时代、人民、祖国和土地的明证。

思考与练习

1.诗中的“我”为什么要用“嘶哑的喉咙歌唱”？

2.你认为诗中的“土地”、“河流”、“风”、“黎明”4 组意象有何象征意义？

人性

民生

子曰："见贤思齐焉，见不贤而内自省也。"

——《论语》

一般说来，出自幸运之德行乃节制，出自厄运之德行乃坚韧，依道德标准而论，后者是更为高尚的美德。

——培根

古代神话三则

古代神话是远古先民以故事形式表达对自然和人类社会的认知和情感的初级文学形式。远古的原始时代决定着神话的艺术精神。先民们物我不分的基础思维模式塑造着多彩的艺术形象,神话中的自然万物如同人的身体行为一样,自然与自我有着同一化的生动直观的外观和变迁,因而,传说中盘古的双眼化为夺目的日月,躯体化作雄伟的山岳。古代神话由于运用初级的形象思维,抽象的时间和空间的演化均通过具体可感的形象和颜色等表达出来,神话中包含着丰富的情感体验,原始先民的渴求和希冀在时常敌对的大自然包围之下,或喜或怒、或惊或惧,其内心的真情实感无一不以神话形式流露出来。

中国古代神话的内容丰富多彩,约有5类:第一类是反映揭示宇宙起源的创始神话,如盘古开天辟地的故事;第二类是思考揭示人类起源的始祖神话,如女娲补天的拼斗和勤劳及造人;第三类是记载反映洪水灾难及抗争的洪水神话;第四类是表现原始先民残酷的部落战争的战争神话,如黄帝和炎帝惊心动魄的阪泉大战;第五类是标志人类对自然和自我进行超越的发明创造神话,如后羿射日的传说中后羿既是弓箭的发明者又是神射手。

中国古代神话原本绚烂多彩,但在历史的演进中,变成了零散在各种文献中的片断,造成这种现象的原因是神话历史化和文人对其的改造(如寓言化等)。神话没有系统记载的典籍,只在《山海经》、《庄子》、《楚辞》、《淮南子》、《列子》等古籍中保存了一些片断。《山海经》多记山川地理,《楚辞》是一部诗歌集,《淮南子》多叙述刘安及门客的哲学思想。

古代神话对后世文学影响很大,许多后代文学创作都是用神话内容为其主要或部分的素材,最具影响力的是,神话内在的奇异的思维和超越创新的想象在文学中一直在幻化出美丽的画卷。

《山海经》是一部记载我国古代有关民间传说和地理知识方面的重要著作。约为战国初期到晚期的作品,经西汉刘歆整理而成。《山海经》共18卷,分《山经》和《海经》两部分,记载了我国古代山川、各地民俗、物产资源以及大量神异鬼怪的传说,包含历史、地理、民族、神话、宗教、生物、水利、矿产、医学等方面的内容。堪称战国时代的小百科全书。书中的一部分神话故事和民间传说,表现出极其丰富的想像力。其中夸父追日、女娲补天、嫦娥奔月、共工怒触不周山等神话故事，代代相传，家喻户晓，为后来的神话创作提供了丰富的养料。《山海经》实际上也是我国记载神话最多的一部古书。

《淮南子》是中国西汉初淮南王刘安集门客编撰的一部哲学著作。又称《淮南鸿烈》。据《汉书·艺文志》记载，《淮南子》内21篇，外33篇。近现代只传内21篇。全书体系比较庞杂，主要是发挥老子思想。《淮南子》一书，对神话的搜罗也相当宏富，如《地形训》就有关于海外36国、昆仑山、禹以及九州八极等神话。中国古代著名的四大神话：女娲补天、共工触山、后羿射日和嫦娥奔月，就是保留在《淮南子》中的。

精卫填海[1]

发鸠之山[2]，其上多柘木[3]。有鸟焉，其状如乌[4]，文首[5]、白喙[6]、赤足，名曰精卫，其鸣自詨[7]。是炎帝之少女[8]，名曰女娃。女娃游于东海，溺而不返[9]，故为精卫。常衔西山之木石，以堙于东海[10]。

——《山海经·北山经》

【注释】

[1]精卫：鸟名。又名誓鸟、冤禽、志鸟，俗称帝女雀。

[2]发鸠：山名。传说在山西省长子县西。

[3]柘(zhè)木:柘树，亦名“黄桑”、“奴柘”，桑树的一种。

[4]乌：乌鸦。

[5]文首：头上有花纹。

[6]喙(huì):鸟嘴。

[7]詨(xiāo):呼叫。“精卫”是这种鸟鸣叫的声音，此句意谓它鸣叫的声音就是自呼其名。

[8]炎帝：神农氏。

[9]溺：被水淹死。

[10]堙(yīn)：填塞。

黄帝擒蚩尤[1]

蚩尤作兵伐黄帝[2]，黄帝乃令应龙攻之冀州之野[3]。应龙畜水，蚩尤请风伯、雨师，纵大风雨[4]。黄帝乃下天女曰魃[5]，雨止，遂杀蚩尤。

——《山海经·大荒北经》

【注释】

[1]黄帝：上古帝号。传说称轩辕氏，或称有熊氏，诛蚩尤后被诸侯称为帝。蚩尤：古人名。据《龙鱼河图》说：“蚩尤兄弟81人，并兽身人语，铜头铁额，食沙石子。造立兵仗，刀戟大弩，威震天下。”相

传蚩尤是古代黎族的首领，当时黎族很多，号称九黎。“九”可能是表示多数。每族包括 9 个兄弟氏族，共有 81 个氏族。足见蚩尤是古代一个强大的部族联盟首领。

[2]作兵：造兵器。

[3]应龙：传说是有翅膀的神龙，善于蓄水行雨，住在凶犁的土邱山。冀州：古九州之一，包括今河北、山西两省及河南、辽宁两省的一部分地方。

[4]风伯、雨师：风神、雨神。

[5]魃（bá）：黄帝的女儿。一说为旱神。

女娲补天[1]

往古之时，四极废[2]，九州裂[3]，天不兼覆，地不周载[4]。火爁炎而不灭[5]，水浩洋而不息，猛兽食颛民[6]，鸷鸟攫老弱[7]。于是女娲炼五色石以补苍天，断鳌足以立四极[8]，杀黑龙以济冀州[9]，积芦灰以止淫水[10]。苍天补，四极正，淫水涸[11]，冀州平，狡虫死[12]，颛民生。

——《淮南子·览冥训》

【注释】

[1]女娲：上古女神名。传说她人首蛇身，开天辟地时捏黄土作人，创造了人类。《说文》：“娲，古之神圣女，化育万物者也。”

[2]四极：天的四边。上古认为天的四边有支撑的柱子。废：坏，指柱子折断，天塌陷。

[3]裂：分崩开裂。

[4]兼覆：全部覆盖。周载：周全地承载。

[5]爁（lǎn）炎（yán）：大火蔓延燃烧的样子。

[6]颛（zhuān）：善。

[7]鸷鸟：猛禽。攫：用爪抓取。

[8]鳌：大龟。

[9]冀州：这里指古代黄河流域中原地区。

[10]淫水：泛滥肆虐的洪水。

[11]涸：干枯。

[12]狡虫：凶猛的害虫。

导读

《精卫填海》是张扬顽强斗争精神的名篇。精卫本是炎帝的女儿，因游海上遭遇风浪，溺水而死，死后化作一只名叫“精卫”的鸟。它痛恨大海夺去了自己的青春，从西山衔来树枝和石子，发誓要填平东海，使它不能再兴风作浪危害人类。精卫的故事悲凄壮丽，这只小鸟锲而不舍，百折不挠，对浩瀚无垠的大海，一点一点地去征服和超越，这正是炎黄儿女艰苦卓绝、自强不息精神的神话原型之一。

黄帝擒蚩尤的神话故事是我国古代氏族社会部落间冲突战争的反映。据传说，黄帝与蚩尤激战于涿鹿之野(今河北省怀来县)。可以推想我国古代北方发生过这种氏族间的激烈战斗。此神话故事富于艺术想像力，其中的蚩尤被塑造成妖魔鬼怪，黄帝如同降魔将军，双方的战争纵横天地，相互斗法，惊心动魄。场面壮观，气势宏大。在写法上，作者以小见大，展现了较高的艺术概括能力。

女娲补天是我国原始社会流传至今的神话，讲述开天辟地的故事。它显示了我国原始人对自然及人类起源的基本认识，反映了人类与自然作斗争的勇气和力量。创作神话的原初民想像现存宇宙万物的起源是“爆炸灾害说”。起初，天地人间平安祥和，突然经过一场大破坏，天塌地陷，洪水泛滥，大火燃烧，人类及一切生物都毁灭了。后来女娲女神想方设法，重新创造天地。她树立四极，扑灭烈火，弄干洪水，而后又造出生物和人类，才有今日之世界。所以，女娲不但是现存世界的创造者，而且是人类万物的始祖。本文叙述的“起—转—合”结构完整对称，文字精炼多变，显示了精心的语言加工。

思考与练习

1.组织讨论，主题是“《山海经》对武侠小说的影响”。先分组讨论10分钟，然后各组推荐一名同学做主题发言。

2.《女娲补天》的叙述结构是怎样安排的？为什么？

3.《精卫填海》的精神启迪价值是什么？

《论语》十则

《论语》是记录孔子及其弟子言行的著作。孔子名丘，字仲尼，鲁国陬邑(今山东省曲阜市)人。他是儒家学派的创始人。鲁定公时，曾为司寇，后周游宋、卫、陈、蔡、齐等国，宣传自己的政治主张，都遭挫败，于是回鲁著述讲学。其政治思想的核心是"仁"，对后世影响很大。《论语》属于语录体著作，文字简明生动，是研究孔子生活和思想的重要资料。

子曰："吾十有五而志于学[1]，三十而立[2]，四十而不惑，五十而知天命，六十而耳顺[3]，七十而从心所欲，不逾矩[4]。"(《为政》)

子曰："富与贵，是人之所欲也，不以其道得之，不处也[5]。贫与贱，是人之所恶也，不以其道得之，不去也[6]。君子去仁，恶乎成名[7]？君子无终食之间违仁[8]，造次必于是[9]，颠沛必于是。"(《里仁》)

子曰："见贤思齐焉[10]，见不贤而内自省也[11]。"(《里仁》)

子以四教：文，行，忠，信。(《述而》)

子曰："君子坦荡荡，小人长戚戚[12]。"(《述而》)

子在川上曰："逝者如斯夫[13]，不舍昼夜[14]。"(《子罕》)

子曰："岁寒，然后知松柏之后凋[15]也。"(《子罕》)

子曰："其身正，不令而行；其身不正，虽令不从。"(《子路》)

子曰："不患人之不己知[16]，患其不能也。"(《宪问》)

子曰："益者三友，损者三友。友直，友谅[17]，友多闻，益矣。友便辟[18]，友善柔[19]，友便佞[20]，损矣。"(《季氏》)

【注释】

[1]有：同"又"，用于整数与零数之间。

[2]立：站立，这里是站得住的意思，即做事有把握。

[3]耳顺：指从别人的言语中能分辨真假、判明是非。

[4]"七十"句：是说随心所欲而不超过规矩、法度。从：同"纵"，即任由。

[5]道：正当的方法。处：接受。

[6]去：离开，摆脱。

[7]恶(wū)乎：怎么，怎样。

[8]终食之间:吃完一顿饭的时间,形容时间很短。

[9]造次必于是:意谓仓促匆忙的时候,他也一定和仁德同在。造次:匆忙,紧迫。

[10]齐:看齐。

[11]省(xǐng):检查,反省。

[12]戚戚:忧伤、悲愁的样子。

[13]逝者:消逝的时间。斯:指流逝的河水。

[14]舍:停息。

[15]凋:衰败,凋落。

[16]不己知:即“不知己”,(别人)不知道自己。

[17]谅:信实,诚信。

[18]便辟(pián bì):善于逢迎谄媚。

[19]善柔:善于阿谀奉承,当面恭维,背后毁谤。

[20]便佞(pián nìng):善于以言词取媚于人,夸夸其谈,花言巧语。

导读

孔子的人生观是入世而积极的,他能够过穷苦的生活,而对于不义的富贵视同浮云,认为“不以其道得之,不处也”。他重视自身才能的提高和人格的养成,主张积极学习,认真反省,从善如流,见贤思齐,强调以身作则,维护正义。他还强调将文教与身教相结合,强调教师的道德修养和人格精神对学生的重要作用。

孔子以迎难向上、积极追求的人生态度赋予个体的生命以密集的意义。他对于生命短暂的体认以及对个体道德精神永恒的执著追求,对两千多年来的仁人志士产生了深远的影响。他创始的儒家文化成为中国文化精神的主流,在今天仍有十分重要的意义。

思考与练习

1.根据你的理解,谈谈孔子的这些语录在今天的现实意义。

2.熟读这些语录。

◎《战国策》

冯谖客孟尝君[1]

《战国策》，又名《国策》、《国事》和《长书》等，经西汉刘向整理，定名为《战国策》，记载各国有关政治、外交、军事等方面的史实。按国别划分，全书分为十二国策，共33篇。书中记事始于周贞定王十四年（前455），止于秦始皇三十一年（前216），主要内容为说客献策，策士游说，是研究战国史的重要文献。

《战国策》对后世文学影响深远。它文笔恣肆，语言流畅，论事透辟，写人传神，打破了《左传》偏于记事、人随事转的记事特点，转向注重写人、事由人定。还善于运用寓言故事和奇特的比喻来说明抽象的道理，具有浓厚的艺术魅力和文学趣味，对我国两汉以来的史传文学和政论文的发展都产生过积极的影响。

齐人有冯谖者，贫乏不能自存[2]。使人属孟尝君[3]，愿寄食门下[4]。孟尝君曰："客何好[5]？"曰："客无好也。"曰："客何能[6]？"曰："客无能也。"孟尝君笑而受之，曰："诺。"

左右以君贱之也[7]，食以草具[8]。居有顷[9]，倚柱弹其剑，歌曰："长铗归来乎[10]！食无鱼。"左右以告。孟尝君曰："食之，比门下之客[11]。"居有顷，复弹其铗，歌曰："长铗归来乎！出无车。"左右皆笑之，以告。孟尝君曰："为之驾[12]，比门下之车客。"于是乘其车，揭其剑[13]，过其友，曰："孟尝君客我[14]。"后有顷，复弹其剑铗，歌曰："长铗归来乎！无以为家[15]。"左右皆恶之，以为贪而不知足。孟尝君问："冯公有亲乎？"对曰："有老母。"孟尝君使人给其食用[16]，无使乏。于是冯谖不复歌。

后，孟尝君出记[17]，问门下诸客："谁习计会[18]，能为文收责于薛者乎[19]？"冯谖署曰[20]："能。"孟尝君怪之，曰："此谁也？"左右曰："乃歌夫'长铗归来'者也。"孟尝君笑曰："客果有能也，吾负之[21]，未尝见也。"请而见之，谢曰[22]："文倦于事[23]，愦于忧[24]，而性懧愚[25]，沉于国家之事[26]，开罪于先生[27]。先生不羞[28]，乃有意欲为收责于薛乎？"冯谖曰："愿之。"于是约车治装[29]，载券契而行[30]，辞曰："责毕收，以何市而反[31]？"孟尝君曰："视吾家所寡有者[32]。"

驱而之薛[33]，使吏召诸民当偿者悉来合券[34]。券徧合，起矫命以责赐诸民[35]，因烧其券。民称万岁。

长驱到齐，晨而求见。孟尝君怪其疾也[36]，衣冠而见之，曰："责毕收乎？来何疾也！"曰："收毕矣。""以何市而反？"冯谖曰："君云：'视吾家所寡有者。'臣窃计：君宫中积珍宝，狗马实外厩，美人充下陈；君家所寡有者，以义耳！窃以为君市义[37]。"孟尝君曰："市义奈何?"曰:"今君有区区之薛,不拊爱子其民[38],因而贾利之[39]。臣窃矫君命,以责赐诸民,因烧其券,民称万岁。乃臣所以为君市义也。"孟尝君不说,曰:"诺。先生休矣。"[40]

后期年[41],齐王谓孟尝君曰[42]:"寡人不敢以先王之臣为臣。"孟尝君就国于薛[43]。未至百里,民扶老携幼,迎君道中。孟尝君顾谓冯谖曰[44]:"先生所为文市义者,乃今日见之。"冯谖曰:"狡兔有三窟[45],仅得免其死耳。今君有一窟,未得高枕而卧也。请为君复凿二窟。"

孟尝君予车五十乘,金五百斤,西游于梁[46],谓惠王曰[47]:"齐放其大臣孟尝君于诸侯[48]。诸侯先迎之者,富而兵强。"于是梁王虚上位[49],以故相为上将军,遣使者,黄金千斤,车百乘,往聘孟尝君。冯谖先驱,诫孟尝君曰:"千金,重币也;百乘,显使也。齐其闻之矣。"[50]梁使三反[51],孟尝君固辞不往也[52]。

齐王闻之,君臣恐惧,遣太傅赍黄金千斤[53],文车二驷[54],服剑一[55],封书谢孟尝君曰:"寡人不祥[56],被于宗庙之祟[57],沉于谄谀之臣[58],开罪于君!寡人不足为也[59],愿君顾先王之宗庙,姑反国统万人乎[60]!"冯谖诫孟尝君曰:"愿请先王之祭器[61],立宗庙于薛[62]。"庙成,还报孟尝君曰:"三窟已就,君姑高枕为乐矣。"

孟尝君为相数十年,无纤介之祸者[63],冯谖之计也。

【注释】

[1]本文选自《战国策·齐策四》。冯谖(xuān):齐国游说之士,谖,一作"煖",《史记》中又作"驩",音皆同。客:做门客。孟尝君:齐国贵族,姓田名文,齐湣王时为相。田文之父在齐宣王时受封于薛(今山东滕县东南),田文沿袭,孟尝君为封号。此人以好养士(门客)而著名,与信陵君(魏)、春申君(楚)、平原君(赵)一起被称为"战国四公子"。

[2]存:生存。

[3]属:同"嘱",嘱托,请求。

[4]寄食门下:即食客(门客)。

[5]好(hào):爱好,擅长。

[6]能:才能,本事。

[7]贱:轻视。

[8]草具:粗劣的饭菜。

[9]居有顷:过了不久。

[10]长铗(jiá):冯谖随身携带的剑。归来:回去吧。来:语气词。

[11]比门下之客:按照中等门客的生活待遇。比:比照,按照。孟尝君对门客的待遇分为三等:下等(草具之客),食无鱼;中等(门下之客),食有鱼;上等(车客),出有车。

[12]为之驾:为他配车。

[13]揭:举。

[14]过:拜访。此句意为:孟尝君待我为上等门客。

[15]无以为家:没有能力养家。

[16]给：供给。食用：食物，用具。

[17]记：账册。一说，指书状之类文件。

[18]习：熟习。计会(kuài)：会计账目。

[19]责：同“债”。

[20]署：署名、签名，引申为表示。

[21]负：对不起，辜负。实际意思是埋没人才。

[22]谢：道歉。

[23]倦于事：忙于事务，疲劳不堪。

[24]愦(kuì)：心思烦乱。

[25]懧：同“懦”，懦弱。

[26]沉：沉浸，埋头于。

[27]开罪：得罪。

[28]不羞：不以此感到羞辱。

[29]约车治装：准备车马，整理行装。

[30]券契(quàn qì)：债务契约。

[31]市：买。反：同“返”。

[32]寡有：缺乏，缺少。

[33]之：到，往……去。

[34]当偿者：应偿还债务的人。合券：验合债券。古代契约分为两半，立约双方各执其一。

[35]矫命：假托(孟尝君的)命令。诸：之于。

[36]疾：迅速。

[37]为(wèi)：替，给。市义：买回百姓的恩义(人心)。

[38]拊爱：体恤爱护。子其民：把民众看作自己的子女。

[39]贾(gǔ)利：用商人放债的办法来获取利润。

[40]说：通“悦”，高兴。休矣：意为“算了吧”。

[41]后期(jī)年：一周年之后。期年：整整一年。

[42]齐王：齐湣王。史载：当时齐湣王恐孟尝君政治势力扩大，有意排斥他，决定废除孟尝君的相位，并把他赶到封地去居住。后文所说“不敢以先王之臣为臣”，当是托词。

[43]就国：到封地去。

[44]顾：回头。

[45]窟：洞。

[46]梁：魏国。因为当时魏已迁都到大梁(今河南开封)，故称之为梁。

[47]惠王：梁惠王。

[48]放：放逐。于：给。

[49]虚上位：把宰相的职位空出来。

[50]先驱：抢先坐车(赶回)。其：大概。

[51]三反：先后往返三次。反：同“返”。

[52]固辞：坚定地辞谢。

[53]太傅：官职。赍(jī)：赠给，赠送。

[54]文车：装饰精美豪华的车。驷：四马驾驶的车。

[55]服剑：佩剑。

[56]不祥：意为糊涂。一说不吉祥，没福气。

[57]被于宗庙之祟：受到祖宗神灵的警告。

[58]沉于谄谀之臣：被阿谀奉承的臣子所迷惑。

[59]不足为：不值得你看重并辅助。一说无所作为。

[60]顾：顾念。姑：姑且。反：同"返"。万人：百姓。

[61]愿请先王之祭器：希望请分出一些祭祀先王的器物。

[62]立宗庙于薛：在薛地再建一座齐国宗庙。这是巩固和强化薛作为封地的政治地位的重要举措，因为宗庙一立，封地就不能再被取消。

[63]纤介：细小。纤：细丝。介：同"芥"，细微的芥籽。

导读

本文主要写了冯谖三件事：一是初寄门下，因"无好"、"无能"，待遇低下，心中不平，弹铗三歌，待遇步步提升。二是自告奋勇为孟尝君收债市义，自作主张，笼络人心。三是精心运筹谋划，奔走齐、魏之间，为孟尝君复相位，立宗庙，完成狡兔三窟之计。

作者刻画冯谖的形象，采用了欲扬先抑、层层深入的手法。选择3个片断，把一个起初似乎不知足的"小人"到最后才能凸现的奇才，写得神情并茂。以起初孟尝君对冯谖的误解，食客对他的看法等侧面描写做铺垫，匠心独具，伏笔层迭，直至才能超群，为人叹服，使冯谖的远见卓识和超凡才能跃然纸上。故事情节生动有趣，一波三折，正面描写和侧面烘托相结合，笔墨舍取十分精当，使"奇士"风采展现无遗。

思考与练习

1.冯谖作为门客，为什么要一步步地争取地位和待遇？"收债"、"市义"对我们认识冯谖有什么作用？

2.联系现实，谈谈社会环境对人才培养的重要性。

3.冯谖的经历对你有何启发？

4.举例说明侧面描写对刻画人物的作用。

管晏列传[1]

司马迁(前135—前90?),字子长,夏阳(今陕西省韩城县)人,西汉伟大的史学家和文学家。"年十岁则诵古文",20岁开始离乡漫游,足迹遍及大江南北。后继父职任太史令,得以遍览朝廷藏书。天汉三年(前99),因替被迫投降匈奴的李陵辩解,触怒武帝,得罪下狱,被处以宫刑。出狱后为中书令。他忍辱负重,发愤著述,终于完成"究天人之际,通古今之变,成一家之言"的伟大著作《史记》。司马迁博学多才,精通天文、地理、历法,曾与公孙卿、壶遂等人修订了《太初历》。除《史记》外,还有《报任安书》与《悲士不遇赋》等作品流传至今。

《史记》是我国第一部纪传体通史,它上起轩辕帝,下至汉武帝,记载了长达3000年的历史。全书分为十二本纪、十表、八书、三十世家、七十列传,计130篇。其中本纪、世家、列传是《史记》的核心部分。司马迁开创的著史体例,一直影响着我国2000年的历史著述,鲁迅赞扬《史记》为"史家之绝唱,无韵之离骚"。

管仲夷吾者,颍上人也[2]。少时常与鲍叔牙游[3],鲍叔知其贤。管仲贫困,常欺鲍叔[4],鲍叔终善遇之,不以为言。已而鲍叔事齐公子小白[5],管仲事公子纠。及小白立为桓公,公子纠死,管仲囚焉[6]。鲍叔遂进管仲[7]。管仲既用,任政于齐,齐桓公以霸,九合诸侯[8],一匡天下,管仲之谋也。

管仲曰:"吾始困时,尝与鲍叔贾[9],分财利多自与,鲍叔不以我为贪,知我贫也。吾尝为鲍叔谋事而更穷困,鲍叔不以我为愚,知时有利不利也。吾尝三仕三见逐于君[10],鲍叔不以我为不肖,知我不遭时也。吾尝三战三走[11],鲍叔不以我为怯,知我有老母也。公子纠败,召忽死之[12],吾幽囚受辱,鲍叔不以我为无耻,知我不羞小节而耻功名不显于天下也。生我者父母,知我者鲍子也。"

鲍叔既进管仲,以身下之[13]。子孙世禄于齐,有封邑者十余世,常为名大夫[14]。天下不多管仲之贤而多鲍叔能知人也[15]。

管仲既任政相齐,以区区之齐在海滨[16],通货积财,富国强兵,与俗同好恶。故其称曰[17]:"仓廪实而知礼节[18],衣食足而知荣辱,上服度则六亲固[19]。四维不张[20],国乃灭亡。下令如流水之源,令顺民心。"故论卑而易行。俗之所欲,因而予之;俗之所否,因而去之。

其为政也,善因祸而为福,转败而为功。贵轻重[21],慎权衡[22]。桓公实怒少姬[23],南袭蔡,管仲因而伐楚,责包茅不入贡于周室。桓公实北征山戎[24],而管仲因而令燕修召公之政[25]。于柯之会[26],桓公欲背曹沫之约[27],管仲因而信之[28],诸侯由是归齐。故曰:“知与之为取,政之宝也[29]。”

管仲富拟于公室[30],有三归、反坫[31],齐人不以为侈。管仲卒,齐国遵其政,常强于诸侯。后百余年而有晏子焉。

晏平仲婴者,莱之夷维人也[32]。事齐灵公、庄公、景公[33],以节俭力行重于齐。既相齐,食不重肉[34],妾不衣帛[35]。其在朝,君语及之,即危言;语不及之,即危行。[36]国有道,即顺命;无道,即衡命[37]。以此三世显名于诸侯。

越石父贤,在缧绁中[38]。晏子出,遭之涂,解左骖赎之[39],载归。弗谢,入闺[40]。久之,越石父请绝。晏子戄然[41],摄衣冠谢曰[42]:“婴虽不仁,免子于厄,何子求绝之速也?”石父曰:“不然。吾闻君子诎于不知己而信于知己者[43]。方吾在缧绁中,彼不知我也。夫子既已感寤而赎我,是知己;知己而无礼,固不如在缧绁之中。”晏子于是延入为上客。

晏子为齐相,出,其御之妻从门间而窥其夫。其夫为相御,拥大盖,策驷马[44],意气扬扬,甚自得也。既而归,其妻请去[45]。夫问其故。妻曰:“晏子长不满六尺,身相齐国,名显诸侯。今者妾观其出,志念深矣,常有以自下者[46]。今子长八尺,乃为人仆御,然子之意自以为足,妾是以求去也。”其后夫自抑损[47]。晏子怪而问之,御以实对,晏子荐以为大夫。

太史公曰:吾读管氏《牧民》、《山高》、《乘马》、《轻重》、《九府》[48]及《晏子春秋》,详哉其言之也。既见其著书,欲观其行事,故次其传[49]。至其书,世多有之,是以不论,论其轶事[50]。

管仲世所谓贤臣,然孔子小之[51]。岂以为周道衰微,桓公既贤,而不勉之至王,乃称霸哉[52]?语曰:“将顺其美,匡救其恶,故上下能相亲也[53]。”岂管仲之谓乎?

方晏子伏庄公尸哭之,成礼然后去,岂所谓“见义不为无勇”者邪[54]?至其谏说,犯君之颜,此所谓“进思尽忠,退思补过”者哉[55]!假令晏子而在,余虽为之执鞭,所忻慕焉[56]!

【注释】

[1]《管晏列传》选自《史记》卷六十二。管仲(?—前645):春秋初期政治家,辅佐齐桓公成为春秋时期的霸主,被尊为“仲父”。他的著作,后人集编为《管子》一书传世。晏婴:管仲死后约一百年的齐国大夫,历仕灵公、庄公、景公三世。战国时人搜集有关他的言行编辑成《晏子春秋》一书传世。

[2]颍上:颍水之滨。今安徽省颍上县。

[3]鲍叔牙:春秋时齐国大夫。以知人著称,与管仲相知最深,后世常以“管鲍”比喻交谊深厚的朋友。

[4]欺:欺骗。指管鲍同在南阳经商,分财利时,管仲自己多分之事。

[5]小白:即齐桓公。桓公姓姜,名小白。齐襄公弟。

[6]管仲囚焉:齐襄公死后,鲁国送公子纠返国抢夺侯位,曾派管仲带兵拦在半路,阻止小白回

国，管仲曾射中小白带钩。齐桓公即位后，管仲被从鲁国押解到齐。

[7]鲍叔遂进管仲：指鲍叔向齐桓公推荐管仲说："君将治齐，即高傒与叔牙足也；君且欲霸王，非管夷吾不可。"

[8]九合：多次盟会诸侯。一匡天下：意思是平定战乱，使天下安定。匡：扶救。

[9]贾(gǔ)：经商。

[10]三仕三见逐：三次担任官职而三次被免职。

[11]三战三走：三次出战而三次败逃。

[12]召忽：与管仲共同辅佐公子纠，纠败后，召忽自杀。

[13]以身下之：将自己置于管仲之下。指管仲为相，而鲍叔为大夫。

[14]"子孙世禄"三句：指鲍叔牙子孙世代做官。《史记索隐》认为指管仲。

[15]多：赞美。

[16]海滨：齐国东面临海。

[17]其称曰：《管子》上说。以下引文见《管子·牧民》。

[18]仓廪：粮食仓库。

[19]六亲：六种亲属。说法不一。张守节《史记正义》以外祖父母、父母、姊妹、妻兄弟之子、从母之子、女之子为六亲。汉应劭以父、母、兄、弟、妻、子为六亲。

[20]四维：四种法则。《管子》指礼、义、廉、耻。维：纲绳。

[21]贵轻重：重视事情的轻重缓急。

[22]权衡：本指秤，这里指权衡得失。权：秤锤。衡：秤杆。

[23]桓公实怒少姬：桓公和蔡姬在船上游览，蔡姬习水，摇船，惊吓了桓公，桓公怒，打发她暂回娘家。蔡国将蔡姬改嫁，桓公大怒，于是伐蔡。

[24]山戎：古族名，又称北戎。春秋时，分布在今河北北部。公元前7世纪颇强，侵郑、齐、燕等国。周惠王十四年(公元前663年)，齐桓公伐山戎。

[25]召公：一作邵公。指召康公，佐武王灭商，被封于燕，为燕的始祖。成王时曾任太保。

[26]柯：齐桓公五年，齐鲁会盟于柯。柯地在今山东省东阿县。

[27]桓公句：齐桓公五年伐鲁，鲁庄公割地求和，会盟于柯。鲁武士曹沫持匕首要桓公退还侵鲁之地，桓公只好答应。后来齐桓公后悔，欲不与鲁地而杀曹沫。

[28]管仲句：指管仲归还侵鲁的土地，因而取信于诸侯。桓公七年，桓公与诸侯会盟于鄄，开始称霸。

[29]"知与"二句：语出《管子·牧民》。《老子》说："将欲取之，必固与之。"

[30]公室：诸侯的家族。

[31]三归：各家的说法不一。一说是指交纳给诸侯的市租。一说是台名。一说是三姓女，古称妇女出嫁为归，所以三归就是三个妻子。反坫(diàn)：诸侯间的一种礼节。坫是古代设于厅堂两根前柱间供祭祀、宴会时放礼器和酒具的土台。宴会时，宾主互相敬酒后，把酒杯放在坫上，就叫反坫。

[32]莱：古国名。公元前567年为齐所灭。今山东省黄县东南有莱子城。

[33]齐灵公：齐国国君，名环。庄公：灵公子，名光。景公：庄公异母弟杵臼。大夫崔杼杀死庄公后，立他为君。

[34]重(chóng)肉：两种肉食。

[35]帛：丝织物的总称。

[36]危言：直言。危行：直行。

[37]衡命：权衡利害，然后行动。

[38]缧绁(léi xiè)：捆绑犯人的绳子，引申为囚禁、拘禁。

[39]涂：同"途"，路途。左骖：车子左边的马。

[40]闺：内室。

[41]戄(jué)然：震惊的样子。

[42]摄：提，整顿。

[43]诎：同"屈"。信：同"伸"。

[44]大盖：车上的伞盖。驷马：四匹马。

[45]去：离开。

[46]"志念"二句：指无骄傲之志，甘居人下。

[47]抑损：克制，谦逊。

[48]《牧民》等：皆《管子》一书中的篇名。

[49]次：编列。

[50]轶事：也作"逸事"。世人不甚知道的事迹，多指未经史书记载的事迹。

[51]孔子小之：孔子曾说："管仲之器小哉！"(《论语·八佾》)意思是说管仲的器量狭小得很。

[52]至王：实行王道。至：达到，实行。乃：却，竟然。

[53]"将顺其美"三句；语出《孝经·事君》。

[54]见义不为无勇：见《论语·为政》。

[55]进思尽忠，退思补过：见《孝经·事君》。

[56]忻(xīn)慕：高兴，向往。忻：同"欣"。

导读

本篇是管仲、晏婴的合传。司马迁因为他们的书"世多有之"，因此只是"论其轶事"。《史记》中人物传记部分占的比例最大。此前的史著所记人物往往是政治、经济、军事、外交等领域的杰出者或名望显赫的人物，偶尔涉及"小人物"；《史记》打破了以前史书只为帝王将相等上层人士做"家谱"补白的惯例，将笔触伸向平民，把学者、医生、农民、商人、隐士，甚至倡优、卜者、方士等各类人物写入正史传记。人物多达四千多个，为我们今天研究、了解当时的社会状况、风土人情提供了广阔的文化背景。《史记》中合传也较多，如《廉颇蔺相如列传》、《伯夷列传》等，大大扩宽了史载人物的阶层和范围。

文章写管仲，着重写他同鲍叔牙的友谊；对鲍叔牙虽着墨不多，但足见其胸襟宽广，不计小节，惟才是举。齐桓公称霸，名震诸侯，虽凭管仲才贤，但鲍叔牙的"伯乐"之举亦为天下传颂，"管鲍之谊"也影响深广。写晏婴，着重写他赎石父和荐举御者的故事。晏子不凭个人好恶看人，只要有才，他便力荐。鲍叔牙、晏婴在对待人才的态度上有相同之处。作者为历史上相隔一百多年的两个人物合传，虽是轶事，写来却娓娓动人，天然成趣，于细微处见精神，将自己的爱憎情感渗透于字里行间。司马迁遭李陵之祸，平生交游故旧不为一言，因此借管鲍之交、晏婴荐贤之事抒发个人情怀。

本文在写法上叙议结合，既有对历史轶事的客观叙述，也有作者的个人见解。侧面烘托和正面描写运笔恰当，浓淡相宜，使该文重点突出，人物栩栩如生，个性形象鲜明，成为后世传记文学的圭臬。

思考与练习

1.作者在文中寄托了怎样的思想感情？

2.谈谈"世有伯乐，然后有千里马"、"惟才是举"的现实意义。

3.试分析管仲、晏子的形象。

4."管鲍之交"、"晏婴荐贤"的故事，对我们今天为人处世有何启发？

◎苏 轼

前赤壁赋[1]

苏轼(1037—1101),字子瞻,号东坡居士,眉州(今四川省眉山县)人。宋仁宗嘉祐二年中进士。在政治上,他主张改革朝政,但具体意见与王安石不同,于是上书反对变法方案。此后三十多年间苏轼受到新党、旧党两派的长期排挤打击,一生宦海沉浮,仕途坎坷。元丰二年(1079),苏轼因做诗讽刺新法,被捕下狱,这就是有名的"乌台诗案"。出狱后,被贬为黄州(今湖北省黄冈市)团练副使。哲宗绍圣(1094)年间,又以"为文讥斥朝廷"的罪名先后被贬至惠州(今安徽省阜阳市)、儋州(今海南省儋县)。宋徽宗即位(1100),被赦北还,次年卒于常州,后追谥文忠。

苏轼是宋代文艺创作成就最为全面的一位作家。他才气横溢,一生创作了大量的散文、诗、词等,总字数在百万以上,宋神宗称其为"天下奇才"。其散文气势纵横,豪放自然;诗歌题材丰富,清新豪健;词作则开创豪放一派,坦率奔放、乐观开朗,极富想像力。其诗文代表着古文运动发展的高峰,在中国文学史上有着重要地位。在他的影响下产生了如黄庭坚、秦观等一大批作家,对后代影响很大。与其父苏洵及弟苏辙并称"三苏",同属"唐宋八大家"之列。苏轼在书法、绘画等方面也成就卓然,是一位少见的多才多艺的大师,无愧为一代文豪。有《东坡全集》一百多卷。

壬戌之秋[2],七月既望[3],苏子与客泛舟,游于赤壁之下。清风徐来,水波不兴。举酒属客[4],诵明月之诗,歌窈窕之章[5]。少焉,月出于东山之上,徘徊于斗牛之间[6]。白露横江,水光接天。纵一苇之所如[7],凌万顷之茫然[8]。浩浩乎如冯虚御风[9],而不知其所止;飘飘乎如遗世独立[10],羽化而登仙[11]。

于是饮酒乐甚,扣舷而歌之。歌曰:"桂棹兮兰桨[12],击空明兮泝流光[13]。渺渺兮予怀[14],望美人兮天一方[15]。"客有吹洞箫者[16],倚歌而和之[17]。其声呜呜然,如怨如慕[18],如泣如诉;余音袅袅[19],不绝如缕[20]。舞幽壑之潜蛟[21],泣孤舟之嫠妇[22]。

苏子愀然[23],正襟危坐,而问客曰:"何为其然也[24]?"客曰:"'月明星稀,乌鹊南飞'[25],此非曹孟德之诗乎[26]?西望夏口[27],东望武昌[28],山川相缪[29],郁乎苍苍[30],此非孟德之困于周郎者乎[31]?方其破荆州,下江陵[32],顺流而东也,舳舻千里[33],旌旗蔽空,酾酒临江[34],横槊赋诗[35],固一世之雄也,而今安在哉?况吾与子渔樵于江渚之上[36],侣鱼虾而友麋鹿[37],驾一叶之扁舟[38],举匏樽以相属[39]。寄蜉蝣于天地[40],渺沧海之一粟。哀吾生之须臾[41],羡长江之无穷。挟飞仙以遨游[42],抱明月而长终[43]。知不可乎骤得[44],托遗响于悲风[45]。”

苏子曰：“客亦知夫水与月乎？逝者如斯，而未尝往也[46]；盈虚者如彼，而卒莫消长也[47]。盖将自其变者而观之，则天地曾不能以一瞬；自其不变者而观之，则物与我皆无尽也[48]，而又何羡乎？且夫天地之间，物各有主，苟非吾之所有，虽一毫而莫取[49]。惟江上之清风，与山间之明月，耳得之而为声，目遇之而成色；取之无禁，用之不竭。是造物者之无尽藏也[50]，而吾与子之所共适[51]。”

客喜而笑，洗盏更酌[52]。肴核既尽[53]，杯盘狼藉[54]。相与枕藉乎舟中[55]，不知东方之既白[56]。

【注释】

[1]本文写于宋神宗元丰五年(1082)。这年苏轼在黄州，曾于七月十六日、十月十五日两游赤壁，先后写下两篇赋，即《前赤壁赋》、《后赤壁赋》。赤壁：实为黄州赤鼻矶，当地人因音近误称“赤壁”，并非三国时赤壁之战旧址。

[2]壬戌：宋神宗元丰五年(1082)。

[3]既望：农历每月十六日。既：已经。望：农历每月十五日。

[4]属(zhǔ)：劝，此指劝酒。

[5]“诵明月”二句：这两句是互文，意谓吟诵《诗经·陈风》中的《月出》篇。窈窕之章：《月出》中有“舒窈纠兮”的句子，“窈纠”同“窈窕”。另有一说认为，此句是指《诗经·周南》里的《关雎》篇第一章，诗中有“窈窕淑女，君子好逑”之句。

[6]斗牛：星座名，即斗宿(南斗)、牛宿(牵牛)。

[7]纵一苇之所如：任凭小船任意漂流。一苇：喻指苇叶般的小舟。如：往。

[8]凌：越过，指小船在江面上浮游。万顷：指宽阔的江面。茫然：浩荡渺茫的样子。

[9]冯(píng)虚御风：在天空中驾风遨游。冯：通“凭”，依靠，依托。虚：指天空。

[10]遗世：超脱尘世。

[11]羽化：道教称成仙飞升为“羽化”。

[12]桂棹(zhào)：桂木做的船桨。兰桨：木兰树做的桨。都是划船用具的美称。

[13]击空明兮泝流光：小船在月光浮动的水面上逆流而进。空明：形容月光映照下澄澈透明的水色。泝：同“溯”。

[14]渺渺：悠远的样子。

[15]美人：指内心思慕的人，这里借指宋神宗。

[16]洞箫：就是箫，箫管上下直通，所以说“洞”。

[17]倚歌：按着曲调。和(hè)：伴奏。

[18]慕：思念。

[19]袅袅：形容声音细弱缭绕，婉转悠长。

[20]缕：细丝。

[21]幽壑(hè)：深渊。

[22]嫠(lí)妇：寡妇或孤居的妇女。

[23]愀(qiǎo)然：形容神色变得忧愁、不快乐。

[24]何为其然也：为什么声音这样（悲凉）呢？

[25]“月明”二句：曹操《短歌行》中的诗句。

[26]孟德：曹操的字。

[27]夏口：古城名，在今湖北武汉。

[28]武昌：今湖北省鄂城县。

[29]缪(liáo)：通“缭”，连接，环绕。

[30]郁乎：繁茂的样子。苍苍：苍茫。

[31]“此非”句：指汉献帝建安十三年(208)，曹操在赤壁之战中被吴将周瑜击败的事。周郎：即周瑜，他任中郎将时年仅24岁，人称周郎。

[32]“方其”句：指建安十三年刘琮向曹操投降，操军不战而占领荆州，继又击败刘备，进兵江陵的事。方：当。荆州：今湖北襄樊一带。江陵：今属湖北。

[33]舳舻(zhú lú)：指战船。

[34]酾(shī)酒：斟酒。

[35]横槊(shuò)：横执着长予。槊：长矛，便于横持。

[36]子：您。渔樵：捕鱼打柴。比喻贬官、被放逐外地。

[37]侣鱼虾：与鱼虾做伴侣。友麋(mí)鹿：与麋鹿做朋友。

[38]扁(piān)舟：小船。

[39]匏樽(páo zūn)：用葫芦做的酒器。匏：葫芦的一种。

[40]蜉蝣(fú yóu)：一种昆虫，夏秋之交生于水边，生命短促，仅活数小时。

[41]须臾：片刻。形容短暂。

[42]挟(xié)：持，带。这里意为偕同、做伴。

[43]长终：长存始终。

[44]骤得：轻易得到。骤：骤然，突然。

[45]托：寄托。遗响：指洞箫吹奏的余音。悲风：悲凉的秋风。

[46]逝者如斯句：流逝的江水就像这样(不断奔流)，可是它始终没有消失掉。《论语·子罕》：“子在川上曰：‘逝者如斯夫，不舍昼夜。’”斯：此，指水。往：流失。

[47]盈虚：指月亮的时圆时缺。卒：始终。消长：减少和增加。

[48]无尽：没有完，意即不会消亡。

[49]虽：即使。一毫：一根毫毛，极言其微小。

[50]是：此，这。造物者：即大自然。无尽藏(zàng)：佛家语，意谓无穷无尽的宝藏。

[51]共适：共同享用。

[52]洗：尽。盏：酒杯。更酌：再斟一杯，指重新饮酒。

[53]肴核：菜肴和果品。

[54]狼藉：纵横杂乱的样子。

[55]相与枕藉：彼此紧靠着睡觉。

[56]既白：已经发亮，意谓天已亮。

导读

无端受屈、含冤入狱的苏轼,在“乌台诗案”结案不久就遭贬谪,在黄州过着苦闷的生活。所幸的是,黄州地方官吏钦慕他的为人与俊才,非但不加管束,还常常任他在管区内纵情游山观水,而情豪兴逸的苏东坡则每游一地必做诗文,《前赤壁赋》与《后赤壁赋》就是这一时留下的不朽名篇。文中反映他被贬谪期间一方面感到沉重的苦闷,一方面又从佛老思想及山水之乐中寻求解脱的心理状态,充分表现了作者旷达的个性和乐观自持的人生态度。

这篇文赋借景物描写与主客问答的手法,分三层来表现作者复杂矛盾的内心世界。首先,写初秋苏轼驾一叶小舟,来到黄冈赤壁下的长江赏月游玩,明月一轮映于波平浪静的江面,清风徐徐吹来,茫茫白露布满大江,水光山色与中天夜月相辉映,主客对酌于舟中,饮酒赋诗,使人沉浸在美好景色之中而忘怀世俗,将作者畅游山水的盎然意兴表现得淋漓尽致。再从如怨如慕、如泣如诉的洞箫声中,引出客人对历史人物兴旺的凭吊和对人生如寄的慨叹,因而跌入现实的苦闷,文章也就此由情入理,由感情的抒发到哲理的畅达。最后以苏子的对答把全文的主旨表露出来,阐发变与不变的哲理及“物各有主”的观点,申述人类和万物同样是永久的存在,并从自然中寻求精神寄托。这好似一剂解脱“愀然”的灵丹妙药,使客“喜而笑”,最终又回到了泛舟时的那种人生超脱的乐趣之中,这不仅使文章首尾相应,也使诗人此时此刻所追求的情与理一气贯通,浑然天成。

这篇文章通篇以景来贯穿,紧扣赤壁的风月展开描写和议论。作者揭示哲理,不是直入题旨,而是以主观感受为线索,层层铺叙,在写景中说理,在叙述中议论,增添了文章的波澜和意趣。在表现手法上,本文像汉赋一样,采用主客问答的方式来阐述作者的思想、认识,又似骈赋和律赋,行文中多使用工整有韵的骈偶句式,如“月出于东山之上,徘徊于斗牛之间”、“白露横江,水光接天”、“哀吾生之须臾,羡长江之无穷”等。而在叙事的文字中,在文章的开头结尾或段落的衔接过渡等处,作者又多运用长短不限的单行散句,如“少焉”、“于是饮酒乐甚”等来进行调节,使全文构成骈散相间、参差变化的形式,不但更好地发挥了表情达意的语言功能,而且琅琅上口,富有节奏感,可以称得上是诗文和谐统一的佳篇,对辞赋体的发展与突破做出了巨大贡献。

思考与练习

1.简析本文是如何做到景、情、理有机结合,体现出理趣之美的。

2.试分析文中“变”与“不变”的观点。

3.你对作者在文中所表现的人生观有何看法?

4.文章的语言有何特色?请举例说明。

◎韩　愈

答李翊书[1]

韩愈(768—824),字退之,河南河阳(今河南省孟县)人。郡望为河北昌黎,故世称韩昌黎。唐代著名政治家,文学家。韩愈自幼勤奋好学。唐德宗道元八年(792)中进士。曾任宣武及宁武节度使判官。贞元末,官监察御史,因上疏减免灾民赋役,贬为阳山(今广东)令。元和十四年(819)唐宪宗有迎佛骨之举,韩愈上表力谏,被贬为潮州刺史。同年冬迁袁州刺史,次年召为国子祭酒。穆宗时,官至吏部侍郎,故又称韩吏部。死后谥“文”,世称韩文公。著有《昌黎先生集》。

六月二十六日,愈白李生足下:

生之书辞甚高,而其问何下而恭也!能如是,谁不欲告生以其道[2]?道德之归也有日矣,况其外之文乎?抑愈所谓望孔子之门墙而不入于其宫者[3],焉足以知是且非邪?虽然,不可不为生言之。

生所谓立言者是也,生所为者与所期者,甚似而几矣[4]。抑不知生之志,蕲胜于人而取于人邪[5]?将蕲至于古之立言者邪?蕲胜于人而取于人,则固胜于人而可取于人矣,将蕲至于古之立言者,则无望其速成,无诱于势利[6],养其根而俟其实[7],加其膏而希其光[8]。根之茂者其实遂[9],膏之沃者其光晔[10],仁义之人,其言蔼如也[11]。

抑又有难者,愈之所为,不自知其至犹未也?虽然,学之二十余年矣。始者非三代两汉之书不敢观[12],非圣人之志不敢存,处若忘,行若遗。俨乎其若思,茫乎其若迷[13]。当其取于心而注于手也,惟陈言之务去[14],戛戛乎其难哉[15]!其观于人,不知其非笑之为非笑也。如是者亦有年,犹不改,然后识古书之正伪,与虽正而不至焉者[16],昭昭然白黑分矣。而务去之[17],乃徐有得也。当其取于心而注于手也,汩汩然来矣[18]。其观于人也,笑之则以为喜,誉之则以为忧,以其犹有人之说者存也。如是者亦有年,然后浩乎其沛然矣[19]。吾又惧其杂也,迎而距之[20],平心而察之,其皆醇也,然后肆焉[21]。虽然,不可以不养也。行之乎仁义之途,游之乎《诗》、《书》之源,无迷其途,无绝其源,终吾身而已矣。气。水也;言,浮物也[22]。水大而物之浮者大小毕浮[23]。气之与言犹是也,气盛则言之短长与声之高下者皆宜[24]。

虽如是,其敢自谓几于成乎?虽几于成,其用于人也奚取焉[25]?虽然,待用于人者。其肖于器邪?用与舍属诸人[26]。君子则不然。处心有道,行己有方,用则施诸人,舍则传诸其徒,垂诸文而为后世法[27]。如是者,其亦足乐乎?其无足乐也?

有志乎古者希矣[28]。志乎古，必遗乎今[29]，吾诚乐而悲之[30]。亟称其人[31]，所以劝之[32]，非敢褒其可褒，而贬其可贬也。问于愈者多矣，念生之言，不志乎利，聊相为言之。愈白。

【注释】

[1]李翊：贞元十八年进士。

[2]道：指仁义之道。

[3]“望孔子之门墙”句：《论语·子张》：“子贡曰：譬之宫墙。赐之墙也及肩，窥见室家之好。夫子之墙数仞，不得其门而入，不见宗庙之美、百官之富。及其门者或寡矣。”作者借用宫墙之论以自谦。全句意思是：我韩愈就是所谓的望见孔子的门墙而又没有进入到他家里去的人。

[4]几：接近。

[5]蕲(qí)：同“祈”，求。取于人：为人所取。

[6]无诱于势利：不要为势利所引诱。

[7]俟(sì)：等待。

[8]膏：油。古代用油灯照明。

[9]遂：成。这里形容果实结得饱满。

[10]沃：肥美。晔(yè)：光辉灿烂，形容光盛。

[11]蔼如：和煦的样子。

[12]三代：夏、商、周。两汉：西汉和东汉。

[13]“处若忘”四句：当呆着的时候，像是忘掉了什么；走路的时候像是丢了什么；严肃的样子，像在思考什么；茫茫然的样子，又像没有搞清楚什么。这四句形容他专注用功，几乎进入了忘我境界。处：止。俨：端庄，严肃。

[14]惟陈言之务去：努力去掉人们曾说过的话。应力求创新的意思。去：除。

[15]戛戛(jiá)：象声词，困难的样子。

[16]正：醇正，指“仁义之人，其言蔼如”的作品。伪：指不符合上述标准的作品。不至：还没有达到完美境地。

[17]之：指代上文所说的“伪”与“不至”的作品。

[18]汩汩(gǔ)：水急流的样子，比喻文思勃发，不可遏止。

[19]沛然：水充盛的样子。比喻文思阔大充沛。

[20]杂：不纯。迎：迎上去，主动寻找的意思。距：同“拒”。之：指文章中不纯的东西。

[21]肆(sì)：放纵，放手写去。

[22]气：指文章的气魄、气势。言：指文章的语言。

[23]毕浮：全都浮起来。

[24]宜：合适。

[25]“虽如是”三句：意谓虽然如此，难道就敢自称已接近于成功了么？即使可说已接近成功，但被别人采用时，究竟有什么可取之处呢？奚：何，什么。

[26]“待用于人”三句：等待被别人采用的，难道就像一般器具一样吗？用与不用都取决于别人。

肖:像。器:器具。诸:之于。

[27]垂诸文而为后世法:写成文章流传下去,要求能为后世所效法。

[28]希:同“稀”,少。

[29]遗于今:不被当世人看重。遗:弃。

[30]吾诚乐而悲之:对这种人我的确既感到快乐而又觉得悲哀。之:指“有志乎古者”。

[31]亟(qì)称其人:多次称赞这种人。亟:屡次。其人:指志乎古的人。

[32]劝:勉励。

导读

本文为书信体散文,是韩愈为回复李翊的来信而作,写于贞元十七年,文章主要阐述了做人与做文、立行与立言之间的关系。作者以自己的亲身感受强调立德对治学、为文的重要性;作者认为要增进道德修养,为文务去陈言,在语言表达上要勇于革新。

全文前后呼应,开篇称赞李生好学有德,文末感叹有志于继承古之文道的太少,鼓励李生直道而行。中间各段运用议论手法层层递进,语言质朴。重点阐述论道与论文,且使二者有机结合。文势起伏多变,回环顿挫,语言与之相应。行文中运用一系列生动形象的比喻来说明抽象的道理,使文章流畅自然,活泼舒朗。

思考与练习

1.本文体现了作者怎样的思想观点?

2.结合课文,谈谈比喻在议论文中的作用。

◎柳宗元

寓言二则

柳宗元(733—819)，字子厚，唐河东(今山西省永济县)人，世称柳河东。贞元九年(793)进士，后又中博学宏词科，曾任集贤殿正字、蓝田尉、监察御史等职。政治上力主改革弊政，反对宦官擅权和藩镇割据。曾参与以王叔文为首的政治革新活动。顺宗永元元年(806)，官礼部员外郎。永贞革新失败后，贬为永州司马，10年后调任柳州刺史，卒于柳州，因又称柳柳州。

柳宗元的散文与韩愈齐名，同为唐代古文运动的倡导者，“唐宋八大家”之一，并称“韩柳”。其诗与韦应物并称，是中唐杰出的诗人之一。他主张“文以明道”，反对六朝以来重形式、轻内容的骈俪文风，主张作品应对现实社会起褒贬和讽喻作用，将文学和社会生活紧密联系起来，注重思想性与艺术性的统一，既“有乎内”，又“饰乎外”。其创作有政论、传记、寓言、诗歌等，均有特色。其政论散文批判时政，切中时弊，文笔犀利；其山水游记刻画入微，寄托深远，寓情于景，情景交融，文笔清新秀美，富有诗情画意；其传记多写被污辱、被损害的下层人物，反映了中唐时代人民的悲惨生活，揭露了尖锐的阶级矛盾，具有深刻的思想内容；其寓言篇幅短小，寓意深刻；其诗情致深沉委婉，描绘细致简洁，艺术成就很高。

临江之麋[1]

临江之人畋，得麋麑[2]，畜之。入门，群犬垂涎，扬尾皆来，其人怒，怛之[3]。自是日抱就犬[4]，习示之[5]，使勿动，稍使与之戏[6]。积久，犬皆如人意。麋麑稍大，忘己之麋也，以为犬良我友[7]，抵触偃仆[8]，益狎[9]。犬畏主人，与之俯仰甚善，然时啖其舌[10]。

三年，麋出门[11]，见外犬在道甚众，走欲与为戏[12]。外犬见而喜且怒，共杀食之，狼藉道上[13]。麋至死不悟。

蝜蝂传[14]

蝜蝂者，善负小虫也。行遇物，辄持取，仰其首负之[15]。背愈重，虽困剧不止也[16]。其背甚涩[17]，物积因不散[18]。卒踬仆不能起[19]。人或怜之，为去其负。苟能行，又持取如故。又好上高，极其力不已[20]，至坠地死。

今世之嗜取者[21]，遇货不避[22]，以厚其室[23]，不知为己累也。唯恐其不积。及其怠而踬也[24]，黜弃之[25]，迁徙之，亦以病矣[26]。苟能起，又不艾[27]，日思高其位、大其禄，而贪取滋甚，以近于危坠，观前之死亡不知戒。虽其形魁然大者也[28]，其名人也[29]，而智则小虫也，亦足哀夫[30]！

【注释】

[1]本篇选自《柳河东集·三戒》。《三戒》是一组寓言，前有序，序文为："吾恒恶世之人，不知推己之本，而乘物以逞，或依势以干非其类，出技以怒强，窃时以肆暴，然卒迨于祸。有客谈麋、驴、鼠三物，似其事，作《三戒》。"临江：唐县名，属吉州，在今江西省清江县。麋(mí)：鹿的一种。

[2]畋(tián)：打猎。麑(ní)：幼麋。

[3]怛(dá)：惊吓，恐吓。

[4]就：接近。

[5]习示之：经常给它看，即让犬看惯的意思。习：常。示：给……看。

[6]稍：渐渐地。

[7]良：真的。

[8]抵触偃(yǎn)扑：形容犬麋互相嬉戏狎昵的样子。抵触：用头角相抵触。偃：仰倒。扑：前倾。下文"俯仰"意同此。

[9]狎：亲近则随便。

[10]啖(dàn)：吃。此指舔、咂。

[11]麋出门：一本"门"后有"外"字。

[12]走：跑去。

[13]狼藉：纵横散乱的样子。指麋被吃后所剩的皮毛骨头纵横散乱。

[14]蝜蝂：也作"负版"。一种黑色小虫。

[15]仰：通"昂"。

[16]困剧：非常困倦。剧：厉害，严重。

[17]涩：不光滑。

[18]积：堆积。因：一本作"固"。

[19]卒：终于。踬(zhì)仆：跘倒，跌倒。

[20]极：尽。已：停止。

[21]嗜取者：贪得无厌的人。

[22]货：财物。

[23]以厚其室：用来增加他的家产。厚：使……厚，增益。

[24]怠：懈怠，疏忽大意。

[25]黜：贬斥，废除。

[26]以：通"已"。病：精神力竭。

[27]艾：停止。

[28]魁然：健壮伟岸的样子。

[29]其：他，即嗜取者。名：名字，名称，名义。

[30]足：足够。哀：一本作"悲"。

导读

《临江之麋》是《三戒》中的第一篇，为作者谪居永州时所作。此文通过临江之麋忘其出身，依仗主人之势力而放纵自己，与不同己类的犬相嬉戏，终为外犬所杀而食的故事，讽刺了那些“依势以干非其类”的人。告诉人们：任何人如果没有自知之明，丧失警惕性，乘物以肆志，一旦失去依存的条件，便会导致覆亡。《蝜蝂传》是一篇借给蝜蝂作传的形式而生发议论的寓言性传记文。文章借蝜蝂之贪负物而死，写嗜取者贪得无厌而终致覆亡，智同小虫，讽刺了那些“日高其位、大其禄”，不知死之将至的贪婪之徒。

《临江之麋》围绕麋组织材料，依次写麋被捕获、被畜养、被宠爱以及最后被外犬所杀食的整个经历。作者以冷静客观的口吻进行讲述，不发一字议论，将道理寓含于故事当中，激情内敛，寓意深沉，耐人深思。《蝜蝂传》采用了对照的写法。首段写蝜蝂，后段写“嗜取者”，两相对照，形成强烈的讽喻效果。文章以蝜蝂“行遇物，辄持取”；“背愈重，虽困剧不止”；“苟能行，又持取如故”，不改好负之性情；“极其力”负物，终“至坠地死”的命运；与嗜取者“遇货不避，以厚其室，不知为己累”；“苟能起，又不艾，日思高其位、大其禄，而贪取滋甚”，不知为戒的贪嗜本性；“日思高其位、大其禄”，终被“黜弃”、“迁徙”、“以近于危坠”的命运等形成四方面的对比，名为蝜蝂作传，实为告诫贪婪之人，以蝜蝂的愚蠢说明嗜取者虽然形体较虫为大，而智力则与之相同。

寓言笔锋冷峻，语言洗练，短促有力。叙事简洁，描写生动形象，状物之情态如在眼前。如《临江之麋》写犬，用“垂涎”、“扬尾”而来写它们见麋后欲得而食之的馋状和急奔而来的姿态；“时啖其舌”，反映出犬在主人的威胁下，虽不敢伤害麋，甚至“与之俯仰甚善”，却垂涎欲滴的真实的心态；写麋与群犬“抵触偃仆”，以其情态的状写，表明麋日久忘其出身，不知危险，竟以犬为己友，甚至见犬就认为是朋友，“欲与为戏”；写外犬见麋“喜且怒”，既为有美味可食而兴奋，又为麋竟然敢主动上前而愤怒，言简而意丰。《蝜蝂传》写蝜蝂的善负，“仰其首”写其负物之姿态，“苟能行，又持取如故”绘其负物的执著狂态，“好上高，极其力不已”点其贪得无厌之本性。两文以散句为主，偶用整句，又以短句为主，行文活泼、生动、明快。

思考与练习

1.两则寓言各有怎样的寓意？

2.分析两则寓言的语言特色。

3.两则寓言在写法上各有什么特色？

◎莎士比亚

哈姆莱特(节选)[1]

威廉·莎士比亚(1564—1616)是世界公认的戏剧艺术大师和著名诗人,出生于英国中部艾汶河畔斯特拉福镇的一个富裕市民家庭。他从1590年开始创作,到1612年为止,共经历了23年的写作生涯,完成了两部叙事长诗,一部十四行诗集以及37个剧本(包括10部历史剧,13部喜剧,11部悲剧和3部传奇剧)。莎士比亚的创作道路按其思想艺术的发展,大致可分为3个时期:

1590—1600年,主要创作历史剧、喜剧和诗歌,创作基调明朗、乐观。

1601—1607年,称为悲剧时期。其悲剧之中以《哈姆莱特》、《奥赛罗》、《李尔王》、《麦克白》最为著名,被公认为莎士比亚的"四大悲剧"。这一时期的创作基调是悲愤沉郁的。

1608—1612年,除写一部历史剧外,主要致力于传奇剧的创作,作品有《辛白林》、《冬天的故事》、《暴风雨》。

第三幕

第一场　城堡中一室

(国王、王后、波洛涅斯、奥菲利娅、罗森格兰兹及吉尔登斯吞上[2])

国　　王　你们不能用迂回婉转的方法,探出他为什么这样神魂颠倒,让紊乱而危险的疯狂困扰他的安静的生活吗?

罗森格兰兹　他承认他自己有些神经迷惘,可是绝口不肯说为了什么缘故。

吉尔登斯吞　他也不肯虚心接受我们的探问;当我们想要引导他吐露他自己的一些真相的时候,他总是用假作痴呆的神气故意回避。

王　　后　他对待你们还客气吗?

罗森格兰兹　很有礼貌。

吉尔登斯吞　可是不大自然。

罗森格兰兹　他很吝惜自己的话,可是我们问他话的时候,他回答起来却是毫无拘束。

王　　后　你们有没有劝诱他找些什么消遣？

罗森格兰兹　娘娘，我们来的时候，刚巧有一班戏子也要到这儿来，给我们赶过了；我们把这消息告诉了他，他听了好像很高兴。现在他们已经到了宫里，我想他已经吩咐他们今晚为他演出了。

波洛涅斯　一点不错；他还叫我来请两位陛下同去看看他们演得怎样哩。

国　　王　那好极了；我非常高兴听见他在这方面感到兴趣。请你们两位还要更进一步鼓起他的兴味，把他的心思移转到这种娱乐上面。

罗森格兰兹　是，陛下。(罗森格兰兹、吉尔登斯吞同下)

国　　王　亲爱的乔特鲁德，你也暂时离开我们；因为我们已经暗中差人去唤哈姆莱特到这儿来，让他和奥菲利娅见见面，就像他们偶然相遇一般。她的父亲跟我两人将要权充一下密探，躲在可以看见他们，却不能被他们看见的地方，注意他们会面的情形，从他的行为上判断他的疯病究竟是不是因为恋爱上的苦闷。

王　　后　我愿意服从您的意旨。奥菲利娅，但愿你的美貌果然是哈姆莱特疯狂的原因；更愿你的美德能够帮助他恢复原状，使你们两人都能安享尊荣。

奥菲利娅　娘娘，但愿如此。(王后下)

波洛涅斯　奥菲利娅，你在这儿走走。陛下，我们就去躲起来吧。(向奥菲利娅)你拿这本书去读，他看见你这样用功，就不会疑心你为什么一个人在这儿了。人们往往用至诚的外表和虔敬的行动，掩饰一颗魔鬼般的内心，这样的例子是太多了。

国　　王　(旁白)啊，这句话是太真实了！它在我的良心上抽了多么重的一鞭！涂脂抹粉的娼妇的脸，还不及掩藏在虚伪的言辞后面的我的行为更丑恶。难堪的重负啊！

波洛涅斯　我听见他来了；我们退下去吧，陛下。(国王及波洛涅斯下)

(哈姆莱特上)

哈姆莱特　生存还是毁灭，这是一个值得考虑的问题；默然忍受命运的暴虐的毒箭，或是挺身反抗人世的无涯的苦难，通过斗争把它们扫清，这两种行为，哪一种更高贵？死了；睡着了；什么都完了；要是在这一种睡眠之中，我们心头的创痛，以及其他无数血肉之躯所不能避免的打击，都可以从此消失，那正是我们求之不得的结局。死了；睡着了；睡着了也许还会做梦；嗯，阻碍就在这儿：因为当我们摆脱了这一具朽腐的皮囊以后，在那死的睡眠里，究竟将要做些什么梦，那不能不使我们踌躇顾虑。人们甘心久困于患难之中，也就是为了这个缘故；谁愿意忍受人世的鞭挞和讥嘲、压迫者的凌辱、傲慢者的冷眼、被轻蔑的爱情的惨痛、法律的迁延、官吏的横暴和费尽辛勤所换来的小人的鄙视,要是他只要用一柄小小的刀子,就可以清算他自己的一生?谁愿意负着这样的重担,在烦劳的生命的压迫下呻吟流汗,倘不是因为惧怕不可知的死后,惧怕那从来不曾有一个旅人回来过的神秘之国,是它迷惑了我们的意志,使我们宁愿忍受目前的磨折,不敢向我们所不知道的痛苦飞去?这样,重重的顾虑使我们全变成了懦夫,决心的赤热的光彩,被审慎的思维盖上了一层灰色,伟大的事业在这一种考虑之下,也会逆流而退,失去了行动的意义。且慢!美丽的奥菲利娅!——女神,在你的祈祷之中,不要忘记替我忏悔我的罪孽。

奥菲利娅　我的好殿下,您这许多天来贵体安好吗?

哈姆莱特　谢谢你,很好,很好,很好。

奥菲利娅　殿下,我有几件您送给我的纪念品,我早就想把它们还给您;请您现在收回去吧。

哈姆莱特　不,我不要;我从来没有给你什么东西。

奥菲利娅　殿下,我记得很清楚您把它们送给了我,那时候您还向我说了许多甜言蜜语,使这些东西格外显得贵重;现在它们的芳香已经消散,请您拿回去吧,因为在有骨气的人看来,送礼的人要是变了心,礼物虽贵,也会失去了价值。拿去吧,殿下。

哈姆莱特　哈哈!你贞洁吗?

奥菲利娅　殿下!

哈姆莱特　你美丽吗?

奥菲利娅　殿下是什么意思?

哈姆莱特　要是你既贞洁又美丽,那么你的贞洁应该断绝跟你的美丽来往。

奥菲利娅　殿下,难道美丽除了贞洁以外,还有什么更好的伴侣吗?

哈姆莱特　嗯,真的;因为美丽可以使贞洁变成淫荡,贞洁却未必能使美丽受它自己的感化;这句话从前像是怪诞之谈,可是现在时间已经把它证实了。我的确曾经爱过你。

奥菲利娅　真的,殿下,您曾经使我相信您爱我。

哈姆莱特　你当初就不应该相信我,因为美德不能熏陶我们罪恶的本性;我没有爱过你。

奥菲利娅　那么我真是受了骗了。

哈姆莱特　进尼姑庵去吧;为什么你要生一群罪人出来呢?我自己还不算是一个顶坏的人;可是我可以指出我的许多过失,一个人有了那些过失,他的母亲还是不要生下他来的好。我很骄傲,有仇必报,富于野心,我的罪恶是那么多,连我的思想也容纳不下,我的想像也不能给它们形象,甚至于我都没有充分的时间可以把它们实行出来。像我这样的家伙,匍匐于天地之间,有什么用处呢?我们都是些十足的坏人;一个也不要相信我们。进尼姑庵去吧。你的父亲呢?

奥菲利娅　在家里,殿下。

哈姆莱特　把他关起来,让他只好在家里发发傻劲。再会!

奥菲利娅　嗳哟,天哪!救救他!

哈姆莱特　要是你一定要嫁人,我就把这一个咒诅送给你做嫁奁:尽管你像冰一样坚贞,像雪一样纯洁,你还是逃不过谗人的诽谤。进尼姑庵去吧,去;再会!或者要是你必须嫁人的话,就嫁给一个傻瓜吧;因为聪明人都明白你们会叫他们变成怎样的怪物。进尼姑庵去吧,去;越快越好。再会!

奥菲利娅　天上的神明啊,让他清醒过来吧!

哈姆莱特　我也知道你们会怎样涂脂抹粉;上帝给了你们一张脸,你们又替自己另外造了一张。你们烟视媚行,淫声浪气,替上帝造下的生物乱取名字,卖弄你们不懂事的风骚。算了吧,我再也不敢领教了;它已经使我发了狂。我说,我们以后再不要结什么婚了;已经结过婚的,除了一个人以外,都可以让他们活下去;没有结婚的不准再结婚,进尼姑庵去吧,去。(下)

奥菲利娅　啊,一颗多么高贵的心就这样殒落了!朝臣的眼睛、学者的辩舌、军人的利剑、国家所瞩望的一朵娇花;时流的明镜、人伦的雅范、举世瞩目的中心,这样无可挽回地殒落了!我是一切妇女中间最伤心而不幸的,我曾经从他音乐一般的盟誓中吮吸芬芳的甘蜜,现在却眼看着他的高贵无上的理智,像一串美妙的银铃失去了谐和的音调,无比的青春美貌,在疯狂中凋谢!啊!我好苦,谁料过去的繁华,变作今朝的泥土!

(国王及波洛涅斯重上)

国　王　恋爱!他的精神错乱不像是为了恋爱;他说的话虽然有些颠倒,也不像是疯狂。他有些什么心事盘踞在他的灵魂里,我怕它也许会产生危险的结果。为了防止万一,我已经当机立断,决定了一个办法:他必须立刻到英国去,向他们追索延宕未纳的贡物;也许他到海外各国游历一趟以后,时时变换的环境,可以替他排解去这一桩使他神思恍惚的心事。你看怎么样?

波洛涅斯　那很好;可是我相信他的烦闷的根本原因,还是为了恋爱上的失意。

啊，奥菲利娅！你不用告诉我们哈姆莱特殿下说些什么话；我们全都听见了。陛下，照您的意思办吧；可是您要是认为可以的话，不妨在戏剧终场以后，让他的母后独自一人跟他在一起，恳求他向她吐露他的心事；她必须很坦白地跟他谈谈，我就找一个所在听他们说些什么。要是她也探听不出他的秘密来，您就叫他到英国去，或者凭着您的高见，把他关禁在一个适当的地方。

国　　王　就这样吧；大人物的疯狂是不能听其自然的。(同下)

【注释】

[1]选自朱生豪等译《哈姆莱特》，人民文学出版社 1978 年版。

[2]此处的国王指哈姆莱特的叔父克劳狄斯，他谋杀了哈姆莱特的父亲而成为新的国王，并娶哈姆莱特之母为妻。波洛涅斯是克劳狄斯的宠臣，同时也是哈姆莱特的情人奥菲利娅的父亲。罗森格兰兹和吉尔登斯吞是哈姆莱特过去的同学，现已沦为新王的爪牙。哈姆莱特本人被急召回国，受父亲鬼魂的暗示，对国内出现的阴谋将信将疑，为弄清事情真相，便佯作疯狂。

导读

《哈姆莱特》是莎士比亚戏剧的巅峰之作。该剧故事源于 12 世纪的一部丹麦史。作者借助外国的古老宫廷复仇故事深刻地反映了时代的黑暗，表达了强烈的反封建意识，并借个性复杂的王子哈姆莱特之口，探讨了一系列关涉生存与毁灭、光明与黑暗、理想与现实、存在与虚无、友谊与爱情等重大问题。

课文节选的是该剧的第三幕第一场。前两幕的情节大致是：丹麦王子哈姆莱特正在德国威登堡大学读书，却被急召回国。原来，他的父王不明不白地死了，叔父克劳狄斯不仅继承了王位，而且娶了哈姆莱特的母亲。国内灾异的现实使得王子十分震惊。这时候，父亲的鬼魂在王宫前的平台上出现，告知王子自己被新王害死的实情，并要儿子为自己复仇。王子对这一切一时难以把握，满腹疑虑。但他也明确地感受到无处不在的危险。于是他佯作疯狂，意欲弄清真相。而此时，奸王及其爪牙也急于弄清王子是否真的疯了。课文节选部分的剧情可分三部分：先是奸王及其帮凶处心积虑、巧做安排；紧接着王子登场，面对情人奥菲利娅大讲“疯言疯语”；最后，奸王等人对王子是否真疯还是满腹狐疑，为根绝后患，奸王又施毒计。

作为这出五幕戏剧第三幕的第一场，节选部分情节紧凑，人物关系复杂，台词优美而富于个性。主人公哈姆莱特的复杂个性在这一场中得到了完美的体现：他原本是王位的合法继承人，又受到威登堡大学人文主义新思想的教育和熏陶，因此他曾经热切地赞美人类是“宇宙的精华，万物的灵长”。但是父亲不明不白地死去，母亲匆忙改嫁，新王通宵达旦淫乐，朝臣们个个阿谀奉迎，过去的好同学现在成了奸王的密探，曾经热恋的情人也在不知不觉中成了敌人手中对付自己的“工具”……始料未及的现实击碎了他的全部理想，也动摇了他的全部信念。于是王子陷入了深深的精神危机之中，他开始怀疑一切，陷入了对“生存还是毁灭”、“忍受还是反抗”等问题的深刻的思辨中去了，继而通过质疑奥菲利娅来否定自己曾经奉若圭臬的一切。对于哈姆莱特的变化，奥菲利娅虽然不能理解，但她的喟然长叹却道出了哈姆莱特的疯言疯语之后的真实内心。她盛赞哈姆莱特是“朝臣的眼睛、学者的辩舌、军人的利剑、国家所瞩望的一朵娇花；时流的明镜、人伦的雅范、举世瞩目的中心……”。因此，主人公哈姆莱特实际上是文艺复兴时期人文主义者的典型。

思考与练习

1.哈姆莱特的疯话里有何微言大义？

2.背诵“生存还是毁灭”一段台词。

◎培 根

谈厄运

弗兰西斯·培根(1561—1626),英国17世纪杰出的唯物主义哲学家。生于伦敦的一个贵族家庭。12岁入剑桥大学读书。1596年受聘为女王的特别法律顾问,1613年任首席检察官,1616年任掌玺大臣,1617年任英国大法官。1621年,培根由于受宫廷“党派争讧”的牵累而获罪,被逐出朝廷,此后脱离政治生涯,潜心著述。1626年,在一次科学实验过程中受寒致病而死。

培根是哲学史和科学史上的划时代人物,被马克思誉为“英国唯物主义和整个现代实验科学的真正始祖”。同时,培根也是一位杰出的散文作家,他的《论说随笔文集》于1597年初版后,风靡一时。至作者去世前一年印行第四版时,收入的随笔小品58篇。这些短小而活泼的文章,讨论了题材相当广泛的人生问题,内容涉及人与社会、人与自身、人与神以及宗教的关系等问题,对现实人生有着高度的指导意义。

幸运的好处固然该令人向往,但厄运的好处则会令人惊叹,这是塞内加仿斯多葛派风格发表的一则高论。毋庸置疑,如果奇迹就是超乎寻常,那它们多半都是在厄运中产生。塞内加还有句更高明的至理名言(此言出自一名异教徒之口实在是高明),曰:同时具有人之脆弱和神之超凡,那才算是真正的伟大。这话要是写成诗或许更妙,惟其诗中可允许更多的神之超凡。而且诗人们也的确始终忙于对其进行描写,因为这种超凡实则是古代诗人在那部奇妙的传奇[1]中所想像的东西。古人的想像似乎并不乏深邃,而且与当今基督徒的情况颇有几分相似。如当赫拉克勒斯去解救(象征人性的)普罗米修斯之时,他曾凭借一个陶瓮渡过大海[2],而这不啻是对基督徒坚韧不拔的精神之生动描绘,因基督徒是驾脆弱的血肉之舟去横渡尘世之汪洋。一般说来,出自幸运之德行乃节制,出自厄运之德行乃坚韧,依道德标准而论,后者是更为高尚的美德。幸运乃《旧约》所言之神恩,厄运则是《新约》所言之福分[3],后者带来上帝更浩荡的恩泽并传递上帝更昭然的启示。但甚至在你聆听《旧约》中大卫王那柄竖琴的时候[4],你也会听到与欢歌一样多的哀乐;而且那枝圣灵之笔[5]对约伯之苦难比对所罗门之幸福有更多的描述。幸运中并非没有诸多的忧虑与灾祸,而厄运中也不乏种种慰藉和希望。我们可从刺绣织锦中看出,将明丽的图案绣在暗郁的背景上比在明丽的背景上绣暗郁的图案更为悦目;那就从这目之愉悦去推想心之愉悦吧。德行无疑就像名贵香料,经燔焚或碾磨其香愈浓;盖幸运使恶愈昭,而厄运使善愈著。

【注释】

[1]指古希腊神话。

[2]希腊神话中并没有赫拉克勒斯凭借陶瓮渡海的情节,不过该英雄在建立另一项功绩时曾用金杯渡海。

[3]《旧约》屡言受苦即福,尤其是《马太福音》第 5 章和《路加福音》第 6 章把贫穷、饥饿、悲伤以及受侮辱、受迫害均视为福。

[4]意即当你读《旧约·诗篇》的时候(相传诗篇为以色列王大卫所作)。

[5]圣经作者皆受圣灵启示,故有圣灵之笔之说。

导读

本文主要阐发幸运与厄运的关系,特别是人如何面对厄运。文章以两次援引先哲的妙语起笔,接着用生动的语言揭示出古老的神话故事中蕴含的微言大义:厄运是不可避免的,厄运中的坚韧比幸运中的节制更加难能可贵。为说明此问题,培根从人人熟知的《圣经》出发,引经据典,在对比中凸现厄运对于人生的重要价值。幸运和厄运又是相对的,他们都可以影响人、造就人,但是最浓郁的生活的芳香是在厄运的烈火之焚烧中显现出来的。

培根散文说理简要而明达,论证透辟而可信,引证丰富而切近,比喻新鲜而多情,排比大气而生动。最可关注的是,培根以格言警句的形式,提炼和概括了十分丰富的生活哲理,如"出自幸运之德行乃节制,出自厄运之德行乃坚韧","德行无疑就像名贵香料,经燔焚或碾磨其香愈浓"等句子,就是凝结了丰富的人生经验的佳句。

思考与练习

1.概括本文的基本观点。

2.本文在选词用语方面有什么特点?这对文章思想内容的表达有何作用?

3.体会本文在修辞方面的特点。

◎海明威

老人与海(节选)[1]

海明威(1899—1961),20 世纪美国著名小说家。一战爆发后,他志愿赴意大利当战地救护车司机。1918 年夏在前线被炮弹炸成重伤,回国休养。后来去加拿大多伦多市星报任记者。二战前后,积极支持反法西斯战争。1921 年重返巴黎。1923 年发表处女作《三个短篇小说和十首诗》,随后游历欧洲各国。1926 年出版了长篇小说《太阳照样升起》,初获成功,被斯坦因称为“迷惘的一代”。1929 年,发表长篇巨著《永别了,武器》。1935 年写成《非洲的青山》和一些短篇小说。西班牙内战期间,他 3 次以记者身份亲临前线,写了剧本《第五纵队》和长篇小说《丧钟为谁而鸣》(1940)。二战后著有《乞利马扎罗的雪》、《杀人者》、《白象似的山峰》等小说。1952 年,《老人与海》问世,并于 1954 年获诺贝尔文学奖。1961 年 7 月 2 日用猎枪自杀。遗作主要有:《海流中的岛屿》(1970)和《伊甸园》(1986)。

鱼又转了两个圈儿,还是那个老样子。

老头儿想:我[2]摸不透。他已经到了每次都觉得自己要垮下来的时候了。他想:我摸不透,但我还要试验一下。

他又试验了一下,把鱼拉转过来的时候,他觉得自己真的垮了。那条鱼又摆正了身子,然后慢慢地游开了,它的大尾巴还在空中摆来摆去。

这时老头儿虽然双手已经软弱无力,而他所能看见的只是一眨眼就过去的闪光,但他又下了决心:我还要试它一试。

他又试了一遍,还是跟以前一样。“那么,”他想,这时他还没动手就觉得垮了,“我再来试一遍吧。”

他忍住一切的疼痛,抖擞抖擞当年的威风,把剩下的力气统统拼出来,用来对付鱼在死亡以前的挣扎。那条鱼朝他身边游来了,轻轻地来到他的身边,嘴几乎碰到了船身的外板。它开始从船旁边过去,它,那么长,那么高,那么宽,银光闪闪的,还围着紫色的条纹,在海水里没有尽头地伸展了开去。

老头儿放下了钓丝,把它踩在脚底下,然后把鱼叉高高地举起,举到不能再高的高度,同时使出全身力气,比他刚才所集聚的更多的力气,把鱼叉扎进正好在那大胸鳍后面的鱼腰里,那个胸鳍高高地挺在空中,高得齐着一个人的胸膛。他觉得铁叉已经扎进鱼身了,于是他靠在叉把上面,把鱼叉扎得更深一点,再用全身的重量将它推进去。

接着,鱼又生气勃勃地作了一次死前的挣扎。它从水里一跳跳到天上去,把它的长、宽、威力和美,都显示了出来。它仿佛悬在空中,悬在船里老头儿的头上。然后它轰隆一声落到水里,把浪花溅满了老头儿一身,溅满了整个一条船。

老头儿觉得头昏眼花,看不清楚东西了。但他松开了鱼叉上的绳子,让它从他的皮破肉烂的手里慢慢地滑下去。当他看得清楚的时候,他看见那条鱼仰身朝天,银花花的肚皮翻到上面来。鱼叉的把子露在外面,和鱼的前背构成一个角度,这时海水被它心里流出的血染成了殷红的颜色,先是在一英里多深的蓝色的海水里黑黝黝地像一座浅滩,然后又像云彩似的扩散了开去。那条鱼是银白色的,一动也不动地随着海浪漂来漂去。

老头儿用他闪烁的眼光定睛地望了一眼。他把鱼叉的绳子在船头的短桩上绕了两圈,然后用双手捧着头。

"要教我的脑子清醒,"他靠着船头的木板说。"我是一个累乏了的老头儿。但我已经杀死了这个鱼兄弟,现在我得干辛苦的活儿了。"

他想:现在我得准备套索和绳子,把它绑在船旁边。虽然只有我们两个,即使为了装它而弄得船漫了水又戽[3]出去,这只小船还是盛不了它。我应该安排一切,然后把它拖到跟前来,绑好,竖上桅杆,挂起帆把船开回去。

他动手去拖鱼,想把它拖到船跟前,好用一根绳子从它鳃里穿进去,再从嘴里拉出来,把它的头绑在船头上。他想:我想看看它,碰碰它,摸摸它。他想,它是我的财产啊。然而我想摸摸它并不是为了这个。他想,当我第二次拿着鱼叉的把子往里推的时候,我已经碰到它的心了。现在把它拉到跟前来吧,绑紧它,用一个套索拴住它的尾巴,另一个套索拴住它的腰,把它捆在船边。

"动手干活吧,老家伙,"他说。他喝了一点儿水。"仗虽然打完,还有好多辛苦的活儿得干呢。"

他抬头望一望天,然后又去看一看他的鱼。他把太阳留意地观察了一番。他想:还不过是晌午,风也正刮起。现在这些钓丝都没用处了。回家以后,我要跟孩子把它们接起来。

"来吧,鱼,"他说。可是鱼偏不到他跟前来。它反而躺在海里翻滚,老头儿只好把小船划到它面前去。

等他划到鱼的旁边,教鱼头靠着船头的时候,他真想不到鱼有这么大。他把鱼叉上的绳子从船头的短桩上解开,打鱼鳃里穿进去,再打鱼嘴里拉出来,在它的长吻上绕了一道,又打另一边的鱼鳃里穿进去,再在长吻上绕了一道,把双股的绳子打了个结子,拴在船头的短桩上。然后,他把绳子割断,又走到船梢去,用绳子套住鱼的尾巴。鱼已经从原来的紫色和银白色变成了纯粹的银白色,身上的条纹跟尾巴一样现出了淡紫色。条纹比伸开五指的人的一只手还要宽些。鱼的眼睛孤零零地凸出来,像是潜望镜里的镜头,又像做礼拜行列中的圣徒。

"要杀死它只有这个办法,"老头儿说。喝了水以后,他现在觉得好些了,他知道他不会垮下去,他的头脑也是清醒的。他想:看它那副模样,足有一千五百多磅。也许还要重些。假如可以净得那重量的2/3,卖它三角钱一磅,该赚多少钱啊?

"我需要一枝铅笔来算一算,"他说。"我的头脑不怎么清醒。不过我想老狄马吉奥今天会拿我的事儿当他的体面。我没鸡眼。可是我的手跟脊梁可真够受啦。"他想:我不懂什么叫鸡眼。也许我们有鸡眼还不知道吧。

他把绑鱼的绳子系在船头、船梢和中间的坐板上。那条鱼可真大,活像小船旁边绑着一只比它大得多的船。他割下一段绳,又把鱼的下巴颏跟长吻绑在一起,使它的嘴不会张开,好让船尽可能走得平平稳稳的。然后,他竖起桅杆,用绳索拴住那根给他当做鱼钩的棍子和下桁,他挂上了带补丁的帆。船开始移动了,他半躺在船梢向西南方驶去。

他不需要指南针告诉他西南方在哪儿,他只需要感觉到风和帆的牵引。他想:我倒不如放一根带匙钩的小钓丝到海里去,弄点东西上来吃吃喝喝,好润润嘴。但他找不到匙钩,他的沙丁鱼也都腐烂了。所以他在船经过的时候用鱼叉钩上一块黄黄的马尾藻,把上面一些小虾抖到船的外板上去。小虾有十来多个,它们跳来撞去,像沙蚤一样。老头儿用拇指和食指把它们的头掐掉,然后送进嘴里,连壳带尾巴嚼下去。这些小虾虽然小得可怜,但他知道它们都很滋养,味道也挺不坏的。

老头儿的瓶子里还有两口水,他把小虾吃下去以后喝了半口。虽然船旁边的那条鱼给了不少的累赘,这只船走得还算很好,他把舵柄夹在胳肢窝里掌着舵。他看得见那条鱼。他只消看一看他的手,把脊背放在船梢上碰一碰,就会晓得这是千真万确的事儿,不是一场梦。有一个时候,在事情快临了时,他的心情坏极了,他也以为或许这是一场梦。后来他看见鱼从水里跳出,没有落下来以前一动也不动地悬在半空里,他觉得这里面一定有很大的奥妙,所以他不相信。虽然他现在看得跟往常一样的清楚,那时他是看不清楚的。

现在他知道鱼果真在他身旁,他的双手和脊背的疼痛都证明他不是在做梦。他想:手很快就会痊愈的。我已经让手上的血流干净了,盐水会把它们治好的。真正的海湾里面的黑魆魆的海水,实际上就是最好的药品。我现在应该做的就是要让脑子清醒。我的手已经干完了它们的活儿,我们的船走得很好。看它闭住嘴,尾巴一上一下地伸得挺直,我俩真像亲兄弟一样在大海里漂着。这时他的脑子又有点儿糊涂了,他想:是它在带我走呢,还是我在带它走?如果我把它放在后面,牵着它,那倒是没有问题的。要是鱼给放在船上,它的什么体面都丢掉了,那也没有问题。可是老头儿跟它是并排地拴在一道,漂在海上的,所以老头儿想:让它带我走吧,只要它高兴。我不过手段比它高明些，何况它对我又没有恶意。

他们在海里走得很顺当，老头儿把手泡在咸咸的海水里，想让脑子清醒。头上有高高的积云，还有很多的卷云，所以老头儿知道还要刮一整夜的小风。老头儿不断地望着鱼，想弄明白是不是真有这回事。这时候是第一条鲨鱼朝它扑来的前一个钟头。

鲨鱼的出现不是偶然的。当一大股暗黑色的血沉在一英里深的海里然后又散开的时候，它就从下面水深的地方蹿上来。它游得那么快，什么也不放在它眼里，一冲出蓝色的水面就涌现在太阳光下。然后它又钻进水面去，嗅出了踪迹，开始顺着船和鱼所走的航线游来。

有时候它也迷失了臭迹。但它很快就嗅出来，或者嗅出一点儿影子，于是它就紧紧地顺着这条航线游。这是一条巨大的鲭鲨，生来就游得跟海里速度最快的鱼一般快。它周身的一切都美，只除了上下颚。它的脊背蓝蓝的像是旗鱼的脊背，肚子是银白色的，皮是光滑的，漂亮的。它生得跟旗鱼一样，不同的是它那巨大的两颚，游得快的时候它的两颚是紧闭起来的。它在水面下游，高耸的脊鳍像刀子似的一动也不动地插在水里。在它紧闭的双嘴唇里，它的八排牙齿全部向内倾斜着。跟寻常大多数鲨鱼不同，它的牙齿不是角锥形的，像爪子一样缩在一起的时候，形状就如同人的手指头。那些牙齿几乎跟老头儿的手指头一般长，两边都有剃刀似的锋利的口子。这种鱼天生要吃海里一切的鱼，尽管那些鱼游得那么快，身子那么强，战斗的武器那么好，以至于没有别的任何的敌手。现在，当它嗅出了新的臭迹的时候，它就加快游起来，它的蓝色的脊鳍划开了水面。

老头儿看见它来到，知道这是一条毫无畏惧而且为所欲为的鲨鱼。他把鱼叉准备好，用绳子系住，眼也不眨地望着鲨鱼向前游来。绳子短了，少去了它割掉用来绑鱼的那一段。

老头儿现在的头脑是清醒的，正常的，他有坚强的决心，但是希望不大。他想：能够撑下去就太好啦。看见鲨鱼越来越近的时候，他向那条死了的大鱼望上一眼。他想：这也许是一场梦。我不能够阻止它来害我，但是也许我可以捉住它。“Dentuso[4]”，他想。去你妈的吧。

鲨鱼飞快地逼近船后边。它去咬那条死鱼的时候，老头儿看见它的嘴大张着，看见它在猛力朝鱼尾巴上的肉咬的当儿它那双使人惊奇的眼睛和咬得格崩格崩响的牙齿。鲨鱼的头伸在水面上，它的脊背也正在露出来，老头儿用鱼叉攮到鲨鱼头上的时候，他听得出那条大鱼身上皮开肉绽的声音。他攮进的地方，是两只眼睛之间的那条线和从鼻子一直往上伸的那条线交叉的一点。事实上并没有这两条线。有的只是那又粗大又尖长的蓝色的头，两只大眼，和那咬得格崩崩的、伸得长长的、吞噬一切的两颚。但那儿正是脑子的所在，老头儿就朝那一个地方扎进去了。他鼓起全身的气力，用他染了血的手把一杆锋利无比的鱼叉扎了进去。他向它扎去的时候并没有抱着什么希望,但他抱有坚决的意志和狠毒无比的心肠。

鲨鱼在海里翻滚过来。老头儿看见它的眼珠已经没有生气了,但是它又翻滚了一下,滚得自己给绳子缠了两道。老头儿知道它是死定了,鲨鱼却不肯承认。接着,它肚皮朝上,尾巴猛烈地扑打着水面,两颚格崩格崩响,像一只快艇一样在水面上破浪而去。海水给它的尾巴扑打得白浪滔天,绳一拉紧,它的身子 3/4 都脱出了水面,那绳不住地抖动,然后突然折断了。老头儿望着鲨鱼在水面上静静地躺了一会儿,后来它就慢慢地沉了下去。

"它咬去了大约 40 磅,"老头儿高声说。他想:它把我的鱼叉连绳子都带去啦,现在我的鱼又淌了血,恐怕还有别的鲨鱼会蹿来呢。

他不忍朝死鱼多看一眼,因为它已经给咬得残缺不全了。鱼给咬住的时候,他真觉得跟他自个儿身受的一样。

他想:但是我已经把那条咬我的鱼的鲨鱼给扎死啦。我从来没看过这么大的"Dentuso"。谁晓得,大鱼我可也看过不少呢。

他想:能够撑下去就太好啦。这要是一场梦多好,但愿我没有钓到这条鱼,独自躺在床上的报纸上面。

"可是一个人并不是生来要给打败的,"他说,"你尽可把他消灭掉,可就是打不败他。"他想:不过这条鱼给我弄死了,我倒是过意不去。现在倒霉的时刻就要来到,我连鱼叉也给丢啦。"Dentuso"这个东西,既残忍,又能干,既强壮,又聪明。可我比它更聪明。也许不吧,他想。也许我只是比它多了个武器吧。

【注释】

[1]选自海观译《老人与海》,上海译文出版社 1979 年版。《老人与海》叙述了一个古巴老渔民在连续 84 天没有打着一条鱼的情况下,依然倔强地坚持出海。在第 85 天里,一条罕见的大马林鱼终于咬钩。老人独自在大海上与这条鱼展开了较量并成功地杀死了它,但在返航途中,鲨鱼的一次次进攻却使老人的战利品只剩下一付雪白的鱼骨架。

[2]指老渔民桑提亚哥。

[3]戽(hù):汲(水灌田)。

[4]Dentuso:一种凶猛的鲨鱼的名字。

导读

《老人与海》问世于西方世界经历了两次大战的重创之后。大战把世界变成了废墟,也将人类的精神世界变成了"荒原"。空前的灾难,毁灭一切的打击,失去家园的"迷茫",使人类陷入了可怕的梦魇中。《老人与海》的出现,分明是一曲嘹亮的号角声,引导人类走出"荒原",告别梦魇。

《老人与海》中,老渔夫的生活境遇隐喻了人类的处境。他无儿无女,老伴死了,孤独地生活着。84天了，出海打鱼一无所获。厄运纠缠着他，可他还是天天坚持出海，这已经构成了老人面对厄运的明确态度。这种态度又在同马林鱼及鲨鱼的搏斗中进一步确认，并得到了升华："一个人并不是生来要给打败的，你尽可把他消灭掉，可就是打不败他。"桑提亚哥的这句著名的表白，显示了一种"重压下的优雅风度"。他一次又一次地面对不幸和困境，但他却以坚强有力的态度在孤单中执着地抗争着。他经受住了厄运的考验，因而"无论在道德上还是在勇气上都属于胜利者"。《老人与海》是一部具有高度概括意义的小说，它"把大千世界的万般不幸以及人们对待不幸的态度全部浓缩在桑提亚哥捕鱼的故事里"。

《老人与海》是对"冰山"理论的完美实践，这段选文尤具代表性。这里写的只是一个只身打鱼老人，却展现了一个世界。故事情节简单，人物有限，笔法简洁含蓄。作者按照故事的发展来从多个角度叙述老人桑提亚哥在海上的遭遇：直叙中有插叙，在插叙中交织着老人对往事的回忆和对眼前事物的感慨。将心理刻画和细节描写天衣无缝地结合在一起，不断改变叙述者的人称——第三人称和第一人称交替使用，使单调的捕鱼过程显得多姿多彩，引人入胜。在描写人物时十分传神，以简洁的字眼画龙点睛地勾勒出人物的性格特征。五光十色的景物描写作为人物的衬托，穿插在朴素的叙述中。优美的抒情笔调使小说的叙述大为增色。生动的比喻和精采的对话也交相映辉，呈现出作者朴实无华、简洁明快的语言风格。

思考与练习

1.老渔夫的话："一个人并不是生来要给打败的"，"你尽可把他消灭掉，可就是打不败他"，给了我们什么样的启示？

2.通过这篇课文，你对海明威的"冰山理论"有何认识？

◎沈从文

边　城(节选)[1]

沈从文(1902—1988),原名沈岳焕,有苗、汉血统,生于湖南省凤凰县一个封建行伍家庭,祖父为清朝提督。青少年时代,他就踏遍了湘川黔边境地区。由于受"五四"运动的影响,1923年他到北京求学,寻找自己的人生道路。虽然曾做过北京大学的旁听生,报考过燕京大学,但终受挫,转而决心学习写作,并在1924年开始发表文学作品。抗战爆发后,到西南联大任教。1946年,回到北京大学任教。建国后,在中国历史博物馆、故宫博物院和中国社会科学院历史研究所从事历史文物、工艺美术图案等方面的工作。1988年病逝于北京。

沈从文以小说创作为主,散文创作其次,一生结集60多种,是创作数量非常丰富的现代作家。主要作品有《石子船》、《从文子集》等短篇小说集和《边城》、《长河》等中长篇小说以及《湘行散记》、《湘西》等散文集,共500多万字。上述作品收入《沈从文文集》。另有《龙凤艺术》、《中国古代服饰研究》等专著行世。

十八

日子平平的过了一个月，一切人心上的病痛，似乎都在那份长长的白日下医治好了。天气特别热,各人只忙着流汗,用凉水淘江米酒吃,不用什么心事,心事在人生活中,也就留不住了。翠翠每天到白塔下背太阳的一面去午睡,高处既极凉快,两山竹篁里叫得使人发松的竹雀和其他鸟类又如此之多,致使她在睡梦里尽为山鸟歌声所浮着,做的梦也便常是顶荒唐的梦。

这并不是人的罪过,诗人们在一件小事上写出一整本整部的诗;雕刻家在一块石头上雕得出骨血如生的人像;画家一撇儿绿,一撇儿红,一撇儿灰,画得出一幅一幅带有魔力的彩画,谁不是为了惦着一个微笑的影子,或是一个皱眉的记号,方弄出那么些古怪成绩?翠翠不能用文字,不能用石头,不能用颜色,把那点心头上的爱憎移到别一件东西上去,却只让她的心,在一切顶荒唐事情上驰骋。她从这份隐秘里,便常常得到又惊又喜的兴奋。一点儿不可知的未来,摇撼她的情感极厉害,她无从完全把那种痴处不让祖父知道。

祖父呢,可以说一切都知道了的。但事实上他又却是个一无所知的人。他明白翠翠不讨厌那个二老,却不明白那小伙子二老近来怎么样。他从船总处与二老处,已碰过了钉子,但他并不灰心。

“要安排得对一点，方合道理，一切有个命！”他那么想着，就更显得好事多磨起来了。睁着眼睛时，他做的梦比那个外孙女翠翠便更荒唐更寥阔。

他向各个过渡本地人打听二老父子的生活，关切他们如同自己家中人一样。但也古怪，因此他却怕见到那个船总同二老了。一见他们他就不知说些什么，只是老脾气把两只手搓来搓去，从容处完全失去了。二老父子方面皆明白他的意思；但那个死去的人，却用一个凄凉的印象，镶嵌到父子心中，两人便对于老船夫的意思，俨然全不明白似的，一同把日子打发下去。

明明白白夜来并不作梦，早晨同翠翠说话时，那作祖父的会说：

“翠翠，翠翠，我昨晚上做了个好不怕人的梦！”

翠翠问：“什么怕人的梦？”

就装作思索梦境似的，一面细看翠翠小脸长眉毛，一面说出他另一时张着眼睛所做的梦。不消说，那些梦原来都并不是当真怎样使人吓怕的。

一切河流皆得归海。话起始说得纵极远，到头来总仍然是归到使翠翠低头红脸那件事情上去。待到翠翠显得不大高兴，神气上露出受了点小窘时，这老船夫又才像有了一点儿吓怕，忙着解释，用闲话来遮掩自己所说到那问题的原意。

“翠翠，我不是那么说，我不是那么说。爷爷老了，糊涂了，笑话多咧。”

但有时翠翠却静静的把祖父那些笑话、糊涂话听下去，一直听到后来还抿着嘴儿微笑。

翠翠也会忽然说道：

“爷爷，你真是有一点儿糊涂！”

祖父听过了不再作声，他将说“我有一大堆心事”，但来不及说，恰好就被过渡人喊走了。

天气热了，过渡人从远处走来，肩上挑得是70斤担子，到了溪边，贪凉快不即走路，必蹲在岩石下茶缸边喝凉茶，与同伴交换吹吹棒烟管，且一面向弄渡船的攀谈。许多天上地下子虚乌有的话从此说出口来，给老船夫听到了。过渡人有时还因溪水清洁，就溪边洗脚抹澡的，坐得更久话也就更多。祖父把些话转说给翠翠，翠翠也就学懂了许多事情。货物的价钱涨落呀，坐轿搭船的用费呀，放木筏的人把他那个木筏从滩上流下时，十来把大招子如何活动呀，在小烟船上吃荤烟，大脚婆娘如何烧烟呀，……无一不备。

傩送二老从川东押物回到了茶峒[2]。时间已近黄昏了，溪面很寂静，祖父同翠翠在菜园地里看萝卜秧子，翠翠白日中觉睡久了些，觉得有点寂寞，好像听人嘶声喊过渡，就争先走下溪边去。下坎时，见两个人站在码头边，斜阳影里背身看得极分明，正是傩送二老同他家中的长年[3]！翠翠大吃一惊，同小兽物见到猎人一样，回头便向山竹林里跑掉了。但那两个在溪边的人，听到脚步响时，一转身，也就看明白这件事情了。等了一下再也不见人来，那长年又嘶声音喊叫过渡。

老船夫听得清清楚楚，却仍然蹲在萝卜秧地上数菜，心里觉得好笑。他已见到翠翠走去，他知道必是翠翠看明白了过渡人是谁，故意蹲在那高岩上不理会。翠翠人小不管事，过渡人求她不干，奈何她不得，所以只好嘶着个喉咙叫过渡了。那长年叫了几声，见没有人来，就同二老说："这是什么玩意儿，难道老的害病弄翻了，只剩下翠翠一个人了吗？"二老说："等等看，不算什么！"就等了一阵。因为这边在静静的等着，园地上老船夫却在心里想："难道是二老吗？"他仿佛担心搅恼了翠翠似的，就仍然蹲着不动。

但再过一阵，溪边又喊起过渡来了，声音不同了一点，这才真是二老的声音。生气了吧？等久了吧？吵嘴了吧？老船夫一面胡乱估着，一面连奔带蹿跑到溪边去。到了溪边，见两个人业已上了船，其中之一正是二老。老船夫惊讶的喊叫：

"呀，二老，你回来了！"

年青人很不高兴似的。"回来了，——你们这渡船是怎么的？等了半天也不来个人！"

"我以为——"老船夫四处一望，并不见翠翠的影子，只见黄狗从山上竹林里跑来，知道翠翠上山了，便改口说："我以为你们过了渡。"

"过了渡！不得你上船，谁敢开船？"那长年说着，一只水鸟掠着水面飞去。"翠鸟儿归窠[4]了，我们还得赶回家去吃夜饭！"

"早咧，到河街早咧，"说着，老船夫跳上了船，且在心中一面说："你不是想承继这只渡船吗！"一面把船索拉动，船便离岸了。

"二老，路上累得很！……"

老船夫说着，二老不置可否、不动感情听下去。船拢了岸，那年青小伙子同家中长年话也不说挑担子翻山走了。那点淡漠印象留在老船夫心上，老船夫于是在两个人身后，捏紧拳头威吓了3下，轻轻的吼着，把船拉回去了。

十九

翠翠向竹林里跑去，老船夫半天还不下船，这件事从傩送二老看来，前途显然有点不利。虽老船夫言词之间，无一句话不在说明"这事有边"，但那畏畏缩缩的说明，极不得体。二老想起他的哥哥，便把这件事曲解了。他有一点愤愤不平，有一点儿气恼，回到家里第三天，中寨有人来探口风，在河街顺顺家中住下，把话问及顺顺，想明白二老的心中是不是还有意接受那座新碾坊。顺顺就转问二老自己意见怎么样。

二老说："爸爸，你以为这事为你，家中多座碾坊多个人，你可以快活，你就答应了。若果为的是我，我要好好去想一下，过些日子再说它吧。我尚不知道我应当得座碾坊，还是应当得一只渡船；因为我命里或只许我撑个渡船！"

探口风的人把话记住，回中寨去报命，到碧溪岨[5]过渡时，见到了老船夫，想起二老说的话，不由得不迷迷的笑着。老船夫问明白了他是中寨人，就又问他上城作些什么事。

那心中有分寸的中寨人说：

"什么事也不作,只是过河街船总顺顺家里坐了一会儿。"

"无事不登三宝殿,坐了一定就有话说!"

"话倒说了几句。"

"说了些什么话?"那人不再说了。老船夫却问道:"听说你们中寨人想把大河边一座碾坊连同家中闺女儿送给河街上顺顺,这事情有不有了点眉目?"

那中寨人笑了,"事情成就了,我问过顺顺,顺顺很愿意和中寨人结亲家,又问过那小伙子,……"

"小伙子意思怎么样?"

"他说:我眼前有座碾坊,有条渡船,我本想要渡船,现在就决定要碾坊吧。渡船是活动的,不如碾坊固定。这小子会打算盘呢。"

中寨人是个米场经纪人,话说得极有斤两,他明知道"渡船"指得是什么意思,但他可并不说穿。他看到老船夫口唇蠕动,想要说话,中寨人便又抢着说道:

"一切皆是命,半点不由人。可怜顺顺家那个大老,相貌一表堂堂,会淹死在水里!"

老船夫被这句话在心上扎实的戳了一下,把想问的话咽住了。中寨人上岸走去后,老船夫闷闷的立在船头,痴了许久。又把二老日前过渡时落漠神气温习一番,心中大不快乐。

翠翠在塔下玩得极高兴,走到溪边高岩上想要祖父唱唱歌,见祖父不理会她,一路埋怨赶下溪边去。到了溪边方见到祖父神气十分沮丧,可不明白为什么原因。翠翠来了,祖父看看翠翠的快活黑脸儿,粗卤[6]的笑笑。对溪有扛货物过渡的,便不说什么,沉默的把船拉过溪南,到了中心却大声唱起歌来了。把人渡过了溪,祖父跳上码头走近翠翠身边来,还是那么粗卤的笑着,把手抚着头额。

翠翠说:"爷爷怎么的,你发痧[7]了?你躺到荫下去歇歇,我来管船!"

"你来管船,好的,好的,这只船归你管!"

老船夫似乎当真发了痧,心头发闷,虽当着翠翠还显出硬扎样子,独自走回屋里后,找寻得到一些碎磁片,在自己臂上腿上扎了几下,放出了些乌血,就躺到床上睡了。

翠翠自己守船,心中却古怪的快乐高兴,心想:"爷爷不为我唱歌,我自己会唱!"

她唱了许多歌,老船夫躺在床上闭着眼睛,一句一句听下去。心中极乱,但他知道这不是能够把他打倒的大病,到明天就仍然会爬起来的。他想明天进城,到河街去看看,又想起另外许多旁的事情。

但到了第二天,人虽起了床,头还沉沉的。祖父当真已病了,翠翠显得懂事了些,为祖父煎了一罐大发药,逼着祖父喝;又过屋后菜园地里摘取蒜苗泡在米汤里作酸蒜苗。一面照料船只,一面还时时刻刻抽空赶回家里来看祖父,问这样那样。祖父可不说什么,只是为一个秘密痛苦着。躺了3天,人居然好了。屋前屋后走动了一下,骨头还硬硬的,心中惦念到一件事情,便预备进城过河街去。翠翠看不出祖父有什么要紧事情,必须当天入城,请求他莫去。

老船夫把手搓着,估量到是不是应说出那个理由。在面前,翠翠一张黑黑的瓜子脸,一双水汪汪的眼睛,使他吁了一口气。

他说:"我有要紧事情,得今天去!"

翠翠苦笑着说:"有多大要紧事情,还不是……"

老船夫知道翠翠脾气,听翠翠口气已经有点不高兴,不再说要走了,把预备带走的竹筒,同扣花褡裢搁到长几上后,带点儿谄媚笑着说:"不去吧,你担心我会把自己摔死,我就不去吧。我以为天气早上不很热,到城里把事办完了就回来。……不去也好,我明天去!"

翠翠轻声的温柔的说:"爷爷,你明天去也好,你腿还软!好好的躺一天再起来!"

老船夫似乎心中还不甘服,撒着两手走出去,在门限边有个打草鞋的棒槌,差点儿把他绊了一大跤。稳住了时,翠翠苦笑着说:"爷爷,你瞧,还不服气!"老船夫拾起那棒槌,向屋角隅摔去,说道:"爷爷老了!过几天打豹子给你看!"

到了午后,落了一阵行雨,老船夫却同翠翠好好商量,仍然进了城。翠翠不能陪祖父进城,就要黄狗跟去。老船夫在城里被一个熟人拉着谈了许久盐价、米价,又过守备衙门看了一会厘金[8]局长新买的骡马,方到河街顺顺家里去。到了那里,见顺顺正同3个人围着小桌子打纸牌,不便谈话,就站在身后看了一阵牌。后来顺顺请他喝酒,借口病刚好点不敢喝酒,推辞了。牌既不散场,老船夫又不想即走,顺顺似乎并不明白他等着有何话说,却只注意手中的牌。后来老船夫的神气倒为另外一个人看出了,就问他是不是有什么事情。老船夫方忸忸怩怩照老方子搓着他那两只大手,说别的事没有,只想同船总说两句话。

那船总方明白在身后看牌半天的理由,回头对老船夫笑将起来。

"怎不早说?你不说,我还以为你在看我牌学张子!"

"没有什么,只是三五句话,我不便扫兴,不敢说出!"

船总把牌向桌上一撒,笑着向后房走去了,老船夫跟在身后。

"什么事?"船总问着,神气似乎先就明白了他来此要说的话,显得略微有点儿怜悯的样子。

"我听一个中寨人说,你预备同中寨团总打亲家,是不是真事?"

船总见老船夫的眼睛盯着他的脸,想得一个满意的回答,就说:"有这事情。"那么答应,意思却是:"有了你怎么样?"

老船夫说:"真的吗?"

那一个又很自然的说:"真的。"意思却依旧包含了"真的又怎么样?"一个疑问。

老船夫装得很从容的问:"二老呢?"

船总说:"二老坐船下桃源好些日子了!"

二老下桃源的事，原来还同他爸爸吵了一阵方走的。船总性情虽异常豪爽，可不愿意间接把第一个儿子弄死的女孩子，又来作第二个儿子的媳妇，这是很明白的事情。若照当地风气，这些事认为只是小孩子的事，大人管不着；二老当真欢喜翠翠，翠翠又爱二老，他也并不反对这种爱怨纠缠的婚姻。但不知怎么的，老船夫对于这件事情的关心处，使二老父子对于老船夫反而有了一点误会。船总想起家庭间的近事，以为全与这老而好事的船夫有关，虽不见诸形色，心中却有个疙瘩。

船总不让老船夫再开口了，就语气略粗的说道：

"伯伯，算了罢，我们的口只应当喝酒了，莫再只想替儿女唱歌！你的意思我全明白，你是好意。可是我也求你明白我的意思，我以为我们只应当谈点自己分上的事情，不适宜于想那些年青人的门路了。"

老船夫被一个闷拳打倒后，还想说两句话，但船总却不让他再有说话机会，把他拉出到牌桌边去。

老船夫无话可说，看看船总时，船总虽还笑着谈到许多笑话，心中却似乎很沉郁，把牌用力掷到桌上去。老船夫不说什么，戴起他那个斗笠，自己走了。

天气还早，老船夫心中很不高兴，又进城去找杨马兵。那马兵正在喝酒，老船夫虽推病，也免不了喝个三五杯。回到碧溪岨，走得热了一点，又用溪水去抹身子。觉得很疲倦，就要翠翠守船，自己回家睡去了。

黄昏时天气十分郁闷，溪面各处飞着红蜻蜓。天上已起了云，热风把两山竹篁吹得声音极大，看样子到晚上必落大雨。翠翠守在渡船上，看着那些溪面飞来飞去的红蜻蜓，心也极乱。看祖父脸上颜色惨惨的，放心不下，便又赶回家中去。先以为祖父一定早睡了，谁知还坐在门限上打草鞋。

"爷爷，你要多少双草鞋穿，床头上不是还有14双吗？怎么不好好的躺一躺？"

老船夫不作声，却站起身来昂头向天空望着，轻轻的说："翠翠，今晚上要落大雨响大雷的！回头把我们的船系到岩下去，这雨大哩。"

翠翠说："爷爷，我真吓怕！"翠翠怕的似乎并不是晚上要来的雷雨。

老船夫似乎也懂得那个意思，就说："怕什么？一切要来的都得来，不必怕！"

二十

夜间果然落了大雨，夹以吓人的雷声。电光从屋脊上掠过时，接着就是訇[9]的一个炸雷。翠翠在暗中抖着，祖父也醒了，知道她害怕，且担心她着凉，还起身来把一条布单搭到她身上去。祖父说："翠翠，打雷不要怕！"

翠翠说："我不怕。"说了还想说："爷爷，你在这里我不怕！"

訇的一个大雷，接着是一种超越雨声而上的宏大闷重倾圮[10]声。两人都以为一定是溪岸悬崖崩落了；担心到那只渡船，会早已压在崖石下面去了。

祖孙两人便默默的躺在床上听雨声、雷声。

但无论如何大雨，过不久，翠翠却依然睡着了。醒来时天已大亮，雨不知在何时业已止息，只听到溪两岸山沟里注水入溪的声音。翠翠爬起身来看看，祖父还似乎睡得很好，开了门走出去，门前已变成为一个水沟，一股浊流便从塔后哗哗的流来，从前面悬崖直堕而下。并且各处全是那么一种临时的水道。屋旁菜园地已为山水冲乱了，菜秧被掩在粗砂泥里了。再走过前面去看看溪里一切，才知道溪中也涨了大水，已满过了码头，水脚快到茶缸边了。下到码头去的那条路，正同一条小河一样，哗哗的泄着黄泥水。过渡的那一条横溪牵定的缆绳，早被水淹了。泊着崖下的渡船，已不见了。

翠翠看看屋前悬崖并不崩坍，当时还不注意渡船的失去。但再过一阵，她上下搜索不到这东西，无意中回头一看，屋后白塔已不见了，一惊非同小可。赶忙向屋后跑去，才知道白塔业已坍倒，大堆砖石极零乱的摊在那儿，翠翠吓慌得不知所措，只锐声叫她的祖父。祖父不起身，也不答应，就赶回家里去，到得床边摇了祖父许久，祖父还不作声。原来这个老年人在雷雨将息时已死去了。

翠翠于是大哭起来。

过一阵，有从茶峒过川东跑差事的人，赶早到了溪边，隔溪喊过渡。翠翠正在灶边一面哭着，一面烧水预备为死去的祖父抹澡。

那人以为老船夫一家还不醒，急于过河，喊叫不应，就抛掷小石头过溪，打到屋顶上。翠翠鼻涕眼泪成一片的走出来，跑到溪边高崖前站定。

“喂，不早了！快快把船划过来！”

“船跑了！”

“你爷爷做什么事情去了呢？他管船，有责任！”

“他管船，管了50年的船，尽过了责任，——他死了啊！”

翠翠一面向隔溪人说着，一面大哭起来。那人知道老船夫死了，得进城去报信，就说：

“真死了吗？不要哭吧，我回城去告他们，要他们弄条船带东西来！”

那人回到茶峒城边时，一见熟人就报告这件新闻，不多久，全茶峒城里外便都知道这个消息了。河街上船总顺顺，派人找了一只空船，带了副白木匣子，即刻向碧溪岨撑去。城中杨马兵却同一个老军人，赶到碧溪岨去，砍了几十根大毛竹，用葛藤编作筏子，作为来往过渡的临时渡船。筏子编好后，撑了那个东西，到翠翠家中那一边岸下，留老兵守竹筏来往渡人，自己跑到翠翠家去看那个死者，眼泪湿莹莹的，摸了一会躺在床上硬僵僵的老友，又赶忙着做些应做的事情。到后帮忙的人来了，从大河船上运来的棺木也来了，住在城中的老道士，还带了许多法宝，一件旧麻布道袍，并提了一只大公鸡，来尽义务办理念经起水招魂绕棺诸事，也从筏上渡过来了。家中人出出进进，翠翠只坐在灶边矮凳上呜呜的哭着。

到了中午，船总顺顺也来了，还跟着一个人扛了一口袋米、一坛酒、一大腿猪肉。见了翠翠就说：

“翠翠，爷爷死去我知道了，老年人是必须死的。劳苦了一辈子，也应当休息了。你不要发愁，一切有我！”

各方面看看，就回去了。到了下午入了殓，一些帮忙的回的回家去了，晚上便只剩下了那老道士、杨马兵、箍桶匠秃头陈四四同顺顺家派来两个年青长年。黄昏以前老道士用红绿纸剪了一些花朵，用黄泥作了一些烛台。天断黑后，棺木前小桌上点起黄色九品蜡，燃了香，棺木周围也点了小蜡烛，老道士披上那件蓝麻布道袍，开始了丧事中绕棺仪式。老道士在前拿着个小小纸幡引路，孝子第二，马兵殿后，绕着那具寂寞棺木慢慢转着圈子。两个长年则站在灶边空处，不成节奏胡乱的打着锣钵。老道士一面闭了眼睛走去，一面且唱且哼，安慰亡灵。提到关于亡魂所到西方极乐世界花香四季时，老马兵就把手托木盘里的杂色纸花，向棺木上高高撒去，象征这个西方极乐世界情形。

到了半夜，法事办完了，放过爆竹，蜡烛也快熄灭了。翠翠眼泪婆娑的，赶忙又到灶边去烧火，为帮忙的人办消夜。吃了消夜，老道士歪到死人床上睡着了。剩下几个人还得照规矩在棺木前守灵过夜。老马兵为大家唱丧堂歌取乐，用个空的量米木升子，当作小鼓，把手剥剥剥的一面敲着升底，一面悠悠的唱下去——唱廿[11]四孝中“王祥卧冰”[12]的事情，“黄香扇枕”[13]的事情。

翠翠哭了一整天，也同时忙累了一整天，到这时节已倦极，把头靠在棺前迷着了。两个长年同马兵等既吃了消夜，喝过两杯酒，精神还虎虎的，便轮流把丧堂歌唱下去。但只一会儿，翠翠又醒了，仿佛梦到什么，惊醒后看到棺木，明白祖父已死，于是又幽幽的干哭起来。

“翠翠，翠翠，不要哭啦，人死了哭不回来的！”

秃头陈四四接着就说了一个做新嫁娘的人哭泣的笑话，话语中夹杂了三五个粗野字眼儿，因此引起两个年青长年咕咕的笑了许久。黄狗在屋外吠着，翠翠开了大门，到外面去站了一会，耳听到各处是虫声，天上月色极好，大星子嵌进透蓝天空里，非常沉静温柔。翠翠心想：

“这是真事情吗？爷爷当真死了吗？”

老马兵原来跟在她的后边，因为他知道女孩子心门儿窄，说不定一炉火闷在灰里，痕迹不露，见祖父去了，自己一切皆已无望，跳崖悬梁，想跟着祖父一块儿去，也说不定。于是随时小心监视到翠翠。

老马兵见翠翠痴痴的站着，时间过了许久还不回头，就打着咳声叫翠翠说：

“翠翠，露水落了，不冷么？”

“不冷。”

“天气好得很！”

“呀……”一颗大流星使翠翠轻轻的喊了一声。

接着南方又是一颗流星划空而下。对溪有猫头鹰叫。

“翠翠，”老马兵业已同翠翠并排一块儿站定了，很温和的说：“你进屋里睡去了吧，不要胡思乱想！老人是入土为安，不要让他挂牵你！”

翠翠默默的回到祖父棺木前，坐在地上又呜咽起来。守在屋中两个长年已睡着了。

那一个马兵便幽幽的说道：“不要哭了！不要哭了！你爷爷也难过咧。眼睛哭胀，喉咙哭嘶，有什么好处？听我说，爷爷的心事我全都知道，一切有我；我会把事情安排得好好的，对得起你爷爷。我会安排，什么事都会。我要一个爷爷欢喜、你也欢喜的人来接收这只渡船。不能如我们的意，我老虽老，还能拿镰刀同他们拼命。翠翠，你放心，一切有我！……”

远处不知什么地方鸡叫了，老道士原是个老童生，辛亥后才改业，在那边床上胡胡涂涂的自言自语：“天子重英豪，文章教尔曹，万般皆下品，惟有读书高……天亮了吗？早咧！”

二十一

大清早，帮忙的人从城里拿了绳索、杠子赶来了。

老船夫的白木小棺材，为6个人抬着，到那个倾圮了的塔后山岨上去埋葬时，船总顺顺、杨马兵、翠翠、老道士、黄狗，都默默的跟在后面。到了预先掘就的方阱边，老道士照规矩先跳下去，把一点朱砂颗粒同白米安置到阱中四隅及中央，又烧了一点纸钱，念了个安魂咒，爬出了阱时就要抬棺木的人动手下殓[14]。翠翠哑着喉咙干号，伏在棺木上不起身。经马兵用力把她拉开，方能移动棺木。一会儿，那棺木便下了阱，调整了方向，拉去了绳子，被新土掩盖了。翠翠还坐在地上呜咽。老道士要赶早回城，去替人做斋，过渡走了。船总事务多，把这方面一切托付给老马兵，也赶回城去了。帮忙的到溪边去洗了手，家中各人还有各人的事，且知道这家人的情形，不便再叨扰，也不再惊动主人，过渡回家走了。于是碧溪岨便只剩下3个人，一个是翠翠，一个是老马兵，一个是由船总家派来暂帮忙照料渡船的秃头陈四四。黄狗因被那秃头打过一石头，怀恨在心，对于那秃头仿佛很不高兴，尽是轻轻的吠着，意思好像说：“你来干什么？这里用不着你这个人！”

到了下午，翠翠同老马兵商量，要老马兵回城去，把马托给营里人照料，再回碧溪岨来陪她。老马兵回转碧溪岨时，秃头陈四四被打发回城去了。

翠翠仍然自己同黄狗来弄渡船，让老马兵坐在溪岸高崖上玩，或嘶着个老喉咙唱歌给她听。

过3天后，船总顺顺来商量接翠翠过家里去住，翠翠却想看守祖父的坟山，不愿即刻进城。只请船总过城里衙门去说句话，许杨马兵暂时同她住住，船总顺顺答应了这件事，送了几斤片糖，就走了。

杨马兵是个近60岁了的人，原本和翠翠的父亲同营当差，说故事的本领比翠翠祖父还高一筹，加之为人特别热忱，做事又勤快又干净，因此同翠翠住下来，使翠翠仿佛去了一个祖父，却新得了一个伯父。过渡时有人问及可怜的祖父，黄昏时想起祖父，都使翠翠心酸，觉得十分凄凉。但这分凄凉日子过久一点，也就渐渐淡薄些了。两人每日在黄昏中同晚上，坐在门前溪边高崖上，谈点那个躺在湿土里可怜祖父的旧事，有许多是翠翠先前所不知道的，说来便更加使翠翠心中柔和。又说到翠翠的父亲，那个又要爱情又惜名誉的军人，在当时按照绿营[15]军勇的装束，穿起绿盘云得胜褂，包青绉绸包头，如何使乡下女孩子动心。又说到翠翠的母亲，年纪青青时就如何善于唱歌，而且所唱的那些歌在当时又如何流行。

时候变了，一切也自然都不同了，皇帝已被掀下了金銮宝殿，不再坐江山，平常人还消说?!杨马兵想起自己年青作马夫时，打扮的索索利利，牵了马匹到碧溪岨来对翠翠母亲唱歌，翠翠母亲总不理会，到如今自己却成为这孤雏的唯一靠山，唯一信托人，不由得不苦笑。

两人每个黄昏必谈祖父，以及这一家有关系的问题。后来便说到了老船夫死前的一切，翠翠因此明白了祖父活时所不提到的许多事。二老的唱歌，顺顺大儿子的死，顺顺父子对于祖父的冷淡，中寨人用碾坊作陪嫁妆奁，诱惑傩送二老，二老既记忆着哥哥的死亡，且因得不到翠翠理会，又被逼着接受那座碾坊，意思还在渡船，因此赌气下行。祖父的死因，又如何和翠翠有关……凡是翠翠不明白的事情，如今可全明白了。翠翠把事情弄明白后，哭了一个夜晚。

过了四七[16]，船总顺顺派人来请马兵进城去，商量把翠翠接到他家中去。马兵以为这件事得问翠翠。回来时，把顺顺的意思向翠翠说过后，见翠翠还不肯和祖父的坟墓离开，又为翠翠出主张，以为名分既不定妥，到一个生人家里去也不大方便，还是不如在碧溪岨暂等，等到二老驾船回来时，再看二老意思，说不一定二老要来碧溪岨驾渡船!

办法决定后，老马兵还以为二老不久必可回来的，就依然把马匹托营上人照料，在碧溪岨为翠翠作伴，把一个一个日子打发下去。

碧溪岨的白塔，人人都认为和茶峒风水大有关系，塔圮坍了，不重新作一个自然不成。除了城中营管、税局，以及各商号各平民捐了些钱以外，各大寨子也有人拿册子去捐钱。为了这塔成就并不是给谁一个人的好处，应尽每个人来积德造福，尽每个人有捐钱的机会，因此在新作的渡船上也放了个两头有节的大竹筒，中部锯了一口，尽过渡人自由把钱投进去，竹筒满了，马兵就捎进城中首事人处去，另外又带了个竹筒回来。过渡人一看老船夫不见了，翠翠辫子上扎了白绒，就明白那老的已作完了自己份上的工作，安安静静躺到土坑里给小蛆吃掉了；必一面用同情的眼色瞧着翠翠，一面摸出钱来塞到竹筒中去。"天保佑你，死了的到西方去，活下的永保平安。"翠翠明白那些捐钱人的怜悯与同情意思，心里软软的，酸酸的，忙把身子背过去拉船。

到了冬天,那个圮坍了的白塔,又重新修好了。那个在月下唱歌,使翠翠在睡梦里为歌声把灵魂轻轻浮起的年青人,还不曾回到茶峒来。

这个人也许永远不回来了,也许明天回来!

(1934 年 4 月 19 日完成,1940 年 10 月 4 日在昆明校改,
1957 年 1 月 10 日校正于北京历史博物馆,距最初动笔已 23 年。)

【注释】

[1]本文选自《现代中篇小说选》第三辑。这里节选了《边城》的第十八节至第二十一节,是结尾部分。前十七节主要叙述了湘西的风土人情和翠翠在大老天宝和二老傩(nuó)送的追求下,倾心傩送但未明确表态,而天宝为了成全傩送离家出走,死在急流中。傩送及他的船总父亲顺顺还有翠翠的祖父老船工都为天宝之死伤心抑郁,导致傩送和翠翠的爱情似乎不容易再继续下去了。选段从这里开始,叙述天宝的死给人们造成的心理影响及整个事情的最终结局。

[2]峒:音 dònɡ。

[3]长年:亦名“长工”。指中国旧时农村中受雇半年以上的劳动者;通常指长期受雇的雇农。

[4]窠(kē):指鸟兽建的窝。

[5]岨:音 jǔ。

[6]粗卤:同粗鲁。

[7]痧(shā):中医指霍乱、中暑等急性病。

[8]厘金:亦称“厘捐”或“厘金税”。旧中国的一种商业税,主要在水陆交通要道设关卡征收。1853 年开始实行,最初是对米市课以 1/100 捐税,1/100 为 1 厘,故称“厘金”。1931 年裁撤。

[9]訇(hōnɡ):形容大声。

[10]倾圮(pǐ):指建筑物倾倒坍塌。

[11]廿(niàn):二十。

[12]王祥卧冰:民间流传二十四孝之一。讲魏晋时官至太保的王祥侍奉后母非常孝顺,后母在冰封时想吃活鲤,于是他跑到冰面上解开衣襟化冰取鱼。后代称赏这种愚孝为典范。

[13]黄香扇枕:也为民间流传二十四孝之一。讲东汉官至尚书令的名士黄香 9 岁失母,事父至孝,为了父亲能睡好,就夏天扇凉床枕,冬天以身体温席。

[14]肂(sì):指埋棺材的坎穴。

[15]绿营:清代军制,汉族兵士用绿旗,称绿营兵或绿旗兵。清末裁废。

[16]四七:旧时一种丧俗,以人死后每隔七日为忌日,祭奠一次,到七七四十九日止,名“七”或“七七”。四七即指第四个七日忌。

导读

中篇小说《边城》是沈从文的代表作,寄寓着沈从文“美”与“爱”的美学理想,是他表现人性美最突出的作品。作品通过一个曲折动人的爱情故事,讴歌湘西地区的人情美和人性美,在内核里,如评论家凌宇所说:“溶入了作者对湘西下层人民因不能自主把握自

己的人生命运，一代又一代继续着悲凉人生命运的认识和自己生命从自在走向自为的途中，遭受种种压抑的内心感慨。”

选段是这个爱情故事的结尾部分，沈从文不仅具体地表达了一个关于爱情的人生故事，更重要的是借以提出人对个人命运自主把握的生存要求。因为在社会环境的种种必然和偶然之间，人对结局难以预料，所以沈从文将这种人生诉求寄于“时间会改变一切”。爱情故事本身是生命状态的隐喻和象征。

小说的人物极具自然灵性。翠翠和老船工是两个主要的形象。作者给翠翠倾注了无限“爱”与“美”的理想，她天真善良、柔嫩聪慧，外形美和内质美中透出几分乡村特有的野性，她是大自然的女儿，是美的精灵与化身；她又是爱情的女儿，在与天宝、傩送的爱情纠葛中，以朦胧隐秘的内心波动展现出对爱情的执着追求。老船工古道热肠、饱经沧桑而宽和慈祥，在与他人、与孙女的人伦关系中展现出充满人情美、伦理美的宽广胸襟，是一个纯真、至善、完美的生命个体。其他次要人物性格上也富有可贵之处：天宝、傩送兄弟，热情勇敢、品行高尚而不慕钱财、重情重义，富于自我牺牲的精神；顺顺豪爽慷慨；杨马兵热诚质朴。这些人物形象都洋溢着沈从文所热恋的人性之美。

小说诗化的语言质朴清新，含蓄自然，像是优美的湘西风景，在梦幻般的胜境中细腻而朦胧地表现出人物缠绵的感情和内心世界，但在骨子里又渗透着关于人物命运的感伤和悲凉。

人们称赞说，这是一首抒情诗，一曲浪漫优美的湘西牧歌。

思考与练习

1.沈从文试图以这样一个爱情故事揭示什么？

2.小说最后一句话“这个人也许永远不回来了，也许明天回来”，隐含了翠翠的什么想法？

亲情

爱情

与其在悬崖上展览千年

不如在爱人肩头痛哭一晚

——舒婷

◎《诗经》

蒹　葭[1]

《诗经》是我国最早的一部诗歌总集，共收录自西周初年至春秋中叶大约五百多年的诗歌305篇。先秦时通称《诗》或《诗三百》，到汉代称为《诗经》。《诗经》各篇都可以合乐歌唱，根据音乐的不同，共分为风、雅、颂3个部分。其中风包括《周南》、《召南》、《邶》、《鄘》、《卫》、《王》、《郑》、《齐》、《魏》、《唐》、《秦》、《陈》、《桧》、《曹》、《豳》十五国风，有诗160篇，由15种带有不同地域色彩的乐调的诗歌组成，多数是民间歌谣；雅分"大雅"、"小雅"，有诗105篇，是带有周王朝京都附近地区乐调色彩的诗歌，少量为民歌，多为贵族、士大夫所作；颂分"周颂"、"鲁颂"、"商颂"，有诗40篇，是王室宗庙祭祀用的舞曲歌词。在表现形式上，《诗经》以四言为主，讲求诗歌用韵和节奏，多采用赋、比、兴的手法。风、雅、颂、赋、比、兴有《诗经》"六义"之说。

《诗经》是我国文学的光辉起点，它的出现以及它的思想性和艺术成就，是我国文学发达很早的标志。它反映了当时社会的各个方面，包括复杂的社会生活、人民的思想和感情等，具有很强的现实主义精神，对后世文学影响很大。

蒹葭苍苍[2]，白露为霜[3]。所谓伊人[4]，在水一方[5]。溯洄从之[6]，道阻且长[7]。溯游从之[8]，宛在水中央[9]。

蒹葭萋萋，白露未晞[10]。所谓伊人，在水之湄[11]。溯洄从之，道阻且跻[12]。溯游从之，宛在水中坻[13]。

蒹葭采采，白露未已[14]。所谓伊人，在水之涘[15]。溯洄从之，道阻且右[16]。溯游从之，宛在水中沚[17]。

【注释】

[1]选自《诗经·秦风》。秦：周朝时诸侯国名，在今陕西省中部和甘肃省东部一带。蒹葭(jiān jiā)：指芦苇。蒹：荻。葭：芦苇。

[2]苍苍：茂盛的样子。后两章"萋萋"、"采采"义同。

[3]为：凝结成。

[4]伊人：这个人。指诗人意中所追寻的人。

[5]在水一方：在河的另一边，比喻所在之远。

[6]溯洄：逆着河流向上行走。从：跟从，追寻。之：指代伊人。

[7]阻：险阻，难走。

[8]溯游：顺流而下。游：流，指直流的水道。

[9]宛：宛然，仿佛。

[10]晞(xī)：干。

[11]湄(méi)：水与草交接之处，即岸边。

[12]跻(jī)：升高，攀登。指道路险峻，需要攀登而上。

[13]坻(chí)：水中高地，小岛。

[14]未已：指露水尚未被阳光蒸发完毕。已：止，干。

[15]涘(sì)：水边。

[16]右：向右拐弯，迂回曲折之意。

[17]沚(zhǐ)：水中陆地，同上章"坻"义同。

导读

这是一首抒写对情人怀念之情的诗。全诗写得景色凄清，柔婉缠绵：在芦苇青葱的季节、露浓霜凝的早晨，一位青年来到河边，徘徊观望。他所爱慕的人正在秋水的那一方，水草相接的岸边。可是有河水相隔，有长长的芦苇遮挡视线，他的情人显得若隐若现，缥缈难即。于是他只好沿着河边的小路去寻访、去追求，上下求索。但是终究没有结果。真是望之而不可即，求之而不可得！

这首诗以它的朦胧美，以它的深沉和含蓄，引起古往今来人们对它意蕴的不断探索。整个诗中没有具体的故事情节，其主人公所追求的对象是谁，至今也尚无定论；只是以"蒹葭苍苍，白露为霜"的清秋萧瑟的景象，衬托出主人公追求意中人而不见的空虚和怅惘，带着一种执著缠绵而又略带伤感的情调。

全诗分三章，每章八句，各自押韵。每章首两句借景起兴。三、四句点明主题：隔河企望、追寻"伊人"。后四句描述追寻境况：一是道阻且长，二是幻象迷离，两者皆以"伊人"不可得为旨归。此诗采用重章叠句的形式，在重复中变换个别词语，写出了露水变化的过程，白露之"为霜"、"未晞"、"未已"，体现了时间的推移，暗示了追求时间的漫长与追求者的执着；"伊人""在水一方"、"在水之湄"、"在水之涘"，体现了空间的转移，暗示了追寻对象的飘忽难觅。虽然只用了几个字来表现，但其间的微妙变化和幽深意蕴却十分耐人寻味，不仅有回环往复、一唱三叹之美，而且有层层推进、步步深化诗歌意境的作用。诗歌语言准确、优美，富于形象性，并运用了叠字的语词来描摹细致曲折的感情和自然现象的特征，朴素、鲜明，丝毫没有矫揉造作的痕迹。

思考与练习

1.《蒹葭》一诗的中心意象是什么？谈谈你对这一意象的象征意义的理解。

2.以《蒹葭》为例，谈谈你对诗歌的朦胧美的认识。

◎李朝威

柳毅传

李朝威，陇西郡(今甘肃省一带)人，生活于中唐贞元、元和时期，事迹不详。

仪凤中[1]，有儒生柳毅者，应举下第[2]，将还湘滨[3]。念乡人有客于泾阳者[4]，遂往告别。至六七里，鸟起马惊，疾逸道左。又六七里，乃止。

见有妇人，牧羊于道畔。毅怪视之，乃殊色也。然而蛾脸不舒，巾袖无光[5]，凝听翔立[6]，若有所伺。毅诘之曰："子何苦而自辱如是[7]?"妇始楚而谢[8]，终泣而对曰："贱妾不幸，今日见辱问于长者[9]。然而恨贯肌骨，亦何能愧避，幸一闻焉。妾，洞庭龙君小女也。父母配嫁泾川次子[10]。而夫婿乐逸[11]，为婢仆所惑，日以厌薄[12]。既而将诉于舅姑，舅姑爱其子，不能御[13]。迨诉频切[14]，又得罪舅姑，舅姑毁黜以至此[15]。"言讫，歔欷流涕，悲不自胜。又曰："洞庭于兹，相远不知其几多也。长天茫茫，信耗莫通。心目断尽，无所知哀。闻君将还吴，密通洞庭[16]，或以尺书寄托侍者[17]。未卜将以为可乎?"毅曰："吾，义夫也。闻子之说，气血俱动，恨无毛羽[18]，不能奋飞。是何可否之谓乎[19]!然而洞庭，深水也。吾行尘间，宁可致意耶?唯恐道途显晦[20]，不相通达，致负诚托，又乖恳愿。子有何术可导我耶?"女悲泣且谢，曰："负载珍重[21]，不复言矣。脱获回耗[22]，虽死必谢!君不许，何敢言?既许而问，则洞庭之与京邑，不足为异也[23]。"

毅请闻之。女曰："洞庭之阴，有大橘树焉，乡人谓之'社橘'。君当解去兹带，束以他物，然后叩树三发，当有应者。因而随之，无有碍矣。幸君子书叙之外，悉以诚心之话倚托，千万无渝！"毅曰："敬闻命矣。"女遂于襦间解书，再拜以进，东望愁泣，若不自胜。毅深为之戚。乃置书囊中，因复问曰："吾不知子之牧羊，何所用哉?神祇岂宰杀乎?"女曰："非羊也，雨工也[24]。""何为雨工?"曰："雷霆之类也。"毅顾视之，则皆矫顾怒步，饮龁甚异[25]，而大小毛角，则无别羊焉。毅又曰："吾为使者，他日归洞庭，幸勿相避。"女曰："宁止不避，当如亲戚耳。"语竟，引别东去。不数十步，回望女与羊，俱亡所见矣。

其夕，至邑而别其友。月余到乡，还家，乃访于洞庭。洞庭之阴，果有社橘。遂易带向树，三击而止。俄有武夫出于波间，再拜请曰："贵客将自何所至也?"毅不告其实，曰："走谒大王耳。"武夫揭水指路，引毅以进，谓毅曰："当闭目，数息可达矣[26]。"毅如其言，遂至其宫。始见台阁相向，门户千万，奇草珍木，无所不有。夫乃止毅，停于大室之隅，曰："客当居此以伺焉。"毅曰："此何所也?"夫曰："此灵虚殿也。"谛视之，则人间珍宝，毕尽于此。柱以白璧，砌以青玉，床以珊瑚，帘以水晶，雕琉璃于翠楣，饰琥珀于虹栋[27]。奇秀深杳，不可殚言[28]。

然而王久不至。毅谓夫曰："洞庭君安在哉？"曰："吾君方幸玄珠阁，与太阳道士讲《火经》，少选当毕[29]。"毅曰："何谓《火经》？"夫曰："吾君，龙也。龙以水为神，举一滴可包陵谷。道士，乃人也。人以火为神圣[30]，发一灯可燎阿房[31]。然而灵用不同，玄化各异[32]。太阳道士精于人理[33]，吾君邀以听焉。"

语毕而宫门阖。景从云合[34]，而见一人，披紫衣，执青玉。夫跃曰："此吾君也！"乃至前以告之。君望毅而问曰："岂非人间之人乎？"毅对曰："然。"毅遂设拜，君亦拜，命坐于灵虚之下。谓毅曰："水府幽深，寡人暗昧[35]，夫子不远千里，将有为乎？"毅曰："毅，大王之乡人也。长于楚，游学于秦[36]。昨下第，闲驱泾水之涘[37]，见大王爱女牧羊于野，风鬟雨鬓[38]，所不忍视。毅因诘之。谓毅曰：'为夫婿所薄，舅姑不念，以至于此。'悲泗淋漓，诚怛人心。遂托书于毅。毅许之，今以至此。"因取书进之。洞庭君览毕，以袖掩面而泣曰："老父之罪，不诊坚听，坐贻聋瞽[39]，使闺牕孺弱，远罹构害[40]。公，乃陌上人也[41]，而能急之。幸被齿发，何敢负德[42]！"词毕，又哀咤良久。左右皆流涕。时有宦人密侍君者[43]，君以书授之，命达宫中。须臾，宫中皆恸哭。君惊，谓左右曰："疾告宫中，无使有声，恐钱塘所知[44]。"毅曰："钱塘，何人也？"曰："寡人之爱弟。昔为钱塘长，今则致政矣[45]。"毅曰："何故不使知？"曰："以其勇过人耳。昔尧遭洪水九年者[46]，乃此子一怒也。近与天将失意[47]，塞其五山[48]。上帝以寡人有薄德于古今，遂宽其同气之罪[49]。然犹縻系于此[50]，故钱塘之人，日日候焉。"

语未毕，而大声忽发，天坼地裂，宫殿摆簸，云烟沸涌。俄有赤龙长千余尺，电目血舌，朱鳞火鬣，项掣金锁，锁牵玉柱，千雷万霆，激绕其身，霰雪雨雹，一时皆下。乃擘青天而飞去[51]。毅恐蹶仆地。君亲起持之曰："无惧，固无害。"毅良久稍安，乃获自定。因告辞曰："愿得生归，以避复来。"君曰："必不如此。其去则然，其来则不然。幸为少尽缱绻[52]。"因命酌互举，以款人事[53]。

俄而祥风庆云，融融怡怡，幢节玲珑[54]，箫韶以随[55]。红妆千万，笑语熙熙。后有一人，自然蛾眉[56]，明珰满身，绡縠参差[57]。迫而视之，乃前寄辞者。然若喜若悲，零泪如丝。须臾，红烟蔽其左，紫气舒其右，香气环旋，入于宫中。君笑谓毅曰："泾水之囚人至矣[58]。"君乃辞归宫中。须臾，又闻怨苦[59]，久而不已。

有顷，君复出，与毅饮食。又有一人，披紫裳，执青玉，貌耸神溢[60]，立于君左。君谓毅曰："此钱塘也。"毅起，趋拜之。钱塘亦尽礼相接，谓毅曰："女侄不幸，为顽童所辱。赖明君子信义昭彰[61]，致达远冤。不然者，是为泾陵之土矣[62]。飨德怀恩[63]，词不悉心。"毅撝退辞谢[64]，俯仰唯唯[65]。然后回告兄曰："向者辰发灵虚，巳至泾阳，午战于彼，未还于此。中间驰至九天，以告上帝。帝知其冤，而宥其失。前所遣责，因而获免。然而刚肠激发[66]，不遑辞候，惊扰宫中，复忤宾客。愧惕惭惧，不知所失[67]！"因退而再拜。君曰：

“所杀几何?”曰:“六十万。”“伤稼乎?”曰:“八百里。”“无情郎安在?”曰:“食之矣。”君怃然曰:“顽童之为是心也,诚不可忍。然汝亦太草草。赖上帝显圣,谅其至冤。不然者,吾何辞焉[68]。从此已去[69],勿复如是!”钱塘复再拜。是夕,遂宿毅于凝光殿。

明日,又宴毅于凝碧宫。会友戚,张广乐[70],具以醪醴[71],罗以甘洁[72]。初,笳角鼙鼓[73],旌旗剑戟,舞万夫于其右。中有一夫前曰:“此《钱塘破阵乐》[74]。”旌铣杰气[75],顾骤悍慄[76],坐客视之,毛发皆竖。复有金石丝竹,罗绮珠翠,舞千女于其左。中有一女前进曰:“此《贵主还宫乐》[77]。”清音宛转,如诉如慕,坐客听之,不觉泪下。二舞既毕,龙君大悦,锡以纨绮,颁于舞人。然后密席贯坐[78],纵酒极娱。酒酣,洞庭君乃击席而歌曰:“大天苍苍兮,大地茫茫。人各有志兮,何可思量!狐神鼠圣兮,薄社依墙[79]。雷霆一发兮,其孰敢当?荷贞人兮信义长[80],令骨肉兮还故乡。齐言惭愧兮何时忘[81]!”洞庭君歌罢,钱塘君再拜而歌曰:“上天配合兮,生死有途。此不当妇兮,彼不当夫。腹心辛苦兮,泾水之隅。风霜满鬓兮,雨雪罗襦[82]。赖明公兮引素书[83],

令骨肉兮家如初。永言珍重兮无时无[84]。”钱塘君歌阕[85],洞庭君俱起,奉觞于毅。毅踧踖而受爵[86],饮讫,复以二觞奉二君。乃歌曰:“碧云悠悠兮,泾水东流。伤美人兮,雨泣花愁。尺书远达兮,以解君忧。哀冤果雪兮,还处其休[87]。荷和雅兮感甘羞[88]。山家寂寞兮难久留[89]。欲将辞去兮悲绸缪[90]。”歌罢,皆呼万岁。洞庭君因出碧玉箱,贮以开水犀[91],钱塘君复出红珀盘,贮以照夜玑[92],皆起进毅。毅辞谢而受。然后宫中之人,咸以绡彩珠璧,投于毅侧,重叠焕赫[93],须臾埋没前后。毅笑语四顾,愧揖不暇。洎酒阑欢极,毅辞起,复宿于凝光殿。

翌日,又宴请毅于清光阁。钱塘因酒作色,踞谓毅曰[94]:“不闻猛石可裂不可卷[95],义士可杀不可羞邪[96]?愚有衷曲,欲一陈于公。如可,则俱在云霄;如不可,则皆夷粪壤[97]。足下以为何如哉?”毅曰:“请闻之。”钱塘曰:“泾阳之妻,则洞庭君之爱女也。淑性茂质[98],为九姻所重[99]。不幸见辱于匪人[100]。今则绝矣。将欲求托高义[101],世为亲戚。使受恩者知其所归[102],怀爱者知其所付[103],岂不为君子始终之道者[104]?”毅肃然而作,欻然而笑曰[105]:“诚不知钱塘君孱困如是[106]!毅始闻跨九州[107],怀五岳[108],泄其愤怒;复见断金,掣玉柱,赴其急难。毅以为刚决明直,无如君者。盖犯之者不避其死,感之者不爱其生[109],此真丈夫之志。奈何箫管方洽,亲宾正和,不顾其道,以威加人?岂仆之素望哉!若遇公于洪波之中,玄山之间[110],鼓以鳞须[111],被以云雨,将迫毅以死,毅则以禽兽视之,亦何恨哉!今体被衣冠,坐谈礼义,尽五常之志性[112],负百行之微旨[113],虽人世贤杰有不如者,况江河灵类乎?而欲以蠢然之躯,悍然之性,乘酒假气,将迫于人,岂近直哉[114]!且毅之质,不足以藏王一甲之间[115]。然而敢以不伏之心,胜王不道之气[116]。惟王筹之!”钱塘乃逡巡致谢曰[117]:“寡人生长宫房,不闻正论。向者词述疏狂,妄突高明[118]。退自循顾,戾不容责[119]。幸君子不为此乖间可也[120]!”其夕,复欢宴,其乐如旧。毅与钱塘遂为知心友。

明日，毅辞归。洞庭君夫人别宴毅于潜景殿。男女仆妾等悉出预会。夫人泣谓毅曰："骨肉受君子深恩，恨不得展愧戴[121]，遂至睽别[122]。"使前泾阳女当席拜毅以致谢。夫人又曰："此别岂有复相遇之日乎？"毅其始虽不诺钱塘之请，然当此席，殊有叹恨之色。宴罢辞别，满宫凄然。赠遗珍宝，怪不可述。毅于是复循途出江岸，见从者十余人，担囊以随，至其家而辞去。

毅因适广陵宝肆[123]，鬻其所得[124]。百未发一，财以盈兆[125]。故淮右富族[126]，咸以为莫如。遂娶妻张氏，亡。又娶韩氏，数月，韩氏又亡。徙家金陵[127]。常以鳏旷多感[128]，或谋新匹。有媒氏告之曰："有卢氏女，范阳人也[129]。父名曰浩，尝为清流宰[130]。晚岁好道，独游云泉[131]，今则不知所在矣。母曰郑氏。前年适清河张氏[132]，不幸而张夫早亡。母怜其少，惜其慧美，欲择德以配焉。不识何如？"毅乃卜日就礼[133]。既而男女二姓，俱为豪族，法用礼物[134]，尽其丰盛。金陵之士，莫不健仰[135]。

居月余，毅因晚入户，视其妻，深觉类于龙女，而逸艳丰厚，则又过之。因与话昔事。妻谓毅曰："人世岂有如是之理乎[136]？然君与余有一子。"毅益重之。既产，逾月，乃秾饰换服，召亲戚。相会之间，笑谓毅曰："君不忆余之于昔也？"毅曰："夙为洞庭君女传书，至今为忆。"妻曰："余即洞庭君之女也。泾川之冤，君使得白。衔君之恩，誓心求报。洎钱塘季父论亲不从，遂至睽违[137]，天各一方，不能相问。父母欲配嫁于濯锦小儿某[138]。惟以心誓难移，亲命难背，既为君子弃绝，分无见期。而当初之冤，虽得以告诸父母，而誓报不得其志[139]，复欲驰白于君子。值君子累娶：当娶于张，已而又娶于韩。迨张、韩继卒，君卜居于兹，故余之父母乃喜余得遂报君之意。今日获奉君子，咸善终世[140]，死无恨矣！"因呜咽，泣涕交下。对毅曰："始不言者，知君无重色之心；今乃言者，知君有感余之意[141]。妇人匪薄[142]，不足以确厚永心[143]，故因君爱子，以托相生[144]。未知君意如何？愁惧兼心[145]，不能自解。君附书之日，笑谓妾曰：'他日归洞庭，慎无相避。'诚不知当此之际，君岂有意于今日之事乎？其后季父请于君，君固不许。君乃诚将不可邪，抑忿然邪？君其话之！"毅曰："似有命者。仆始见君于长泾之隅，枉抑憔悴[146]，诚有不平之志。然自约其心者[147]，达君之冤，余无及也。以言慎勿相避者，偶然耳，岂有意哉！洎钱塘逼迫之际，唯理有不可直，乃激人之怒耳。夫始以义行为之志，宁有杀其婿而纳其妻者邪？一不可也。某素以操真为志尚[148]，宁有屈于己而伏于心者乎[149]？二不可也。且以率肆胸臆[150]，酬酢纷纶[151]，唯直是图，不遑避害。然而将别之日，见君有依然之容，心甚恨之[152]。终以人事扼束[153]，无由报谢。吁！今日，君，卢氏也，又家于人间，则吾始心未为惑矣[154]。从此以往，永奉欢好，心无纤虑也。"妻因深感娇泣，良久不已。有顷，谓毅曰："勿以他类，遂为无心，固当知报耳。夫龙寿万岁，今与君同之；水陆无往不适。君不以为妄也。"毅嘉之曰："吾不知国客乃复为神仙之饵[155]。"乃相与觐洞庭[156]。既至，而宾主盛礼，不可具纪。

后居南海[157]，仅四十年，其邸第舆马，珍鲜服玩，虽侯伯之室，无以加也。毅之族咸遂濡泽[158]。以其春秋积序[159]，容状不衰，南海之人，靡不惊异。洎开元中[160]，上方属意于神仙之事，精索道术[161]。毅不得安，遂相与归洞庭。凡十余岁，莫知其迹。

至开元末，毅之表弟薛嘏为京畿令[162]，谪官东南。经洞庭，晴昼长望，俄见碧山出于远波。舟人皆侧立[163]，曰："此本无山，恐水怪耳。"指顾之际，山与舟相逼，乃有彩船自山驰来，迎问于嘏。其中有一人呼之曰："柳公来候耳。"嘏省然记之[164]，乃促至山下，摄衣疾上。山有宫阙如人世，见毅立于宫室之中，前列丝竹，后罗珠翠，物玩之盛，殊倍人间。毅词理益玄，容颜益少。初迎嘏于砌，持嘏手曰："别来瞬息，而发毛已黄。"嘏笑曰："兄为神仙，弟为枯骨，命也!"毅因出药五十丸遗嘏，曰："此药一丸，可增一岁耳。岁满复来，无久居人世，以自苦也。"欢宴毕，嘏乃辞行。自是已后，遂绝影响[165]。嘏常以是事告于人世。殆四纪[166]，嘏亦不知所在。

陇西李朝威叙而叹曰[167]："五虫之长[168]，必以灵者，别斯见矣[169]。人，裸也，移信鳞虫[170]。洞庭含纳大直[171]，钱塘迅疾磊落，宜有承焉[172]。嘏咏而不载，独可邻其境[173]。愚义之，为斯文。"

【注释】

[1]仪凤：唐高宗李治年号(676—678)。

[2]应举下第：参加京师应试没有考取。

[3]湘：湘江，湖南主要的河流之一，流入洞庭湖。

[4]泾阳：今陕西省三原县，在泾河北岸。

[5]蛾脸不舒：眉头不展，面带愁容。蛾：蛾眉。不舒：含愁不展。巾袖：指女人的服饰。

[6]翔立：站着不动。翔：止。

[7]辱：委屈。

[8]楚而谢：(表情)痛苦地感谢。

[9]今日见辱问于长者：今日承蒙您下问。

[10]泾川：指泾河龙君。

[11]乐逸：专好游逸、放荡的生活。

[12]厌薄：厌恶，薄待。

[13]舅姑：公婆。御：驾御，管束。

[14]频：次数多。切：语气急切。

[15]毁黜：糟踏，虐待。

[16]回吴：回南方。古代吴楚相邻，都在南方。所以南还可称为还吴。密通洞庭：紧接着洞庭湖。密：接近。

[17]或以尺书，寄托侍者：也许可以把信托您带去。尺书：信。古代用绢帛写信，通常长一尺，故称信为尺书或尺素。寄托侍者：不直言托寄，而说转托您的仆役带去，是客套话。

[18]义夫：重义气的男人。

[19]是何可否之谓乎：这有什么行不行的说法呢?即表示愿为龙女效劳。

[20]道途显晦：路途有明暗之分。显：明，指人世间。晦：暗，指水府。

[21]负载：负担（起自己所托付的事情）。珍重：路上多多保重。

[22]脱：倘若，如果。耗：音讯。

[23]不足为异也：没有什么不同之处。

[24]雨工：雨神。

[25]矫顾怒步，饮龁（hé）甚异：昂头望，大步走，饮水吃草的样子很特别。龁：咬。

[26]数息：呼吸几次，形容时间短暂。

[27]楣：门上横木。虹栋：彩色的屋梁。

[28]殚（dān）：尽。

[29]少选：须臾，不多时。

[30]为神圣：显示神通。

[31]阿房：即阿房宫。为秦始皇所建，故址在今陕西省西安市西南阿房村，后为项羽放火所烧。

[32]"灵用不同"二句：水火各有其神异的作用和玄妙的变化。

[33]人理：人类用火的道理。

[34]景从云合：比喻侍从众多。景：通"影"。

[35]暗昧：愚昧。

[36]游学于秦：指到长安应举之事。长安古时曾属秦国，故云。

[37]涘（sì）：水边，

[38]风鬟雨鬓：受到风吹雨打，容貌憔悴。

[39]"不诊坚听"二句：不加考察，听信他人言，因而就像聋子、瞎子一样无知。诊：察。坚听：听信不疑。

[40]远罹（lí）构害：在远方遭到陷害。

[41]陌上人：不相识的人。

[42]"幸被齿发"二句：犹言有生之日，不敢背德。幸被齿发：指还存活着。

[43]密侍：在身旁伺候。

[44]钱塘：钱塘江，流入东海。此指曾为钱塘长的洞庭君的弟弟。

[45]致政：退职，不再做官。

[46]尧遭洪水九年：《史记·夏本纪》："当帝尧之时，鸿水滔天。……用鲧治水，九年而水不息。"

[47]失意：失和，不和。

[48]塞其五山：发大水淹掉五座山。

[49]同气：同胞兄弟。

[50]縻（mí）系（xì）：囚禁。

[51]擘（bò）青天而飞去：挣断金锁破空飞去。擘：分开。

[52]缱绻（qiǎn　quǎn）：深厚缠绵的情意。

[53]以款人事：以尽款待宾客之礼。

[54]幢（chuáng）节：作仪仗用的旗帜之类。

[55]箫韶：相传为虞舜时的乐曲。

[56]自然蛾眉：出自天然的美貌。蛾眉借指美人。

[57]绡(xiāo)縠(hú)参(cēn)差(cī):丝绸做的衣服长短交错。 縠:绉纱。

[58]囚人:受罪的人,指龙女。

[59]怨苦:悲诉。此指龙女哭诉的声音。

[60]貌耸神溢:容貌出众,精神焕发。

[61]明君子:敬称,指柳毅。

[62]为泾陵之土:死在泾阳,成为陵里的泥土。

[63]飨(xiǎng):通"享"。

[64]撝(huī)退:谦逊。

[65]俯仰唯唯:低头谦逊地应答。俯仰:偏义复词,低头。

[66]刚肠:刚强的性格。

[67]不知所失:不知犯了多大的罪过。

[68]何辞:以何言辞推卸责任。

[69]已去:以后。已:通"以"。

[70]张广乐:设置大乐队。

[71]醪(láo)醴(lǐ):甜美的酒。

[72]甘洁:美味的食物。

[73]笳角鼙(pí)鼓:都是军中乐器。笳(胡笳)、角(画角):吹器。鼙:小鼓。

[74]《钱塘破阵乐》:为钱塘君战胜而演奏的乐曲。

[75]旌铫(tiáo)杰气:挥动旌旗、武器,显出英雄的气概。铫:矛,古代的兵器。

[76]顾骤悍慄:顾盼、动作,威势逼人。骤:指动作、步伐。悍慄:形容勇猛,使人恐惧。

[77]《贵主还宫乐》:为龙女还宫而制的乐曲。贵主:指公主。

[78]密席贯坐:接席连坐。席:坐席。

[79]"狐神鼠圣兮"二句:以狐狸依靠城墙,老鼠依靠庙社,冒充神圣,比喻小人依附权势作威作福。薄:附。社:土地庙。《晋书·谢鲲传》载王敦"谓谢鲲曰:'刘隗奸邪,将危社稷。吾欲除君侧之恶,匡主济时,何如?'对曰:'隗诚始祸,然城狐社鼠也。'"意为欲除狐鼠,恐坏城社,来比喻刘隗在君侧不可去。

[80]荷:感激。贞人:正人君子。

[81]言:助词。下文"永言珍重"句同。

[82]罗:满。

[83]明公:敬称,指柳毅。

[84]无时无:任何时候都是如此。

[85]阕:曲终。

[86]踧(cù)踖(jí):恭敬而不安的样子。爵:酒杯。

[87]还处其休:回家享受幸福的生活。休:美好,幸福。

[88]和雅:温情雅意。甘羞:美味。羞:通"馐"。

[89]山家:柳毅对自己家宅的谦称。

[90]悲绸缪(móu):悲思缠绵。表示恋恋不舍。绸缪:缠绵。

[91]开水犀:犀牛有水犀、山犀两种。水犀能以角分水,不沉,故名。此指犀牛角。

[92]照夜玑：夜光珠。

[93]焕赫：光彩耀眼。

[94]踞：踞坐，坐时两脚叉开，表示傲慢的态度。

[95]猛石可裂不可卷：《诗经·邶风·柏舟》："我心匪石，不可转也；我心匪席，不可卷也。"此处用坚石比喻自己坚强的性格。猛石：坚石。

[96]义士可杀不可羞：《礼记·儒行》："儒有可亲而不可劫也，可近而不可迫也，可杀而不可辱也。"

[97]夷粪壤：夷为粪土，表示不幸。夷：平。

[98]茂质：品质优良。茂：美。

[99]九姻：所有的亲戚。九：泛指多数。

[100]匪人：行为不正当的人。

[101]托：托身，依附。高义：指柳毅。

[102]受恩者：指龙女。归：旧时称女子出嫁为归。

[103]怀爱者：指柳毅。付：施与。此指纳妻，纳妻就爱有所施。

[104]君子始终之道：君子之道有始有终。

[105]歘(xū)然：忽然。歘：同"欻"。

[106]孱(chán)困：羸弱，无用。

[107]九州：古代中国分为九州。

[108]怀：包。五岳：《尔雅·释山》："泰山为东岳，华山为西岳，霍山为南岳，恒山为北岳，嵩高为中岳。"

[109]"犯之者不避其死"二句：为抗击残暴不避死亡，报答恩人不惜生命。犯之者：侵犯自己的人。感之者：有恩于我的人。

[110]玄山：苍青色、高峰似的波浪。山：形容巨浪。

[111]鼓：鼓动，伸张。

[112]五常：指仁、义、礼、智、信，见王充《论衡·问孔》。此处泛指道德。

[113]负百行之微旨：掌握做人的精义。刘义庆《世说新语·贤媛》："许允妇是阮卫尉(共)女，德如(阮侃字)妹。奇丑。……许因谓曰：'妇有四德，卿有其几？'妇曰：'新妇所乏唯容尔。然士有百行，君有几？'许云：'皆备。'妇曰：'夫百行以德为首，君好色不好德，何谓皆备？'允有惭色，遂相敬重。"负：持，掌握。百行：士人的多种品格。微旨：精义。

[114]近直：接近正理。

[115]"且毅之质"二句：极言自己渺小。质：身体。

[116]不道：无道。

[117]逡(qūn)巡：后退，局促不安。

[118]突：唐突，冒犯。

[119]循顾：仔细反省。戾不容责：罪大，非责罚所能了事。

[120]乖间：隔阂，疏远。

[121]展愧戴：报恩德。愧戴：惭愧、爱戴的心情。

[122]睽(kuí)别：离别。

[123]广陵:今江苏省扬州市。宝肆:珠宝店。

[124]鬻(yù):卖。

[125]盈兆:超过万亿。以:别本作“已”,义同。

[126]淮右:指淮水上游地区,亦称淮西。

[127]金陵:今江苏省南京市。

[128]鳏(guān)旷:单身汉。妻死无偶曰鳏,成年未娶曰旷。感:通“憾”。

[129]范阳:即幽州,治所在今北京市。卢姓为唐时范阳望族。

[130]清流宰:清流县(今安徽省滁县)县令。

[131]游云泉:到山里去修行。

[132]清河:郡名,唐时治所在今河北省南宫县。

[133]就礼:举行婚礼。

[134]法用礼物:婚礼所用的礼物。

[135]健仰:深切仰慕。

[136]人世岂有如是之理乎:人世哪里有此奇幻的事情呢?

[137]暌违:违背。

[138]濯锦小儿:指濯锦江龙君之子。濯锦江即锦江,为四川岷江支流,流经成都市一带。相传古时以此水濯锦,故名。

[139]誓报不得其志:立誓报恩的志愿没有实现。

[140]咸善终世:一同欢好终生。

[141]感:怀念。

[142]匪薄:即“菲薄”,轻微的意思。

[143]确厚:坚固,牢固。永心:永远不变的感情。

[144]“故因君爱子”二句:表示希望柳毅因爱子而及其母。相生:生活在一起。

[145]愁惧兼心:心里忧愁恐惧交并。

[146]枉抑:冤枉,委屈。

[147]约:克制。

[148]操真:坚持真诚。

[149]“宁有屈于己”句:岂有自己受委屈而能信服的呢?伏:通“服”。

[150]率肆胸臆:率直地把心里的话全说出来。肆:铺陈,陈说。

[151]酹(chóu)酢(zuò)纷纶:应答时很杂乱。酹酢:应对。酹,同“酬”。

[152]依然:依依不舍的样子。恨:遗憾。

[153]扼束:束缚。

[154]惑:迷惑,失措。

[155]吾不知国客乃复为神仙之饵:我没有想到在龙宫做客,却得到了成仙的机会。国客:上客。饵:指机会。

[156]觐(jìn):朝见。

[157]南海:今广东省广州市。

[158]咸遂濡泽:都受到恩惠。

[159]春秋积序:一年又一年。序:时序。

[160]洎(jì):到,至。开元:唐玄宗李隆基年号(713—741)。

[161]"上方属意于神仙之事"二句:王谠《唐语林》卷五:"玄宗好神仙,往往诏郡国,征奇异之士。"道术:指有道术的人。

[162]薛嘏(gǔ):生平不详。京畿(jī)令:指京兆府所属县的县令。按唐朝京兆府辖长安、万年等二十县,此处为泛指。京畿:京兆。

[163]侧立:侧身而立,表示恐惧的样子。

[164]省(xǐng)然:省悟的样子。

[165]绝影响:再也看不见柳毅的踪影。影响:音容。

[166]纪:古代以十二年为一纪。

[167]陇西:郡名,治所在今甘肃省陇西县。李姓为唐时陇西的望族。

[168]五虫之长:《大戴礼记·易本命》:"有羽之虫三百六十,而凤凰为之长;有毛之虫三百六十,而麒麟为之长;有甲之虫三百六十,而神龟为之长;有鳞之虫三百六十,而蛟龙为之长;倮(裸)之虫三百六十,而圣人为之长。"

[169]别斯见矣:其(与一般生物的)区别于此可见。

[170]"人,裸也"二句:谓人为裸虫,也同鳞虫讲信义。

[171]含纳:有度量。大直:非常正直。《老子》:"大直若屈,大巧若拙。"

[172]宜有承焉:应该传之于世。

[173]"嘏咏而不载"二句:薛嘏曾亲历仙境,咏叹、传说其事,却没有记载成文。

导读

《柳毅传》是一篇描写人神恋爱婚姻的传奇小说。作品写落第书生柳毅途经泾河,遇洞庭女牧羊于荒郊。龙女自述在泾河夫家倍受虐待之事,请求柳毅传书至洞庭娘家。柳毅慷慨允诺,入洞庭传书。洞庭君弟钱塘君闻讯怒而飞出,诛杀泾河龙子,救出龙女。后历经曲折,柳毅终于和龙女结成美满婚姻,并成了神仙。小说以由父母包办婚姻所造成的妇女的不幸遭遇为背景,通过四个主要人物(柳毅、龙女、洞庭君、钱塘君)相互关系的描写,塑造出柳毅这样一个美好、崇高的形象,借以表达作者对社会生活的道德评价,并寄托了对人与人关系的一种美好理想。

小说塑造了四个既有共性,又有鲜明个性的人物形象。柳毅具有深厚的同情心,正直无私,光明磊落,一诺千金,爱憎分明,功成不居,是高尚道德的化身;龙女是个善良、重义、温婉、多情女子的形象;钱塘君是个既粗暴鲁莽、气性刚烈,又疾恶如仇、坦诚率直的可爱可敬的人物;洞庭君是一个平正通达、宽厚慈祥的长者形象。小说的人物描写,在表现各自不同的性格的同时,突出了他们重义的共同点,从而使作品的主题更加鲜明集中。

这篇小说在艺术表现上具有鲜明的浪漫主义特色。除了通过幻想的情节表现理想化的人的美好品格、理想化的人与人之间的关系以外,主要体现于丰富奇异的艺术想像。特别是对人物活动的环境——神话世界的描写，奇幻神异，绚丽多彩，极富艺术魅力。作者将自然界加以人格化，洞庭君如洞庭湖水那样雍容而仁弱，钱塘君则如钱塘潮一般凶猛而暴烈，形象奇幻而神妙。将羊群想像成雨工，“昔尧遭洪水九年者”为钱塘君一怒，柳毅在武夫揭水引导下进入龙宫等的想像，营造出浪漫的艺术天地。

创造诗的意境和诗的气氛，也是这篇小说的一个特点。作者将人物崇高的道德情操加以诗化，置于一种优美的艺术境界之中，烘托得更加美好高洁。作者将传统的散文和诗歌的笔法引入到小说创作中来，文辞绚丽，极富文采。如写龙女还宫的场面，钱塘君复仇时气氛的渲染和龙宫中种种奇异景象的描绘，都创设出诗一般的艺术境界。更高明的是有时仅以片言只语便可传达出环境、氛围的“神”来，如以“风鬟雨鬓”描写龙女牧羊时的处境，以“笑语四顾，愧揖不暇”描写柳毅在宫中受到极其热烈款待的情景，等等。

这篇小说文辞华艳生动，骈散结合，富有节奏感和音乐美。如描写龙宫的金碧辉煌、龙女回龙宫的场面，文辞极为华丽。句式上有骈有散，富于变化。骈句主要用于人物肖像的描写和场景的铺叙，语言富有诗情画意。骈句的运用，增强了语言的节奏感和音乐美。句式的运用服从于内容的表达和人物的刻画，如钱塘君战罢归来与洞庭君的简短对话，既突出问者的专注、急切，又显示答者的坦然、快意。

思考与练习

1.分析柳毅的性格特点。

2.举例说明作品在描写场面、氛围方面的成功之处。

3.举例说明作品是如何写情的。

4.这篇作品表现了作者怎样的观念与心理？

◎白居易

长恨歌[1]

白居易(772—846),字乐天,晚号香山居士。又曾任官太子少傅,后人因称白傅或白太傅。原籍山西太原,曾祖时迁至下邽(今陕西省渭南县)。青年时家境贫寒,使之接近人民,了解民间疾苦。德宗贞元十六年(800)进士。贞元十九年,以"拔萃"登科,任秘书省校书郎,召为翰林学士,改左拾遗、左赞善大夫。宪宗元和年(815)因上书言事得罪权贵,终遭贬谪,先后任江州司马,忠州、苏州、杭州刺史等职,颇有政绩。后奉召还京,官至刑部尚书。会昌六年(846),在洛阳病逝。

白居易是新乐府运动的倡导者,并在总结我国自《诗经》以来现实主义诗歌创作经验的基础上,提出"文章合为时而著,歌诗合为事而作"的理论主张。他的讽喻诗指斥时弊,主题鲜明,以《新乐府》、《秦中吟》为代表;他的感伤诗叙事悲婉,声调优美,以《长恨歌》、《琵琶行》为代表;他的闲适诗深受陶渊明的影响,多为怡情悦性、流连光景之作,是唐代诗人中创作最多的一个。其诗无论短韵长篇,抒情叙事,皆明白流畅又章法多变,曲尽情致。诗风以平易通俗著称,时称"元白体"。有《白氏长庆集》。

汉皇重色思倾国[2],御宇多年求不得[3]。
杨家有女初长成,养在深闺人未识。
天生丽质难自弃,一朝选在君王侧[4]。
回眸一笑百媚生,六宫粉黛无颜色[5]。
春寒赐浴华清池[6],温泉水滑洗凝脂[7]。
侍儿扶起娇无力,始是新承恩泽时[8]。
云鬓花颜金步摇[9],芙蓉帐暖度春宵[10]。
春宵苦短日高起,从此君王不早朝。
承欢侍宴无闲暇,春从春游夜专夜[11]。
后宫佳丽三千人,三千宠爱在一身。
金屋妆成娇侍夜[12],玉楼宴罢醉和春。
姊妹弟兄皆列土[13],可怜光彩生门户。
遂令天下父母心,不重生男重生女[14]。
骊宫高处入青云[15],仙乐风飘处处闻。
缓歌慢舞凝丝竹[16],尽日君王看不足。

渔阳鼙鼓动地来[17]，惊破霓裳羽衣曲[18]。
九重城阙烟尘生[19]，千乘万骑西南行[20]。
翠华摇摇行复止，西出都门百余里。
六军不发无奈何，宛转蛾眉马前死[21]。
花钿委地无人收[22]，翠翘金雀玉搔头[23]。
君王掩面救不得，回看血泪相和流。
黄埃散漫风萧索，云栈萦纡登剑阁[24]。
峨嵋山下少人行[25]，旌旗无光日色薄[26]。
蜀江水碧蜀山青，圣主朝朝暮暮情。
行宫见月伤心色[27]，夜雨闻铃肠断声[28]。
天旋日转回龙驭[29]，到此踌躇不能去。
马嵬坡下泥土中，不见玉颜空死处[30]。
君臣相顾尽霑衣，东望都门信马归[31]。
归来池苑皆依旧，太液芙蓉未央柳[32]。
芙蓉如面柳如眉，对此如何不泪垂。
春风桃李花开日，秋雨梧桐叶落时。
西宫南内多秋草[33]，宫叶满阶红不扫。
梨园弟子白发新[34]，椒房阿监青娥老[35]。
夕殿萤飞思悄然[36]，孤灯挑尽未成眠。
迟迟钟鼓初长夜[37]，耿耿星河欲曙天[38]。
鸳鸯瓦冷霜华重[39]，翡翠衾寒谁与共[40]？
悠悠生死别经年，魂魄不曾来入梦。
临邛道士鸿都客[41]，能以精诚致魂魄。
为感君王展转思，遂教方士殷勤觅[42]。
排空驭气奔如电[43]，昇天入地求之遍。
上穷碧落下黄泉[44]，两处茫茫皆不见。
忽闻海上有仙山，山在虚无缥缈间。
楼阁玲珑五云起[45]，其中绰约多仙子[46]。
中有一人字太真，雪肤花貌参差是[47]。
金阙西厢叩玉扃，转教小玉报双成[48]。
闻道汉家天子使，九华帐里梦魂惊[49]。
揽衣推枕起徘徊[50]，珠箔银屏迤逦开[51]。
云鬓半偏新睡觉[52]，花冠不整下堂来。
风吹仙袂飘飘举[53]，犹似霓裳羽衣舞。

玉容寂寞泪阑干[54],梨花一枝春带雨。
含情凝睇谢君王[55],一别音容两渺茫。
昭阳殿里恩爱绝[56],蓬莱宫中日月长[57]。
回头下望人寰处[58],不见长安见尘雾。
唯将旧物表深情,钿合金钗寄将去[59]。
钗留一股合一扇[60],钗擘黄金合分钿[61]。
但令心似金钿坚,天上人间会相见。
临别殷勤重寄词,词中有誓两心知。
七月七日长生殿[62],夜半无人私语时。
在天愿作比翼鸟,在地愿为连理枝[63]。
天长地久有时尽,此恨绵绵无绝期[64]。

【注释】

[1]元和元年,白居易任周至(今属陕西省)县尉。一日,与友人陈鸿、王质夫同游马嵬驿附近的游仙寺,谈及李隆基与杨贵妃事。王质夫认为,像这样突出的事情,如无大手笔加工润色,就会随着时间的迁移而消没。他鼓励白居易:"乐天深于诗、多于情者也,试为歌之如何?"于是,白居易写下了此诗。陈鸿同时写了一篇传奇《长恨歌传》。

[2]汉皇:本指汉武帝刘彻,此借指唐玄宗李隆基。唐朝人写本朝皇帝的诗,不便说唐朝,所以借汉来代唐。倾国:绝色女子。《汉书·外戚传》载李延年歌:"南方有佳人,遗世而独立。一顾倾人城,再顾倾人国。宁不知倾城与倾国。佳人难再得。"

[3]御宇:驾御宇内,即统治天下。

[4]"杨家"四句:杨玉环本是蜀州司户杨玄琰之女,父亲早死,随叔父入长安。开元二十三年册封给玄宗之子寿王李瑁为妃。后为李隆基看中,欲占为己有,碍于名分,先于开元二十八年让她出宫作女道士,道号太真,后于天宝四年迎归宫中,立为贵妃。白居易此谓"养在深闺人未识",乃故为隐讳。丽质:美好的资质。难自弃:意谓难以被埋没在民间。

[5]六宫粉黛:指宫内所有嫔妃。粉黛:均为女子化妆用品。粉以抹脸,黛以描眉。这里指代宫妃。无颜色:意谓相形之下,显得不漂亮了。

[6]华清池:在昭应(今陕西临潼)县境骊山上,山有温泉,开元时建温泉宫,天宝中改名为华清宫。是玄宗避寒的行宫。

[7]凝脂:形容柔白细滑的肌肤。

[8]新承恩泽:刚得到皇帝的宠幸。

[9]云鬓花颜:如云的鬓发,如花的容貌。金步摇:一种首饰,用金丝制成花枝形状,上缀珠玉,插于发髻,行走时随步履摇动,因名"步摇"。

[10]芙蓉帐:绣绘着并蒂莲花图案的帐幔。

[11]夜专夜:意谓每夜都得专宠。

[12]金屋:据《太真外传》说,杨玉环在华清宫有梳妆之所,名端正楼。此言金屋,系借用汉武帝

“金屋藏娇”语意。

[13]“姊妹”句:杨玉环被册封为贵妃后,杨氏家族皆受恩宠。大姐封韩国夫人,三姐封虢国夫人,八姐封秦国夫人,堂兄杨铦为鸿胪卿,杨锜为侍御史,杨钊赐名国忠,为右丞相。列土:分封土地,此指封官晋爵。

[14]“不重”句:《长恨歌传》记载当时民谣说:“生女勿悲酸,生男勿欢喜”;“男不封侯女作妃,看女却为门上楣”。

[15]骊宫:即华清宫。因在骊山上,故称骊宫。

[16]缓歌:悠扬的歌声。慢舞:轻盈美妙的舞姿。凝丝竹:凝结,形容歌舞与乐曲密切吻合,丝丝入扣。丝竹:管弦乐。

[17]“渔阳”句:指天宝十四年十一月安禄山发动叛乱。渔阳:唐郡名,是范阳节度使安禄山所辖八郡之一。此处泛指范阳节度使统辖之地。鼙(pí):古代军中所用小鼓。

[18]霓裳羽衣曲:唐代大型舞曲名。本名《婆罗门》,是西域乐舞的一种,开元中由西凉节度使杨敬述进献,据说唐玄宗进行了加工润色。

[19]九重城阙:指京城长安。古人以为天有九重,京城为天子所居之地,故云。烟尘生:指发生战乱。

[20]“千乘(shèng)”句:天宝十五载(755)六月,安禄山破潼关,李隆基带着成千上万的车马由延秋门出长安,仓皇向西南方逃奔蜀中。乘:马车。

[21]“翠华”四句:李隆基西奔至距长安百余里的马嵬驿(今属陕西兴平),扈从禁卫军发难,不肯行进,请诛杨国忠、杨玉环兄妹以平民怨。玄宗为保住自己,只得照办。翠华:用翠鸟羽毛装饰的旗帜,用作皇帝的仪仗。此指皇帝的车驾。六军:此指皇帝的御林军。不发:不前进。宛转:凄楚的样子。蛾眉:美女的代称。此指杨贵妃。

[22]花钿(diàn):镶嵌金花的首饰。委地:委弃在地。

[23]翠翘:形状似翠鸟尾羽的头饰。金雀:雀形的金钗。玉搔头:玉簪。

[24]云栈:高入云霄的栈道。萦纡(yíng　yū):迂回曲折。剑阁:即剑门关,是大剑山与小剑山之间的一座关隘,在今四川剑阁县北。

[25]峨嵋山:在四川省西南部。玄宗入蜀,未到此地,此借指四川境内的山。

[26]日色薄:日色惨淡。

[27]行宫:京城之外皇帝所居之处。

[28]夜雨闻铃:据说玄宗入蜀,在斜谷之中遇上连绵的霖雨,在栈道中听到应山的铃声,勾起了他对杨贵妃的追悼,于是作《雨霖铃》来抒写其恨。事见郑处诲《明皇杂录》。

[29]天旋地转:指安禄山叛乱被平定。龙驭:皇帝的车驾。

[30]空死处:即空见死处。

[31]信马:听任马随意而行。

[32]太液、未央:皆为汉宫名,此借指唐朝的宫殿池苑。

[33]西宫:太极宫。南内:兴庆宫,在宫城的南部。天子的宫殿之内叫内。都是玄宗返回长安后的住所。因肃宗恐他与旧臣图谋复辟,故迁居此宫,近似软禁。

[34]梨园弟子:唐玄宗训练的一批艺人。玄宗谙熟音律,始选300人教习于梨园,后选宫女数百人教于宜春苑,都称梨园弟子。

[35]椒房：以椒和泥涂于壁，指后妃居室。阿监：唐代宫中女官名。青娥：青春美貌，借指宫女。

[36]悄然：忧伤愁闷的样子。

[37]钟鼓：报时的钟鼓声。初长夜：秋夜，秋夜开始加长，故名。

[38]耿耿：微明的样子。

[39]鸳鸯瓦：一俯一仰嵌合在一起的瓦。霜华：霜花。

[40]衾：被子。

[41]临邛(qióng)：今四川省邛崃县。鸿都：东汉首都洛阳宫门名，这里借指唐朝都城长安。

[42]方士：道士。

[43]排空驭气：腾云驾雾。

[44]碧落：道家称天界为碧落。

[45]五云：五彩的云霞。

[46]绰约：柔美轻盈的样子。

[47]参差：仿佛，依稀。金阙：金碧辉煌的神仙宫阙。扃(jiōng)：门。

[48]小玉、双成：都是古代神话里仙女的名字。这里借指杨贵妃成仙后的婢女。

[49]九华帐：极鲜艳的帐子。

[50]揽衣：披衣。

[51]珠箔(bó)：珠帘。迤逦(yǐ lǐ)：曲折连绵。

[52]新睡觉：刚从睡梦中醒来。觉：醒。

[53]袂(mèi)：衣袖。

[54]阑干：纵横交错的样子。

[55]凝睇(dì)：凝视。

[56]昭阳殿：汉朝皇宫的内殿，这里借指杨贵妃生前的寝宫。

[57]蓬莱：传说中的东海三神山之一，此指杨贵妃死后所居的仙宫。

[58]人寰：人间世界。

[59]钿合：镶嵌着金花的盒子。

[60]钗留一股合一扇：钗有两股，留下了一股；盒子有两爿，留下了一爿。

[61]擘(bò)：分开。

[62]长生殿：唐朝华清宫里的一座殿堂。

[63]连理枝：不同根儿枝干长合在一起的两棵树。和“比翼鸟”一样，都是用来比喻男女双方爱情的牢固。这两句指两人当时为爱情许下的誓愿。

[64]绵绵：长远不断的样子。

导读

这首脍炙人口的长篇叙事诗，是白居易35岁时所作，写的是唐玄宗（李隆基，也即唐明皇）和杨贵妃（杨玉环）的爱情悲剧。全诗大致可分为四段。第一段写“恨”的由来。第二段具体描绘所“恨”之事的发生，重点写安史之乱爆发之后，李、杨爱情毁灭的经过。第三段写战争胜利后唐玄宗返归京师前后对杨贵妃的无限思念，以“魂魄不曾来入梦”总结全段，同时又提起后段。在第四段中，写道士云游海外仙山，终于找到了杨贵妃的经过。末尾“天长地久有时尽，此恨绵绵无绝期”，极言生离死别之痛，萦怀难消，以呼应题中的“长恨”。

诗人自编诗集时将此诗归于“感伤”一类，显然感叹、同情多于讽喻。在创作过程中，诗人将主要精力放在第二段，把唐玄宗与杨贵妃生离死别的爱情故事，写得缠绵悱恻，凄婉动人，并融进了他自己生死不渝的爱情理想，表达了人们对美好爱情生活的渴望。在诗人的笔下，帝妃的身份已不重要，关键在于所渲染的真挚和忠贞的爱情，哀怨凄迷，令人感动。然而，白居易对李、杨爱情在歌颂和同情中仍暗含讽意，如诗的结尾两句，便暗示了正是明皇自己的重色轻国造成了这个无可挽回的终身恨事。

全诗艺术构思精巧绝伦，处处围绕着“长恨”的中心主题生发开展，布局精心，回环跌宕。诗人展开丰富的想像，将实境与虚境结合起来写，但虚构中仍有现实主义的精确描绘，人物形象生动，收到了感人的艺术效果。语言音节方面，则充分发挥了歌行的特点，句式工整，婉转流畅，优美和谐，具有鲜明的形象性和音乐性，往往一两句就展现出一个感人的境界。如“春风桃李花开日，秋雨梧桐叶落时”，顿挫反跌，构成艺术反差，以形象描绘今昔兴衰的对比感慨，情景动人，意在言外。

思考与练习

1.你如何评价本诗的主题？

2.分析“蜀江水碧蜀山青”到“翡翠衾寒谁与共”一段的抒情特色。

3.唐玄宗与杨玉环之间的感情果真真挚到此诗所描写的程度吗？如果有虚构，为什么此诗从古至今为人倍加赞赏？

◎王实甫

长亭送别[1]

王实甫，名德信，大都（今北京）人。元初著名的杂剧作家，与关汉卿同时代，生平事迹不详。贾仲明的挽词《凌波仙》记载，他曾出入于瓦肆勾栏，与演员、妓女、书会人才来往，称赞他"作词章风韵美，士林中等辈伏低。新杂剧，旧传奇，《西厢记》天下夺魁。"肯定了他在元代初期剧坛上的影响和创作上的成就。《录鬼簿》著录他的剧目14种，现存3种：《西厢记》、《丽春堂》、《破窑记》。剧本内容多写儿女风情，具有一定的反封建意义。

《西厢记》全名《崔莺莺待月西厢记》。故事原出唐朝元稹小说《会真记》，剧本脱胎于金代董解元的《西厢记诸宫调》。经过王实甫的精心创作，《西厢记》成为我国古典戏曲中的现实主义杰作。全剧共5本20折，写书生张珙与相国之女崔莺莺追求婚姻自由、反对封建礼教的故事，为我国较早的一部以多本杂剧连演的剧目。《西厢记》是王实甫的代表作，和关汉卿的《拜月亭》、白朴的《墙头马上》、郑光祖的《倩女离魂》并称"元四大爱情剧"。

(夫人、长老上。云)[2]今日送张生赴京，十里长亭[3]，安排下筵席。我和长老先行，不见张生、小姐来到。(旦、末、红同上[4]，旦云)今日送张生上朝取应[5]，早是离人伤感[6]，况值那暮秋天气[7]，好烦恼人也呵！"悲欢聚散一杯酒，南北东西万里程。"(旦唱)

【正宫】【端正好】[8]碧云天，黄花地[9]，西风紧，北雁南飞。晓来谁染霜林醉[10]？总是离人泪。

【滚绣球】恨相见得迟，怨归去得疾[11]。柳丝长玉骢难系[12]，恨不得倩疏林挂住斜晖[13]。马儿迍迍的行[14]，车儿快快的随[15]，却告了相思回避，破题儿又早别离[16]。听得道一声去也，松了金钏[17]；遥望见十里长亭，减了玉肌。此恨谁知！

(红云)姐姐今日怎么不打扮？(旦云)你那知我的心里呵！(旦唱)

【叨叨令】见安排着车儿、马儿，不由人熬熬煎煎的气；有甚么心情花儿、靥儿[18]，打扮得娇娇滴滴的媚；准备着被儿、枕儿，只索昏昏沉沉的睡；从今后衫儿、袖儿，都揾做重重叠叠的泪[19]。兀的不闷杀人也么哥[20]？兀的不闷杀人也么哥？久已后书儿、信儿，索与我恓恓惶惶的寄[21]。

(做到科)[22](见夫人科)(夫人云)张生和长老坐，小姐这壁坐[23]。红娘将酒来[24]。张生，你向前来，是自家亲眷，不要回避。俺今日将莺莺与你，到京师休辱末了俺孩儿[25]，挣揣一个状元回来者[26]。(末云)小生托夫人余荫[27],凭着胸中之才,视官如拾芥耳[28]。(洁云[29])夫人主见不差,张生不是落后的人。(把酒了[30],坐)(旦长吁科)(旦唱)

【脱布衫】下西风黄叶纷飞,染寒烟衰草萋迷[31]。酒席上斜签着坐的,蹙愁眉死临侵地[32]。

【小梁州】我见他阁泪汪汪不敢垂[33],恐怕人知。猛然见了把头低,长吁气,推整素罗衣[34]。

【幺篇】[35]虽然久后成佳配,奈时间怎不悲啼[36]。意似痴,心如醉,昨宵今日,清减了小腰围[37]。

(夫人云)小姐把盏者[38]!(红递酒。旦把盏长吁科。云)请吃酒!(旦唱)【上小楼】合欢未已,离愁相继[39]。想着俺前暮私情,昨夜成亲,今日别离。我谂知这几日相思滋味,却原来比别离情更增十倍[40]。

【幺篇】年少呵轻远别,情薄呵易弃掷。全不想腿儿相挨,脸儿相偎,手儿相携。你与俺崔相国做女婿,妻荣夫贵[41],但得一个并头莲,煞强如状元及第[42]。

(夫人云)红娘把盏者!(红把酒科)(旦唱)

【满庭芳】供食太急,须臾对面[43],顷刻别离。若不是酒席间子母每当回避,有心待与他举案齐眉[44]。虽然是厮守得一时半刻[45],也合着俺夫妻每共桌而食[46]。眼底空留意[47],寻思起就里[48],险化做望夫石[49]。

(红云)姐姐不曾吃早饭,饮一口儿汤水。(旦云)红娘,甚么汤水咽得下!(唱)

【快活三】将来的酒共食,尝着似土和泥。假若便是土和泥,也有些土气息,泥滋味。

【朝天子】暖溶溶玉醅[50],白泠泠似水[51],多半是相思泪。眼面前茶饭怕不待要吃[52],恨塞满愁肠胃。蜗角虚名,蝇头微利[53],拆鸳鸯在两下里。一个这壁,一个那壁,一递一声长吁气[54]。

(夫人云)辆起车儿[55],俺先回去,小姐随后和红娘来。(下)

(末辞洁科)(洁云)此一行别无话儿,贫僧准备买登科录看[56],做亲的茶饭少不得贫僧的[57]。先生在意[58],鞍马上保重者!"从今经忏无心礼[59],专听春雷第一声[60]。"(下)(旦唱)

【四边静】霎时间杯盘狼藉,车儿投东,马儿向西,两意徘徊,落日山横翠。知他今宵宿在那里?有梦也难寻觅。

(旦云)张生,此一行得官不得官,疾便回来。(末云)小生这一去白夺一个状元,正是"青霄有路终须到[61],金榜无名誓不归"。(旦云)君行别无所赠,口占一绝[62],为君送行:"弃掷今何在,当时且自亲。还将旧来意,怜取眼前人[63]。"(末云)小姐之意差矣,张珙更敢怜谁?谨赓一绝[64],以剖寸心[65]:"人生长远别,孰与最关亲?不遇知音者,谁怜长叹人[66]?"(旦唱)

【耍孩儿】淋漓襟袖啼红泪[67],比司马青衫更湿[68]。伯劳东去燕西飞[69],未登程先问归期。虽然眼底人千里[70],且尽生前酒一杯。未饮心先醉,眼中流血,心里成灰。

【五煞】到京师服水土,趁程途节饮食[71],顺时自保揣身体[72]。荒村雨露宜眠早,野店风霜要起迟!鞍马秋风里,最难调护,最要扶持[73]。

【四煞】这忧愁诉与谁?相思只自知,老天不管人憔悴。泪添九曲黄河溢[74],恨压三峰华岳低[75]。到晚来闷把西楼倚,见了些夕阳古道,衰柳长堤。

【三煞】笑吟吟一处来,哭啼啼独自归。归家若到罗帏里[76],昨宵个绣衾香暖留春住,今夜个翠被生寒有梦知。留恋你别无意,见据鞍上马,阁不住泪眼愁眉。

(末云)有甚言语嘱付小生咱?(旦唱)

【二煞】你休忧文齐福不齐[77],我只怕你停妻再娶妻。休要一春鱼雁无消息[78]!我这里青鸾有信频须寄[79],你却休"金榜无名誓不归"。此一节君须记,若见了那异乡花草[80],再休似此处栖迟[81]。

(末云)再谁似小姐?小生又生此念。(旦唱)

【一煞】青山隔送行,疏林不做美,淡烟暮霭相遮蔽。夕阳古道无人语,禾黍秋风听马嘶。我为甚么懒上车儿内,来时甚急,去后何迟?

(红云)夫人去好一会,姐姐,咱家去!(旦唱)

【收尾】四围山色中,一鞭残照里。遍人间烦恼填胸臆,量这些大小车儿如何载得起?

(旦、红下)(末云)仆童赶早行一程儿,早寻个宿处。泪随流水急,愁逐野云飞。(下)

【注释】

[1]本篇选自《西厢记》第四本第三折。

[2]夫人:指崔莺莺的母亲。长老:寺院住持僧的通称。这里指普救寺的法本和尚。上:上场。云:道白。这里是夫人在说话。

[3]长亭:古代设置在大路上供行人休息和送别的亭子,约10里即设一长亭,5里设一短亭。

[4]旦:杂剧中女角的通称。这里扮演莺莺。末:杂剧中男角的通称。这里扮演张珙(即张生)。红:红娘。

[5]上朝取应:到京城应试。

[6]早是:本来已是。

[7]况值:况且又遇上。

[8]正宫:宫调名。类似现在乐调中的D调。元杂剧规定每折戏限用一个宫调。宫调由若干曲牌组成套曲,一韵到底。端正好:曲牌名。与下面的"滚绣球"、"叨叨令"等,都属同一宫调的曲牌。

[9]黄花地:意谓残菊满地。黄花:指菊花。

[10]霜林醉:形容枫叶经霜变红。如同人醉后脸红一样。

[11]归去:离去,这里指张生进京赶考。

[12]"柳丝"句:意谓柳丝虽长,却难以系住(远行人)的马。玉骢(cōng):原指一种青白色的骏马,这

里是马的代称。系(jì):拴。

[13]“倩(qiàn)疏林”句:意谓请稀疏的树林挂住斜阳,使它不要下落。倩:央求,请。晖:日光。

[14]迍迍(tún):行动缓慢的样子。

[15]随:追随。因张生骑马在前,莺莺坐车在后,故云。

[16]“却告了”二句:刚刚结束了相思,又开始了别离。却:刚刚。回避:这里是避开、躲开的意思。　破题儿:原指诗赋的起首几句,这里喻事情的开始。

[17]松了金钏:与下文的“减了玉肌”一样,都是形容人消瘦。金钏(chuàn):金镯。

[18]靥(yè)儿:古代女子在额上或两鬓点贴的花饰。

[19]揾(wèn):擦。

[20]兀(wù)的不:这岂不。兀的:发语词,表示惊异或加重语气,犹言“这”,与“不”连用,表示反诘。也么哥:元曲中常用的句末衬字,无意义。

[21]索:须,应该。恓恓惶惶:匆忙不安的样子,这里可解作急急忙忙。

[22]做到:做出到的动作。科:元杂剧中表示动作、表情及舞台效果的术语。

[23]这壁:这边。

[24]将:取,拿。

[25]辱末:即“辱没”。

[26]挣揣(zhèng chuài):努力争取,夺取。者:句末语气词,表祈使。

[27]余荫:指受到长辈的庇护。

[28]拾芥:拾草,这里比喻得官的容易。芥:小草。

[29]洁:元杂剧称僧人为“洁郎”,简称“洁”,这里指长老。

[30]把酒了(liǎo):倒完酒。了:完毕。

[31]“下西风”二句:枯黄的树叶在秋风中纷纷飘飞,衰败的秋草在寒烟笼罩下一片萋迷。萋(qī)迷:迷茫。

[32]“酒席”二句:写张生在酒席上的愁苦模样。斜签着:斜着身子。签:插。死临侵:形容无精打彩、死气沉沉的痴呆模样。

[33]阁泪:含泪。阁:同“搁”。这里是含着、忍住的意思。

[34]推整:装作整理。推:推托。这里引申为假装。罗:质地较轻的丝织品。

[35]幺(yāo)篇:元杂剧中凡重复前曲的叫“幺篇”。

[36]奈时间:无奈眼前这个时候。时间:目前,现时。

[37]清减:消瘦。

[38]把盏:端酒杯。

[39]“合欢”二句:成亲的欢乐还没完,分离的愁苦又接续而来。

[40]“我谂(shěn)知”二句:我这几天尝够了相思之苦,却原来这别离情比相思更苦十倍。谂知:深知。

[41]“妻荣”句:封建社会以夫贵妻荣为常理,这里反用其意,认为张生做了崔相国家的女婿可以因妻而贵,本来无须再进京应试。

[42]煞强如:远胜似。煞:甚,很。

[43]须臾:极短的时间,片刻,与下句中“顷刻”同义。

[44]“若不是”二句:如果不是酒席上母亲在座,做子女的应当忌避,有心要和张生一叙夫妻之

情。“子母每”意谓母女间。每:们。待:打算,想要。举案齐眉:出自《后汉书·梁鸿传》。东汉梁鸿与妻子孟光相爱相敬,每次吃饭时,孟光总要把盛饭菜的盘子高举至眉递给梁鸿,表示敬重。案:古时进食用的矮脚木盘。

[45]厮守:相聚相守。

[46]合:该。着:教,使。

[47]眼底空留意:白白地以目传情。

[48]就里:内情,这里指与张生婚姻中的波折。

[49]望夫石:据《太平御览》记载。武昌市阳新县北山上有望夫石,状如人立,相传有贞妇因丈夫从役,在这里立望其夫而化为山石,因而得名。我国多处有这种传说的望夫石。

[50]玉醅(pēi):美酒。

[51]白泠泠(líng):清凉。这里喻美酒无味。

[52]怕不待:难道不想。

[53]“蜗角”二句:比喻为极微不足道的功名利禄而奔走。《庄子·则阳》篇载:有两个建于蜗牛左右角上的国家,经常因争地而厮杀。班固《难庄论》载:小青蝇为了贪图肉汁而忘了被溺死的危险。

[54]“一递”句:指张生和莺莺轮替着一声声连续不断地长叹。递:更迭,交替。

[55]辆:驾,套。

[56]登科录:科举考试后的录取名册。

[57]做亲的茶饭:指结婚喜酒。

[58]在意:注意,留神。

[59]经忏:经文忏词,这里泛指佛经。礼:这里指诵经念佛。

[60]“专听”句:意谓专等着听你考中状元的好消息。

[61]青霄:即青云,这里比喻考中状元,飞黄腾达。终须:终究一定。

[62]“口占”句:随口吟出一首绝句。信口而出叫“占”。这首绝句出自元稹的《会真记》,是莺莺被张生遗弃后所作。

[63]“弃掷”四句:意谓抛弃我的人现在何处?当时对我何等亲近!现在又将过去对待我的情意,去爱眼前的新人。怜:爱。

[64]赓(gēng):续作,酬和。

[65]剖:表白。寸心:微小的心意。

[66]长:常。孰与:与谁。关亲:关切亲近。知音者:指莺莺。长叹人:张生自指。

[67]红泪:王嘉《拾遗记》载:魏文帝时,薛灵云被选入宫时,泣别父母,她以玉壶承泪,壶映现出红色,不久泪凝如血。后遂称女子的眼泪为红泪。

[68]司马青衫:语出白居易《琵琶行》:“坐中泣下谁最多?江州司马青衫湿。”

[69]伯劳:鸟名。古乐府《东飞伯劳歌》有“东飞伯劳西飞燕”之句,后因以“劳燕分飞”借喻人的离散。

[70]眼底人千里:眼前的人将去千里之外。眼底:眼前。

[71]“趁程途”句:路途中要节制饮食。趁程途:赶路程。

[72]顺时:顺应时令。保揣:保重,爱惜。

[73]扶持:扶助。

[74]九曲黄河：黄河河道曲折，相传从积石山到龙门一带有九道弯，故称。

[75]三峰：西岳华山有3个著名的高峰：莲花峰、毛女峰、松桧峰(一说莲花峰、落雁峰、朝阳峰)，故称。

[76]帏(wéi)：同“帷”，帐子。

[77]文齐福不齐：指有文才而没有考中的福分。

[78]鱼雁无消息：即音讯不通。古人认为鱼雁能传信，故云。

[79]青鸾：神话传说中为西王母传信的神鸟。

[80]异乡花草：指异乡女子。

[81]栖迟：淹留不走。

导读

王实甫的《西厢记》从根本上改变了《西厢记诸宫调》的主题。从同情封建叛逆者的态度出发，写一对力求自主掌握婚姻命运的青年男女和封建道德的代表老夫人之间的斗争。从而揭露封建礼教对青年追求自由幸福生活的摧残，反对从封建家族利益出发要求门当户对的婚姻。并通过他们最终的圆满结合，歌颂了青年男女的爱情。从而使崔、张的爱情生活成为千古美谈，历久不衰。

本文节选自《西厢记》第四本第三折。写莺莺与张生自由结合以后，老夫人被迫承认这门亲事，但仍然坚持婚姻必须“门当户对”，强迫张生上朝应试，不高中不许回来成亲，这就导致了离别。“多情自古伤别离，更哪堪冷落清秋节！”长亭送别集中表现了莺莺的离愁别绪，她强烈表示“但得一个并头莲，煞强如状元及第”，这种要求过自由幸福的生活，轻视功名富贵的思想，在当时追名逐利的封建社会是有一定的进步意义的。

《西厢记》杂剧在艺术上有独特风格。王实甫善于围绕矛盾冲突来安排情节，在矛盾冲突中刻画人物，形象鲜明，个性突出。该剧众多人物中，崔莺莺塑造得最为成功，作者写她内心错综复杂的矛盾，“对人前巧语花言，没人处便想张生，背地里愁眉泪眼”，深刻反映了封建时代大背景下青年一代与礼教束缚的强烈冲突，表现了灵魂觉醒的真实过程。曲文融叙事、写景、抒情为一体；语言畅达明快，文辞优美生动，如“碧云天，黄花地，西风紧，北雁南飞，晓来谁染霜林醉，总是离人泪”等名句，数百年来，众口交誉。另外，多种修辞手法并用，一连串的排比和叠字、比喻、夸张等，增强了戏剧语言的表现力和感染力。

思考与练习

1.结合原文，分析崔莺莺和张生的人物形象。

2.《长亭送别》表现了怎样的主题？

3.分析本折语言风格。

4.从本折所写的3个场面出发，分析莺莺的心理变化。

◎曹雪芹

葬花吟[1]

曹雪芹(1715?—1764?),名霑,字梦阮,号雪芹,又号芹圃、芹溪,我国古代伟大的现实主义作家。曹雪芹的一生,经历了曹家盛极而衰的过程。祖先本为汉人,大约于明末入满州正白旗籍,后随清兵入关,得到宫廷的宠幸。从康熙二年到雍正五年中,世袭了近6年的江宁织造,成为显赫一时的世家。雍正五年,曹家被抄。次年,全家迁居北京,从此家道衰落,一蹶不振。他出生在南京,少年时代过了一段"锦衣纨绔"、"饮甘餍肥"的豪华生活;抄家后穷愁潦倒;后来落魄移居北京西郊,过着"卖画钱来付酒家","举家食粥酒常赊"的穷困生活,终因爱儿夭亡,感伤成疾,而在极端穷愁困顿中逝世,年龄不到50岁。

曹雪芹的家庭是个官僚之家,也是诗礼之家。祖父曹寅,能诗工词善曲,主持刻印了著名的《全唐诗》,又是藏书家。儒雅之家风,影响着他的学问根底和文学才能。他刻苦读书,爱好文艺,多才多艺,能诗善画;性格豪爽放达,好饮健谈,孤高傲岸,愤世嫉俗。在十分恶劣的环境里,以顽强的意志,"披阅十载,增删五次",淌泪和墨,精心写作了《红楼梦》,以其非凡的艺术才能,用他的艺术成果,把我国的古典小说创作推向了高峰。

宝玉因不见了黛玉,便知他躲了别处去了。想了一想:"索性迟两日,等他的气息一息再去也罢了。"因低头看见许多凤仙石榴等各色落花,锦重重[2]的落了一地,因叹道:"这是他心里生了气,也不收拾这花儿来了。等我送了去,明儿再问着他。"说着,只见宝钗约着他们往后头去。宝玉道:"我就来。"等他二人去远,把那花儿兜起来,登山渡水,过树穿花,一直奔了那日和黛玉葬桃花的去处。

将已到了花冢[3],犹未转过山坡,只听那边有呜咽之声,一面数落着,哭的好不伤心。宝玉心下想道:"这不知是那房里的丫头,受了委曲,跑到这个地方来哭?"一面想,一面煞住脚步,听他哭道是:

花谢花飞花满天,红消香断有谁怜[4]?
游丝软系飘春榭[5],落絮轻沾扑绣帘[6]。
闺中女儿惜春暮[7],愁绪满怀无着处[8];
手把花锄出绣帘[9],忍踏落花来复去[10]?
柳丝榆荚自芳菲[11],不管桃飘与李飞;
桃李明年能再发,明年闺中知有谁?

三月香巢初垒成[12],梁间燕子太无情!
明年花发虽可啄,却不道人去梁空巢已倾。
一年三百六十日,风刀霜剑严相逼;
明媚鲜妍能几时,一朝飘泊难寻觅。
花开易见落难寻,阶前愁杀葬花人[13];
独把花锄偷洒泪,洒上空枝见血痕[14]。
杜鹃无语正黄昏[15],荷锄归去掩重门[16];
青灯照壁人初睡,冷雨敲窗被未温。
怪奴底事倍伤神[17],半为怜春半恼春[18];
怜春忽至恼忽去,至又无言去不闻。
昨宵庭外悲歌发,知是花魂与鸟魂[19]?
花魂鸟魂总难留,鸟自无言花自羞;
愿奴此日生双翼,随花飞到天尽头。
天尽头!何处有香丘[20]?
未若锦囊收艳骨[21],一抔净土掩风流[22];
质本洁来还洁去,不教污淖陷渠沟[23]。
尔今死去侬收葬[24],未卜侬身何日丧[25]?
侬今葬花人笑痴,他年葬侬知是谁?
试看春残花渐落,便是红颜老死时[26],
——一朝春尽红颜老,花落人亡两不知!

正是一面低吟,一面哽咽,那边哭的自己伤心,却不道这边听的早已痴倒。

【注释】

[1]节选自《红楼梦》第二十七回“滴翠亭杨妃戏彩蝶　埋香冢飞燕泣残红”,题目为编者所加。

[2]锦重重:如锦般一层一层的样子。

[3]花冢(zhǒng):葬花的坟丘。第二十三回写宝黛二人将花装于绢袋中葬于沁芳闸桥边。

[4]红消香断:指花朵失去了鲜红的颜色和芳香的气味。

[5]游丝:指蜘蛛等昆虫吐的丝,飘游在空中。榭(xiè):建在高台上的有顶无墙的敞屋。

[6]落絮:飘落的柳花。柳花形似棉绒,所以被称为柳絮。绣帘:绣花门帘。

[7]春暮:春末,残春。

[8]无着处:没有地方可以排遣。

[9]把:拿。

[10]忍:岂忍。

[11]榆荚(jiá):榆树的果实。榆树未生叶时先生荚,色白,像成串的钱,俗称榆钱。芳菲:花草芳香茂盛。屈原《离骚》:“芳菲菲其弥香。”

[12]香巢:燕子窝。春天燕子用百花筑窝,故称“香巢”。

[13]愁杀：即愁煞，愁得很厉害。

[14]“洒上”句：用了两个典故。一是湘妃哭舜，其血染竹枝成斑。二是蜀帝魂化杜鹃鸟，啼血染花枝，化为杜鹃花。

[15]杜鹃：鸟名，又称“杜宇”、“子规”，鸣声凄凉、悲苦，啼血。传说，杜鹃鸣叫时，口中出血。古诗中常用来形容悲哀愁思之情。

[16]荷：扛。

[17]奴：我，女子的自称。底事：什么事。底：何，什么。

[18]怜：爱惜。

[19]知是：哪里知道是……还是……。

[20]香丘：指埋葬香花的坟丘。以花比拟人，下句“艳骨”亦是。

[21]未若：不如。锦囊：用锦帛做成的袋子。

[22]一抔(póu)净土：这里代指坟墓，指花冢。抔：双手捧物。一抔：一捧。风流：风韵。

[23]污淖(nào)：脏水烂泥。这里是被污秽的泥水所弄脏、玷污的意思。

[24]侬(nóng)：我，吴地俗语。

[25]卜：预知。

[26]红颜：原指年轻人的红润脸色，后泛指美女。

导读

《葬花吟》是黛玉含着血泪吟成的一首抒情诗，明为咏花，实则写人，如泣如诉，饮恨吞声。这里有对自己身世的诉说，也有对吃人社会的抗议；有对自由和幸福的向往，也有对遭遇和命运的哀叹；有不屈不挠的抗争，也有无可奈何的悲鸣。

开头4句写黛玉触景生情，由残春的“花谢花飞”、“红消香断”、“游丝”、“落絮”等景象自然地联想到自己远离家乡、寄人篱下的身世和遭遇。接着写她愁绪无处排遣，荷锄出绣帘，不忍踏踩落花的心情。“柳丝榆荚自芳菲，不管桃飘与李飞”以下，笔锋一转，是对世态炎凉、人情冷暖的感叹。追名逐利之徒，只管自己享受荣华富贵，哪能顾及别人？更有甚者，还要对弱者进行打击、迫害和摧残，以维护自己的尊荣。“愿奴此日生双翼，随花飞到天尽头”，这是从她心底发出的向往自由、追求幸福的呼声。但“天尽头！何处有香丘？”她看不到前途，找不到出路，主宰不了自己的命运，因而她不时流露出深沉的哀叹：“桃李明年能再发，明年闺中知有谁”；“侬今葬花人笑痴，他年葬侬知是谁”；“人去梁空巢已倾”，“花落人亡两不知”。这种万分悲凉的情绪反映在诗中，使整个《葬花吟》的调子显得低沉伤感，凄切哀婉。这种浓厚的感伤主义色彩，正是林黛玉特定的生活经历和思想性格的产物。

《葬花吟》这首诗抒情淋漓尽致，文辞优美，手法娴熟，音韵和谐，节奏铿锵，读来琅琅上口，为后人所传诵。

思考与练习

1.林黛玉为什么要葬花？《葬花吟》表现了她怎样的思想情感和人格精神？

2.分析《葬花吟》的艺术表现手法。

◎张爱玲

爱

张爱玲(1920—1995),出身于上海名门,1952年赴香港,1966年定居美国。中国现代文学史上重要的作家。20世纪40年代初开始创作。主要作品有:散文集《流言》、散文小说合集《张看》、中短篇小说集《传奇》、长篇小说《倾城之恋》、《秧歌》、《赤地之恋》。晚年从事中国文化评论和《红楼梦》研究。张爱玲作品大都以上海、香港等大都市为背景,雅俗共赏,见解独到,耐人寻味。作为女性作家,其作品常能超越一些狭隘的性别局限,主题与风格皆透辟脱俗。

这是真的。

有个村庄的小康之家的女孩子,生得美,有许多人来说媒,但都没有说成。那年她不过十五六岁吧,是春天的晚上,她立在后门口,手扶着桃树。她记得她穿的是一件月白的衫子。对门住的年轻人,同她见过面,可是从来没有打过招呼的,他走了过来,离得不远,站定了,轻轻的说了一声:“噢,你也在这里吗?”她没有说什么,他也没有再说什么,站了一会,各自走开了。

就这样就完了。

后来这女人被亲眷拐了,卖到他乡外县去作妾,又几次三番地被转卖,经过无数的惊险的风波,老了的时候她还记得从前那一回事,常常说起,在那春天的晚上,在后门口的桃树下,那年轻人。

于千万人之中遇见你所要遇见的人,于千万年之中,时间的无涯的荒野里,没有早一步,也没有晚一步,刚巧赶上了,那也没有别的话可说,惟有轻轻的问一声:“噢,你也在这里吗?”

导读

《爱》这篇散文写于1944年,时年张爱玲正处于热恋之中。她在此以波澜不惊的语气和轻描淡写的笔调,道出了两性情爱的秘密。

起笔是极为素常的一句口语:“这是真的。”这个故事确实是真的。是张爱玲在与胡兰成新婚时,听对方讲起的。生活当中的许多事情不敢演绎,一演绎就伤感;同样,许多事情也不敢归纳概括——一旦抽去了水分,惨烈枯干的生活面貌更使人震惊!原来世间男女山盟海誓、百折千回、地动山摇、柔肠寸断的爱竟是如此简单而明晰:无非是美女树下遇后生,无缘儿女各飘零,怆然阅尽人间世,勉将华年慰残红。

《爱》的魅力便在于从这份悲凉与无奈中营造一份美感,获得一种彻悟。“月白的衫子”、“老了的时候”、“无涯的荒野”以及短短数百字之内竟用了七个“没有”,这些貌似没有感情色彩的措辞更加重了文章的悲凉之意,烘托出“爱就是命运”乃至“生是命运”这一主题。张爱玲曾说:“生在这世上,没有一样感情不是千疮百孔的,虽然人世间没有爱,但是,总还有丝丝缕缕、点点滴滴的情吧。”在《爱》里,张爱玲正是以许多的“没有”,衬托出那聊胜于无的“有”。在一定程度上可以说,这种悲看人世、珍视人生的态度也并非全无积极意义。

思考与练习

1.尝试几种更为详尽的表述方式,通过对比,体会第一段“这是真的”和第三段“就这样就完了”的妙用。

2.如何理解作品的主题?你能接受这种张爱玲特有的苍凉之美吗?

◎汪曾祺

受　戒[1]

汪曾祺(1920—1997),江苏高邮人,现当代作家。1939年考入昆明西南联合大学中文系,深受教写作课的沈从文影响。毕业后曾任中学语文教师和历史博物馆职员。1950年调入北京,先后在北京文联、中国民间文学研究会工作,编辑《北京文艺》、《说说唱唱》和《民间文学》等刊物。1957年被划为“右派”下放农村劳动。1962年调到北京京剧团(后改称北京京剧院)任编剧,直到逝世。

他从20世纪40年代开始发表作品。1948年出版短篇小说集《邂逅集》。1963年出版短篇小说集《羊舍的夜晚》以及京剧剧本《范进中举》、《沙家浜》、《大劈棺》。新时期以来,创作影响愈大。1980年短篇小说《受戒》引起广泛关注;《大淖纪事》获1981年第四届全国优秀短篇小说奖;接着又写了《异秉》、《岁寒三友》、《八千岁》等怀旧作品系列,并有小说集《汪曾祺短篇小说选》、《晚饭花集》,文论集《晚翠文谈》,散文集《蒲桥集》、《汪曾祺自选集》以及台湾版作品集《寂寞与温暖》、《茱萸集》等著作问世。

明海出家已经4年了。

他是13岁来的。

这个地方的地名有点怪,叫庵赵庄。赵,是因为庄上大都姓赵。叫做庄,可是人家住得很分散,这里两三家,那里两三家。一出门,远远可以看到,走起来得走一会,因为没有大路,都是弯弯曲曲的田埂。庵,是因为有一个庵。庵叫菩提庵,可是大家叫讹了,叫成荸荠[2]庵。连庵里的和尚也这样叫。“宝刹何处?”——“荸荠庵。”庵本来是住尼姑的。“和尚庙”、“尼姑庵”嘛。可是荸荠庵住的是和尚。也许因为荸荠庵不大,大者为庙,小者为庵。

明海在家叫小明子。他是从小就确定要出家的。他的家乡不叫“出家”,叫“当和尚”。他的家乡出和尚。就像有的地方出劁猪的,有的地方出织席子的,有的地方出箍桶的,有的地方出弹棉花的,有的地方出画匠,有的地方出婊子,他的家乡出和尚。人家弟兄多,就派一个出去当和尚。当和尚也要通过关系,也有帮。这地方的和尚有的走得很远。有到杭州灵隐寺的、上海静安寺的、镇江金山寺的、扬州天宁寺的。一般的就在本县的寺庙。明海家田少,老大、老二、老三,就足够种的了。他是老四。他7岁那年,他当和尚的舅舅回家,他爹、他娘就和舅舅商议,决定叫他当和尚。他当时在旁边,觉得这实在是在情在理,没有理由反对。当和尚有很多好处。一是可以吃现成饭。哪个庙里都是管饭的。二是可以攒钱。只要学会了放瑜伽焰口[3],拜梁皇忏[4],可以按例分到辛苦钱。积攒起来,将来还俗娶亲也可以;不想还俗,买几亩田也可以。当和尚也不容易,一要面如朗月,二要声如钟磬,三要聪明记性好。他舅舅给他相了相面,叫他前走几步,后走几步,又叫他喊了一声赶牛打场的号子:“格当嘚——”,说是“明子准能当个好和尚,我包了!”要当和尚,得下点本,——念几年书。哪有不认字的和尚呢!于是明子就开蒙入学,读了《三字经》、《百家姓》、《四言杂字》、《幼学琼林》、《上论、下论》、《上孟、下孟》,每天还写一张仿[5]。村里都夸他字写得好,很黑。

舅舅按照约定的日期又回了家,带了一件他自己穿的和尚领的短衫,叫明子娘改小一点,给明子穿上。明子穿了这件和尚短衫,下身还是在家穿的紫花裤子,赤脚穿了一双新布鞋,跟他爹、他娘磕了一个头,就随舅舅走了。

他上学时起了个学名,叫明海。舅舅说,不用改了。于是“明海”就从学名变成了法名。

过了一个湖。好大一个湖!穿过一个县城。县城真热闹:官盐店,税务局,肉铺里挂着成片的猪[6],一个驴子在磨芝麻,满街都是小磨香油的香味,布店,卖茉莉粉、梳头油的什么斋,卖绒花的,卖丝线的,打把式卖膏药的,吹糖人的,耍蛇的……他什么都想看看。舅舅一个劲地推他:“快走!快走!”

到了一个河边,有一只船在等着他们。船上有一个五十来岁的瘦长瘦长的大伯,船头蹲着一个跟明子差不多大的女孩子,在剥一个莲蓬吃。明子和舅舅坐到舱里,船就开了。

明子听见有人跟他说话,是那个女孩子。

“是你要到荸荠庵当和尚吗?”

明子点点头。

“当和尚要烧戒疤呕!你不怕?”

明子不知道怎么回答,就含含糊糊地摇了摇头。

“你叫什么?”

“明海。”

“在家的时候?”

“叫明子。”

“明子!我叫小英子!我们是邻居。我家挨着荸荠庵。——给你!”

小英子把吃剩的半个莲蓬扔给明海,小明子就剥开莲蓬壳,一颗一颗吃起来。

大伯一桨一桨地划着,只听见船桨拨水的声音:

“哗——许!哗——许!”

…… ……

荸荠庵的地势很好,在一片高地上。这一带就数这片地高,当初建庵的人很会选地方。门前是一条河。门外是一片很大的打谷场。三面都是高大的柳树。山门里是一个穿堂。迎门供着弥勒佛[7]。不知是哪一位名士撰写了一副对联:

大肚能容容天下难容之事
开颜一笑笑世间可笑之人

弥勒佛背后,是韦驮[8]。过穿堂,是一个不小的天井,种着两棵白果树。天井两边各有三间厢房。走过天井,便是大殿,供着三世佛。佛像连龛才四尺来高。大殿东边是方丈,西边是库房。大殿东侧,有一个小小的六角门,白门绿字,刻着一副对联:

一花一世界
三藐三菩提

进门有一个狭长的天井,几块假山石,几盆花,有三间小房。

小和尚的日子清闲得很。一早起来,开山门,扫地。庵里的地铺的都是箩底方砖,好扫得很,给弥勒佛、韦驮烧一炷香,正殿的三世佛[9]面前也烧一炷香,磕三个头,念三声"南无阿弥陀佛",敲三声磬。这庵里的和尚不兴做什么早课、晚课,明子这三声磬就全都代替了。然后,挑水,喂猪。然后,等当家和尚,即明子的舅舅起来,教他念经。

教念经也跟教书一样,师父面前一本经,徒弟面前一本经,师父唱一句,徒弟跟着唱一句。是唱哎。舅舅一边唱,一边还用手在桌上拍板。一板一眼,拍得很响,就跟教唱戏一样。是跟教唱戏一样,完全一样哎。连用的名词都一样。舅舅说,念经:一要板眼准,二要合工尺。说:当一个好和尚,得有条好嗓子。说:民国十年闹大水,运河倒了堤,最后在清水潭合龙,因为大水淹死的人很多,放了一台大焰口,十三大师——十三个正座和尚,各大庙的方丈都来了,下面的和尚上百。谁当这个首座?推来推去,还是石桥——善因寺的方丈!他往上一坐,就跟地藏王菩萨[10]一样,这就不用说了;那一声"开香赞"[11],围看的上千人立时鸦雀无声。说:嗓子要练,夏练三伏,冬练三九,要练丹田气!说:要吃得苦中苦,方为人上人!说:和尚里也有状元、榜眼、探花!要用心,不要贪玩!舅舅这一番大法说得明海和尚实在是五体投地,于是就一板一眼地跟着舅舅唱起来:

"炉香乍爇[12]——"
"炉香乍爇——"
"法界蒙薰——"
"法界蒙薰——"
"诸佛现金身……"
"诸佛现金身……"

…… ……

等明海学完了早经，——他晚上临睡前还要学一段，叫做晚经，——荸荠庵的师父们就都陆续起床了。

这庵里人口简单，一共6个人。连明海在内，5个和尚。

有一个老和尚，六十几了，是舅舅的师叔，法名普照，但是知道的人很少，因为很少有人叫他法名，都称之为老和尚或老师父，明海叫他师爷爷。这是个很枯寂的人，一天关在房里，就是那“一花一世界”里。也看不见他念佛，只是那么一声不响地坐着。他是吃斋的，过年时除外。

下面就是师兄弟三个，仁字排行：仁山、仁海、仁渡。庵里庵外，有的称他们为大师父、二师父；有的称之为山师父、海师父。只有仁渡，没有叫他“渡师父”的，因为听起来不像话，大都直呼之为仁渡。他也只配如此，因为他还年轻，才二十多岁。

仁山，即明子的舅舅，是当家的。不叫“方丈”，也不叫“住持”，却叫“当家的”，是很有道理的，因为他确确实实干的是当家的职务。他屋里摆的是一张账桌，桌子上放的是账簿和算盘。账簿共有三本。一本是经账，一本是租账，一本是债账。和尚要做法事，做法事要收钱，——要不，当和尚干什么？常做的法事是放焰口。正规的焰口是10个人。一个正座，一个敲鼓的，两边一边四个。人少了，8个，一边3个，也凑合了。荸荠庵只有四个和尚，要放整焰口就得和别的庙里合伙。这样的时候也有过。通常只是放半台焰口。一个正座，一个敲鼓，另外一边一个。一来找别的庙里合伙费事；二来这一带放得起整焰口的人家也不多。有的时候，谁家死了人，就只请两个，甚至一个和尚咕噜咕噜念一通经，敲打几声法器就算完事。很多人家的经钱不是当时就给，往往要等秋后才还。这就得记账。另外，和尚放焰口的辛苦钱不是一样的。就像唱戏一样，有份子。正座第一份。因为他要领唱，而且还要独唱。当中有一大段“叹骷髅”，别的和尚都放下法器休息，只有首座一个人有板有眼地慢声吟唱。第二份是敲鼓的。你以为这容易呀？哼，单是一开头的“发擂”，手上没功夫就敲不出迟疾顿挫！其余的，就一样了。这也得记上：某月某日、谁家焰口半台，谁正座，谁敲鼓……省得到年底结账时赌咒骂娘……这庵里有几十亩庙产，租给人种，到时候要收租。庵里还放债。租、债一向倒很少亏欠，因为租佃借钱的人怕菩萨不高兴。这3本账就够仁山忙的了。另外香烛、灯火、油盐“福食”，这也得随时记记账呀。除了账簿之外，山师父的方丈的墙上还挂着一块水牌，上漆4个红字：“勤笔免思”。

仁山所说当一个好和尚的3个条件，他自己其实一条也不具备。他的相貌只要用两个字就说清楚了：黄，胖。声音也不像钟磬，倒像母猪。聪明么？难说，打牌老输。他在庵里从不穿袈裟，连海青直裰也免了。经常是披着件短僧衣，袒露着一个黄色的肚子。下面是光脚趿拉着一双僧鞋，——新鞋他也是趿拉着。他一天就是这样不衫不履地这里走走，那里走走，发出母猪一样的声音："㖞——㖞——"。

二师父仁海。他是有老婆的。他老婆每年夏秋之间来住几个月，因为庵里凉快。庵里有6个人，其中之一，就是这位和尚的家眷。仁山、仁渡叫她嫂子，明海叫她师娘。这两口子都很爱干净，整天地洗涮。傍晚的时候，坐在天井里乘凉。白天，闷在屋里不出来。

三师父是个很聪明精干的人。有时一笔账大师兄扒了半天算盘也算不清，他眼珠子转两转，早算得一清二楚。他打牌赢的时候多，二三十张牌落地，上下家手里有些什么牌，他就差不多都知道了。他打牌时，总有人爱在他后面看歪头胡。谁家约他打牌，就说"想送两个钱给你"。他不但经忏俱通(小庙的和尚能够拜忏的不多)，而且身怀绝技，会"飞铙"。7月间有些地方做盂兰会，在旷地上放大焰口，几十个和尚，穿绣花袈裟，飞铙。飞铙就是把十多斤重的大铙钹飞起来。到了一定的时候，全部法器皆停，只几十副大铙紧张急促地敲起来。忽然起手，大铙向半空中飞去，一面飞，一面旋转。然后，又落下来，接住。接住不是平平常常地接住，有各种架势，"犀牛望月"、"苏秦背剑"……这哪是念经，这是耍杂技。也算是地藏王菩萨爱看这个，但真正因此快乐起来的是人，尤其是妇女和孩子。这是年轻漂亮的和尚出风头的机会。一场大焰口过后，也像一个好戏班子过后一样，会有一个两个大姑娘、小媳妇失踪——跟和尚跑了。他还会放"花焰口"。有的人家，亲戚中多风流子弟，在不是很哀伤的佛事——如做冥寿时，就会提出放花焰口。所谓"花焰口"，就是在正焰口之后，叫和尚唱小调，拉丝弦，吹管笛，敲鼓板，而且可以点唱。仁渡一个人可以唱一夜不重头。仁渡前几年一直在外面，近二年才常住在庵里。据说他有相好的，而且不止一个。他平常可是很规矩，看到姑娘媳妇总是老老实实的，连一句玩笑话都不说，一句小调山歌都不唱。有一回，在打谷场上乘凉的时候，一伙人把他围起来，非叫他唱两个不可。他却情不过，说："好，唱一个。不唱家乡的。家乡的你们都熟。唱个安徽的。"

姐和小郎打大麦，
一转子讲得听不得。
听不得就听不得，
打完了大麦打小麦。

唱完了，大家还嫌不够，他就又唱了一个：

姐儿生得漂漂的，
两个奶子翘翘的。
有心上去摸一把，
心里有点跳跳的。

…… ……

这个庵里无所谓清规，连这两个字也没人提起。

仁山吃水烟，连出门做法事也带着他的水烟袋。

他们经常打牌。这是个打牌的好地方。把大殿上吃饭的方桌往门口一搭，斜放着，就是牌桌。桌子一放好，仁山就从他的方丈里把筹码拿出来，哗啦一声倒在桌上。斗纸牌的时候多，搓麻将的时候少。牌客除了师兄弟 3 人，常来的是一个收鸭毛的，一个打兔子兼偷鸡的；都是正经人。收鸭毛的担一副竹筐，串乡串镇，拉长了沙哑的声音喊叫：

"鸭毛卖钱——！"

偷鸡的有一件家什——铜蜻蜓。看准了一只老母鸡，把铜蜻蜓一丢，鸡婆子上去就是一口。这一啄，铜蜻蜓的硬簧绷开，鸡嘴撑住，叫不出来了。正在这鸡十分纳闷的时候，上去一把薅[13]住。

明子曾经跟这位正经人要过铜蜻蜓看看。他拿到小英子家门前试了一试，果然！小英的娘知道了，骂明子：

"要死了！儿子！你怎么到我家来玩铜蜻蜓了！"

小英子跑过来：

"给我！给我！"

她也试了试，真灵，一个黑母鸡一下子就把嘴撑住，傻了眼了！

下雨阴天，这二位就光临荸荠庵，消磨一天。

有时没有外客，就把老师叔也拉出来，打牌的结局，大都是当家和尚气得鼓鼓的：
"×妈妈的！又输了！下回不来了！"

他们吃肉不瞒人。年下也杀猪。杀猪就在大殿上。一切都和在家人一样，开水、木桶、尖刀。捆猪的时候，猪也是没命地叫。跟在家人不同的，是多一道仪式，要给即将升天的猪念一道"往生咒"，并且总是老师叔念，神情很庄重：

"……一切胎生、卵生、息生，来从虚空来，还归虚空去。往生再世，皆当欢喜。南无阿弥陀佛！"

三师父仁渡一刀子下去，鲜红的猪血就带着很多沫子喷出来。

…… ……

明子老往小英子家里跑。

小英子的家像一个小岛，三面都是河，西面有一条小路通到荸荠庵。独门独户，岛上只有这一家。岛上有 6 棵大桑树，夏天都结大桑葚，3 棵结白的，3 棵结紫的；一个菜园子，瓜豆蔬菜，四时不缺。院墙下半截是砖砌的，上半截是泥夯的。大门是桐油油过的，贴着一副万年红的春联：

向阳门第春常在

积善人家庆有余

门里是一个很宽的院子。院子里一边是牛屋、碓[14]棚；一边是猪圈、鸡窠，还有个关鸭子的栅栏。露天地放着一具石磨。正北面是住房，也是砖基土筑，上面盖的一半是瓦，一半是草。房子翻修了才3年，木料还露着白茬。正中是堂屋，家神菩萨的画像上贴的金还没有发黑；两边是卧房。隔扇窗上各嵌了一块一尺见方的玻璃，明亮亮的，——这在乡下是不多见的。房檐下一边种着一棵石榴树，一边种着一棵栀子花，都齐房檐高了。夏天开了花，一红一白，好看得很。栀子花香得冲鼻子。顺风的时候，在荸荠庵都闻得见。

这家人口不多。他家当然是姓赵。一共4口人：赵大伯、赵大妈，两个女儿，大英子、小英子。老两口没有儿子。因为这些年人不得病，牛不生灾，也没有大旱大水闹蝗虫，日子过得很兴旺。他们家自己有田，本来够吃的了，又租种了庵上的10亩田。自己的田里，一亩种了荸荠——这一半是小英子的主意，她爱吃荸荠，一亩种了茨菇[15]。家里喂了一大群鸡鸭，单是鸡蛋鸭毛就够一年的油盐了。赵大伯是个能干人。他是一个"全把式"，不但田里场上样样精通，还会罩鱼、洗磨、凿砻[16]、修水车、修船、砌墙、烧砖、箍桶、劈篾、绞麻绳。他不咳嗽，不腰疼，结结实实，像一棵榆树。人很和气，一天不声不响。赵大伯是一棵摇钱树，赵大娘就是个聚宝盆。大娘精神得出奇。五十岁了，两个眼睛还是清亮亮的。不论什么时候，头都是梳得滑溜溜的，身上衣服都是格挣挣的。像老头子一样，她一天不闲着。煮猪食，喂猪，腌咸菜，——她腌的咸萝卜干非常好吃，舂粉子，磨小豆腐，编蓑衣，织芦筐。她还会剪花样子。这里嫁闺女，陪嫁妆，磁坛子、锡罐子，都要用梅红纸剪出吉祥花样，贴在上面，讨个吉利，也才好看："丹凤朝阳"呀、"白头到老"呀、"子孙万代"呀、"福寿绵长"呀。二三十里的人家都来请她："大娘，好日子是十六，你哪天去呀？"——"十五，我一大清早就来！"

"一定呀！"——"一定！一定！"

两个女儿，长得跟她娘像一个模子里托出来的。眼睛长得尤其像，白眼珠鸭蛋青，黑眼珠棋子黑，定神时如清水，闪动时像星星。浑身上下，头是头，脚是脚。头发滑溜溜的，衣服格挣挣的。——这里的风俗，十五六岁的姑娘就都梳上头了。这两个丫头，这一头的好头发！通红的发根，雪白的簪子！娘女三个去赶集，一集的人都朝她们望。

姐妹俩长得很像，性格不同。大姑娘很文静，话很少，像父亲。小英子比她娘还会说，一天咭咭呱呱地不停。大姐说：

"你一天到晚咭咭呱呱——"

"像个喜鹊！"

“你自己说的！——吵得人心乱！”

“心乱？”

“心乱！”

“你心乱怪我呀！”

二姑娘话里有话。大英子已经有了人家。小人她偷偷地看过，人很敦厚，也不难看，家道也殷实，她满意。已经下过小定，日子还没有定下来。她这二年，很少出房门，整天赶她的嫁妆。大裁大剪，她都会。挑花绣花，不如娘。她可又嫌娘出的样子太老了。她到城里看过新娘子，说人家现在绣的都是活花活草。这可把娘难住了。最后是“喜鹊”忽然一拍屁股：“我给你保举一个人！”

这人是谁？是明子。明子念“上孟下孟”的时候，不知怎么得了半套《芥子园》[17]，他喜欢得很。到了荸荠庵，他还常翻出来看，有时还把旧账簿子翻过来，照着描。小英子说：

“他会画！画得跟活的一样！”

小英子把明海请到家里来，给他磨墨铺纸，小和尚画了几张，大英子喜欢得了不得：

“就是这样！就是这样！这样可以乱孱！”——所谓“乱孱”是绣花的一种针法：绣了第一层，第二层的针脚插进第一层的针缝，这样颜色就可由深到淡，不露痕迹，不像娘那一代绣的花是平针，深浅之间，界限分明，一道一道的。小英子就像个书僮，又像个参谋：

“画一朵石榴花！”

“画一朵栀子花！”

她把花掐来，明海就照着画。

到后来，凤仙花、石竹子、水蓼、淡竹叶、天竺果子、腊梅花，他都能画。

大娘看着也喜欢，搂住明海的和尚头：

“你真聪明！你给我当一个干儿子吧！”

小英子捺住他的肩膀，说：

“快叫！快叫！”

小明子跪在地下磕了一个头，从此就叫小英子的娘做干娘。

大英子绣的3双鞋，30里方圆都传遍了。很多姑娘都走路坐船来看。看完了，就说：“啧啧啧，真好看！这哪是绣的，这是一朵鲜花！”她们就拿了纸来央大娘求了小和尚来画。有求画帐檐的，有求画门帘飘带的，有求画鞋头花的。每回明子来画花，小英子就给他做点好吃的，煮两个鸡蛋，蒸一碗芋头，煎几个藕团子。

因为照顾姐姐赶嫁妆，田里的零碎生活小英子就全包了。她的帮手，是明子。

这地方的忙活是栽秧、车高田水、薅头遍草，再就是割稻子、打场了。这几茬重活，自己一家是忙不过来的。这地方兴换工。排好了日期，几家顾一家，轮流转。不收工钱，但是吃好的。一天吃六顿，两头见肉，顿顿有酒。干活时，敲着锣鼓，唱着歌，热闹得很。其余的时候，各顾各，不显得紧张。

薅三遍草的时候,秧已经很高了,低下头看不见人。一听见非常脆亮的嗓子在一片浓绿里唱:

栀子哎开花哎六瓣头哎……

姐家哎门前哎一道桥哎……

明海就知道小英子在哪里,三步两步就赶到,赶到就低头薅起草来。傍晚牵牛"打汪",是明子的事。——水牛怕蚊子。这里的习惯,牛卸了轭,饮了水,就牵到一口和好泥水的"汪"里,由它自己打滚扑腾,弄得全身都是泥浆,这样蚊子就咬不透了。低田上水,只要一挂十四轧的水车,两个人车半天就够了。明子和小英子就伏在车杠上,不紧不慢地踩着车轴上的拐子,轻轻地唱着明海向三师父学来的各处山歌。打场的时候,明子能替赵大伯一会,让他回家吃饭。——赵家自己没有场,每年都在荸荠庵外面的场上打谷子。他一扬鞭子,喊起了打场号子:

"格当嘚——"

这打场号子有音无字,可是九转十三弯,比什么山歌号子都好听。赵大娘在家,听见明子的号子,就侧起耳朵:

"这孩子这条嗓子!"

连大英子也停下针线:

"真好听!"

小英子非常骄傲地说:

"一十三省数第一!"

晚上,他们一起看场。——荸荠庵收来的租稻也晒在场上。他们并肩坐在一个石磙子上,听青蛙打鼓,听寒蛇唱歌,——这个地方以为蝼蛄叫是蚯蚓叫,而且叫蚯蚓叫"寒蛇",听纺纱婆子不停地纺纱,"吵——",看萤火虫飞来飞去,看天上的流星。

"呀!我忘了在裤带上打一个结!"小英子说。

这里的人相信,在流星掉下来的时候在裤带上打一个结,心里想什么好事,就能如愿。

…… ……

"捱"荸荠,这是小英子最爱干的生活。秋天过去了,地净场光,荸荠的叶子枯了,——荸荠的笔直的小葱一样的圆叶子里是一格一格的,用手一捋,哔哔地响,小英子最爱捋着玩,——荸荠藏在烂泥里。赤了脚,在凉浸浸滑溜溜的泥里踩着,——哎,一个硬疙瘩!伸手下去,一个红紫红紫的荸荠。她自己爱干这活,还拉了明子一起去。她老是故意用自己的光脚去踩明子的脚。

她挎着一篮子荸荠回去了，在柔软的田埂上留下了一串脚印。明海看着她的脚印,傻了。五个小小的趾头,脚掌平平的,脚跟细细的,脚弓部分缺了一块。明海身上有一种从来没有过的感觉,他觉得心里痒痒的。这一串美丽的脚印把小和尚的心搞乱了。

…… ……

明子常搭赵家的船进城,给庵里买香烛,买油盐。闲时是赵大伯划船;忙时是小英子去,划船的是明子。

从庵赵庄到县城,当中要经过一片很大的芦花荡子。芦苇长得密密的,当中一条水路,四边不见人。划到这里,明子总是无端端地觉得心里很紧张,他就使劲地划桨。

小英子喊起来：

"明子！明子！你怎么啦？你发疯啦？为什么划得这么快？"

…… ……

明海到善因寺去受戒。

"你真的要去烧戒疤呀？"

"真的。"

"好好的头皮上烧 12 个洞,那不疼死啦？"

"咬咬牙。舅舅说这是当和尚的一大关,总要过的。"

"不受戒不行吗？"

"不受戒的是野和尚。"

"受了戒有啥好处？"

"受了戒就可以到处云游,逢寺挂褡。"

"什么叫'挂褡'？"

"就是在庙里住。有斋就吃。"

"不把钱？"

"不把钱。有法事,还得先尽外来的师父。"

"怪不得都说'远来的和尚会念经'。就凭头上这几个戒疤？"

"还要有一份戒牒。"

"闹半天,受戒就是领一张和尚的合格文凭呀！"

"就是！"

"我划船送你去。"

"好！"

小英子早早就把船划到荸荠阉门前。不知是什么道理,她兴奋得很。她充满了好奇心,想去看看善因寺这座大庙,看看受戒是个啥样子。

善因寺是全县第一大庙，在东门外，面临一条水很深的护城河，三面都是大树，寺在树林子里，远处只能隐隐约约看到一点金碧辉煌的屋顶，不知道有多大。树上到处挂着"谨防恶犬"的牌子。这寺里的狗出名的厉害。平常不大有人进去。放戒期间，任人游看，恶狗都锁起来了。

好大一座庙！庙门的门槛比小英子的肐膝[18]都高。迎门矗着两块大牌，一边一块，一块写着斗大的两个大字："放戒"，一块是："禁止喧哗"。这庙里果然是气象庄严，到了这里谁也不敢大声咳嗽。明海自去报名办事，小英子就到处看看。好家伙，这哼哈二将、四大天王，有 3 丈多高，都是簇新的，才装修了不久。天井有 2 亩地大，铺着青石，种着苍松翠柏。"大雄宝殿"，这才真是个"大殿"！一进去，凉嗖嗖的。到处都是金光耀眼。释迦牟尼佛坐在一个莲花座上。单是莲座，就比小英子还高。抬起头来也看不全他的脸，只看到一个微微闭着的嘴唇和胖敦敦的下巴。两边的两根大红蜡烛，一搂多粗。佛像前的大供桌上供着鲜花、绒花、绢花，还有珊瑚树、玉如意，整颗的大象牙。香炉里烧着檀香。小英子出了庙，闻着自己的衣服都是香的。挂了好些幡。这些幡不知是什么缎子的，那么厚重，绣的花真细。这么大一口磬，里头装 5 担水！这么大一个木鱼，有一头牛大，漆得通红的。她又去转了转罗汉堂，爬到千佛楼上看了看。真有 1000 个小佛！她还跟着一些人去看了看藏经楼。藏经楼没有什么看头，都是经书！妈吔！逛了这么一圈，脚都酸了。小英子想起还要给家里打油，替姐姐配丝线，给娘买鞋面布，给自己买两个坠围裙飘带的银蝴蝶，给爹买旱烟，就出庙了。

等把事情办齐，晌午了。她又到庙里看了看，和尚正在吃粥。好大一个"膳堂"，坐得下 800 个和尚。吃粥也有这样多讲究：正面法座上摆着两个锡胆瓶，里面插着红绒花，后面盘膝坐着一个穿了大红满金绣袈裟的和尚，手里拿了戒尺。这戒尺是要打人的。哪个和尚吃粥吃出了声音，他下来就是一戒尺。不过他并不真的打人，只是做个样子。真稀奇，那么多的和尚吃粥，竟然不出一点声音！她看见明子也坐在里面，想跟他打个招呼又不好打。想了想，管他禁止不禁止喧哗，就大声喊了一句："我走啦！"她看见明子目不斜视地微微点了点头，就不管很多人都朝自己看，大摇大摆地走了。

第四天一大清早小英子就去看明子。她知道明子受戒是第三天半夜，——烧戒疤是不许人看的。她知道要请老剃头师傅剃头，要剃得横摸顺摸都摸不出头发茬子，要不然一烧，就会"走"了戒，烧成了一片。她知道是用枣泥子先点在头皮上，然后用香头子点着。她知道烧了戒疤就喝一碗蘑菇汤，让它"发"，还不能躺下，要不停地走动，叫做"散戒"。这些都是明子告诉她的。明子是听舅舅说的。

她一看，和尚真在那里"散戒"，在城墙根底下的荒地里，一个一个，穿了新海青，光光的头皮上都有 12 个黑点子。——这黑疤掉了，才会露出白白的、圆圆的"戒疤"。和尚都笑嘻嘻的，好像很高兴。她一眼就看见了明子。隔着一条护城河，就喊他：

"明子！"

“小英子！”

“你受了戒啦？”

“受了。”

“疼吗？”

“疼。”

“现在还疼吗？”

“现在疼过去了。”

“你哪天回去？”

“后天。”

“上午？下午？”

“下午。”

“我来接你！”

“好！”

…… ……

小英子把明海接上船。

小英子这天穿了一件细白夏布上衣，下边是黑洋纱的裤子，赤脚穿了一双龙须草的细草鞋，头上一边插着一朵栀子花，一边插着一朵石榴花。她看见明子穿了新海青，里面露出短褂子的白领子，就说：“把你那外面的一件脱了，你不热呀！”

他们一人一把桨。小英子在中舱，明子扳艄[19]，在船尾。

她一路问了明子很多话，好像一年没有看见了。

她问：“烧戒疤的时候，有人哭吗？喊吗？”

明子说：“没有人哭，只是不住地念佛。有个山东和尚骂人：

‘俺日你奶奶！俺不烧了！’”

她问：“善因寺的方丈石桥是相貌和声音都很出众吗？”

“是的。”

“说他的方丈比小姐的绣房还讲究？”

“讲究。什么东西都是绣花的。”

“他屋里很香？”

“很香。他烧的是伽楠香，贵得很。”

“听说他会做诗，会画画，会写字？”

“会。庙里走廊两头的砖额上，都刻着他写的大字。”

“他是有个小老婆吗？”

“有一个。”

"才19岁？"

"听说。"

"好看吗？"

"都说好看。"

"你没看见？"

"我怎么会看见？我关在庙里。"

明子告诉他，善因寺一个老和尚告诉他，寺里有意选他当沙弥尾，不过还没有定，要等主事的和尚商议。

"什么叫'沙弥尾'？"

"放一堂戒，要选出一个沙弥头，一个沙弥尾。沙弥头要老成，要会念很多经。沙弥尾要年轻，聪明，相貌好。"

"当了沙弥尾跟别的和尚有什么不同？"

"沙弥头，沙弥尾，将来都能当方丈。现在的方丈退居了，就当。石桥原来就是沙弥尾。"

"你当沙弥尾吗？"

"还不一定哪。"

"你当方丈，管善因寺？管这么大一个庙?!"

"还早呐！"

划了一气，小英子说："你不要当方丈！"

"好，不当。"

"你也不要当沙弥尾！"

"好，不当。"

又划了一气，看见那一片芦花荡子了。

小英子忽然把桨放下，走到船尾，趴在明子的耳朵旁边，小声地说：

"我给你当老婆，你要不要？"

明子眼睛鼓得大大的。

"你说话呀！"

明子说："嗯。"

"什么叫'嗯'呀！要不要，要不要？"

明子大声地说："要！"

"你喊什么！"

明子小小声说："要——！"

"快点划！"

英子跳到中舱，两只桨飞快地划起来，划进了芦花荡。

芦花才吐新穗。紫灰色的芦穗，发着银光，软软的，滑溜溜的，像一串丝线。有的地方结了蒲棒，通红的，像一枝一枝小蜡烛。青浮萍，紫浮萍。长脚蚊子，水蜘蛛。野菱角开着四瓣的小白花。惊起一只青桩(一种水鸟)，擦着芦穗，扑鲁鲁鲁飞远了。

…… ……

1980 年 8 月 12 日，写 43 年前的一个梦。

【注释】

[1]本文选自《1980 年短篇小说年编》。

[2]荸荠(bí qí)：多年生草本植物，通常栽培在水田，地下茎扁圆形，皮赤褐色或黑褐色，肉白色，可以吃，又可以制淀粉。

[3]瑜伽焰口：瑜伽，这里指瑜伽宗，是古印度大乘佛教派别之一，与“中观宗”相对，在南北朝时传来中国。焰口，是古印度传说中的一种饿鬼。以身形焦枯，口内燃火，咽细如针而得名。佛教密宗专有对这种饿鬼施食的经咒和念诵仪式，其仪式一般称为“放焰口”，亦为对死者追荐的佛事之一。

[4]梁皇忏：全称《慈悲道场忏法》。相传梁武帝初为雍州刺史时，夫人郗氏好嫉妒，不久病死。梁武帝在天监二年(公元 503 年)，梦见她变为蟒蛇。于是为她忏悔罪业，集录佛经语句，作成《忏法十卷》，世称《梁皇忏》。又有人认为是南齐竟陵王所撰《净住子》，经梁名僧删编而成。

[5]仿：指依照范本写的字。

[6]成片的猪：指屠宰后洗净，剖成两半，挂起待售的白条猪。

[7]弥勒佛：指佛教大乘菩萨。《弥勒上生经》说他现住兜率天，《弥勒下生经》说他将从兜率天下生凡界，在龙华树下继承释迦牟尼而成佛。中国寺院中一般多供奉笑口常开的大肚弥勒塑像。

[8]韦驮：梵文 Skanda(塞建陀)音译的讹略，亦称韦天将军，佛教护法天神。从唐初道宣记载他的事迹以来，被安置在寺院中。其塑像一般穿古代武将服装，执金刚杵，立于天王殿弥勒像之后，面对大雄宝殿内的释迦牟尼佛。

[9]三世佛：一指过去、现在、未来三世之佛，亦称“竖三世佛”，寺院中塑像一般分别对应为燃灯佛、释迦牟尼佛、弥勒佛。一指三个佛的世界之佛，亦称“横三世佛”，即东方净琉璃世界药师佛、娑婆世界释迦牟尼佛、西方极乐世界阿弥陀佛。

[10]地藏王菩萨：是佛教大乘菩萨，佛经说他曾受释迦牟尼之嘱，于佛灭至弥勒出现之前，现身六道，救渡天上以至地狱一切众生。认为他像大地一样，含藏着无量善根种子，故名。

[11]开香赞：指在做法事之前，由高僧宣讲的诵佛之辞。

[12]爇(ruò)：点燃。

[13]薅(hāo)：揪住，抓住。

[14]碓(duì)：舂米用具，用柱子架起一根木杠，杠的一端装一块圆形的石头，用脚连续踏另一端，石头就连续起落，去掉下面石臼中糙米的皮。

[15]茨菇：也作慈姑，像荸荠一样，为多年生草本植物，生在水田，不过叶子像箭头，开白花。地下有球茎，黄白色或青白色，可以吃。

[16]砻(lóng)：去稻壳的工具，形状略像磨，多用木料制成。

[17]芥子园：通称《芥子园画谱》。是中国画技法图谱。共有山水、梅兰竹菊、花卉草木虫禽三集，由王皋兄弟应李渔之婿沈心友托请编绘，在康熙年间刻于李渔南京的别墅“芥子园”，故名。此三集

画谱都是木版彩色套印，在旧时非常风行。后来人们又加入一集人物画谱，合成《芥子园画传》四集在光绪年间进行了重印，流传甚广。

[18]肐(gē)膝：即胳膝，本来分指腋下和膝弯，这里指膝弯。

[19]扳艄：指掌舵，可泛指撑船。

导读

汪曾祺生在古文化渊源极深的高邮，受过系统的正规教育，并得到中国传统文化思想的深深熏陶。他的作品着力发掘和表现传统文化及民族心理中深层次的意义价值，对我们民族美好的性灵进行了热情地抒写和颂扬。

《受戒》写在文革十年过后的新时期，通过荸荠庵的小和尚明海和村姑小英子之间萌发的天真无邪的爱情，昭示佛门清规戒律的虚伪与健康人性的胜利。在特定的时代背景下，汪曾祺将长期被压抑、扭曲了的劳动人民纯真高洁的感情重新袒露出来，集中肯定和赞美了深蕴于我们民族心理性格中的人性美。

作品人物形象塑造得非常细腻真实，尤其在表现人物感情的时候十分意味深长。作者用托词“43年前的一个梦”隐化了事件明显的真实性和象征意味，让一对少年男女的纯真感情跃然纸上，也让我们垂想、悬心于他们已经逝去或正在上演的真实命运。在假真为梦、假梦为真的往来反复过程中，在人性禁区刚刚掀开一缝的时候以及文学的现实主义传统刚刚恢复为以真实为生命的时候，汪曾祺让人物显示出强烈的表露欲望和怯懦心理。明子大声说“要”，在完成了作为一个活生生的现实人物复归过程的同时，对已经变质和脱离人性的宗教尽情进行嘲弄和亵渎，对过去长期存在的虚伪思想进行矫正和反拨。汪曾祺曾说要将作品“写得很美，很健康，很有诗意”，“是引人向上的，是可以增加人对于生活的信心的”，正是基于这种更高层次的要求，《受戒》中的小英子和小和尚之间的爱情萌动，并不像过去旧小说中的僧尼纵情乱性那样龌龊不堪，而是真挚、健康、纯洁和美好的。

小说散文化的风格特征独具魅力。一是不注重因果逻辑关联。作者常常随笔之处、信马由缰，呈现出一种散漫飘逸的自由之美，富有近似随笔的鲜活韵味。二是淡化故事情节而注重环境氛围的营造。谋篇布局时恣意地对风俗民情进行抒写，自然而然地引出人物，揭示人物的天性，揭示人性的回归。

小说的语言富有散文风格。形近口语而不显雕饰，亲切自然、清灵秀逸，表现出浓郁的抒情色彩，使汪曾祺家乡五花八门的风物人情、习俗民风如在目前，疏放中浸出凝重之思。

思考与练习

1.为什么寺庙里的和尚不守清规？作者这样描写要表现的是什么？

2.分析“小英子”和“明子”的形象特征。

◎舒　婷

神　女　峰

舒婷，当代著名女诗人。原名龚佩瑜，1952年出生于福建厦门石码镇，1969年初中毕业下乡插队，1972年返城为工人。1976年开始发表诗歌作品；次年到福建省文联工作，专业从事写作。诗集主要有《双桅船》、《会唱歌的鸢尾花》、《始祖鸟》。另有《心烟》等散文集。

在向你挥舞的各色花帕中
是谁的手突然收回
紧紧捂住自己的眼睛
当人们四散离去，谁
还站在船尾
衣裙漫飞，如翻涌不息的云
江涛
　　高一声
　　　　低一声

美丽的梦留下美丽的忧伤
人间天上，代代相传
但是，心
真能变成石头吗
沿着江岸
金光菊和女贞子的洪流
正煽动新的背叛
　　与其在悬崖上展览千年
　　不如在爱人肩头痛哭一晚

导读

《神女峰》写于1981年。

三峡岸边神女峰的传说本是中华民族美好情感和男女间忠贞爱情的象征，可是千年盼夫的动人故事，在一个“衣裙漫飞”的女游客眼里变得如此扁平而苦涩。诗人从爱情的角度切入，以一个女性作家特有的敏感，突出地体现了一种深刻的文化批判精神。

全诗分为两节。首节以两个“谁”的诘问，将不同凡俗的感悟从象征着芸芸众生的“各色花帕”中强化出来，给人以清晰的画面感和雕塑感。同时，一股强烈的抒情气息伴随着“突然收回”的紧紧捂住双眼的手、漫飞的衣裙、翻涌不息的云扑面而来，江涛的声音又给人一种历史的纵深感，促人深思。

次节重在说理。中间的两行“但是，心/真能变成石头吗”继前发问，石破天惊：在几千年的男性话语基础之上，女性注定只能以虔敬、隐忍的态度终其一生去希冀幸福吗？人的价值必须依托他者才能最后界定吗？不，草木皆可为证，“金光菊和女贞子的洪流/正煽动新的背叛”；人的尊严和人的心灵皆可为证，“与其在悬崖上展览千年/不如在爱人肩头痛哭一晚”。

舒婷诗以情取胜，更闪烁着理性的光芒，使诗的情感在婉转与细腻中又见深沉与刚劲，这一特点在《神女峰》里表现得也很突出。

思考与练习

1.《神女峰》是如何实现情与理的统一的？

2.通过与一般情诗的比较，反复体会这首诗深刻的文化批判精神。

◎川端康成

雪　国(节选)[1]

川端康成(1899—1972),日本当代著名作家。生于大阪市一个医生的家庭。1914年发表《十六岁日记》。1926年发表成名作《伊豆舞女》。这一时期川端的作品,多以伊豆地方为题材,表现了纤细而敏锐的感觉和新颖的技巧,因而同横光利一等被称为"新感觉派"作家。后来,这一派文学走向衰落,川端转以东京市浅草一带大众娱乐场所的女性为题材,创作了《浅草红团》、《浅草姊妹》等作品。此外,描写舞女生涯的《鲜花圆舞曲》和感叹人生悲哀等的《水晶幻想》、《童谣》和《女儿心》等,也是这一时期的主要作品。1935年开始发表、战后才修改完成的《雪国》以及战后问世的《千只鹤》(1949—1951)和《古都》(1961—1962)三部作品,获得1968年度诺贝尔文学奖。

报火警的钟声突然响了起来。

两人[2]回头望去。

"着火,着火啦!"

"着火啦!"

火势从下面村子的正中央蹿了上来。

驹子喊了两三声什么,一把抓住岛村的手。

火舌在滚滚上升的浓烟中若隐若现。火势向旁边蔓延,吞噬着周围的房檐。

"是什么地方?不是在你原来住过的师傅家附近吗?"

"不是。"

"是在哪一带呢?"

"在上头一点,靠近火车站那边。"

火焰冲过屋顶,腾空而起。

"你瞧,是蚕房呀。是蚕房呀!你瞧,你瞧,蚕房着火了。"驹子把脸颊压在岛村的肩上,接连地说,"是蚕房,是蚕房呀!"

火势燃得更旺了。从高处望下去,辽阔的星空下,大火宛如一场游戏,无声无息。尽管如此,她却感到恐惧。有如听见一种猛烈的火焰声逼将过来。岛村抱住了驹子。

"没什么可怕的。"

"不,不,不!"驹子摇摇头,哭了起来。她的脸贴在岛村肩上,显得比平时小巧玲珑。绷紧的太阳穴在忒忒地跳动着。

看见着火，驹子就哭了起来。可是她哭什么呢?岛村并没怀疑，还是搂抱着她。

驹子突然不哭了，她把脸从岛村肩上抬了起来。

“嗳哟，对了，今晚蚕房放电影，里面挤满了人，你……”

“可就不得了啦!”

“一定会有人受伤，有人烧死啊!”

两人听见上面传来一片骚乱声，就慌慌张张地登上石磴。抬头一看，高处客栈二三楼房间的拉窗差不多都打开了，人们跑到敞亮的走廊上观看着火场面。庭院一个角落里，一排菊花的枯枝，说不清是借着客栈的灯光还是星光，浮现出它的轮廓，令人不禁感到那上面映着火光。就在那排菊花后面，也站着一些人。三四个客栈伙计，仿佛从岛村他俩头顶上跌跌撞撞地滚落下来。驹子提高嗓门问：

“喂，是蚕房吗?”

“是蚕房。”

“有人受伤吗?有没有人受伤?”

“正一个个地往外救呐。来电话说是电影胶片忽拉一声烧着了，火势蔓延得很快。喏，你瞧。”掌柜迎头碰上他们两人，只挥了挥一只胳臂，就走了。

“听说人们正把孩子一个个地从二楼往下扔呐。”

“唉，这可怎么得了。”

驹子好像追赶着掌柜似的走下石磴。后来下楼的人都跑到她的前头去了，她不由自主地跟着跑了起来。岛村也随后跟上。

在石磴下面，火场被房子挡住，只能看见火舌。火警声响彻云霄，令人越发惶恐，四处乱跑。

“结冰了，请留神，滑啊!”驹子停住了脚步，回头看了看岛村，趁机说：“对了，你就算了，何必一块去呢。我是担心村里的人。”

她这么说，倒也是的。岛村感到失望。这时才发现脚底下就是铁轨，他们已经来到铁路岔口跟前了。

“银河，多美啊!”

驹子喃喃自语。她仰望着太空，又跑了起来。

啊，银河!岛村也仰头叹了一声，仿佛自己的身体悠然飘上了银河中去。银河的亮光显得很近，像是要把岛村托起来了似的。当年漫游各地的芭蕉，在波涛汹涌的海上所看见的银河，也许就像这样一条明亮的大河吧。茫茫的银河悬在眼前，仿佛要以它那赤裸裸的身体拥抱夜色苍茫的大地。真是美得令人惊叹不已。岛村觉得自己那小小的身影，反而从地面上映入了银河。缀满银河的星辰，耀光点点，清晰可见，连一朵朵光亮的云彩，看起来也像粒粒银沙子，明澈极了。而且，银河那无底的深邃，把岛村的视线吸引过去了。

"喂,喂。"岛村呼唤着驹子,"喂,来呀!"

驹子正朝银河下昏暗的山峦那边跑去。

她提着衣襟往前跑,每次挥动臂膀,红色的下摆时而露出,时而又藏起来,在洒满星光的雪地上,显得更加殷红了。

岛村飞快地追了上去。

驹子放慢了脚步,松开衣襟,抓住岛村的手。

"你也要去?"

"嗯。"

"真好管闲事啊!"驹子提起拖在雪地上的下摆,"人家会取笑我的,你快回去吧!"

"唔,我就要到前边去。"

"这多不好,连到火场去也要带着你,在村里人面前怪难为情的。"

岛村点点头,停了下来。驹子却轻轻地抓住岛村的袖子,慢慢地起步走了。

"你找个地方等着我,我马上就回来。找什么地方好呢?"

"什么地方都行啊。"

"是啊。再过去一点吧。"驹子直勾勾地望着岛村的脸,突然摇摇头说,"我不干,我再也不理你。"

驹子抽冷子用身子碰了碰岛村。岛村晃悠了一下。在路旁薄薄的积雪里,立着一排排大葱。

"真无情啊!"驹子挑逗说,"喏,你说过我是个好女人的嘛。一个说走就走的人,干吗还说这些话呢,难道是向我表白?"

岛村想起驹子用发簪哧哧地扎铺席的事来。

"我哭了。回家以后还哭了一场。就害怕离开你。不过,你还是早点走吧。你把我说哭了,我是不会忘记这件事的。"

岛村一想起那句虽然引起驹子的误会、然而却深深印在她心坎上的话,就油然生起一股依恋之情。瞬时间,传来了火场那边杂沓的人声。新的火舌又喷出了火星子。

"你瞧,还烧得那么厉害,火苗又蹿上来了。"

两人得救似的松了一口气,又跑了起来。

驹子跑得很快。她穿着木屐,飞也似的擦过冰面跑着,两条胳膊与其说前后摆动,不如说是向两边伸展,把力量全集中在胸前了。岛村觉得她格外小巧玲珑。发胖的岛村一边瞧着驹子一边跑,早就感到疲惫不堪了。而驹子突然喘着粗气,打了个趔趄倒向岛村。

"眼睛冻得快要流出泪水来啦。"

她脸颊发热,只有眼睛感到冰冷。岛村的眼睛也湿润了。他眨了眨眼,眸子里映满了银河。他控制住晶莹欲滴的泪珠。

“每晚都出现这样的银河吗?”

“银河?美极了。可并不是每晚都这样吧。多明朗啊。”

他们两人跑过来了。银河好像从他们的后面倾泻到前面。驹子的脸仿佛映在银河上。

但是,她那玲珑而悬直的鼻梁轮廓模糊,小巧的芳唇也失去了色泽。岛村无法相信成弧状横跨太空的明亮的光带竟会如此昏暗。大概是星光比朦胧的月夜更加暗淡的缘故吧。可是,银河比任何满月的夜空都要澄澈明亮。地面没有什么投影。奇怪的是,驹子的脸活像一副旧面具,淡淡地浮现出来,散发出一股女人的芳香。

岛村抬头仰望,觉得银河仿佛要把这个大地拥抱过去似的。

犹如一条大光带的银河,使人觉得好像浸泡着岛村的身体,漂漂浮浮,然后伫立在天涯海角上。这虽是一种冷冽的孤寂,但也给人以某种神奇的媚惑之感。

【注释】

[1]选自叶渭渠译《雪国》,译林出版社 1996 年版。

[2]指岛村和驹子。岛村是个坐食祖产、无所事事的纨绔子弟。他从东京来到多雪的上野温泉旅馆,结识了在那里出卖声色的驹子。他共来雪国 3 次。岛村追求驹子的美貌,驹子赏识岛村的大度和学识。岛村第二次前来雪国时,在火车上看到一位年轻貌美的姑娘,名叫叶子。后来岛村得知叶子原来是驹子三弦师傅家的人,行男则是三弦师傅之子。岛村风闻三弦师傅活着的时候,曾有意叫驹子和行男订婚,驹子也是为给行男治病才当了艺妓的。但驹子对此表示否认,实际上对行男也毫无感情,甚至岛村第二次离开雪国,驹子送到车站时,叶子跑来报告行男咽气,哀求驹子前去看看,驹子也未予理睬。岛村虽然欣赏叶子年轻貌美,但在第二次来雪国后的几次接触中,并未对她有爱的表示,直到在他离开雪国之前,剧场失火,发现叶子从二楼上掉下来死去,也只是略表同情而已。课文节选了故事临近结束时驹子怀着无望的痴情送别岛村,又赶上蚕房失火的情景。

导读

《雪国》开始创作于 1935 年,时值日本帝国主义侵占我东北并准备发动全面侵华战争的阴云密布时期。随着军国主义对内统治的加强,川端的创作也受到影响,以至于到战后才出版了完成本。政治的阴影加之川端独特的艺术个性,使《雪国》在思想内容上显得颇为费解,但作为一部典范的“新感觉派”小说,该作独具的美感却是无可置疑的。《雪国》与《古都》、《千鹤》一道,“以非凡的敏锐表现了日本人的精神实质”,为川端康成赢得了 1968 年的诺贝尔文学大奖,给作者带来了世界性声誉。我国对《雪国》的翻译和研究是从 20 世纪 80 年代开始的。该作在我国一露面,立即引起争议,有人责难该作写男女间的丑恶行径,有“下流情调”,质问《雪国》在“为哪种人生唱赞歌”。这并不奇怪,因为自建国以来,我国大陆没有译介过川端康成的作品,对其人其作人们十分生疏。

解读《雪国》必须将其与日本“新感觉派”相联系。该派出现于20世纪20年代，是日本的第一个现代派。这一派作家们以1924年创刊的《文艺时代》杂志为中心从事写作。1927年4月《文艺时代》停刊，“新感觉派”的活动也随之结束。该派作家受西方达达主义、表现主义文学影响，主张根据作家的主观感受去认识客观世界，通过刹那间的感觉来表现现实生活，并利用想像去虚构新的现实，着意于描绘人物纤细的感情和心理活动。川端康成和横光利一被称为新感觉派的“双璧”。横光利一注重从理智的感觉出发去展开主观的想像，而川端偏向于感情的感觉。《雪国》充溢着浓烈的主观抒情色彩。作者融感觉描写、自由联想、意识流手法为一炉，随着人物的意识流动，情感错落有序地逐次展开。课文中蚕房失火的情节就包含着人物对世界、人生的复杂体验。岛村在都市里无所事事，可是一次次的雪国之旅也不能帮他找回自己，他始终觉得在这个世界上，一切都是徒劳(包括他与驹子彼此间的感情)，因此他只有选择再次的离开，他不想带走、也不想留下什么。驹子的美丽、痴情、善良以及幽怨都不能改变什么，她在痛苦中接受着命运的安排。世界固然有一分美丽，如雪国的洁净、银河的晶莹空阔、火的热力，但是，雪国依然如许之冷，银河深邃而不可知，大火亦能吞噬美丽的生命……

理解《雪国》还须理解川端康成。作者2岁丧父、4岁丧母、16岁时亲人丧尽，寄人篱下的特殊经历在他的意识深层刻下了独特的印迹。他始终不能放弃对“死亡”的思考，并对“死亡”持有不同于常人的看法。在他眼里，死是生的延续，具有必然美好的属性，而生是痛苦的。这导致了《雪国》中浓重的虚无思想，表现为强烈的哀愁感、孤寂失落感和虚幻感。《雪国》是“借传统虚无之貌，显现实绝望之神”。

另外，《雪国》中大量的自然风物描写，特别是自然与人的感情的亲密契合，鲜明地再现出日本文化特质，带有浓郁的民族风情。

思考与练习

1.认真阅读课文，体会人物的内心世界和情感特征。

2.课文有多处描写，比如银河、火景以及主人公的语言、形貌等。这些描写有什么作用？

生命哲思

假如世界上没有了苦难，世界还能够存在么？

一个失去差别的世界将是一条死水，是一块没有感觉没有肥力的沙漠。

——史铁生

我须要时时想着，我应该如何努力利用现在的“小我”，方才可以不辜负了那“大我”的无穷过去，方才可以不遗害那“大我”的无穷未来？

——胡适

◎曹　操

短　歌　行[1]

曹操(155—220),字孟德,沛国谯郡(今安徽省亳县)人。20岁举孝廉,27岁任议郎,30岁时参加镇压黄巾起义军的队伍,并逐渐建立和壮大了自己的力量。42岁时,迎汉献帝迁都许昌,从此,“挟天子以令诸侯”,成为北方的实际统治者。位至大将军、丞相,封魏王。曹丕建魏称帝后,追尊他为武帝。

曹操的诗现存二十多首,大多以乐府旧题写现实内容,反映当时动乱的社会现实,抒写自己的人生抱负和壮志难酬的忧闷。气势阔大,语言质朴,情感沉郁,风格慷慨悲壮。有《魏武帝集》。

对酒当歌[2],人生几何?譬如朝露,去日苦多[3]。
慨当以慷[4],忧思难忘。何以解忧?惟有杜康[5]。
青青子衿,悠悠我心[6]。但为君故[7],沉吟至今。
呦呦鹿鸣,食野之苹。我有嘉宾,鼓瑟吹笙[8]。
明明如月,何时可掇[9]?忧从中来[10],不可断绝。
越陌度阡,枉用相存[11]。契阔谈讌,心念旧恩[12]。
月明星稀,乌鹊南飞。绕树三匝,何枝可依[13]?
山不厌高,水不厌深[14]。周公吐哺[15],天下归心。

【注释】

[1]短歌行:乐府旧题。曹操《短歌行》共两首,这里所选为第一首。

[2]对酒当歌:即面对着酒宴和歌舞。当:对着,面对,向着。

[3]“譬如”二句:意谓人生就像早晨的露水一样短促易逝,逝去的时光太多,使人痛苦。

[4]慨当以慷:是“慨慷”的间隔用法,即“慷慨”,指因理想不能实现而内心不平静。

[5]杜康:相传是最早造酒的人。这里代指酒。

[6]“青青”二句:用《诗经·郑风·子衿》的成句,借以表示对贤才的渴慕。衿(jīn):同“襟”,衣襟。青衿是周代学生的服装,后亦指代读书人。悠悠:形容对贤才深沉的思念。

[7]但:只。君:指渴慕的贤才。

[8]“呦(yōu)呦”四句:用《诗经·小雅·鹿鸣》的成句,借以表达礼遇贤才的心情。原意是说鹿见到艾蒿,相呼而食;我有贵客,当设宴相待。呦呦:鹿鸣的声音。苹:艾蒿。

[9]掇:同“辍”,停止。一说掇(duō),拾取,比喻理想可望而不可即。

[10]中：内心，心中。

[11]"越陌"二句：指客人远道而来，希屈驾探望。陌、阡：田间的小路。枉：敬辞，指屈驾。用：以。存：问候。

[12]契阔：聚散，这里指久别重逢。契：投合。阔：疏远。谈讌：谈心宴饮。讌：同"宴"。旧恩：旧情。

[13]"月明"四句：以乌鹊无枝可依比喻贤才无所依托。匝(zā)：周，即环绕一圈。

[14]"山不"二句：以山不嫌高、水不嫌深表明自己渴望多多招纳贤才的心情。

[15]周公吐哺：传说周公恐失天下贤士，常在吃饭时停下来招纳贤才。哺：咀嚼着的食物。这句借周公典故表明自己要像周公那样礼贤下士。

导读

这是曹操的代表作之一。曹操深感时光消逝而大业未就，期望招贤纳才来帮助他建功立业。诗中反复咏唱，表现出作者招纳贤才、建功立业的强烈渴望和感发奋起的积极的人生态度。整首诗苍劲悲凉，震慑人心。

此诗按音乐节奏四句一章。一、二章感叹时光易逝，内心激昂不平；三章到六章抒写求贤若渴的心情；七、八章抒写效法周公广纳贤才以安定天下的愿望。诗意往复回环，情感起伏跌宕，表现出诗人内心激情和思绪的激昂起伏。

诗中引用《诗经》成句和运用典故，形成庄重典雅的格调。此外，诗中还运用了比兴手法，寓意一贯而下，浑然天成。

思考与练习

1.这首诗表现出曹操怎样的博大情怀？

2.说明诗中《诗经》成句和典故的用意。

3.分析诗中的比兴句的寓意。

◎杜　甫

登　高[1]

杜甫(712—770),字子美,祖籍京兆杜陵(今陕西省西安市东南),生于河南省巩县。出生于一个世代"奉儒守官"的封建官僚家庭。开元中杜甫曾漫游吴、越、齐、赵一带。天宝三年(744),杜甫与李白在洛阳相识,又遇高适,三人同游梁、宋。天宝五年(746),赴试落第,困顿京城10年。天宝十四年(755),被授予右卫率府曹参军。安史之乱起,被叛军所俘,后从长安只身逃奔凤翔,任左拾遗。因上书营救房琯,触怒肃宗,被贬为华州司功参军。肃宗乾元二年(759),弃官西行,经关陇、秦州入蜀,定居成都浣花溪草堂近十年。其间,因四川节度使严武推荐任检校工部员外郎,故世称杜工部。永泰元年(765),离蜀东下,滞留夔州2年。大历五年(770),赴郴州,途中贫病交加。是年冬,死于由长沙到岳阳的一条破船上,时年59岁。有《杜少陵集》25卷,收诗一千四百余首。

风急天高猿啸哀[2],渚清沙白鸟飞回[3]。
无边落木萧萧下[4],不尽长江滚滚来。
万里悲秋常作客[5],百年多病独登台[6]。
艰难苦恨繁霜鬓[7],潦倒新停浊酒杯[8]。

【注释】

[1]此诗是作者大历二年(767)重阳节在夔州登高时所作,含有登高抒怀之意。农历九月九日为重阳,历来有登高的习俗。

[2]猿啸哀:长江三峡中猿猴的叫声哀伤凄厉。《水经注·江水》引民谣云:"巴东三峡巫峡长,猿鸣三声泪沾裳。"

[3]渚(zhǔ):水中的小洲。回:盘旋飞翔。

[4]落木:落叶。萧萧:拟声词,风吹树叶以及树叶飘落时发出的声音。

[5]"万里"句:意谓自己长年客居他乡,在距故乡万里之遥的异乡望秋色而生悲。

[6]百年:犹言老年。独登台:独自一人登上高台。

[7]艰难:指生活艰辛,遭遇坎坷。苦恨:极恨。繁霜鬓:白发越来越多。

[8]潦倒:衰颓,失意。新停:最近停止。重阳登高,例应喝酒,当时杜甫因患肺病而戒酒。

导读

这首诗借登高所见秋江景色，抒发了诗人长年飘泊、老病孤愁的复杂感情。前四句写登高所见所闻，字字紧扣秋季景物的特征，由视觉到听觉，勾勒出三峡江边空旷寂寥的景致。一、二句为局部的近景，深秋猿的叫声中透出阵阵哀意，鸟儿也似丢魂落魄，飞旋不定。三、四句为整体的远景，深秋落叶萧萧，寒意顿生，只有滚滚长江一去不复返，景色肃杀，时光难驻。五、六句由写景转入抒情，作者将深秋的感触和个人身世联系起来：遭遇曲折，穷愁潦倒，年老多病，流离失所，一个“独”字，点出形单影只，贫病交加，岂能不悲？两鬓斑白，愁染双眉，旧病未愈，又染新疾，以至于连登高时惯例要饮的酒也只好戒了，读来令人生悲。这两句为“诗眼”所在。诗作前半部分表面上是写景，着力刻画眼前的景物，视听远近结合，既有工笔素描，又用写意手法勾勒，俯仰兼顾，动静相衬，展现一幅萧条而又雄浑旷远的图画，同时字里行间渗透着诗人伤感、孤独、凄凉的情感；后半部分是抒情，将忧愁、乡关之思、身世之感和对时世艰难的感叹融合在一起，沉痛至极，感人至深。境界雄阔而情感悲凉，充分体现出杜甫诗歌“沉郁”的特色。

这首诗用词准确、凝练，摹形拟声，形象生动，词约义丰。通体对仗，工稳之极，极富形式美感。音韵和谐，语言兼具刚强和流丽之美，在艺术上达到了炉火纯青的地步。

思考与练习

1.分析这首诗情景交融的写法。

2.找出最能表达作者情感的句子并加以分析。

3.该诗在形式上有什么特点？举例说明。

4.背诵这首诗。

◎史铁生

我与地坛[1]

史铁生,1951年生于北京。1967年于清华大学附中毕业。1969年赴延安地区插队。1972年因双腿瘫痪回北京,在某街道小厂做工。1979年后主要从事文学创作,现为中国作家协会会员。1979年发表第一篇小说《法学教授及其夫人》。1983年和1984年分别以《我的遥远的清平湾》和《奶奶的星星》荣获全国优秀短篇小说奖。1996年11月,其短篇小说《老屋小记》又获得浙江《东海》文学月刊"30万东海文学巨奖"(5万元)。

一

我在好几篇小说中都提到这一座废弃的古园,实际上就是地坛。许多年前旅游业还没有开展,园子荒芜冷落得如同一片野地,很少被人记起。

地坛离我家很近。或者说我家离地坛很近。总之,只好认为这是缘分。地坛在我出生前四百多年就坐落在那儿了,而自从我的祖母年轻时带着我父亲来到北京,就一直住在离它不远的地方——五十多年间搬过几次家,可搬来搬去总是在它周围,而且是越搬离它越近了。我常觉得这中间有着宿命的味道:仿佛这古园就是为了等我,而历尽沧桑在那儿等待了四百多年。

它等待我出生,然后又等待我活到最狂妄的年龄上忽地残废了双腿。四百多年里,它一面剥蚀了古殿檐头浮夸的琉璃,淡褪了门壁上炫耀的朱红,坍圮了一段段高墙又散落了玉砌雕栏,祭坛四周的老柏树愈见苍幽,到处的野草荒藤也都茂盛得自在坦荡。这时候想必我是该来了。15年前的一个下午,我摇着轮椅进入园中,它为一个失魂落魄的人把一切都准备好了。那时,太阳循着亘古不变的路途正越来越大,也越红。在满园弥漫的沉静光芒中,一个人更容易看到时间,并看见自己的身影。

自从那个下午我无意中进了这园子,就再没长久地离开过它。我一下子就理解了它的意图。正如我在一篇小说中所说的:"在人口密集的城市里,有这样一个宁静的去处,像是上帝的苦心安排。"

两条腿残废后的最初几年,我找不到工作,找不到去路,忽然间几乎什么都找不到了,我就摇了轮椅总是到它那儿去,仅为着那儿是可以逃避一个世界的另一个世界。我在那篇小说中写道:"没处可去我便一天到晚耗在这园子里。跟上班下班一样,别人去上班我就摇了轮椅到这儿来。""园子无人看管,上下班时间就有些抄近路的人们从园中穿过，园子里活跃一阵，过后便沉寂下来。”“园墙在金晃晃的空气中斜切下一溜荫凉，我把轮椅开进去，把椅背放倒，坐着或是躺着，看书或者想事，撅一杈树枝左右拍打，驱赶那些和我一样不明白为什么要来这世上的小昆虫。”“蜂儿如一朵小雾稳稳地停在半空；蚂蚁摇头晃脑捋着触须，猛然间想透了什么，转身疾行而去；瓢虫爬得不耐烦了，累了祈祷一回便支开翅膀，忽悠一下升空了；树干上留着一只蝉蜕，寂寞如一间空屋；露水在草叶上滚动，聚集，压弯了草叶轰然坠地摔开万道金光。”“满园子都是草木竞相生长弄出的响动，窸窸窣窣片刻不息。”这都是真实的记录，园子荒芜但并不衰败。

除去几座殿堂我无法进去，除去那座祭坛我不能上去而只能从各个角度张望它，地坛的每一棵树下我都去过，差不多它的每一米草地上都有过我的车轮印。无论是什么季节，什么时间，我都在这园子里呆过。有时候呆一会儿就回家，有时候就呆到满地上都亮起月光。记不清都是在它的哪些角落里了。我一连几小时专心致志地想关于死的事，也以同样的耐心和方式想过我为什么要出生。这样想了好几年，最后事情终于弄明白了：一个人，出生了，这就不再是一个可以辩论的问题，而只是上帝交给他的一个事实；上帝在交给我们这件事实的时候，已经顺便保证了它的结果，所以死是一件不必急于求成的事，死是一个必然会降临的节日。这样想过之后我安心多了，眼前的一切不再那么可怕。比如你起早熬夜准备考试的时候，忽然想起有一个长长的假期在前面等待你，你会不会觉得轻松一点？并且庆幸并且感激这样的安排？

剩下的就是怎样生活的问题了，这却不是在某一个瞬间就能完全想透的、不是一次性能够解决的事，怕是活多久就要想它多久了，就像是伴你终生的魔鬼或恋人。所以，15年了，我还是总得到那古园里去、去它的老树下或荒草边或颓墙旁，去默坐，去呆想，去推开耳边的嘈杂理一理纷乱的思绪，去窥看自己的心魂。15年中，这古园的形体被不能理解它的人肆意雕琢，幸好有些东西是任谁也不能改变它的。譬如祭坛石门中的落日，寂静的光辉平铺的一刻，地上的每一个坎坷都被映照得灿烂；譬如在园中最为落寞的时间，一群雨燕便出来高歌，把天地都叫喊得苍凉；譬如冬天雪地上孩子的脚印，总让人猜想他们是谁，曾在那儿做过些什么、然后又都到哪儿去了；譬如那些苍黑的古柏，你忧郁的时候它们镇静地站在那儿，你欣喜的时候它们依然镇静地站在那儿，它们没日没夜地站在那儿从你没有出生一直站到这个世界上又没了你的时候；譬如暴雨骤临园中，激起一阵阵灼烈而清纯的草木和泥土的气味，让人想起无数个夏天的事件；譬如秋风忽至，再有一场早霜，落叶或飘摇歌舞或坦然安卧，满园中播散着熨贴而微苦的味道。味道是最说不清楚的。味道不能写只能闻，要你身临其境去闻才能明了。味道甚至是难于记忆的，只有你又闻到它你才能记起它的全部情感和意蕴。所以我常常要到那园子里去。

二

现在我才想到，当年我总是独自跑到地坛去，曾经给母亲出了一个怎样的难题。

她不是那种光会疼爱儿子而不懂得理解儿子的母亲。她知道我心里的苦闷，知道不该阻止我出去走走，知道我要是老呆在家里结果会更糟，但她又担心我一个人在那荒僻的园子里整天都想些什么。我那时脾气坏到极点，经常是发了疯一样地离开家，从那园子里回来又中了魔似的什么话都不说。母亲知道有些事不宜问，便犹犹豫豫地想问而终于不敢问，因为她自己心里也没有答案。她料想我不会愿意她跟我一同去，所以她从未这样要求过，她知道得给我一点独处的时间，得有这样一段过程。她只是不知道这过程得要多久，和这过程的尽头究竟是什么。每次我要动身时，她便无言地帮我准备，帮助我上了轮椅车，看着我摇车拐出小院；这以后她会怎样，当年我不曾想过。

有一回我摇车出了小院；想起一件什么事又返身回来，看见母亲仍站在原地，还是送我走时的姿势，望着我拐出小院去的那处墙角，对我的回来竟一时没有反应。待她再次送我出门的时候，她说："出去活动活动，去地坛看看书，我说这挺好。"许多年以后我才渐渐听出，母亲这话实际上是自我安慰，是暗自的祷告，是给我的提示，是恳求与嘱咐。只是在她猝然去世之后，我才有余暇设想。当我不在家里的那些漫长的时间，她是怎样心神不定坐卧难宁，兼着痛苦与惊恐与一个母亲最低限度的祈求。现在我可以断定，以她的聪慧和坚忍，在那些空落的白天后的黑夜，在那不眠的黑夜后的白天，她思来想去最后准是对自己说："反正我不能不让他出去，未来的日子是他自己的，如果他真的要在那园子里出了什么事，这苦难也只好我来承担。"在那段日子里——那是好几年长的一段日子，我想我一定使母亲作过了最坏的准备了，但她从来没有对我说过："你为我想想。"事实上我也真的没为她想过。那时她的儿子，还太年轻，还来不及为母亲想，他被命运击昏了头，一心以为自己是世上最不幸的一个，不知道儿子的不幸在母亲那儿总是要加倍的。她有一个长到20岁上忽然截瘫了的儿子，这是她唯一的儿子；她情愿截瘫的是自己而不是儿子，可这事无法代替；她想，只要儿子能活下去哪怕自己去死呢也行，可她又确信一个人不能仅仅是活着，儿子得有一条路走向自己的幸福；而这条路呢，没有谁能保证她的儿子终于能找到。——这样一个母亲，注定是活得最苦的母亲。

有一次与一个作家朋友聊天，我问他学写作的最初动机是什么？他想了一会说："为我母亲。为了让她骄傲。"我心里一惊，良久无言。回想自己最初写小说的动机，虽不似这位朋友的那般单纯，但如他一样的愿望我也有，且一经细想，发现这愿望也在全部动机中占了很大比重。这位朋友说："我的动机太低俗了吧？"我光是摇头，心想低俗并不见得低俗，只怕是这愿望过于天真了。他又说："我那时真就是想出名，出了名让别人羡慕我母亲。"我想，他比我坦率。我想，他又比我幸福，因为他的母亲还活着。而且我想，他的母亲也比我的母亲运气好，他的母亲没有一个双腿残废的儿子，否则事情就不这么简单。

在我的头一篇小说发表的时候，在我的小说第一次获奖的那些日子里，我真是多么希望我的母亲还活着。我便又不能在家里呆了，又整天整天独自跑到地坛去，心里是没头没尾的沉郁和哀怨，走遍整个园子却怎么也想不通：母亲为什么就不能再多活两年？

为什么在她儿子就快要碰撞开一条路的时候,她却忽然熬不住了?莫非她来此世上只是为了替儿子担忧,却不该分享我的一点点快乐?她匆匆离我去时才只有49呀!有那么一会,我甚至对世界对上帝充满了仇恨和厌恶。后来我在一篇题为“合欢树”的文章中写道:“我坐在小公园安静的树林里,闭上眼睛,想,上帝为什么早早地召母亲回去呢?很久很久,迷迷糊糊的我听见了回答:‘她心里太苦了,上帝看她受不住了,就召她回去。’似乎得了一点安慰,睁开眼睛,看见风正从树林里穿过。”小公园,指的也是地坛。

只是到了这时候,纷纭的往事才在我眼前幻现得清晰,母亲的苦难与伟大才在我心中渗透得深彻。上帝的考虑,也许是对的。

摇着轮椅在园中慢慢走,又是雾罩的清晨,又是骄阳高悬的白昼,我只想着一件事:母亲已经不在了。在老柏树旁停下,在草地上在颓墙边停下,又是处处虫鸣的午后,又是鸟儿归巢的傍晚,我心里只默念着一句话:可是母亲已经不在了。把椅背放倒,躺下,似睡非睡挨到日没,坐起来,心神恍惚,呆呆地直坐到古祭坛上落满黑暗然后再渐渐浮起月光,心里才有点明白,母亲不能再来这园中找我了。

曾有过好多回,我在这园子里呆得太久了,母亲就来找我。她来找我又不想让我发觉,只要见我还好好地在这园子里,她就悄悄转身回去,我看见过几次她的背影。我也看见过几回她四处张望的情景,她视力不好,端着眼镜像在寻找海上的一条船,她没看见我时我已经看见她了,待我看见她也看见我了我就不去看她,过一会我再抬头看她就又看见她缓缓离去的背影。我单是无法知道有多少回她没有找到我。有一回我坐在矮树丛中,树丛很密,我看见她没有找到我;她一个人在园子里走,走过我的身旁,走过我经常呆的一些地方,步履茫然又急迫。我不知道她已经找了多久还要找多久,我不知道为什么我决意不喊她——但这绝不是小时候的捉迷藏,这也许是出于长大了的男孩子的倔强或羞涩?但这倔强只留给我痛悔,丝毫也没有骄傲。我真想告诫所有长大了的男孩子,千万不要跟母亲来这套倔强,羞涩就更不必,我已经懂了可我已经来不及了。

儿子想使母亲骄傲,这心情毕竟是太真实了,以致使“想出名”这一声名狼藉的念头也多少改变了一点形象。这是个复杂的问题,且不去管它了罢。随着小说获奖的激动逐日暗淡,我开始相信,至少有一点我是想错了:我用纸笔在报刊上碰撞开的一条路,并不就是母亲盼望我找到的那条路。年年月月我都到这园子里来,年年月月我都要想,母亲盼望我找到的那条路到底是什么。

母亲生前没给我留下过什么隽永的哲言,或要我恪守的教诲,只是在她去世之后,她艰难的命运,坚忍的意志和毫不张扬的爱,随光阴流转,在我的印象中愈加鲜明深刻。

有一年,10月的风又翻动起安详的落叶,我在园中读书,听见两个散步的老人说:“没想到这园子有这么大。”我放下书,想,这么大一座园子,要在其中找到她的儿子,母亲走过了多少焦灼的路。多年来我头一次意识到:这园中不单是处处都有过我的车辙,有过我的车辙的地方也都有过母亲的脚印。

三

如果以一天中的时间来对应四季，当然春天是早晨，夏天是中午，秋天是黄昏，冬天是夜晚。如果以乐器来对应四季，我想春天应该是小号，夏天是定音鼓，秋天是大提琴，冬天是圆号和长笛。要是以这园子里的声响来对应四季呢?那么，春天是祭坛上空漂浮着的鸽子的哨音，夏天是冗长的蝉歌和杨树叶子哗啦啦地对蝉歌的取笑，秋天是古殿檐头的风铃响，冬天是啄木鸟随意而空旷的啄木声。以园中的景物对应四季，春天是一径时而苍白时而黑润的小路，时而明朗时而阴晦的天上摇荡着串串杨花；夏天是一条条耀眼而灼人的石凳，或阴凉面爬满了青苔的石阶，阶下有果皮，阶上有半张被坐皱的报纸；秋天是一座青铜的大钟，在园子的西北角上曾丢弃着一座很大的铜钟，铜钟与这园子一般年纪，浑身挂满绿锈，文字已不清晰；冬天，是林中空地上几只羽毛蓬松的老麻雀。以心绪对应四季呢?春天是卧病的季节，否则人们不易发觉春天的残忍与渴望；夏天，情人们应该在这个季节里失恋，不然就似乎对不起爱情；秋天是从外面买一棵盆花回家的时候，把花搁在阔别了的家中，并且打开窗户把阳光也放进屋里，慢慢回忆慢慢整理一些发过霉的东西；冬天伴着火炉和书，一遍遍坚定不死的决心，写一些并不发出的信。还可以用艺术形式对应四季，这样春天就是一幅画，夏天是一部长篇小说，秋天是一首短歌或诗，冬天是一群雕塑。以梦呢?以梦对应四季呢?春天是树尖上的呼喊，夏天是呼喊中的细雨，秋天是细雨中的土地，冬天是干净的土地上的一只孤零的烟斗。

因为这园子，我常感恩于自己的命运。

我甚至现在就能清楚地看见，一旦有一天我不得不长久地离开它，我会怎样想念它，我会怎样想念它并且梦见它，我会怎样因为不敢想念它而梦也梦不到它。

四

现在让我想想，15 年中坚持到这园子来的人都是谁呢? 好像只剩了我和一对老人。

15 年前，这对老人还只能算是中年夫妇，我则货真价实还是个青年。他们总是在薄暮时分来园中散步，我不大弄得清他们是从哪边的园门进来，一般说他们是逆时针绕这园子走。男人个子很高，肩宽腿长，走起路来目不斜视，胯以上直至脖颈挺直不动；他的妻子攀了他一条胳膊走，也不能使他的上身稍有松懈。女人个子却矮，也不算漂亮，我无端地相信她必出身于家道中衰的名门富族；她攀在丈夫胳膊上像个娇弱的孩子，她向四周观望似总含着恐惧，她轻声与丈夫谈话，见有人走近就立刻怯怯地收住话头。我有时因为他们而想起冉阿让与柯赛特，但这想法并不巩固，他们一望即知是老夫老妻。两个人的穿着都算得上考究，但由于时代的演进，他们的服饰又可以称为古朴了。他们和我一样，到这园子里来几乎是风雨无阻，不过他们比我守时。我什么时间都可能来，他们则一定是在暮色初临的时候。刮风时他们穿了米色风衣，下雨时他们打了黑色的雨伞，夏天他们的衬衫是白色的裤子是黑色的或米色的，冬天他们的呢子大衣又都是黑色的，想必他们只喜欢这三种颜色。他们逆时针绕这园子一周,然后离去。他们走过我身旁时只有男人的脚步响，女人像是贴在高大的丈夫身上跟着漂移。我相信他们一定对我有印象,但是我们没有说过话,我们互相都没有想要接近的表示。15 年中,他们或许注意到一个小伙子进入了中年,我则看着一对令人羡慕的中年情侣不觉中成了两个老人。

曾有过一个热爱唱歌的小伙子,他也是每天都到这园中来,来唱歌,唱了好多年,后来不见了。他的年纪与我相仿,他多半是早晨来,唱半小时或整整唱一个上午,估计在另外的时间里他还得上班。我们经常在祭坛东侧的小路上相遇,我知道他是到东南角的高墙下去唱歌,他一定猜想我去东北角的树林里做什么。我找到我的地方,抽几口烟,便听见他谨慎地整理歌喉了。他反反复复唱那么几首歌。文化革命没过去的时侯,他唱“蓝蓝的天上白云飘,白云下面马儿跑……”我老也记不住这歌的名字。文革后,他唱《货郎与小姐》中那首最为流传的咏叹调。“卖布——卖布嘞,卖布——卖布嘞!”我记得这开头的一句他唱得很有声势,在早晨清澈的空气中,货郎跑遍园中的每一个角落去恭维小姐。“我交了好运气,我交了好运气,我为幸福唱歌曲……”然后他就一遍一遍地唱,不让货郎的激情稍减。依我听来,他的技术不算精到,在关键的地方常出差错,但他的嗓子是相当不坏的,而且唱一个上午也听不出一点疲惫。太阳也不疲惫,把大树的影子缩小成一团,把疏忽大意的蚯蚓晒干在小路上,将近中午,我们又在祭坛东侧相遇,他看一看我,我看一看他,他往北去,我往南去。日子久了,我感到我们都有结识的愿望,但似乎都不知如何开口,于是互相注视一下终又都移开目光擦身而过;这样的次数一多,便更不知如何开口了。终于有一天——一个丝毫没有特点的日子,我们互相点了一下头。他说:“你好。”我说:“你好。”他说:“回去啦?”我说:“是,你呢?”他说:“我也该回去了。”我们都放慢脚步(其实我是放慢车速),想再多说几句,但仍然是不知从何说起,这样我们就都走过了对方,又都扭转身子面向对方。他说:“那就再见吧。”我说:“好,再见。”便互相笑笑各走各的路了。但是我们没有再见,那以后,园中再没了他的歌声,我才想到,那天他或许是有意与我道别的,也许他考上了哪家专业文工团或歌舞团了吧?真希望他如他歌里所唱的那样,交了好运气。

还有一些人,我还能想起一些常到这园子里来的人。有一个老头,算得一个真正的饮者;他在腰间挂一个扁瓷瓶,瓶里当然装满了酒,常来这园中消磨午后的时光。他在园中四处游逛,如果你不注意你会以为园中有好几个这样的老头,等你看过了他卓尔不群的饮酒情状,你就会相信这是个独一无二的老头。他的衣着过分随便,走路的姿态也不慎重,走上五六十米路便选定一处地方,一只脚踏在石凳上或土埂上或树墩上,解下腰间的酒瓶,解酒瓶的当儿眯起眼睛把 180 度视角内的景物细细看一遭,然后以迅雷不及掩耳之势倒一大口酒入肚,把酒瓶摇一摇再挂向腰间,平心静气地想一会什么,便走下一个五六十米去。还有一个捕鸟的汉子,那岁月园中人少,鸟却多,他在西北角的树丛中拉一张网,鸟撞在上面,羽毛戗在网眼里便不能自拔。他单等一种过去很多而现在非常罕见的鸟,其它的鸟撞在网上他就把它们摘下来放掉,他说已经有好多年没等到那种罕见的鸟,他说他再等一年看看到底还有没有那种鸟,结果他又等了好多年。早晨和傍晚,在这园子里可以看见一个中年女工程师;早晨她从北向南穿过这园子去上班,傍晚她从南向北穿过这园子回家。事实上我并不了解她的职业或者学历,但我以为她必是学理工的知识分子,别样的人很难有她那般的素朴并优雅。当她在园子穿行的时刻,四周的树林也仿佛更加幽静,清淡的日光中竟似有悠远的琴声,比如说是那曲《献给艾丽丝》才好。我没有见过她的丈夫,没有见过那个幸运的男人是什么样子,我想像过却想像不出,后来忽然懂了想像不出才好,那个男人最好不要出现。她走出北门回家去,我竟有点担心,担心她会落入厨房,不过,也许她在厨房里劳作的情景更有另外的美吧,当然不能再是《献给艾丽丝》,是个什么曲子呢?还有一个人,是我的朋友,他是个最有天赋的长跑家,但他被埋没了。他因为在文革中出言不慎而坐了几年牢,出来后好不容易找了个拉板车的工作,样样待遇都不能与别人平等,苦闷极了便练习长跑。那时他总来这园子里跑,我用手表为他计时。他每跑一圈向我招下手,我就记下一个时间。每次他要环绕这园子跑 20 圈,大约 2 万米。他盼望以他的长跑成绩来获得政治上真正的解放,他以为记者的镜头和文字可以帮他做到这一点。第一年他在春节环城赛上跑了第十五名,他看见前十名的照片都挂在了长安街的新闻橱窗里,于是有了信心。第二年他跑了第四名,可是新闻橱窗里只挂了前三名的照片,他没灰心。第三年他跑了第七名,橱窗里挂前六名的照片,他有点怨自己。第四年他跑了第三名,橱窗里却只挂了第一名的照片。第五年他跑了第一名——他几乎绝望了,橱窗里只有一幅环城赛群众场面的照片。那些年我们俩常一起在这园子里呆到天黑,开怀痛骂,骂完沉默着回家,分手时再互相叮嘱:先别去死,再试着活一活看。现在他已经不跑了,年岁太大了,跑不了那么快了。最后一次参加环城赛,他以 38 岁之龄又得了第一名并破了纪录,有一位专业队的教练对他说:“我要是十年前发现你就好了。”他苦笑一下什么也没说,只在傍晚又来这园中找到我,把这事平静地向我叙说一遍。不见他已有好几年了,现在他和妻子和儿子住在很远的地方。

这些人现在都不到园子里来了,园子里差不多完全换了一批新人。15 年前的旧人,现在就剩我和那对老夫老妻了。有那么一段时间,这老夫老妻中的一个也忽然不来,薄暮时分唯男人独自来散步,步态也明显迟缓了许多,我悬心了很久,怕是那女人出了什么事。幸好过了一个冬天那女人又来了,两个人仍是逆时针绕着园子走,一长一短两个身影恰似钟表的两根指针;女人的头发白了许多,但依旧攀着丈夫的胳膊走得像个孩子。“攀”这个字用得不恰当了,或许可以用“搀”吧,不知有没有兼具这两个意思的字。

五

我也没有忘记一个孩子——一个漂亮而不幸的小姑娘。15 年前的那个下午,我第一次到这园子里来就看见了她,那时她大约三岁,蹲在斋宫西边的小路上捡树上掉落的“小灯笼”。那儿有几棵大梨树,春天开一簇簇细小而稠密的黄花,花落了便结出无数如同三片叶子合抱的小灯笼,小灯笼先是绿色,继尔转白,再变黄,成熟了掉落得满地都是。小灯笼精巧得令人爱惜,成年人也不免捡了一个还要捡一个。小姑娘咿咿呀呀地跟自己说着话,一边捡小灯笼;她的嗓音很好,不是她那个年龄所常有的那般尖细,而是很圆润甚或是厚重,也许是因为那个下午园子里太安静了。我奇怪这么小的孩子怎么一个人跑来这园子里?我问她住在哪儿?她随便指一下,就喊她的哥哥,沿墙根一带的茂草之中便站起一个七八岁的男孩,朝我望望,看我不像坏人便对他的妹妹说:“我在这儿呢”,又伏下身去,他在捉什么虫子。他捉到螳螂,蚂蚱,知了和蜻蜓,来取悦他的妹妹。有那么两三年,我经常在那几棵大梨树下见到他们,兄妹俩总是在一起玩,玩得和睦融洽,都渐渐长大了些。之后有很多年没见到他们。我想他们都在学校里吧,小姑娘也到了上学的年龄,必是告别了孩提时光,没有很多机会来这儿玩了。这事很正常,没理由太搁在心上,若不是有一年我又在园中见到他们,肯定就会慢慢把他们忘记。

那是个礼拜日的上午。那是个晴朗而令人心碎的上午,时隔多年,我竟发现那个漂亮的小姑娘原来是个弱智的孩子。我摇着车到那几棵大梨树下去,恰又是遍地落满了小灯笼的季节;当时我正为一篇小说的结尾所苦,既不知为什么要给它那样一个结尾,又不知何以忽然不想让它有那样一个结尾,于是从家里跑出来,想依靠着园中的镇静,看看是否应该把那篇小说放弃。我刚刚把车停下,就见前面不远处有几个人在戏耍一个少女,作出怪样子来吓她,又喊又笑地追逐她拦截她,少女在几棵大树间惊惶地东跑西躲,却不松手揪住卷在怀里的裙裾,两条腿袒露着也似毫无察觉。

我看出少女的智力是有些缺陷,却还没看出她是谁。我正要驱车上前为少女解围,就见远处飞快地骑车来了个小伙子,于是那几个戏耍少女的家伙望风而逃。小伙子把自行车支在少女近旁,怒目望着那几个四散逃窜的家伙,一声不吭喘着粗气。脸色如暴雨前的天空一样一会比一会苍白。这时我认出了他们, 小伙子和少女就是当年那对小兄妹。我几乎是在心里惊叫了一声,或者是哀号。世上的事常常使上帝的居心变得可疑。小伙子向他的妹妹走去。少女松开了手,裙裾随之垂落了下来,很多很多她捡的小灯笼便洒落了一地,铺散在她脚下。她仍然算得漂亮,但双眸迟滞没有光彩。她呆呆地望着那群跑散的家伙,望着极目之处的空寂,凭她的智力绝不可能把这个世界想明白吧?大树下,破碎的阳光星星点点,风把遍地的小灯笼吹得滚动,仿佛喑哑地响着无数小铃铛。哥哥把妹妹扶上自行车后座,带着她无言地回家去了。

无言是对的。要是上帝把漂亮和弱智这两样东西都给了这个小姑娘,就只有无言和回家去是对的。

谁又能把这世界想个明白呢?世上的很多事是不堪说的。你可以抱怨上帝何以要降诸多苦难给这人间,你也可以为消灭种种苦难而奋斗,并为此享有崇高与骄傲,但只要你再多想一步你就会坠入深深的迷茫了:假如世界上没有了苦难,世界还能够存在么?要是没有愚钝,机智还有什么光荣呢?要是没了丑陋,漂亮又怎么维系自己的幸运?要是没有了恶劣和卑下, 善良与高尚又将如何界定自己又如何成为美德呢? 要是没有了残疾，健全会否因其司空见惯而变得腻烦和乏味呢?我常梦想着在人间彻底消灭残疾，但可以相信，那时将由患病者代替残疾人去承担同样的苦难。如果能够把疾病也全数消灭，那么这份苦难又将由(比如说)像貌丑陋的人去承担了。就算我们连丑陋，连愚昧和卑鄙和一切我们所不喜欢的事物和行为，也都可以统统消灭掉，所有的人都一样健康、漂亮、聪慧、高尚，结果会怎样呢?怕是人间的剧目就全要收场了，一个失去差别的世界将是一条死水，是一块没有感觉没有肥力的沙漠。

看来差别永远是要有的。看来就只好接受苦难——人类的全部剧目需要它，存在的本身需要它。看来上帝又一次对了。

于是就有一个最令人绝望的结论等在这里：由谁去充任那些苦难的角色?又有谁去体现这世间的幸福，骄傲和快乐?只好听凭偶然，是没有道理好讲的。

就命运而言，休论公道。

那么，一切不幸命运的救赎之路在哪里呢?

设若智慧的悟性可以引领我们去找到救赎之路，难道所有的人都能够获得这样的智慧和悟性吗?我常以为是丑女造就了美人。

我常以为是愚氓举出了智者。我常以为是懦夫衬照了英雄。我常以为是众生渡化了佛祖。

六

设若有一位园神，他一定早已注意到了，这么多年我在这园里坐着，有时候是轻松快乐的，有时候是沉郁苦闷的，有时候优哉游哉，有时候恓惶落寞，有时候平静而且自信，有时候又软弱又迷茫。其实总共只有三个问题交替着来骚扰我，来陪伴我。第一个是要不要去死?第二个是为什么活?第三个，我干嘛要写作?现在让我看看，它们迄今都是怎样编织在一起的吧。

你说，你看穿了死是一件无需乎着急去做的事，是一件无论怎样耽搁也不会错过的事，便决定活下去试试?是的，至少这是很关键的因素。为什么要活下去试试呢?好像仅仅是因为不甘心，机会难得，不试白不试，腿反正是完了，一切仿佛都要完了，但死神很守信用，试一试不会额外再有什么损失。说不定倒有额外的好处呢是不是?我说过，这一来我轻松多了，自由多了。为什么要写作呢?作家是两个被人看重的字，这谁都知道。为了让那个躲在园子深处坐轮椅的人，有朝一日在别人眼里也稍微有点光彩，在众人眼里也能有个位置，哪怕那时再去死呢也就多少说得过去了，开始的时候就是这样想，这不用保密，这些现在不用保密了。

我带着本子和笔，到园中找一个最不为人打扰的角落，偷偷地写。那个爱唱歌的小伙子在不远的地方一直唱。要是有人走过来，我就把本子合上把笔叼在嘴里。我怕写不成反落得尴尬。我很要面子。可是你写成了，而且发表了。人家说我写的还不坏，他们甚至说:真没想到你写得这么好。我心说你们没想到的事还多着呢。我确实整整一宿高兴得没合眼。我很想让那个唱歌的小伙子知道,因为他的歌也毕竟是唱得不错。我告诉我的长跑家朋友的时候,那个中年女工程师正优雅地在园中穿行;长跑家很激动,他说好吧,我玩命跑,你玩命写。这一来你中了魔了,整天都在想哪一件事可以写,哪一个人可以让你写成小说。是中了魔了,我走到哪儿想到哪儿,在人山人海里只寻找小说,要是有一种小说试剂就好了,见人就滴两滴看他是不是一篇小说,要是有一种小说显影液就好了,把它泼满全世界看看都是哪儿有小说,中了魔了,那时我完全是为了写作活着。结果你又发表了几篇,并且出了一点小名,可这时你越来越感到恐慌。我忽然觉得自己活得像个人质,刚刚有点像个人了却又过了头,像个人质,被一个什么阴谋抓了来当人质,不定哪天被处决,不定哪天就完蛋。你担心要不了多久你就会文思枯竭,那样你就又完了。凭什么我总能写出小说来呢?凭什么那些适合作小说的生活素材就总能送到一个截瘫者跟前来呢?人家满世界跑都有枯竭的危险,而我坐在这园子里凭什么可以一篇接一篇地写呢?你又想到死了。我想见好就收吧。当一名人质实在是太累了太紧张了,太朝不保夕了。我为写作而活下来,要是写作到底不是我应该干的事,我想我再活下去是不是太冒傻气了?你这么想着你却还在绞尽脑汁地想写。我好歹又拧出点水来,从一条快要晒干的毛巾上。恐慌日甚一日,随时可能完蛋的感觉比完蛋本身可怕多了,所谓不怕贼偷就怕贼惦记,我想人不如死了好,不如不出生的好,不如压根儿没有这个世界的好。可你并没有去死。我又想到那是一件不必着急的事。可是不必着急的事并不证明是一件必要拖延的事呀?你总是决定活下来,这说明什么?是的,我还是想活。人为什么活着?因为人想活着,说到底是这么回事,人真正的名字叫作:欲望。可我不怕死,有时候我真的不怕死。有时候,——说对了。不怕死和想去死是两回事,有时候不怕死的人是有的,一生下来就不怕死的人是没有的。我有时候倒是怕活。可是怕活不等于不想活呀?可我为什么还想活呢?因为你还想得到点什么,你觉得你还是可以得到点什么的,比如说爱情,比如说,价值之类,人真正的名字叫欲望。这不对吗?我不该得到点什么吗?没说不该。可我为什么活得恐慌,就像个人质?后来你明白了,你明白你错了,活着不是为了写作,而写作是为了活着。你明白了这一点是在一个挺滑稽的时刻。那天你又说你不如死了好,你的一个朋友劝你:你不能死,你还得写呢,还有好多好作品等着你去写呢。这时候你忽然明白了,你说:只是因为我活着,我才不得不写作。或者说只是因为你还想活下去,你才不得不写作。是的,这样说过之后我竟然不那么恐慌了。就像你看穿了死之后所得的那份轻松?一个人质报复一场阴谋的最有效的办法是把自己杀死。我看出我得先把我杀死在市场上,那样我就不用参加抢购题材的风潮了。你还写吗?还写。你真的不得不写吗?人都忍不住要为生存找一些牢靠的理由。你不担心你会枯竭了?我不知道,不过我想,活着的问题在死前是完不了的。

这下好了,您不再恐慌了不再是个人质了,您自由了。算了吧你,我怎么可能自由呢?别忘了人真正的名字是:欲望。所以您得知道,消灭恐慌的最有效的办法就是消灭欲望。可是我还知道,消灭人性的最有效的办法也是消灭欲望。那么,是消灭欲望同时也消灭恐慌呢?还是保留欲望同时也保留人生?

我在这园子里坐着,我听见园神告诉我,每一个有激情的演员都难免是一个人质。每一个懂得欣赏的观众都巧妙地粉碎了一场阴谋。每一个乏味的演员都是因为他老以为这戏剧与自己无关。每一个倒霉的观众都是因为他总是坐得离舞台太近了。

我在这园子里坐着,园神成年累月地对我说:孩子,这不是别的,这是你的罪孽和福祉。

七

要是有些事我没说,地坛,你别以为是我忘了,我什么也没忘,但是有些事只适合收藏。不能说,也不能想,却,又不能忘。它们不能变成语言,它们无法变成语言,一旦变成语言就不再是它们了。它们是一片朦胧的温馨与寂寥,是一片成熟的希望与绝望,它们的领地只有两处:心与坟墓。比如说邮票,有些是用于寄信的,有些仅仅是为了收藏。

如今我摇着车在这园子里慢慢走,常常有一种感觉,觉得我一个人跑出来已经玩得太久了。有一天我整理我的旧像册,一张十几年前我在这园子里照的照片——那个年轻人坐在轮椅上,背后是一棵老柏树,再远处就是那座古祭坛。我便到园子里去找那棵树。我按着照片上的背景找很快就找到了它,按着照片上它枝干的形状找,肯定那就是它。但是它已经死了,而且在它身上缠绕着一条碗口粗的藤萝。有一天我在这园子碰见一个老太太,她说:"哟,你还在这儿哪?"她问我:"你母亲还好吗?""您是谁?""你不记得我,我可记得你。有一回你母亲来这儿找你,她问我您看没看见一个摇轮椅的孩子?……"我忽然觉得,我一个人跑到这世界上来真是玩得太久了。有一天傍晚,我独自坐在祭坛边的路灯下看书,忽然从那漆黑的祭坛里传出一阵阵唢呐声;四周都是参天古树,方形祭坛占地几百平米空旷坦荡独对苍天,我看不见那个吹唢呐的人,惟唢呐声在星光寥寥的夜空里低吟高唱,时而悲怆时而欢快,时面缠绵时而苍凉,或许这几个词都不足以形容它,我清清醒醒地听出它响在过去,响在现在,响在未来,回旋飘转亘古不散。

必有一天,我会听见喊我回去。

那时您可以想像一个孩子,他玩累了可他还没玩够呢。心里好些新奇的念头甚至等不及到明天。也可以想像是一个老人,无可质疑地走向他的安息地,走得任劳任怨。还可以想像一对热恋中的情人,互相一次次说"我一刻也不想离开你",又互相一次次说"时间已经不早了",时间不早了可我一刻也不想离开你,一刻也不想离开你可时间毕竟是不早了。

我说不好我想不想回去。我说不好是想还是不想,还是无所谓。我说不好我是像那个孩子,还是像那个老人,还是像一个热恋中的情人。很可能是这样:我同时是他们三个。我来的时候是个孩子,他有那么多孩子气的念头所以才哭着喊着闹着要来,他一来一见到这个世界便立刻成了不要命的情人，而对一个情人来说，不管多么漫长的时光也是稍纵即逝，那时他便明白，每一步每一步，其实一步步都是走在回去的路上。当牵牛花初开的时节，葬礼的号角就已吹响。

但是太阳，他每时每刻都是夕阳也都是旭日。当他熄灭着走下山去收尽苍凉残照之际，正是他在另一面燃烧着爬上山巅布散烈烈朝辉之时。那一天，我也将沉静着走下山去，扶着我的拐杖。

有一天，在某一处山洼里，势必会跑上来一个欢蹦的孩子，抱着他的玩具。

当然，那不是我。

但是，那不是我吗？宇宙以其不息的欲望将一个歌舞炼为永恒。这欲望有怎样一个人间的姓名，大可忽略不计。

【注释】

[1]选自《当代艺术散文精粹》(北京十月文艺出版社 1996 年版)。

导读

史铁生在《我与地坛》里，以自我为标本，写“我”这个“活到最狂妄的年龄上”忽遭不测的伤残者与人类灵魂的执著而持续的对话。全文共有 7 大段落：首段写古园风物和我对生死问题的体悟；次段通过母爱的深沉与伟大，揭示生存理由的无限丰足；第三段是对生命轮回及命运浮沉的诗意体验；四、五两段写人生的丰富与驳杂，着重探讨苦难及其超越之路；第六段通过对三个“交替着来骚扰我”的问题的思考，力图给人生下一个定义；最后一段将通篇对人的生存与命运的思考升华为一种对宿命的体悟与诘问。

史铁生作品素以伤感、厚重、充满寓意而震撼着读者的心灵。《我与地坛》融情于景，情景交融，无限深广的内心体验借助新鲜奇崛的语言自然铺开，哲思与诗情交相辉映。文中写景状物的文字，往往暗含丰富的象征意蕴，如第三段的第一自然段落，作者不厌其烦地以“时间”、“乐器”、“声响”、“景物”、“心绪”、“艺术形式”、“梦”来对应四季，暗示人生的丰富与驳杂，同时也很自然地引出了第四、五两段的叙写。

文中还有不少精炼睿智的警句，如“死是一件不必急于求成的事，死是一个必然会降临的节日”，“一个失去差别的世界将是一条死水，是一块没有感觉没有肥力的沙漠”，都有着极高的概括力和启发性，大大拓展了文章的精神内涵。

思考与练习

1.通读全文，联系自己的思想实际，深入领会文章的主旨。

2.作者在文中提到了几个人？这些人各有什么特征？他们与作者的思考有何关联？

◎**波特莱尔**

魂

夏尔·波特莱尔(1821?—1867),法国著名诗人,现代派诗歌的先驱,象征主义文学的鼻祖。他出生在巴黎一个受过法国大革命洗礼的美术教师家中,幼年时父亲去世,母亲改嫁。他的继父后来被任命为法国驻西班牙大使,他对波特莱尔十分专制,使得诗人从小养成一种忧郁而孤僻的性格。1845 年,波特莱尔首次发表诗作,并开始写评论和小说。1857 年 6 月 25 日,波特莱尔的诗集《恶之花》出版问世(包括 100 首诗和 1 首《告读者》),因其新奇的表现手段和“不道德”的内容引起诗坛的震动和评论界的攻击。1861 年 2 月,《恶之花》再版问世,经增删后收诗 126 首。至 1868 年作者的朋友编订第三版,《恶之花》共收诗 151 首。

他的重要作品还有散文诗集《人工天国》、《巴黎的忧郁》,文艺评论集《美学管窥》、《浪漫主义艺术》等。

就像长着野兽眼睛的天使,
我会回到与你幽会的卧室,
我会和夜的黑影为伴,
无声无息地滑到你的身边。

我会给你——我的棕发美人,
像月亮一样寒冷的吻,
我会给你以蛇的爱抚,
像蛇一样缠着墓穴匍匐。

等那铅色的黎明刚欲萌动,
你会摸到我的位置已空,
衾席将一直冷到日暮。

让别人凭借一片温存
主宰你的生命和青春,

而我呢，我情愿凭借恐怖。

导读

波特莱尔在为《恶之花》草拟的序言中道出了自己的美学主张："什么叫诗歌?什么是诗的目的?就是把善同美区别开来，发掘恶中之美；让节奏和韵脚符合人对单调、匀称、惊奇等永恒的需要，让风格适应主题。"诗人无意否定诗歌的道德意义，而是着力肯定那些以"恶"为内容的诗作，他在"题辞"中称这些诗为"病态的花朵"。他主张将艺术上表现出来的丑作为一种审美对象，并从中引出道德教训。诗集写出了诗人全部的思想、心灵、信仰和憎恶。"上进的意愿"和"堕落的快乐"之间的斗争是贯穿整个诗集的主线。他说："在每一个人身上，时刻都存在着两种要求，一个向着上帝，一个向着撒旦，祈求上帝或精神是一种上升的意愿；祈求撒旦或兽性是一种堕落的快乐。"诗人描写社会的病态，却是怀着追求光明、幸福和美好理想的愿望。

《魂》是一首十分典型的象征主义诗歌。象征主义诗人将人的主观世界看作"惟一的真理"，而客观世界却是丑恶的、虚假的。为了表现主观世界这一"惟一的真理"，他们主张应从客观世界中去寻找情感的客观对应物，这样，最适合表现诗人内心世界的东西也许正是客观世界中极丑怪的事物。理解这首诗，应该看到诗人是借一个死去的人的灵魂纠缠于过去的居处，他是一个天使，却长着"野兽的眼睛"，他要亲吻爱人，却只能感到月亮一般的寒冷，他还要给对方以"蛇的爱抚"……阴阳相隔，看来，最终他只能像生前那样，执着地去追求，给对方以"恐怖"的激情。诗人通过一系列强烈的对照，同时又使用了许多冰冷的辞藻，赋予整首诗一种阴郁、愁苦的基调，但却表达了内心世界灼热的欲望和对对方刻骨铭心、永不放弃的情感。诗的结句："让别人凭借一片温存/主宰你的生命和青春，/而我呢，我情愿凭借恐怖。"揭示了现代情感的多元性和复杂性，打开了一个巨大而神秘的抒情和审美空间。随着人类生活空间的持续扩大，人的思维和情感世界也必将无限延展。但是，人类追求幸福的愿望没有改变，"只要良善尚与人心为伴，人就能诗意地居住在大地之上"(荷尔德林语)。不管外在的世界走向何方，也不管人的外形怎样被扭曲——"我会和夜的黑影为伴"、"像蛇一样缠着墓穴匍匐"。只要善念尚存，人类就有希望。结尾的"恐怖"，实为一种难以言说、不被认可但痴心不改的良善意念的代名词。

思考与练习

1.如何理解象征主义的诗歌主张?

2.背诵该诗，充分体会诗中阴冷的语言、意象同情感之间的关系。

◎里尔克

豹——在巴黎动物园

勒内·卡尔·威廉·约瑟夫·马利亚·里尔克(1875—1926),奥地利诗人。1875年12月4日出生在布拉格,父亲为铁路职员。9岁时父母离异,里尔克跟随母亲生活。曾入军官学校学习,后在林茨商学院、布拉格大学等校学习哲学、艺术史和文学史。早期作品主要有诗集《生活与诗歌》(1894)、《祭神》(1896)、《梦幻》(1897)、《耶稣降临节》(1898)等等。1897年去俄国旅行,此后的主要作品有《图像集》(1902)、《祈祷书》(1905)等,后者是里尔克的成名作。1905年结识罗丹,后又受法国象征主义诗人的深刻影响,作品一改前期重抒情的浪漫主义风格,开始创作借助直觉形象象征人生、个人情感的诗歌,结集为《新诗集》(1907)、《新诗续集》(1908)。这些作品多借视觉艺术来表现主观思想。1922年完成的《杜伊诺哀歌》和1923年完成的《献给奥尔弗斯的十四行诗》两部诗集,运用了大量的比喻和晦涩离奇的象征反映诗人的痛苦思索和对人生意义的无望追求。

它的目光被那走不完的铁栏
缠得这般疲倦,什么也不能收留。
它好像只有千条的铁栏杆,
千条的铁栏后便没有宇宙。

强韧的脚步迈着柔软的步容,
步容在这极小的圈中旋转,
仿佛力之舞围绕着一个中心,
在中心一个伟大的意志昏眩。

只有时眼帘无声地撩起——
于是有一副图像浸入,
通过四肢紧张的静寂——
在心中化为乌有。

导读

《豹》是里尔克的一首名诗。该诗重在抒写现代人为世界所束缚、碾压而又无法挣脱、逃避的灵魂苦况。其字里行间充盈着炽烈的情感,体现了表现主义“为求救而尖叫、为灵魂而尖叫”的深刻内涵。第一节里,抓住囚禁在兽笼中的豹子万般疲倦的目光,将诗人的主观情感无限扩大,奠定了全诗的感情基调。下面两节表现内在的“强韧”而“伟大的意志”与“极小”的生命之“圈”的强烈碰撞,只是这一碰撞似乎毫无结果,一幅充满生命焦灼的图像仿佛只能在偶尔撩起眼帘的目光里隐约显现,迅即“通过四肢紧张的静寂——在心中化为乌有”。

《豹》不同于一般的托物言志诗,它给人的表面印象是用拟人的手法描写囚禁在动物园兽笼中的豹子,但实际上却是要把抽象的思想和具体的感知结合起来,这就是所谓的“思想知觉化”。

思考与练习

1.《豹》诗与一般的托物言志诗有何异同?请结合具体的作品做一比较。

2.如何把握《豹》诗的情感特征和思想内涵?

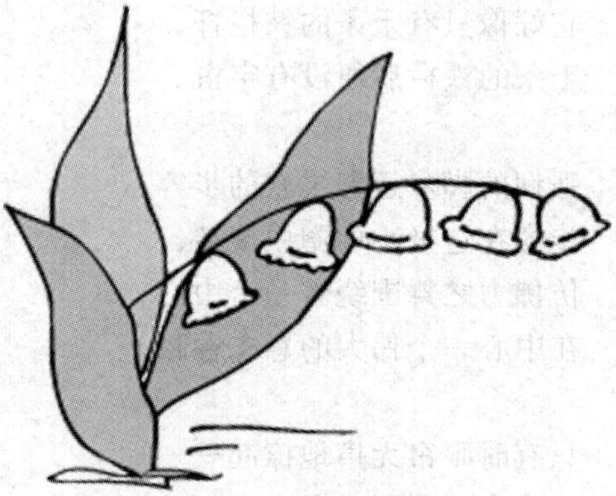

◎贝克特

等待戈多(节选)

贝克特(1906—1989),法国戏剧家、小说家。当代欧美荒诞派戏剧的主要代表人物。1969年因为“他那具有新奇形式的小说和戏剧作品使现代人从精神贫困中得到振奋”而获诺贝尔文学奖。

贝克特出生于爱尔兰都柏林一个中产阶级家庭。他在中学读书时学业以法语最优,课余喜欢打橄榄球,并且对戏剧颇为爱好。1927年他毕业于三一学院,获法国和意大利文学学士学位。次年到巴黎大学和巴黎高等师范学院任教。在巴黎他结识了英国现代派作家詹姆斯·乔伊斯,深受其影响。他于1936年出游卢森堡、德国,最后于1938年在巴黎定居,战后专门从事文学创作。

贝克特从少年时代起开始写作,到战争结束,他发表了短诗《婊子镜》、长篇小说《莫菲》和《瓦特》。战后他继续创作诗歌和小说,但把主要精力放在戏剧方面。1952年他最著名的剧本《等待戈多》发表,1953年公演,顿时名震西方文坛。此剧对荒诞派戏剧的确立具有重要意义。此外,他的戏剧作品《剧终》、《最后一盘录音带》、《喜剧》等以及三部曲长篇小说《马洛依》、《马洛纳之死》、《无名的人》在当时都产生了很大的影响。

登场人物

爱斯特拉冈、弗拉季米尔、波卓、幸运儿、一个孩子

第一幕

[乡间一条路。一颗树。]

[黄昏。]

[爱斯特拉冈坐在一个低土墩上脱靴子。他两手使劲拉,直喘气。他停止拉靴子,显出精疲力竭的样子,歇了会儿,又开始拉。]

[如前。]

[弗拉季米尔上。]

爱斯特拉冈　(又一次泄气)毫无办法。

弗拉季米尔 (叉开两腿,迈着僵硬的、小小的步子前进)我开始拿定主意。我这辈子老拿不定主意,老说,弗拉季米尔,要理智些,你还不曾什么都试过哩。于是我又继续奋斗。(他沉思起来,咀嚼着“奋斗”两字。向爱斯特拉冈)哦,你又来啦。

爱斯特拉冈 是吗?

弗拉季米尔 看见你回来我很高兴,我还以为你再也不回来啦。

爱斯特拉冈 我也一样。

弗拉季米尔 终于又在一块儿啦!我们应该好好庆祝一番。可是怎样庆祝呢?(他思索着)起来,让我拥抱你一下。

爱斯特拉冈 (没好气地)不,这会儿不成。

弗拉季米尔 (伤了自尊心,冷冷地)允不允许我问一下,大人阁下昨天晚上是在哪过夜的?

爱斯特拉冈 在一条沟里。

弗拉季米尔 (羡慕地)一条沟里!哪儿?

爱斯特拉冈 (未做手势)那边。

弗拉季米尔 他们没揍你?

爱斯特拉冈 揍我?他们当然揍了我。

弗拉季米尔 还是同一帮人?

爱斯特拉冈 同一帮人?我不知道。

弗拉季米尔 我只要一想起……这么些年来……要不是有我照顾……你会在什么地方……(果断地)这会儿,你早就成一堆枯骨啦,毫无疑问。

爱斯特拉冈 那又怎么样呢?

弗拉季米尔 光一个人,是怎么也受不了的。(略停。兴高采烈地)另一方面,这会儿泄气也不管用了,这是我要说的。我们早想到这一点就好了,在世界还年轻的时候,在90年代。

爱斯特拉冈 啊,别啰嗦啦,帮我把这混账玩意儿脱了吧。

弗拉季米尔 手拉着手从巴黎塔顶上跳下来,这是首先该做的。那时候我们还很体面。现在已经太晚啦。他们甚至不会放我们上去哩。(爱斯特拉冈使劲拉着靴子)你在干吗?

爱斯特拉冈 脱靴子。你难道从来没脱过靴子?

弗拉季米尔 靴子每天都要脱,难道还要我来告诉你?你干吗不好好听我说话?

爱斯特拉冈 (无力地)帮帮我!

弗拉季米尔 你脚疼?

爱斯特拉冈 脚疼!他还要知道我是不是脚疼!

弗拉季米尔　(忿怒地)好像只有你一个人受痛苦。我不是人。我倒是想听听你要是受了我那样的痛苦,将会说些什么。

爱斯特拉冈　你也脚疼?

弗拉季米尔　脚疼!他还要知道我是不是脚疼!(弯腰)从来不忽略生活中的小事。

爱斯特拉冈　你期望什么?你总是等到最后一分钟的。

弗拉季米尔　(若有所思地)最后一分钟……(他沉吟片刻)希望迟迟不来,苦死了等的人。这句话是谁说的?

爱斯特拉冈　你干吗不帮帮我?

弗拉季米尔　有时候,我照样会心血来潮。跟着我浑身就会有异样的感觉。(他脱下帽子,向帽内窥视,在帽内摸索,抖了抖帽子,重新把帽子戴上)我怎么说好呢?又是宽心,又是……(他搜索枯肠找词儿)寒心。(加重语气)寒——心。(他又脱下帽子,向帽内窥视)奇怪。(他敲了敲帽顶,像是要敲掉沾在帽上的什么东西似的,再一次向帽内窥视)毫无办法。

[爱斯特拉冈使尽平生之力,终于把一只靴子脱下。他往靴内瞧了瞧,伸进手去摸了摸,把靴子口朝下倒了倒,往地上望了望,看看有没有什么东西从靴里掉出来,但什么也没看见,又往靴内摸了摸,两眼出神地朝前面瞪着。]

弗拉季米尔　呃?

爱斯特拉冈　什么也没有。

弗拉季米尔　给我看。

爱斯特拉冈　没什么可给你看的。

弗拉季米尔　再穿上去试试。

爱斯特拉冈　(把他的脚察看一番)我要让它通通风。

弗拉季米尔　你就是这样一个人,脚出了毛病,反倒责怪靴子。(他又脱下帽子,往帽内瞧了瞧,伸手进去摸了摸,在帽顶上敲了敲,往帽里吹了吹,重新把帽子戴上)这件事越来越叫人寒心。(沉默。弗拉季米尔在沉思,爱斯特拉冈在揉脚趾)两个贼有一个得了救。(略停)是个合理的比率。(略停)戈戈。

爱斯特拉冈　什么事?

弗拉季米尔　我们要是忏悔一下呢?

爱斯特拉冈　忏悔什么?

弗拉季米尔　哦……(他想了想)咱们用不着细说。

爱斯特拉冈　忏悔我们的出世?

[弗拉季米尔纵声大笑,突然止住笑,用一只手按住肚子,脸都变了样儿。]

弗拉季米尔　连笑都不敢笑了。

爱斯特拉冈　真是极大的痛苦。

弗拉季米尔　只能微笑。(他突然裂开嘴嘻笑起来,不断地嘻笑,又突然停止)不是一码子事。毫无办法。(略停)戈戈。

爱斯特拉冈　(没好气地)怎么啦?

弗拉季米尔　你读过《圣经》没有?

爱斯特拉冈　《圣经》……(他想了想)我想必看过一两眼。

弗拉季米尔　你还记得《福音书》吗?

爱斯特拉冈　我只记得圣地的地图。都是彩色图。非常好看。死海是青灰色的。我一看到那图,心里就直痒痒。这是咱俩该去的地方,我老这么说,这是咱们该去度蜜月的地方。咱们可以游泳。咱们可以得到幸福。

弗拉季米尔　你真该当诗人的。

爱斯特拉冈　我当过诗人。(指了指身上的破衣服)这还不明显?(沉默)

弗拉季米尔　刚才我说到哪儿……你的脚怎样了?

爱斯特拉冈　看得出有点儿肿。

弗拉季米尔　对了,那两个贼。你还记得那故事吗?

爱斯特拉冈　不记得了。

弗拉季米尔　要我讲给你听吗?

爱斯特拉冈　不要。

弗拉季米尔　可以消磨时间。(略停)故事讲的是两个贼,跟我们的救世主同时被钉死在十字架上。有一个贼——

爱斯特拉冈　我们的什么?

弗拉季米尔　我们的救世主。两个贼。有一个贼据说得救了,另外一个……(他搜索枯肠,寻找与"得救"相反的词汇)……万劫不复。

爱斯特拉冈　得救,从什么地方救出来?

弗拉季米尔　地狱。

爱斯特拉冈　我走啦。(他没有动)

弗拉季米尔　然而……(略停)怎么——我希望我的话并不叫你腻烦——怎么在四个写福音的使徒里面只有一个谈到有个贼得救呢?四个使徒都在场——或者说在附近,可是只有一个使徒谈到有个贼得救了。(略停)喂,戈戈,你能不能回答我一声,哪怕是偶尔一次?

爱斯特拉冈　(过分地热情)我觉得你讲的故事真是有趣极了。

弗拉季米尔　四个里面只有一个。其他三个里面,有两个压根儿没提起什么贼,第三个却说那两个贼都骂了他。

爱斯特拉冈　谁?

弗拉季米尔　什么?
爱斯特拉冈　你讲的都是些什么?(略停)骂了谁?
弗拉季米尔　救世主。
爱斯特拉冈　为什么?
弗拉季米尔　因为他不肯救他们。
爱斯特拉冈　救他们出地狱?
弗拉季米尔　傻瓜!救他们的命。
爱斯特拉冈　我还以为你刚才说的是救他们出地狱哩。
弗拉季米尔　救他们的命,救他们的命。
爱斯特拉冈　嗯,后来呢?
弗拉季米尔　后来,这两个贼准是永堕地狱、万劫不复啦。
爱斯特拉冈　那还用说?
弗拉季米尔　可是另外的一个使徒说有一个得了救。
爱斯特拉冈　嗯?他们的意见并不一致,这就是问题的症结所在。
弗拉季米尔　可是四个使徒全在场。可是只有一个谈到有个贼得救了。为什么要相信他的话,而不相信其他三个?
爱斯特拉冈　谁相信他的话?
弗拉季米尔　每一个人。他们就知道这一本《圣经》。
爱斯特拉冈　人们都是没知识的混蛋,像猴儿一样见什么学什么。

[他痛苦地站起身来,一瘸一拐地走向台的极左边,停住脚步,把一只手遮在眼睛上朝远处眺望,随后转身走向台的极右边,朝远处眺望。弗拉季米尔瞅着他的一举一动,随后过去捡起靴子,朝靴内窥视,急急地把靴子扔在地上。]

弗拉季米尔　呸!(他吐了口唾沫)

[爱斯特拉冈走到台中,停住脚步,背朝观众。]

爱斯特拉冈　美丽的地方。(他转身走到台前方,停住脚步,脸朝观众)妙极了的景色。(他转向弗拉季米尔)咱们走吧。
弗拉季米尔　咱们不能。
爱斯特拉冈　干吗不能?
弗拉季米尔　咱们在等待戈多。
爱斯特拉冈　啊!(略停)你肯定是这儿吗?
弗拉季米尔　什么?
爱斯特拉冈　我们等的地方。
弗拉季米尔　他说在树旁边。(他们望着树)你还看见别的树吗?

爱斯特拉冈　这是什么树?
弗拉季米尔　我不知道。一棵柳树。
爱斯特拉冈　树叶呢?
弗拉季米尔　准是棵枯树。
爱斯特拉冈　看不见垂枝。
弗拉季米尔　或许还不到季节。
爱斯特拉冈　看上去简直像灌木。
弗拉季米尔　像丛林。
爱斯特拉冈　像灌木。
弗拉季米尔　像——你这话是什么意思?暗示咱们走错地方了?
爱斯特拉冈　他应该到这儿啦。
弗拉季米尔　他并没说定他准来。
爱斯特拉冈　万一他不来呢?
弗拉季米尔　咱们明天再来。
爱斯特拉冈　然后,后天再来。
弗拉季米尔　可能。
爱斯特拉冈　老这样下去。
弗拉季米尔　问题是——
爱斯特拉冈　直等到他来为止。
弗拉季米尔　你说话真是不留情。
爱斯特拉冈　咱们昨天也来过了。
弗拉季米尔　不,你弄错了。
爱斯特拉冈　咱们昨天干什么啦?
弗拉季米尔　咱们昨天干什么啦?
爱斯特拉冈　对了。
弗拉季米尔　怎么……(忿怒地)只要有你在场,就什么也肯定不了。
爱斯特拉冈　照我看来,咱们昨天来过这儿。
弗拉季米尔　(举目四望)你认得出这地方?
爱斯特拉冈　我并没这么说。
弗拉季米尔　嗯?
爱斯特拉冈　认不认得出没什么关系。
弗拉季米尔　完全一样……那树……(转向观众)那沼地。
爱斯特拉冈　你肯定是在今天晚上?
弗拉季米尔　什么?

爱斯特拉冈　是在今天晚上等他?

弗拉季米尔　他说是星期六。(略停)我想。

爱斯特拉冈　你想。

弗拉季米尔　我准记下了笔记。

[他在自己的衣袋里摸索着,拿出各色各样的废物。]

爱斯特拉冈　(十分恶毒地)可是哪一个星期六?还有,今天是不是星期六?今天难道不可能是星期天!(略停)或者星期一?(略停)或者星期五?

弗拉季米尔　(拼命往四周围张望,仿佛景色上写有日期似的)那决不可能。

爱斯特拉冈　或者星期四?

弗拉季米尔　咱们怎么办呢?

爱斯特拉冈　要是他昨天来了,没在这儿找到咱们,那么你可以肯定他今天决不会再来了。

弗拉季米尔　可是你说我们昨天来过这儿。

爱斯特拉冈　我也许弄错了。(略停)咱们暂时别说话,成不成?

弗拉季米尔　(无力地)好吧。(爱斯特拉冈坐到土墩上。弗拉季米尔激动地来去踱着,不时煞住脚步往远处眺望。爱斯特拉冈睡着了。弗拉季米尔在爱斯特拉冈面前停住脚步)戈戈!……戈戈!……戈戈!

[爱斯特拉冈一下子惊醒过来。]

爱斯特拉冈　(惊恐地意识到自己的处境)我睡着啦!(责备地)你为什么老是不肯让我睡一会儿?

弗拉季米尔　我觉得孤独。

爱斯特拉冈　我做了个梦。

弗拉季米尔　别告诉我!

爱斯特拉冈　我梦见——

弗拉季米尔　别告诉我!

爱斯特拉冈　(向宇宙做了个手势)有了这一个,你就感到满足了?(沉默)你太不够朋友了,狄狄。我个人的噩梦如果不能告诉你,叫我告诉谁去?

弗拉季米尔　让它们作为你个人的东西保留着吧。你知道我听了受不了。

爱斯特拉冈　(冷冷地)有时候我心里想,咱俩是不是还是分手比较好。

弗拉季米尔　你走不远的。

爱斯特拉冈　那太糟糕啦,实在太糟糕啦。(略停)你说呢,狄狄,是不是实在太糟糕啦?(略停)当你想到路上的景色是多么美丽。(略停)还有路上的行人是多么善良。(略停。甜言蜜语地哄)你说是不是,狄狄?

弗拉季米尔　你要冷静些。

爱斯特拉冈　(淫荡地)冷静……冷静……所有的上等人都说要镇静。(略停)你知道英国人在妓院里的故事吗?

弗拉季米尔　知道。

爱斯特拉冈　讲给我听。

弗拉季米尔　啊,别说啦!

爱斯特拉冈　有个英国人多喝了点儿酒,走进一家妓院。鸨母问他要漂亮的、黑皮肤的还是红头发的。你说下去吧。

弗拉季米尔　别说啦!

[弗拉季米尔急下。爱斯特拉冈站起来跟着他走到舞台尽头。爱斯特拉冈做着手势,仿佛作为观众在给一个拳击家打气似的。弗拉季米尔上,他从爱斯特拉冈旁边擦身而过,低着头穿过舞台。爱斯特拉冈朝他迈了一步,煞住脚步。]

爱斯特拉冈　(温柔地)你是要跟我说话吗?(沉默。爱斯特拉冈往前迈了一步)你有话要跟我说吗?(沉默。他又往前迈了一步)狄狄……

弗拉季米尔　(并不转身)我没有什么话要跟你说。

爱斯特拉冈　(迈了一步)你生气了?(沉默。迈了一步)原谅我。(沉默。迈了一步。爱斯特拉冈把他的一只手搭在弗拉季米尔的肩上)来吧,狄狄。(沉默)把你的手给我。(弗拉季米尔转过身来)拥抱我!(弗拉季米尔软下心来。他们俩拥抱。爱斯特拉冈缩回身去)你一股大蒜臭!

弗拉季米尔　它对腰子有好处。(沉默。爱斯特拉冈注视着那棵树)咱们这会儿干什么呢?

爱斯特拉冈　咱们等着。

弗拉季米尔　不错,可是咱们等着的时候干什么呢?

爱斯特拉冈　咱们上吊试试怎么样?

[弗拉季米尔向爱斯特拉冈耳语。爱斯特拉冈大为兴奋。]

弗拉季米尔　跟着就有那么多好处。掉下来以后,底下还会长曼陀罗花。这就是你拔花的时候听到吱吱声的原因。你难道不知道?

爱斯特拉冈　咱们马上就上吊吧。

弗拉季米尔　在树枝上?(他们向那棵树走去)我信不过它。

爱斯特拉冈　咱们试试总是可以的。

弗拉季米尔　你就试吧。

爱斯特拉冈　你先来。

弗拉季米尔　不,不,你先来。

爱斯特拉冈　干吗要我先来?

弗拉季米尔　你比我轻。

爱斯特拉冈　正因为如此!

弗拉季米尔　我不明白。

爱斯特拉冈　用你的脑子,成不成?

[弗拉季米尔用脑子。]

弗拉季米尔　(最后)我想不出来。

爱斯特拉冈　是这么回事。(他想了想)树枝……树枝……(忿怒地)用你的头脑,成不成?

弗拉季米尔　你是我的惟一希望了。

爱斯特拉冈　(吃力地)戈戈轻——树枝不断——戈戈死了。狄狄重——树枝断了——狄狄孤单单的一个人。可是——

弗拉季米尔　我没想到这一点。

爱斯特拉冈　要是它吊得死你,也就吊得死我。

弗拉季米尔　可是我真的比你重吗?

爱斯特拉冈　是你亲口告诉我的。我不知道。反正机会均等。或者差不多均等。

弗拉季米尔　嗯?咱们干什么呢?

爱斯特拉冈　咱们什么也别干。这样比较安全。

弗拉季米尔　咱们先等一下,看看他说些什么。

爱斯特拉冈　谁?

弗拉季米尔　戈多。

爱斯特拉冈　好主意。

弗拉季米尔　咱们先等一下,让咱们完全弄清楚咱们的处境后再说。

爱斯特拉冈　要不然,最好还是趁热打铁。

弗拉季米尔　我真想听听他会提供些什么。我们听了以后,可以答应或者拒绝。

爱斯特拉冈　咱们到底要求他给咱们做些什么?

弗拉季米尔　你当时难道没在场?

爱斯特拉冈　我大概没好好听。

弗拉季米尔　哦……没提出什么明确的要求。

爱斯特拉冈　可以说是一种祈祷。

弗拉季米尔　一点不错。

爱斯特拉冈　一种泛泛的乞求。

弗拉季米尔　完全正确。

爱斯特拉冈　他怎么回答的呢?

弗拉季米尔　说他瞧着办。

爱斯特拉冈　说他不能事先答应。
弗拉季米尔　说他得考虑一下。
爱斯特拉冈　在他家中安静的环境里。
弗拉季米尔　跟他家里的人商量一下。
爱斯特拉冈　他的朋友们。
弗拉季米尔　他的代理人们。
爱斯特拉冈　他的通讯员们。
弗拉季米尔　他的书。
爱斯特拉冈　他的银行存折。
弗拉季米尔　然后才能打定主意。
爱斯特拉冈　这是很自然的事。
弗拉季米尔　是吗?
爱斯特拉冈　我想是的。
弗拉季米尔　我也这么想。(沉默)
爱斯特拉冈　(焦急地)可是咱们呢?
弗拉季米尔　你说的什么?
爱斯特拉冈　我说,可是咱们呢?
弗拉季米尔　我不懂。
爱斯特拉冈　咱们的立场呢?
弗拉季米尔　立场?
爱斯特拉冈　别忙。
弗拉季米尔　立场?咱们趴在地上。
爱斯特拉冈　到了这么糟糕的地步?
弗拉季米尔　大人阁下想要知道有什么特权?
爱斯特拉冈　难道咱们什么权利也没有了?

[弗拉季米尔大笑,像先前一样突然抑制住,改为裂开嘴嘻笑。]

弗拉季米尔　你真叫我忍不住笑,要是笑不算违法的话。
爱斯特拉冈　咱们已经失去了咱们的权利?
弗拉季米尔　咱们已经放弃啦。

[沉默。他们一动不动地站在那里,胳膊耷拉着,脑袋低垂着,两只膝盖在往下沉。]

爱斯特拉冈　(无力地)难道咱们没给系住?(略停)难道咱们没——
弗拉季米尔　(举起一只手)听!

[他们倾听,显出可笑的紧张样子。]

爱斯特拉冈　我什么也没听见。

弗拉季米尔　嘘!(他们倾听着。爱斯特拉冈身体失去平衡,险些儿摔在地上。他攥住弗拉季米尔的一只胳膊,弗拉季米尔摇晃了两下。他们挤在一起静听)我也没听见。

[如释重负的叹气声。他们松弛下来,彼此分开。]

爱斯特拉冈　你吓了我一跳。

弗拉季米尔　我还以为是他哩。

爱斯特拉冈　谁?

弗拉季米尔　戈多。

爱斯特拉冈　呸!是风吹芦苇响。

弗拉季米尔　我简直可以发誓说我听到了吆喝声。

爱斯特拉冈　他干吗要吆喝呢?

弗拉季米尔　吆喝他的马。(沉默)

爱斯特拉冈　我饿啦。

弗拉季米尔　你要吃一个胡萝卜吗?

爱斯特拉冈　就只有胡萝卜了吗?

弗拉季米尔　我也许还有几个萝卜。

爱斯特拉冈　给我一个胡萝卜。(弗拉季米尔在他的衣袋里摸了半天,掏出一个萝卜递给爱斯特拉冈,爱斯特拉冈咬了一口,忿怒地)这是萝卜!

弗拉季米尔　哦!请原谅!我简直可以发誓说我给你的是胡萝卜。(他又在衣袋里摸索,只找到萝卜)全都是萝卜。(他摸衣袋)你准是已把最后一个胡萝卜吃掉了。(他摸索衣袋)等一等,我找着了。(他掏出一个胡萝卜递给爱斯特拉冈)拿去,亲爱的朋友。(爱斯特拉冈用衣袖擦了擦胡萝卜,就吃起来)把最后一个吃了吧!这样就把它们全部消灭掉啦。

爱斯特拉冈　(咀嚼着)我刚才问了你一个问题。

弗拉季米尔　啊!

爱斯特拉冈　你回答了没有?

弗拉季米尔　胡萝卜的滋味怎样?

爱斯特拉冈　就是胡萝卜的滋味。

弗拉季米尔　好得很,好得很。(略停)你刚才问的什么问题?

爱斯特拉冈　我已经忘了。(咀嚼着)就是这事伤我脑筋。(他欣赏地瞅着胡萝卜,用拇指和食指拎着它晃动)我决不会忘掉这一个胡萝卜。(他若有所思地吮吸着胡萝卜的根)啊,对了,我这会儿想起来啦。

弗拉季米尔　嗯?

爱斯特拉冈　(嘴里塞得满满的,出神地)难道我们没给系住?
弗拉季米尔　你说的话我一个字也没听出来。
爱斯特拉冈　(咀嚼着,咽了一下)我问你难道我们没给系住?
弗拉季米尔　系住?
爱斯特拉冈　系——住。
弗拉季米尔　你说"系住"是什么意思?
爱斯特拉冈　拴住。
弗拉季米尔　拴在谁身上?被谁拴住?
爱斯特拉冈　拴在你等的那个人身上。
弗拉季米尔　戈多?拴在戈多身上?多妙的主意!一点不错。(略停)在这会儿。
爱斯特拉冈　他的名字是叫戈多吗?
弗拉季米尔　我想是的。
爱斯特拉冈　瞧这个。(他拎着叶子根部把吃剩的胡萝卜举起,在眼前旋转着)奇怪,越吃越没滋味。
弗拉季米尔　对我来说正好相反。
爱斯特拉冈　换句话说?
弗拉季米尔　我会慢慢地习惯。
爱斯特拉冈　(沉思了半晌)这是相反?
弗拉季米尔　是修养问题。
爱斯特拉冈　是性格问题。
弗拉季米尔　是没有办法的事。
爱斯特拉冈　奋斗没有用。
弗拉季米尔　天生的脾性。
爱斯特拉冈　挣扎没有用。
弗拉季米尔　本性难移。
爱斯特拉冈　毫无办法。(他把吃剩的胡萝卜递给弗拉季米尔)还有这点儿吃不吃?

[一阵恐怖的喊声,离他们很近。胡萝卜从爱斯特拉冈手中落下。他们发愣了,站着不动,随后突然一起向舞台边厢狂奔。爱斯特拉冈中途煞住脚步,奔回原处,捡起胡萝卜塞进衣袋,向等着他的弗拉季米尔奔去,又煞住脚步,奔回原处,捡起他的靴子,奔到弗拉季米尔身边。他们拱肩缩背挤作一堆等着,若有所畏。]

[波卓及幸运儿上。波卓用绳子拴住幸运儿的脖子,赶着他在前头走,因此幸运儿最先在台上出现,跟着是那绳子,绳子很长,在波卓露面之前可以让幸运儿一直走到台中央。幸运儿两手提着一只沉重的口袋、一个折

凳、一只野餐篮和一件大衣。波卓拿着一根鞭子。]

波　　卓　(台后)走!(鞭子声。波卓出现。他们穿过舞台。幸运儿在弗拉季米尔和爱斯特拉冈跟前走过,下。波卓一眼看见弗拉季米尔和爱斯特拉冈,一下子煞住脚步。绳子拉紧了。波卓使劲抖动一下绳子)回来!

……

导读

《等待戈多》是贝克特的主要作品,也是荒诞派戏剧中有代表性的一部剧作。它的问世对荒诞派戏剧作为一个流派的确立具有重要意义。全剧共两幕,这里节选的是第一幕的靠前部分:两个流浪汉——戈戈(爱斯特拉冈)和狄狄(弗拉季米尔)——漫无边际地闲聊着,同时做出一些莫名其妙的动作。戈戈脱下靴子瞧来摸去,狄狄脱下帽子折腾一番又重新戴上。他们为自己的出生而忏悔,又想到死海里去度蜜月,可是又记起了《福音书》……他们好像是在"等待戈多",可是戈多迟迟不来,却来了波卓和幸运儿。后面(课文没有涉及)的情节是:两个流浪汉错把波卓当成了戈多,原来,他们苦苦等待的人自己并不相识。后来总算来了戈多的使者——一个小孩,他告诉他们,戈多今晚不来了,明晚准来。于是他们满怀希望地又开始了他们惟一能做的事情,那就是"等待戈多"。余下的一幕情形与前一幕差不多,他们依然是在等待,戈多还是没来。只要他来了,据说他们就得救了。

贝克特受了存在主义哲学的影响,企图在这部戏剧中表现宇宙及人的存在的荒诞感,他认为外部世界是毫无意义的。剧中世界只是一个生着光秃秃的树的荒原。人在这个世界中处于孤独无助、恐怖幻灭而对自身的状况又无能为力的狼狈境地。然而他们仍支撑自己在希望的微光中等待。可是正如剧中主人公戈戈和狄狄一样,无论怎样等待也等不来那缥缈的希望——戈多。

贝克特主张只有那些没有情节、没有动作的艺术才算得上纯正的艺术。他的确把《等待戈多》的情节和动作减到了最低限度。这出戏没有观众通常理解的故事和戏剧冲突。

思考与练习

1."戈多"是谁?有何象征意义?

2.如何理解剧中人的言谈举止?请就此问题进行深入的讨论。

◎李金发

弃　妇

李金发(1900—1976),字遇安,又名淑良,广东省梅县人。1919年,赴法学雕塑并开始新诗创作。1925年回国,参加文学研究会,并创办《美育》杂志,担任蔡元培的秘书。后来在上海美专、广州美术学校任教。1945年后,被国民党政府派驻伊朗、伊拉克使馆工作。曾长期周游各国,后定居美国纽约。早期的诗作受到法国象征主义影响较大,抒写直觉,重视艺术联想与艺术形式,诗意朦胧,语言晦涩,讲究感官刺激;后期诗歌趋于平实朴素。主要诗集有《微雨》、《食客与凶年》、《为幸福而歌》等。

长发披遍我两眼之前,
遂隔断了一切羞恶之疾视,
与鲜血之急流,枯骨之沉睡。
黑夜与蚊虫联步徐来,
越此短墙之角,
狂呼在我清白之耳后,
如荒野狂风怒号,
战栗了无数游牧。

靠一根草儿,与上帝之灵往返在空谷里。
我的哀戚惟游蜂之脑能深印着;
或与山泉长泻在悬崖,
然后随红叶而俱去。

弃妇之隐忧堆积在动作上,
夕阳之火不能把时间之烦闷
化成灰烬,从烟突里飞去,
长染在游鸦之羽,
将同栖止于海啸之石上,
静听舟子之歌。

衰老的裙裾发出哀吟，
徜徉在丘墓之侧，
永无热泪，
点滴在草地
为世界之装饰。

导读

《弃妇》是李金发诗集《微雨》中的第一首，也是留洋的李金发与中国读者见面的第一篇诗作，大约写于1922年。由于受法国象征诗派的影响，《弃妇》中弥漫着象征派诗惯见的晦涩、死灭、哀痛等阴沉、孤寂的气息。

表面看来，这是一首古已有之的弃妇诗。全诗分为四小节。第一节极写弃妇之哀痛。由于内心的剧烈创痛，她无心打理自己，任由四围的闲言碎语去评说是非。奔涌的血、彻骨的寒意、无情地挤压过来的黑夜、恶毒的蚊虫如同荒野的狂风，足以令游牧者颤栗。第二节继续以弃妇之口吻展示她的孤独哀戚。也许只有空荡荡的山谷里的一茎草还可以给她以安慰，能够让她感受到上帝的依稀存在，或者只有"游蜂之脑"能见证、山泉和落叶能够带走她的哀戚。第三节过渡到诗人不能自已的直叙。弃妇的苦痛不是一时一刻的，即使象征着死灭与重生的"夕阳之火"也不能把永恒的烦闷化成灰烬，交付给无知无觉的游鸦带向远方。最后一节是对未来的悲观的预示：随着时间的推移，无望的生命徒然衰萎，"哀吟"归于麻木，"永无"屈辱的"热泪"来装饰这个虚假的世界。

但是，《弃妇》的意义不限于此。诗人在这里是要借弃妇的哀痛，象征性地隐喻自身漂泊无定、孤独无依的命运。这种情形在中外诗歌史上是很多见的。诗里的弃妇形象越是朦胧神秘，其内涵就越是多义而不确定。如此而产生的一系列创造性意象和陌生化效果，正是本诗的超绝之处。

思考与练习

1.作为工于绘画和雕塑的诗人，李金发在其诗中往往追求一种"意象群"效应，这一特征在课文里有无表现？试作分析。

2.将这首诗与你读过的其它弃妇诗比较，认真领会这首诗对惯常题材的超越。

◎戴望舒

雨　巷[1]

戴望舒(1905—1950),浙江省杭县人。1923年入上海大学中国文学系。1925年入上海震旦大学修法文,翌年就读于该校法科,由此开始受法国象征派诗歌的影响,并于1926年春,开始发表诗歌。戴望舒的诗歌创作可以分为三个阶段:第一阶段的诗作主要收在《我的记忆》集中的《旧锦囊》、《雨巷》两辑中,艺术上除保留中国古代诗歌传统和具有欧洲浪漫主义诗歌的特点外,明显受到法国象征派诗人魏尔伦的影响。第二阶段的创作包括《我的记忆》集中《我的记忆》一辑、《望舒草》的全部以及《灾难的岁月》集中的前几首。此时的诗作较多地受到法国后期象征主义耶麦、保尔福尔等人的影响。这一阶段诗歌数量多、艺术上也趋成熟。第三阶段的创作包括《灾难的岁月》集里的大部分。自抗战开始,他的创作从生活、情绪到艺术风格,都走出了过去诗歌的明显局限,转向了积极明朗。1950年2月8日,这位极富艺术个性的"雨巷诗人"因病逝世。

撑着油纸伞,独自
彷徨在悠长,悠长
又寂寥的雨巷
我希望逢着
一个丁香一样的
结着愁怨的姑娘。

她是有
丁香一样的颜色,
丁香一样的芬芳,
丁香一样的忧愁,
在雨中哀怨,
哀怨又彷徨。

她彷徨在这寂寥的雨巷,
撑着油纸伞
像我一样,

像我一样地
默默彳亍[2]着
冷漠，凄清，又惆怅。

她静默地走近
走近，又投出
太息一般的眼光，
她飘过
像梦一般地，
像梦一般地凄婉迷茫。

像梦中飘过
一枝丁香地，
我身旁飘过这女郎；
她静默地远了，远了，
到了颓圮[3]的篱墙，
走尽这雨巷。

在雨的哀曲里，
消了她的颜色，
散了她的芬芳，
消散了，甚至她的
太息般的眼光，
丁香般的惆怅。

撑着油纸伞，独自
彷徨在悠长，悠长
又寂寥的雨巷
我希望飘过
一个丁香一样的
结着愁怨的姑娘。

【注释】

[1]选自《小说月报》1928年8月号。

[2]彳亍(chì chù):慢慢地走,走走停停。

[3]颓圮(pǐ):颓败,毁坏。

导读

《雨巷》是戴望舒的成名之作,诗人也因此诗而得“雨巷诗人”的雅称。诗里婉曲地表现了特定情势下知识分子既看不到出路,又不愿放弃理想的凄苦心境。由于受到中国古典诗歌传统和法国象征派诗人(特别是魏尔伦)的多重影响,也由于作者特有的一种气质性的悲剧感,使得《雨巷》这首诗读来韵味迥然。

首先,该诗创造性地翻用了古诗词成句或经典意象,推陈出新,使古诗词中单独的物的形象完全与人融为一体。古诗词中常常借郁结不展的丁香写人的愁思,如李商隐《代赠二首》(其一)中就有“芭蕉不展丁香结,同向春风各自愁”之句,李理璟词《摊破浣溪沙》中亦有“青鸟不传云外信,丁香空结雨中愁”之句。美丽的丁香不只是寄托愁思的象征物,同时又因其色雅洁而备受洁身自好的风雅之士的青睐。丁香开在仲春时节,姿容姣好而容易凋谢,这又或多或少暗含着文人的伤春及哀逝之情。值得注意的是,《雨巷》并非“丁香空结雨中愁”的现代版,因为诗人在这里的主要兴趣在于写具有某种突出特征的特定的人的形象,物(丁香)在这里完全与人(姑娘)融为了一体,两者相互生发,使诗中的“丁香一样的结着愁怨的姑娘”成了一个蕴藉深厚的象征体。简单地说,她就是诗人美好而又遥不可及的理想。

其次,诗作全面实践了象征派的诗论主张,如重主观而轻客观,追求如梦似幻的朦胧美和音乐美等等。象征主义诗人往往视主观世界为“惟一的真理”,为了表现这一“惟一的真理”,他们主张去客观世界寻找情感的“客观对应物”。也就是说,“丁香一样的结着愁怨的姑娘”其实是诗人在特定的时代里,面对特殊的境遇而产生的一个精神投影。因此,诗作的美不在于描绘一个现实中的迷人女性,也不追求强烈而真实的画面感,而是通过含意丰富的暗示和象征,将难以捕捉的感觉、飘忽不定的内心情绪、模糊不辨的形象糅为一体,并借助特殊的音乐技巧传达出来。《雨巷》全诗共7节,每节由长短不等的6行组成,复杂的韵脚佐以长短不齐的字句组合,似断实连的分节和跨行,营造出深沉悠长的旋律之美,衬托出诗人迷茫低回的心境。

思考与练习

1.讨论:诗中的“我”、“丁香”、“姑娘”各自象征什么?

2.背诵这首诗,体会其如梦似幻的神秘色彩。

3.本诗的音乐性表现在哪些地方?

◎胡　适

不　朽——我的宗教[1]

胡适(1891—1962),安徽省绩溪人。初名嗣穈,学名洪骍,字适之,现代诗人、文史学家、思想家。青年时代留学美国,攻读哲学、文学,受赫胥黎、杜威思想影响较大。1917年回国后,任北京大学教授,宣扬民主、科学,倡导反封建的新文化运动,发表《文学改良刍议》、《文学进化观念与戏剧改良》等文章,率先从事白话新诗与文学史的写作,成为"五四"新文学运动的一位主要代表人物。

胡适在我国哲学史、文学史、古典小说和古籍整理等各个领域的研究工作中,都有重要成果。主要著作有《尝试集》、《白话文学史》、《中国哲学史大纲》、《中国章回小说考证》、《胡适文存》、《胡适文集》等。

不朽有种种说法,但是总括看来,只有两种说法是真有区别的。一种是把"不朽"解作灵魂不灭的意思。一种就是《春秋左传》上说的"三不朽"。

(一)神不灭论

宗教家往往说灵魂不灭,死后须受末日的裁判:做好事的享受天国天堂的快乐,做恶事的要受地狱的苦痛。这种说法,几千年来不但受了无数愚夫愚妇的迷信,居然还受了许多学者的信仰。但是古今来也有许多学者对于灵魂是否可离形体而存在的问题,不能不发生疑问。最重要的如南北朝人范缜的《神灭论》说:"形者神之质,神者形之用。……神之于质,犹利之于刀;形之于用,犹刀之于利。……舍利无刀,舍刀无利。未闻刀没而利存,岂容形亡而神在?"宋朝的司马光也说:"形既朽灭,神亦飘散,虽有剉烧舂磨[2],亦无所施。"但是司马光说的"形既朽灭,神亦飘散",还不免把形与神看作两件事,不如范缜说的更透彻。范缜说人的神灵即是形体的作用,形体便是神灵的形质。正如刀子是形质、刀子的利钝是作用;有刀子方才有利钝,没有刀子便没有利钝。人有形体方才有作用:这个作用,我们叫做"灵魂"。若没有形体,便没有作用了,便没有灵魂了。范缜这篇《神灭论》出来的时候,惹起了无数人的反对。梁武帝叫了七十几个名士作论驳他,都没有什么真有价值的论议。其中只有沈约的《难<神灭论>》说:"利若遍施四方,则利体无处复立;利之为用正存一边毫毛处耳。神之与形,举[3]体若合,又安得同乎?若以此譬为尽耶,则不尽;若谓本不尽耶,则不可以为譬也。"这一段是说刀是无机体,人是有机体,故不能彼此相比。这话固然有理,但终不能推翻"神者形之用"的议论。近世唯物派的学者也说人的灵魂并不是什么无形体,独立存在的物事,不过是神经作用的总名;灵魂的种种作用都即是脑部各部分的机能作用;若有某部被损伤,某种作用即时废止;人年幼时脑部不曾完全发达,神灵作用也不能完全,老年人脑部渐渐衰耗,神灵作用也渐渐衰耗。这种议论的大旨,与范缜所说"神者形之用"正相同。但是有许多人总舍不得把灵魂打消了,所以咬住说灵魂另是一种神秘玄妙的物事,并不是神经的作用。这个"神秘玄妙"的物事究竟是什么,他们也说不出来,只觉得总应该有这么一件物事。既是"神秘玄妙",自然不能用科学试验来证明他,也不能用科学试验来驳倒他。既然如此,我们只好用实验主义(pragmatism)的方法,看这种学说的实际效果如何,以为评判的标准。依此标准看来,信神不灭论的固然也有好人,信神灭论的也未必全是坏人。即如司马光、范缜、赫胥黎[4]一类的人,说不信灵魂不灭的话,何尝没有高尚的道德?更进一层说,有些人因为迷信天堂,天国,地狱,末日裁判,方才修德行善,这种修行全是自私自利的,也算不得真正道德。总而言之,灵魂灭不灭的问题,于人生行为上实在没有什么重大影响;既没有实际的影响,简直可说是不成问题了。

(二)三不朽说

《左传》说的三种不朽是:(一)立德的不朽,(二)立功的不朽,(三)立言的不朽。"德"便是个人人格的价值,像墨翟[5]、耶稣一类的人,一生刻意孤行,精诚勇猛,使当时的人敬爱信仰,使千百年后的人想念崇拜。这便是立德的不朽。"功"便是事业,像哥仑布发现美洲,像华盛顿造成美洲共和国,替当时的人开一新天地,替历史开一新纪元,替天下后世的人种下无量幸福的种子。这便是立功的不朽。"言"便是语言著作,像那《诗经》三百篇的许多无名诗人,又像陶潜、杜甫、萧士比亚、易卜生[6]一类的文学家,又像柏拉图、卢骚、弥儿一类的哲学家[7],又像牛敦[8]、达尔文一类的科学家,或是做了几首好诗使千百年后的人欢喜感叹;或是做了几本好戏使当时的人鼓舞感动,使后世的人发愤兴起;或是创出一种新哲学,或是发明了一种新学说,或在当时发生思想的革命,或在后世影响无穷。这便是立言的不朽。总而言之,这种不朽说,不问人死后灵魂能不能存在,只问他的人格,他的事业,他的著作有没有永远存在的价值。即如基督教徒说耶酥是上帝的儿子,他的神灵永永存在,我们正不用驳这种无凭据的神话,只说耶稣的人格、事业和教训都可以不朽,又何必说那些无谓的神话呢?又如孔教会的人每到了孔丘的生日,一定要举行祭孔典礼,还有些人学那"朝山进香"的法子,要赶到曲阜孔林去对孔丘的神灵表示敬意!其实孔丘的不朽全在他的人格与教训,不在他那"在天之灵"。大总统多行两次丁祭[9],孔教会多行两次"朝山进香",就可以使孔丘格外不朽了吗?更进一步说,像那《三百篇》里的诗人,也没有姓名,也没有事实,但是他们都可说是立言的不朽。为什么呢?因为不朽全靠一个人的真价值,并不靠姓名事实的流传,也不靠灵魂的存在。试看古今来的多少大发明家,那发明火的,发明养蚕的,发明缫丝的,发明织布的,发明水车的,发明舂米的水碓[10]的,发明规矩[11]的,发明秤的,……虽然姓名不传,事实湮没,但他们的功业永远存在,他们也就都不朽了。这种不朽比那个人的小小灵魂的存在,可不是更可宝贵,更可羡慕吗?况且那灵魂的有无还在不可知之中,这三种不朽——德,功,言——可是实在的。这三不朽说可不是比那灵魂的不灭更靠得住吗?

以上两种不朽论,依我个人看来,不消说得,那"三不朽说"是比那"神不灭说"好得多了。但是那"三不朽说"还有三层缺点,不可不知。第一,照平常的解说看来,那些真能不朽的人只不过那极少数有道德、有功业、有著述的人。还有那无量平常人难道就没有不朽的希望吗?世界上能有几个墨翟、耶稣,几个哥仑布、华盛顿,几个杜甫、陶潜,几个牛敦、达尔文呢?这岂不成了一种"寡头"的不朽论吗?第二,这种不朽论单从积极一方面着想,但没有消极的裁制。那种灵魂的不朽论既说有天国的快乐,又说有地狱的苦楚,是积极消极两方面都顾着的。如今单说立德可以不朽,不立德又怎样呢?立功可以不朽,有罪恶又怎样呢?第三,这种不朽论所说的"德,功,言"三件,范围都很含糊。究竟怎样的人格方才可算是"德"呢?怎样的事业方才可算是"功"呢?怎样的著作方才可算是"言"呢?我且举一个例。哥仑布发见美洲固然可算得立了不朽之功,但是他船上的水手火头又怎样呢?他那只船的造船工人又怎样呢?他船上用的罗盘器械的制造工人又怎样呢?他所读的书的著作者又怎样呢?……举这一条例,已可见"三不朽"的界限含糊不清了。

因为要补足这三层缺点,所以我想提出第三种不朽论来请大家讨论。我一时想不起别的好名字,姑且称它做"社会的不朽论"。

(三)社会的不朽论

社会的生命,无论是看纵剖面,是看横截面,都像一种有机的组织。从纵剖面看来,社会的历史是不断的:前人影响后人,后人又影响更后人;没有我们的祖宗和那无数的古人,又那里有今日的我和你?没有今日的我和你,又那里有将来的后人?没有那无量数的个人,便没有历史,但是没有历史,那无数的个人也决不是那个样子的个人:总而言之,个人造成历史,历史造成个人。从横截面看来,社会的生活是交互影响的:个人造成社会,社会造成个人;社会的生活全靠个人分工合作的生活,但个人的生活,无论如何不同,都脱不了社会的影响;若没有那样这样的社会,决不会有这样那样的我和你;若没有无数的我和你,社会也决不是这个样子。来勃尼慈(Leibnitz)[12]说得好:

> 这个世界乃是一片大充实(plenum,为真空 Vacuum 之对),其中一切物质都是接连着的。一个大充实里面有一点变动,全部的物质都要受影响,影响的程度与物体距离的远近成正比例。世界也是如此。每一个人不但直接受他身边亲近的

人的影响,并且间接又间接的受距离很远的人的影响。所以世间的交互影响,无论距离远近,都受得着的。所以世界上的人,每人受着全世界一切动作的影响。如果他有周知万物的智慧,他可以在每人的身上看出世间一切施为,无论过去未来都可看得出,在这一个现在里面便有无穷时间空间的影子。(见 Monadology 第六十一节)

从这个交互影响的社会观和世界观上面,便生出我所说的"社会的不朽论"来。我这"社会的不朽论"的大旨是:

我这个"小我"不是独立存在的,是和无量数小我有直接或间接的交互关系的;是和社会的全体和世界的全体都有互为影响的关系的;是和社会世界的过去和未来都有因果关系的。种种从前的因,种种现在无数"小我"和无数他种势力所造成的因,都成了我这个"小我"的一部分。我这个"小我",加上了种种从前的因,又加上了种种现在的因,传递下去,又要造成无数将来的"小我"。这种种过去的"小我",和种种现在的"小我",和种种将来无穷的"小我",一代传一代,一点加一滴;一线相传,连绵不断;一水奔流,滔滔不绝:——这便是一个"大我"。"小我"是会消灭的,"大我"是永远不灭的。"小我"是有死的,"大我"是永远不死,永远不朽的。"小我"虽然会死,但是每一个"小我"的一切作为,一切功德罪恶,一切语言行事,无论大小,无论是非,无论善恶,一一都永远留存在那个"大我"之中。那个"大我",便是古往今来一切"小我"的纪功碑,彰善祠,罪状判决书,孝子慈孙百世不能改的恶谥[13]法。这个"大我"是永远不朽的,故一切"小我"的事业,人格,一举一动,一言一笑,一个念头,一场功劳,一桩罪过,也都永远不朽。这便是社会的不朽,"大我"的不朽。

那边"一座低低的土墙,遮着一个弹三弦的人"。那三弦的声浪,在空间起了无数波澜;那被冲动的空气质点,直接间接冲动无数旁的空气质点;这种波澜,由近而远,至于无穷空间;由现在而将来,由此刹那以至于无量刹那,至于无穷时间:——这已是不灭不朽了。那时间,那"低低的土墙"外边来了一位诗人,听见那三弦的声音,忽然起了一个念头;由这一个念头,就成了一首好诗;这首好诗传诵了许多人;人读了这诗,各起种种念头;由这种种念头,更发生无量数的念头,更发生无数的动作,以至于无穷。然而那"低低的土墙"里面那个弹三弦的人又如何知道他所发生的影响呢?

一个生肺病的人在路上偶然吐了一口痰。那口痰被太阳晒干了,化为微尘,被风吹起空中,东西飘散,渐吹渐远,至于无穷时间,至于无穷空间。偶然一部分的病菌被体弱的人呼吸进去,便发生肺病,由他一身传染一家,更由一家传染无数人家。如此展转传染,至于无穷空间,至于无穷时间。然而那先前吐痰的人的骨头早已腐烂了,他又如何知道他所种的恶果呢?

一千五六百年前有一个人叫做范缜说了几句话道:"神之于形,犹利之于刀;未闻刀没而利存，岂容形亡而神在？”这几句话在当时受了无数人的攻击。到了宋朝有个司马光把这几句话记在他的《资治通鉴》[14]里。一千五六百年之后，有一个11岁的小孩子，——就是我，——看到《通鉴》这几句话，心里受了一大感动，后来便影响了他半生的思想行事。然而那说话的范缜早已死了1500年了！

二千六七百年前，在印度地方有一个穷人病死了，没人收尸，尸首暴露在路上，已腐烂了。那边来了一辆车，车上坐着一个王太子，看见了这个腐烂发臭的死人，心中起了一念；由这一念，辗转发生无数念。后来那位王太子把王位也抛了，富贵也抛了，父母妻子也抛了，独自去寻思一个解脱生老病死的方法。后来这位王子便成了一个教主，创了一种哲学的宗教，感化了无数人。他的影响势力至今还在；将来即使他的宗教全灭了，他的影响势力终久还存在，以至于无穷。这可是那腐烂发臭的路毙所曾梦想到的吗？

以上不过是略举几件事，说明上文说的“社会的不朽”，“大我的不朽”。这种不朽论，总而言之，只是说个人的一切功德罪恶，一切言语行事，无论大小好坏，一一都留下一些影响在那个“大我”之中，一一都与这永远不朽的“大我”一同永远不朽。

上文我批评那“三不朽论”的三层缺点：(一)只限于极少数的人，(二)没有消极的裁制，(三)所说“功，德，言”的范围太含糊了。如今所说“社会的不朽”，其实只是把那“三不朽论”的范围更推广了。既然不论事业功德的大小，一切都可不朽，那第一第三两层短处都没有了。冠绝古今的道德功业固可以不朽，那极平常的“庸言庸行”，油盐柴米的琐屑，愚夫愚妇的细事，一言一笑的微细，也都永远不朽。那发见美洲的哥仑布固可以不朽，那些和他同行的水手火头，造船的工人，造罗盘器械的工人，供给他粮食衣服银钱的人，他所读的书的著作家，生他的父母，生他父母的父母祖宗，以及生育训练那些工人商人的父母祖宗，以及他以前和同时的社会，……都永远不朽。社会是有机的组织，那英雄伟人可以不朽，那挑水的，烧饭的，甚至于浴堂里替你擦背的，甚至于每天替你家掏粪倒马桶的，也都永远不朽。至于那第二层缺点，也可免去。如今说立德不朽，行恶也不朽；立功不朽，犯罪也不朽；“流芳百世”不朽，“遗臭万年”也不朽；功德盖世固是不朽的善因，吐一口痰也有不朽的恶果。我的朋友李守常先生说得好[15]：“稍一失脚，必致遗留层层罪恶种子于未来无量的人，——即未来无量的我，——永不能消除，永不能忏悔。”这就是消极的裁制了。

中国儒家的宗教提出一个父母的观念，和一个祖先的观念，来做人生一切行为的裁制力。所以说，“一出言而不敢忘父母，一举足而不敢忘父母”。父母死后，又用丧礼祭礼等等见神见鬼的方法，时刻提醒这种人生行为的裁制力。所以又说，“斋明盛服[16]，以承祭祀，洋洋乎如在其上，如在其左右”。又说，“斋三日，则见其所为斋者；祭之日，入室，僾然[17]必有见乎其位；周还出户，肃然必有闻乎其容声；出户而听，忾然[18]必有闻乎其叹息之声”。这都是“神道设教”，见神见鬼的手段。这种宗教的手段在今日是不中用了。还有那种"默示"的宗教,神权的宗教,崇拜偶像的宗教,在我们心里也不能发生效力,不能裁制我们一生的行为。以我个人看来,这种"社会的不朽"观念很可以做我的宗教了。我的宗教的教旨是:

> 我这个现在的"小我",对于那永远不朽的"大我"的无穷过去,须负重大的责任;对于那永远不朽的"大我"的无穷未来,也须负重大的责任。我须要时时想着,我应该如何努力利用现在的"小我",方才可以不辜负了那"大我"的无穷过去,方才可以不遗害那"大我"的无穷未来?

(跋[19])

这篇文章的主意是民国七年年底当我的母亲丧事里想到的。那时只写成一部分,到八年二月十九日方才写定付印。后来俞颂华先生在报纸上指出我论社会是有机体一段很有语病,我觉得他的批评很有理,故九年二月间我用英文发表这篇文章时,我就把那一段完全改过了。十年五月,又改定中文原稿,并记作文与修改的缘起于此。

(原载 1919 年 2 月 15 日《新青年》第 6 卷第 2 号)

【注释】

[1]本文选自《胡适文集》(第二集)。

[2]剉烧舂磨:指地狱中的种种刑罚。

[3]举:全。

[4]赫胥黎:英国博物学家,达尔文进化学说的积极支持者和宣传者。

[5]墨翟:墨子,名翟,中国先秦墨家学派的创始人。主张"兼爱"、"非攻"。

[6]易卜生:挪威剧作家。

[7]柏拉图:古希腊哲学家。卢骚:一般译作卢梭,法国启蒙思想家、哲学家、教育家。弥儿:所指不详,或谓即爱尔兰作家摩尔。

[8]牛敦:一般译作牛顿,英国物理学家。

[9]丁祭:旧时每年于仲春(阴历二月)及仲秋(阴历八月)上旬丁日祭祀孔子,叫"丁祭",也叫"祭丁"。

[10]水碓(duì):利用水力旋动的舂米设备。

[11]规矩:校正圆形和方形的两种工具。

[12]来勃尼慈(Leibnitz,1646—1716):今译"莱布尼慈",德国自然科学家、数学家、哲学家。1700年创办柏林科学院并担任第一任院长。数学上他与牛顿并称为微积分的创始人,又是数理逻辑的先驱,提出同中国"先天八卦"相吻合的"二进制"。在哲学上,他提出客观唯心主义的"单子论"和"神正论"。主要著作有《形而上学谈话》、《人类理智新论》、《单子论》、《神正论》等。胡适的引文即出自《单子论》(Monadology)。

[13]谥:封建时代在人死后按其生前事迹评定褒贬给予一定的称号。

[14]《资治通鉴》:北宋司马光撰写的一部史书。篇名有统治者从历代治乱兴亡中取得借鉴以治

国安邦的意思。

[15]李守常：即李大钊，字守常。中国共产党创始人之一。

[16]明：洁净。

[17]僾(ài)然：仿佛。

[18]忾(kài)然：叹息声。以上几处引文分别见于《礼记正义·祭义第二十四》与《礼记正义·中庸第三十一》。

[19]跋(bá)：文体的一种，写在书籍或文章的后面，多用来评介内容或说明写作过程。

导读

胡适曾经倡导文学革命和白话文运动，在白话诗和话剧的创作以及外国文学的翻译介绍方面都有开创性的贡献，《不朽——我的宗教》就是一篇视角独特的论说文。

文章从传统的立德、立功、立言“三不朽”说下笔。首先，提出精神不朽与灵魂存灭之间没有必然联系；接着，一方面肯定“三不朽”说的历史价值，另一方面指出这“三不朽”说忽视大多数平民百姓的生存价值，只注重少数“寡头”的历史作用；然后，提出“社会的不朽论”，认为社会是一个有机整体，一切“小我”之间、“小我”与社会“大我”之间，都存在着历时共时的、直接间接的紧密联系，指明个体“小我”的善恶功过，都与社会“大我”一样永存不朽；最后，在文章末尾，水到渠成地归纳得出不朽问题的根本意义指向：每个现在的“小我”，对社会“大我”的无穷过去和无穷未来都负有重大责任。

文章论题鲜明，论证过程深入浅出、中肯细致，文笔纵横捭阖却重在就事论理，逻辑严密。作者大讲神学、哲学，高谈社会、人生，但并不故弄玄虚和故作高深，而是运用广博的知识，以大量古今中外的实例，分析论证社会中万事万物间偶然及必然的联系，将繁复的问题捉影定形。

文章语言趋向口语化，显得亲切自然，又不时点缀一些格言警句式的文辞，增强了哲思意味。

思考与练习

1.分析评述“三不朽”的说法。

2.总结文章的中心论点。

◎王小波

一只特立独行的猪[1]

王小波(1952—1996),出生于北京一个干部家庭,当时正值"三反"运动期间,父亲被错划为"阶级异端分子","小波"就是这一事件的记录。他在北京上的小学与中学,但初一时文化大革命开始,16岁就到云南兵团劳动,同时尝试写作。1971年,在母亲的老家山东省牟平县青虎山插队,曾做民办教师,两年后回北京当工人。1978年参加高考,考取了中国人民大学贸易经济系商品学专业。1980年与当时做《光明日报》编辑的李银河结婚。1984年赴妻子就读的美国匹兹堡大学,在东亚研究中心做研究生,在得到硕士学位前后, 游历了美国各地和西欧诸国。从1988年与妻子一起回国到1992年做自由撰稿人期间,曾分别在北京大学和人民大学担任教职。1996年4月11日,因心脏病突发辞世,年仅45岁。

王小波致力于小说写作,主要作品有中长篇小说集《黄金时代》、《白银时代》、《青铜时代》(合称《时代三部曲》),中短篇小说集《黑铁时代》。20世纪90年代开始创作杂文随笔,有随笔全编《沉默的大多数》。全部作品现收入《王小波文集》。

插队的时候,我喂过猪,也放过牛。假如没有人来管,这两种动物也完全知道该怎样生活。它们会自由自在地闲逛,饥则食渴则饮,春天来临时还要谈谈爱情;这样一来,它们的生活层次很低,完全乏善可陈[2]。人来了以后,给它们的生活做出了安排:每一头牛和每一口猪的生活都有了主题。就它们中的大多数而言,这种生活主题是很悲惨的:前者的主题是干活,后者的主题是长肉。我不认为这有什么可抱怨的,因为我当时的生活也不见得丰富了多少,除了八个样板戏,也没有什么消遣。有极少数的猪和牛,它们的生活另有安排。以猪为例,种猪和母猪除了吃,还有别的事可干。就我所见,它们对这些安排也不大喜欢。种猪的任务是交配,换言之,我们的政策准许它当个花花公子。但是疲惫的种猪往往摆出一种肉猪(肉猪是阉过的)才有的正人君子架势,死活不肯跳到母猪背上去。母猪的任务是生崽儿,但有些母猪却要把猪崽儿吃掉。总的来说,人的安排使猪痛苦不堪。但它们还是接受了:猪总是猪啊。

对生活做种种设置是人特有的品性。不光是设置动物,也设置自己。我们知道,在古希腊有个斯巴达,那里的生活被设置得了无生趣,其目的就是要使男人成为亡命战士,使女人成为生育机器,前者像些斗鸡,后者像些母猪。这两类动物是很特别的,但我以为,它们肯定不喜欢自己的生活。但不喜欢又能怎么样?人也好,动物也罢,都很难改变自己的命运。

以下谈到的一只猪有些与众不同。我喂猪时,它已经有四五岁了,从名份上说,它是肉猪,但长得又黑又瘦,两眼炯炯有光。这家伙像山羊一样敏捷,一米高的猪栏一跳就过;它还能跳上猪圈的房顶,这一点又像是猫——所以它总是到处游逛,根本就不在圈里呆着。所有喂过猪的知青都把它当宠儿来对待,它也是我的宠儿——因为它只对知青好,容许他们走到 3 米之内,要是别的人,它早就跑了。它是公的,原本该劁[3]掉。不过你去试试看,哪怕你把劁猪刀藏在身后,它也能嗅出来,朝你瞪大眼睛,噢噢地吼起来。我总是用细米糠熬的粥喂它,等它吃够了以后,才把糠对到野草里喂别的猪。其他猪看了嫉妒,一起嚷起来。这时候整个猪场一片鬼哭狼嚎,但我和它都不在乎。吃饱了以后,它就跳上房顶去晒太阳,或者模仿各种声音。它会学汽车响、拖拉机响,学得都很像;有时整天不见踪影,我估计它到附近的村寨里找母猪去了。我们这里也有母猪,都关在圈里,被过度的生育搞得走了形,又脏又臭,它对它们不感兴趣;村寨里的母猪好看一些。它有很多精彩的事迹,但我喂猪的时间短,知道得有限,索性就不写了。总而言之,所有喂过猪的知青都喜欢它,喜欢它特立独行的派头儿,还说它活得潇洒。但老乡们就不这么浪漫,他们说,这猪不正经。领导则痛恨它,这一点以后还要谈到。我对它则不止是喜欢——我尊敬它,常常不顾自己虚长十几岁这一现实,把它叫做"猪兄"。如前所述,这位猪兄会模仿各种声音。我想它也学过人说话,但没有学会——假如学会了,我们就可以做倾心之谈。但这不能怪它。人和猪的音色差得太远了。

后来,猪兄学会了汽笛叫,这个本领给它招来了麻烦。我们那里有座糖厂,中午要鸣一次汽笛,让工人换班。我们队下地干活时,听见这次汽笛响就收工回来。我的猪兄每天上午十点钟总要跳到房上学汽笛, 地里的人听见它叫就回来——这可比糖厂鸣笛早了一个半小时。坦白地说,这不能全怪猪兄,它毕竟不是锅炉,叫起来和汽笛还有些区别,但老乡们却硬说听不出来。领导上因此开了一个会,把它定成了破坏春耕的坏分子,要对它采取专政手段——会议的精神我已经知道了,但我不为它担忧——因为假如专政是指绳索和杀猪刀的话, 那是一点门都没有的。以前的领导也不是没试过,一百人也逮不住它。狗也没用:猪兄跑起来像颗鱼雷,能把狗撞出一丈开外。谁知这回是动了真格的,指导员带了二十几个人,手拿五四式手枪;副指导员带了十几人,手持看青的火枪,分两路在猪场外的空地上兜捕它。这就使我陷入了内心的矛盾:按我和它的交情,我该舞起两把杀猪刀冲出去,和它并肩战斗,但我又觉得这样做太过惊世骇俗——它毕竟是只猪啊;还有一个理由,我不敢对抗领导,我怀疑这才是问题之所在。总之,我在一边看着。猪兄的镇定使我佩服之极:它很冷静地躲在手枪和火枪的连线之内,任凭人喊狗咬,不离那条线。这样,拿手枪的人开火就会把拿火枪的打死,反之亦然;两头同时开火,两头都会被打死。至于它,因为目标小,多半没事。就这样连兜了几个圈子，它找到了一个空子，一头撞出去了；跑得潇洒之极。以后我在甘蔗地里还见过它一次，它长出了獠牙，还认识我，但已不容我走近了。这种冷淡使我痛心，但我也赞成它对心怀叵测的人保持距离。

我已经四十岁了，除了这只猪，还没见过谁敢于如此无视对生活的设置。相反，我倒见过很多想要设置别人生活的人，还有对被设置的生活安之若素[4]的人。因为这个原故，我一直怀念这只特立独行的猪。

【注释】

[1]本文选自《沉默的大多数》，最初发表于1996年《三联生活周刊》第11期。

[2]乏善可陈：指没什么有价值的事物可以称道。

[3]劁(qiāo)：指阉割。

[4]安之若素：指遇到不顺利情况或反常现象时像平常一样对待，毫不在意。

导读

王小波在生命的最后一天致友人的信中说："千里之行，始于足下。中国要有自由派，就从我辈开始。"他的妻子李银河曾评价说，他是一个自由的骑士，他的思路属于自由人文主义，是在经历过思想浩劫的国度硕果仅存的自由和独立思考精神的结晶。

《一只特立独行的猪》以一只游离于猪群之外甚至不受人拘束的公猪来类比那些不与流俗同污、能自由思考的人，表达对社会伦理原则的辩证思考。

首先，"特立独行的猪"具有普遍意义。面对生活的种种设置，既然一只"愚蠢"的猪都能做出逃脱之举，那自诩比猪聪明千倍的人就更应该有所表示，于是敢于越界的人的勇气就显得殊可观瞻。无论在什么社会或时代中，只要是违背人性、让人活得像猪的界限，就应该冲决它，摆脱受压抑的状态。人们不应该去犯罪，但活得应该更像人。

其次，"特立独行的猪"具有特殊意义。人们面对的状况往往并不非常明显和极端，在模棱两可之间人性更容易被社会之潮淹没。现实中人们最不愿意活得像猪，却往往做得比猪还不如，这是王小波在一个呆板的社会里最希望得到的黑色幽默。

这种"黑色的幽默"，是王小波杂文随笔最明显的风格特征。同时，本篇语言极富个性、犀利幽默、妙趣横生，在让人捧腹的同时又能令人掩卷深思，读起来真正是一种享受。

思考与练习

1.社会中的人与这只猪有什么关系？

2.体会作品"黑色幽默"的风格特征。

◎米兰·昆德拉

生命中不能承受之轻(节选)[1]

米兰·昆德拉(1929—),捷克作家,生于捷克斯洛伐克布尔诺市。父亲为钢琴家,同时是音乐艺术学院的教授。昆德拉童年时代学过作曲,受过良好的音乐熏陶和教育,少年时代开始广泛阅读世界文艺名著,青年时代写过诗和剧本、画过画、搞过音乐并从事过电影教学。20世纪50年代初,他作为诗人登上文坛,30岁左右走上了小说创作之路。1967年,他的第一部长篇小说《玩笑》在捷克出版后风行全国,并从此确立他在捷克当代文坛上的重要地位。1968年苏联入侵捷克后,《玩笑》被列为禁书,昆德拉失去了在电影学院的职务,文学创作也难以进行。不得以,他携妻子于1975年移居法国,但很快便成为法国读者最喜爱的外国作家之一。他的绝大多数作品,如《笑忘录》、《生命中不能承受之轻》、《不朽》以及用法语创作的《缓慢》、《身份》等等都是首先在法国走红,然后才引起世界文坛的瞩目。他曾多次获得国际文学奖,并多次被提名为诺贝尔文学奖的候选人。

除小说外,昆德拉还出版过三本论述小说艺术的文集,其中《小说的艺术》以及《被叛卖的遗嘱》在世界各地流传甚广。

任何一个认为中欧某些共产党当局是一种罪恶特产的人,都看出了一个基本事实:罪恶的当局并非由犯罪分子们组成,而是由热情分子组成的。他们确认自己发现了通往天堂的唯一通道,如此英勇地捍卫这条通道,竟可以迫不得已地处死许多人。后来的现实清楚表明,没有什么天堂,只是热情分子成了杀人凶手。

随后,人人都开始对追随当局者们叫嚷:你们应该对我们祖国的不幸负责(它已变得如此贫穷荒凉),你们应该对我们祖国的主权失落负责(它落入苏联之手),你们还应该对那些合法的谋杀负责!

被指控的人却回答:我们不知道!我们上当了!我们是真正的信奉者!我们内心深处天真无邪!

末了,这场争论归结为一个问题:他们是真的不知道呢还是在遮人耳目?

托马斯(与他的一千万捷克同胞一样)密切关注着这场争论。他认为,肯定有那么一些人,并非不知道这种暴行的后果(他们不会对俄国革命[2]后以及现在仍在继续的罪行视而不见),倒是有可能,大多数共产党人对这一切的确缺乏了解。

但他心里想,无论他们知道或不知道,这不是主要问题;主要问题是,是不是因为一个人不知道他就一身清白？难道坐在王位上的因为是个傻子，就可以对他的臣民完全不负责吗？

我们承认，20 世纪 50 年代初期，某个制造冤案处死无辜的检查官，是被俄国秘密警察和他自己的政府给骗了。可现在，我们都知道那些宣判荒诞不经，被处死者冤屈清白，这位检查官先生怎么还可以捶胸顿足大声疾呼地为自己的心灵纯洁辩护呢？我的良心是好的！我不知道！我是个信奉者！难道不正是他的“我不知道”，“我是个信奉者”造成了无可弥补的罪孽么？

由于这种联想，托马斯回顾了俄狄浦斯[3]的故事：俄狄浦斯不知道他娶的是自己的母亲。他知道事实真相后，不认为自己是清白无辜的，他无法忍受这种“不知道”造成的惨景。他刺瞎了双眼，从底比斯出走流浪。

当托马斯听到追随当局者为自己的内心纯洁辩护时，他想，由于你们的“不知道”，这个国家失去了自由，也许几百年都将失去自由，你们还能叫叫嚷嚷不感到内疚吗？你们能正视你们所造成的一切？你们怎么不感到恐惧呢？你们有眼睛看吗？如果有的话，你们该把眼睛刺掉，远离底比斯流浪去！

这种类比使他如此高兴，跟朋友交谈时也时常引用，而且表达得越来越准确，越来越风趣。

他和当时所有的知识分子们一样，常读一种印数达 30 万份的捷克作家联盟的周报。这家周报从当局那里获得了相当的自主权，而且还涉及一些犯禁的问题。正是这家报纸提出了这个问题：当局执政初期记录在案的政治审判及其杀人事件，谁来承担罪责。

即便是这家作家报纸，也只是重复同一个问题：他们知道还是不知道？托马斯认为这个问题是次要的，于是自己坐下来写了那篇有关俄狄浦斯的感想，把它送给了周报。一个月后，他得到了回答，让他去报社编辑室。简短的寒暄之后，编辑便开门见山直入本题。他建议托马斯把一个句子的语序改一改。很快，这篇文章在倒数第二版见报了，登在“读者来信”栏目内。

托马斯根本谈不上高兴。他们为了改变一个句子的语序，不惜叫他务必去编辑室跑一趟，而大删大砍他的文章却不请他。这一来，削弱了他的基本论点（使文章变得太图解化，太过分），他一点儿也不喜欢这篇文章。

这一切都发生在 1968 年春天。亚历山大·杜布切克[4]还在当政，他与他那共产主义者们一起感到了内疚，并愿意为此而做点什么。但另一些共产党人，老叫喊自己清白的那些人，害怕愤怒的民族将把他们送交法庭审判。他们天天到俄国大使馆去诉苦，力图取得支持。托马斯的信一见报，他们便嚷开了：看看都会出些什么事吧！他们现在公开告诉我们，要挖我们的眼睛啦！

两三个月之后，俄国人决定在他们的管辖区内取消言论自由，而且在一夜之间用武力攻占了托马斯的祖国。

托马斯从苏黎世回布拉格[5]以后，继续在他原来的医院工作。一天，主治医生把他叫去。

"我不说你也知道，"他说，"你既不是作家、新闻记者，也不是这个民族的救星。你是个医生，一个科学工作者。失去你我会非常难过的。我将竭尽全力把你留在这里。但你不得不收回那篇关于俄狄浦斯的文章，这件事对于你来说是极其重要的么？"

托马斯想起他们把那篇文章删掉了足足1/3："跟你说实话，没有比这更不重要的了。"

"你知道这件事关系到什么？"主治医生说。

他是知道的。面前有两样东西得权衡一下：一样是他的声誉（取决于他是否拒绝收回自己说过的话），另一样便是他称为生命意义的东西（他的医务工作与科学研究）。

主治医生继续说："迫使人公开收回过去的声明——有点像过时的搞法。把你说出去的话'收回'来，究竟是什么意思？谁能明确地宣布他以前的一个想法不再有效了？在现代，是的，一种观念可以被驳倒，但不可以被收回。那么，既然收回一种观念是不可能的，仅仅是口头上的，是一种形式上的巫术，我看你没有理由不照他们希望的去做。一个靠恐吓专政的社会里，什么样的声明也不必认真。它们都是强迫的产物，任何一个诚实的人都有责任不去理会它们。最后我得说的是，从我个人的利益和你的病人的利益出发，你该留在这里和我们一起。"

"您是对的，我肯定。"托马斯显得很不高兴。

"可是？"主治医生想揣度他的思路。

"我恐怕会难为情的。"

"难为情！你的意思是说你如此仰仗你的同事，所以要考虑他们怎么想？"

"不，不是仰仗他们。"托马斯说。

"哦，对了，"主治医生补充道，"你不必作公开声明，他们对我保证了的。他们都是些官僚，所需要的只是档案里有张条子，意思是你没有反政权的意思。以后如果有人攻击他们，说他们还让你在医院工作，他们有个遮掩。他们给了我许诺，你所说的只让你与他们之间知道，他们不打算发表其中的一个字。"

"给我一个星期想一想。"托马斯把这事搁下来了。

人们公认托马斯是医院里最好的外科医生。谣传主治医生已接近退休年龄，很快会让托马斯接手。作为补充的是另一个谣言，说当局让托马斯写自我批评的声明。人们都相信他会从命。

使他震惊的第一件事是:尽管他从未让人们有理由怀疑他的正直,但他们已准备打赌,宁可相信他的不诚实而不相信他的德行。

第二件使他震惊的事是:他们认定他如何如何以后,便纷纷作出反应。我得把这些反应归结为基本两大类:

第一类反应来自那些曾经收回过什么东西的人(他们自己或亲友)。他们一直被迫与占领当局公开言归于好,或者正打算这么过(当然是不愿意的——没有人愿意这样)。

这些人开始对他古怪地笑,这种笑他从来没有见过:一种有着秘密勾当时会意而又忸怩的笑,正像两个男人在一家妓院偶然相逢时的笑,双方都有些窘迫,同时又都高兴地觉得他们有着共同感情,一种类乎友爱的默契在他们之间滋生了。

又因为托马斯从没有过遵奉于人的名声,他们于是笑得更加自鸣得意。关于他接受主治医生建议的假想,已经进一步证实懦弱这东西正在缓慢地但是必然地成为人们行为的规范,而且会很快扭转人们现在对懦弱的看法。他从没与这些人交过朋友。他沮丧地意识到,如果真的照主治医生说的去作一个声明,他们就会开始请他去参加众多晚会,他就不得不与之为伍。

第二种类型的反应来自那些受过迫害的人(他们自己或者亲友)。他们曾经拒绝与占领当局握手言欢,或者确信自己将来也不会妥协(签发一个声明),尽管没有人要求他们这样做。(比方说,因为他们还太年轻,不必对他们认真对待。)

S医生就属于后一类型,是一位颇具才华的年轻内科医生。一天,他问托马斯:"喂,你给他们写了没有?"

"你说的是什么?"托马斯反问他。

"怎么啦,你的收回声明啊。"他语气中没有恶意,甚至笑了,一种从厚厚的笑容标本集里挑出来的微笑:有精神优越感和沾沾自喜的味道。

"告诉我,我收回观点的事,你都知道些什么?"托马斯问,"你读过吗?"

"没有。"S说。

"那你还罗嗦什么?"

还是沾沾自喜,还是微笑,S回答:"瞧,我们知道这事怎么处置。你给主治医生或某个部长或者某个人写封信,表说你收回前言,他将答应不泄漏出去,不羞辱作者。是不是这样?"

托马斯耸耸肩,让S继续说下去。

"可是,即使那个声明已经安全归档,作者也知道,任何时候都有可能将其公之于众的。于是,从那以后,他便不开口了,再不会说长道短,再不会有丝毫异议。只要他一露头,声明就会变成铅字,他就臭名远扬。总之,这是个相当好的办法,没有比这更好了。"

“是呵，真是个好办法，”托马斯说，“但麻烦你告诉我，是谁对你说我同意写那玩意儿？”

S耸耸肩，脸上始终带着笑。

托马斯突然捕捉了一个奇怪的事实：人人都朝他笑，人人都希望他写那个收回声明，人人都会因此而高兴！第一种人高兴，是因为他将他们的懦弱抬高身价，使他们过去的行为看来是小事一桩，能归还他们失去的名声。第二种人高兴，是因为他们能视自己的荣耀为特权，决不愿意让出，甚至会慢慢培养出一种对懦弱者的暗暗喜爱。要是没有这些懦弱者，他们的英勇将会立即变成一种无人景仰羡慕的苦差事，平凡而单调。

托马斯受不了这些笑。他认为自己处处都看见这种笑，连街上陌生人的脸上也莫不如此。他开始失眠。事情能这样吗？他真的那么仰仗那些人吗？不，他对他们没好话可说，自己居然让他们的眼色搞得如此不安，实在使他气愤。这是完全不合逻辑的。一个这么不在乎别人的人怎么会这样受制于别人的想法呢？

也许，这种根深蒂固的对人的不信任感（他怀疑那些人有权决定他的命运和对他给予评判），在他选择职业时起了作用。眼下的职业使他可以回避公开露面。比方说，一个选择政治家职业的人，当然会乐意去当众指手划脚评头品足，怀着幼稚的自信，以为如此会获得民众的欢心。如果群众表示了不赞同，那只会刺激他继续干下去力争做得更多更好。同样，托马斯也受到刺激，不过他的刺激来自疾病的诊断难点。

一个医生不像政治家，也不像演员，只是被他的病人以及同行医生所评价，就是说，是一种关上门后个人对个人的评价。面对那些品评者的目光，他能立即用自己的目光回答他们，为自己解释或者辩护。现在，托马斯生平第一次发现自己陷入了困境，数不清的目光都凝聚在他身上，他无法接应它们，既不能用目光也不能用言语来回答它们。他听任每一个人的摆布，听任人们在医院内外议论着他（其时紧张的布拉格正谣言四起，谁背叛，谁告密，谁勾结，传谣速度快如电报不可思议）。他虽然知道但毫无办法。他对谣言如此不堪忍受感到惊奇，对自己如此痛苦焦灼感到不可理解。他们对他的兴趣令人不快，如同你碰我撞的挤迫，如同噩梦中一伙人七手八脚将我们的衣服撕扯。

他去了主治医生那里，告诉对方他不会写一个字。

主治医生异乎寻常地用力跟他握了握手，说他对托马斯的决定早有预料。

“即使没有那个声明，也许您也能有办法留我继续工作吧。”托马斯竭力暗示对方，他的解雇足以使所有的同事以辞职来威胁当局。

但他的同事做梦也没想到要用辞职来吓唬谁。不久（主治医生比前次更为有力地握了握他的手——几天来他的手都是青一块紫一块的），他被迫离开了医院。

【注释】

[1]本文节选自韩少功、韩刚所译《生命中不能承受之轻》的第五章《轻与重》。

[2]俄国革命：这里主要指俄国十月革命。在后文中出现的“俄国”指的是前苏联。

[3]俄狄浦斯的故事：俄狄浦斯是古希腊神话中底比斯王拉伊俄斯之子，因神预言他将杀父娶母，出生后被父亲弃在山崖，但被牧人救护，由科林斯王收养。长大后，想逃避杀父娶母的命运，却在无意中杀死亲父。后又因除去怪物斯芬克司，被底比斯人拥立为新王，并娶前王之妻即生母伊俄卡斯达为妻，生子女四人，后全国瘟疫流行，神示要除去杀死原国王的罪人才能消灾。俄狄浦斯得知原委后，在内疚与悲愤中自己刺瞎双目，流浪而死。他的母亲也自缢身死。古希腊悲剧作家索福克勒斯据此写出悲剧《俄狄浦斯王》。

[4]亚历山大·杜布切克：捷克原国家领导人，1968 年 2 月被苏联政府赶下台。

[5]苏黎士：瑞士首都。布拉格：捷克首都。小说的第一章中托马斯在苏联坦克占领布拉格后就去了苏黎士的一所医院工作。

导读

本文在 1968 年苏联对捷克由政治控制转入军事占领的大背景下，通过外科医生托马斯由于自己的一封充满人性化见解的公开信而被迫离开医院一事，表现出当时苏联施行的极端政治带给捷克人民的人性缺失，隐喻在这种极端条件下人性的异化和坚守。

选段中，作者揭示“世界已经变成了一个陷阱”，其中生活的人面临极端的矛盾：不论做什么选择，最后都会发现一个同样无可奈何的结果。首先，托马斯离开医院成了洗窗工人，为维护人格而失去社会地位，同时也被社会遗弃，这反映了作者从政治的强权批判走向哲学的人性批判。人物最沉重的负担同时也是最强盛生命力的影像：负担越重，生命越贴近大地，它就越真切实在；相反，负担完全消失，人就会变得比空气还轻，就会远离大地和生命，人就只是半真的存在。托马斯毫无意义地获得极端自由，在有所着落的同时又无所着落，这成了他生命中不能承受的“轻”。其次，托马斯的坚持和无言的承受反映了作者意图使读者释放“不能承受的轻”，坚信人类一定会生存，世界一定会生存，人们在世界上全心全意信仰、寻求和热望的一切都将恢复人性的面貌。

小说的主要艺术技巧，一是矛盾对立的运用。作者从俄狄浦斯的思考开始，在并非绝望的社会环境下，将人导入有罪无罪的逻辑思辩中，以此为踏板又跳入收回与不收回的艰难选择。周围环境中的人和物都来迫使托马斯趋向收回，他的不收回反而彰显了个人的意义和价值，但不料与此同时自己又落入新的矛盾中。

二是在人物形象的塑造上，作者把托马斯当作人受外部环境挤压的集中体现者，也让处在环境背景中的人物如主治医生、S 医生受着环境的冲击，不过主治医生趋向将个性意识同环境相符合，而 S 医生趋向将个性意识同环境相对抗。三个人以痛苦的不自觉或习惯造成的消隐向人性掀起了挑战。

三是作者善于以反讽手法，用平静和幽默的语调描绘人类境况。他的作品表面轻松,实质沉重;表面随意,实质精致;表面通俗,实质深邃机智,在词句深处透出“上帝发笑”的回响。这些在新奇贴切的比喻如“两个男人在一家妓院偶然相逢时的笑”和“一种从厚厚的笑容标本集里挑出来的微笑”中可见一斑。

思考与练习

1.俄狄浦斯的故事与捷克政治变化有什么关联?

2.主治医生、S医生两个形象与托马斯有什么不同?

3.结合社会背景,分析托马斯离开医院的根本原因。

4.分析说明什么是托马斯“生命中不能承受之轻”。

艺术情采

画家的眼睛不是从固定角度集中于一个透视的焦点，而是流动着飘瞥上下四方，一目千里，把握大自然的内部节奏，把全部景界组织成一幅气韵生动的艺术画面。

——宗白华

◎刘　勰

文心雕龙·情采

刘勰(465？—537)，字彦和，祖籍东莞莒县(今属山东省)，世居京口(今江苏镇江)，一生经历了宋、齐、梁三代。出身于一下级官僚家庭，幼年丧父，家境贫困，不能婚娶。二十余岁入定林寺(故址在南京市紫金山)，依附名僧生活十多年，助其整理编定佛教经藏。他博通佛教、儒家经史和历代文学作品。三十多岁时，据说梦见孔子，因写《文心雕龙》，约于齐末梁初写就，文成后，取定于沈约，受到他的大力推重。梁武帝天监元年(502)作奉朝请，后做过车骑仓曹参军、太末县(今浙江省衢县)令、步兵校尉，并兼东宫通事舍人等官，深得太子萧统的器重。晚年，奉梁武帝命去定林寺撰经。后出家，易名为慧地，未及一年而病故。

圣贤书辞[1]，总称文章，非采而何?夫水性虚而沦漪结，木体实而花萼振，文附质也[2]。虎豹无文，则鞟同犬羊；犀兕有皮，而色资丹漆，质待文也[3]。若乃综述性灵，敷写器象，镂心鸟迹之中，织辞鱼网之上，其为彪炳，缛采名矣[4]。故立文之道[5]，其理有三：一曰形文，五色是也[6]；二曰声文，五音是也[7]：三曰情文，五性是也[8]。五色杂而成黼黻，五音比而成韶夏[9]，五性发而为辞章，神理之数也。《孝经》垂典，丧言不文[10]；故知君子常言，未尝质也。老子疾伪，故称“美言不信[11]”；而五千精妙，则非弃美矣。庄周云“辩雕万物”[12]，谓藻饰也。韩非云“艳乎辩说”[13]，谓绮丽也。绮丽以艳说，藻饰以辩雕，文辞之变，于斯极矣。研味《孝》、《老》，则知文质附乎性情：详览《庄》、《韩》，则见华实过乎淫侈[14]。若择源于泾渭之流，按辔于邪正之路，亦可以驭文采矣[15]。夫铅黛所以饰容，而盼倩生于淑姿[16]；文采所以饰言，而辩丽本于情性[17]。故情者，文之经；辞者，理之纬。经正而后纬成，理定而后辞畅，此立文之本源也。

昔诗人什篇[18]，为情而造文；辞人赋颂，为文而造情。何以明其然?盖《风》《雅》之兴，志思蓄愤[19]，而吟咏情性[20]，以讽其上，此为情而造文也；诸子之徒[21]，心非郁陶[22]，苟驰夸饰[23]，鬻声钓世[24]，此为文而造情也。故为情者要约而写真[25]，为文者淫丽而烦滥[26]。而后之作者，采滥忽真[27]，远弃风雅，近师辞赋，故体情之制日疏[28]，逐文之篇愈盛。故有志深轩冕，而泛咏皋壤，心缠几务，而虚述人外[29]。真宰弗存，翩其反矣[30]。夫桃李不言而成蹊，有实存也[31]；男子树兰而不芳，无其情也[32]。夫以草木之微，依情待实；况乎文章，述志为本。言与志反，文岂足征[33]?

是以联辞结采，将欲明理；采滥辞诡，则心理愈翳[34]。固知翠纶桂饵[35]，反所以失鱼。“言隐荣华”[36]，殆谓此也。是以“衣锦絅衣”，恶文太章[37]；《贲》象穷白，贵乎反本[38]。夫能设模以位理，拟地以置心[39]，心定而后结音，理正而后摛藻[40]，使文不灭质，博不溺心，正采耀乎朱蓝，间色屏于红紫[41]：乃可谓雕琢其章，彬彬君子矣[42]。

赞曰：言以文远，诚哉斯验[43]。心术既形，兹华乃赡[44]。吴锦好渝，舜英徒艳[45]。繁采寡情，味之必厌[46]。

【注释】

[1]圣贤书辞：指周公、孔子等古代圣贤撰述的经典。书辞：著作。

[2]沦漪(yī)：水上微波。孔子等古代圣贤撰述的经典。结：形成。萼：花托，在花的最外部，多为绿色。振：开放。文附质：文采依附在质地上。文指词采、形式，质指情思、内容。

[3]鞹(kuò)：没有毛的皮革。犀兕(sì)：形似牛的兽，犀为雄，兕为雌。犀牛兕牛的皮坚韧，在古代用来作甲胄，漆有色彩。资：凭借。待：依靠。

[4]综述性灵：抒发思想感情。敷写：描写。敷：铺叙。镂心鸟迹：指在文字上用心琢磨。鸟迹：指文字，许慎《说文·序》说仓颉看了鸟迹、兽蹄创制了文字。织辞鱼网之上：指将组织好的文章写在纸上。鱼网：指纸。《后汉书·蔡伦传》说蔡伦用鱼网做纸。彪炳：光彩四射。缛：繁盛。名：显著。

[5]文：指广义的文，包括颜色，指形文；音乐，指声文；情理，指情文。

[6]五色：指青、黄、赤、白、黑。

[7]五音：指宫、商、角、徵(zhǐ)、羽。

[8]五性：一指喜、怒、欲、惧、忧，见《大戴礼·文王官人》；一指静、躁、力、坚、智，见《汉书·翼奉传》注引晋灼说。

[9]黼黻(fǔ　fú)：古代礼服上绣的花纹，半白半黑的斧形(刃白背黑)叫黼，半黑半青的两个己字形叫黻。比：配合。韶夏：古代乐曲。韶：舜乐。夏：禹乐。

[10]垂：传下来。典：合于法度的话。丧言不文：居父母丧时说话不讲究文采。《孝经·丧言》：“言不文。”

[11]疾：憎恶。信：真实。

[12]辩：巧言。雕：雕饰。原文见《庄子·天道》。

[13]辩说：我国古代逻辑学术语，即推理、论证。原文见《韩非子·外储说左上》，作“艳乎(于)辩说”。

[14]《庄》：庄子。《韩》：韩非子。淫侈：过分，无节制，指(语言)过分浮夸。

[15]“泾渭”两句：意谓要是能够在源头上分清泾水、渭水的清浊，在驾驶时辨清正路与邪路的方向，就可以驾驭文采了。泾水浊，渭水清，在两水汇合时才显，所以要从源头上去区分。

[16]铅黛：黛石，青黑色颜料，画眉用。盼倩：动人的眼神和笑容。淑：美好。

[17]辩丽：文章的逻辑力量和艺术感染力。

[18]诗人：特指《诗经》的作者。什篇：也称篇什。

[19]志思蓄愤：有情志，怀忧愤。

[20]吟咏性情：把感情抒发出来。

[21]诸子：指辞赋家。

[22]心非郁陶(yáo)：心里没有真实充沛的感情。

[23]苟驰夸饰：随便地铺陈夸饰文辞。

[24]鬻(yù)声钓世：沽名钓誉。

[25]要约而写真：语言概括简练，写出了真感情。

[26]淫丽而烦滥：文辞浮华，内容杂乱虚夸。

[27]采滥忽真：采用淫丽烦滥的辞藻而忽视真情实感的表达。

[28]体：表现。制：作品。

[29]"轩冕"四句：意谓有的人热衷于高官厚禄，却空泛地歌咏隐居山林的生活；有的人一心牵挂着繁忙的政务，却虚伪地抒发向往世外的高情。轩冕：坐车和戴礼帽，是大官的排场，借指官位爵禄。轩：有屏藩的车。冕：礼帽。皋壤：水边的原野，指山野隐逸之所。几务：繁忙的政务。几：细微。人外：世外，指超脱的情怀。

[30]"真宰"两句：意谓这些人没有真心，写出来的文章和内心情感完全相反。真宰：原为想像中宇宙的主宰，此指内心的思想感情。宰：主。翩其反矣：本指花的翻动。反：翻，这里指相反。

[31]"桃李"句：意谓有真情实感的优秀作品自会令人百读不厌。《史记·李广列传》云："桃李不言，下自成蹊。"蹊：小路。实：果实。

[32]"男子"句：意谓虚情假意之作没有感人的艺术魅力。《淮南子·缪称训》云："男子树兰，美而不芳。"

[33]征：可信。

[34]心理：作者心中要说的道理。翳(yì)：障蔽。

[35]翠纶：翠鸟羽毛做成的钓丝。纶：钓丝。桂饵：肉桂做鱼饵。桂：肉桂，一种珍贵食物。

[36]言隐荣华：《庄子·齐物论》云："言隐于荣华。"意谓语言中的含义被华丽的辞采掩蔽了。隐：隐没。

[37]"是以"两句：意谓穿了锦绣衣裳，要外加一件罩衫，怕的是文采过于显耀。衣锦絅(jiǒng)衣：见《诗经·卫风·硕人》在锦绣上加上罩衫。衣：穿上。絅衣：麻布罩衫。章：同"彰"，著。

[38]"《贲(bì)》象穷白"两句：意谓《易经·贲卦》的卦象探究到底就是白的，因为反于本色才是可贵的。《贲》象穷白：《易经·贲卦》的"贲"是文饰意，可是它的象却归于白色。穷：探索到底。白：指本色，因为丝的本色是白的。

[39]模：规范，借指文章的体裁。地：底子，借指文章的基调、风格。位理：阐述义理。置心：抒发性情。

[40]结音：配合音乐，协调音律。摛(chī)藻：运用词藻。

[41]博不溺心：辞藻的繁缛不淹没真实感情。正采：正色，为青、赤、黄、白、黑。间色：杂色，以两种正色相混而成的绿、绀红、缥紫、流黄等色。屏：弃。

[42]彬彬：有文有质的样子。彬彬君子：见《论语·雍也》："文质彬彬，然后君子。"

[43]验：应验。

[44]"心术既形"两句：内心的情思已经通过文辞得以显露，文采才显得丰富。赡：丰富。

[45]渝：变色。舜英：木槿花，此花朝开暮落，有花无实。

[46]味：体味。厌：厌烦，讨厌。

导读

在文学作品中，内容与形式的关系，思想感情与文采的关系，是一个非常重要的问题，本文集中全面地表述了刘勰对这一问题的看法。作者首先肯定了文采的重要性："圣贤书辞，总称文章，非采而何？"接着指出，文与质，即文采与思想感情是不可分离、相互依存、相互配合、对立统一、相得益彰的关系，即所谓"文附质"而"质待文"。但他又认为，质先于文，内容居于主导地位，文学创作的中心是"情"、"理"；"文采"虽不可无，但不该掩盖情理，保持本色是最重要的："夫铅黛所以饰容，而盼倩生于淑姿：文采所以饰言，而辩丽本于情性。故情者，文之经；辞者，理之纬。经正而后纬成，理定而后辞畅，此立文之本源也。"因此，文学创作的根本目的不是为文采而文采，运用文采是为了述志言情。因此，他主张文学创作应该"为情造文"，反对"为文造情"；主张"要约而写真"，反对"淫丽而烦滥"；并且一针见血地揭露了晋宋以来许多作家"志深轩冕，而泛咏皋壤，心缠几务，而虚述人外"的虚伪清高的面目。这些观点都具有积极的现实意义和重大的理论价值。

《文心雕龙·情采》用骈文写成，对仗精工，文采斐然，且观点深刻，超迈古今，很好地体现了情与采的统一。

思考与练习

1.刘勰的文质说对儒家文质观点有什么发展？

2."情"在文章中占有什么样的地位？

3.刘勰对文的形态的划分有什么意义？

◎林语堂

中国书法[1]

林语堂(1895—1976),福建省龙溪县人。原名和乐,后改为玉堂,又改为语堂。出身于一个传教士家庭,自幼受西方文化的熏陶。早年曾求学于厦门寻源书院和上海圣约翰大学,后留学美国哈佛大学和德国莱比锡大学,分别获硕士和博士学位。回国后,曾先后执教于北京大学、北京师范大学、北京女子师范大学和厦门大学。创办了《语丝》、《论语》、《人间世》、《宇宙风》等刊物,大力提倡幽默、闲适、性灵的小品,主张小品文应"以自我为中心,以闲适为格凋","宇宙之大,苍蝇之微,皆可取材",成为"论语派"的主要代表。1936 年之后,客居美国。1966 年到台湾定居。1969 年当选为台湾笔会会长。1975 年 4 月被国际笔会维也纳第四十届大会推举为副会长,并被提名为诺贝尔文学奖候选人之一。林语堂一生著述丰富,有散文、小说、政论、词典、教科书等三十余部。代表作有《中国人》(《吾土吾民》)、《生活的艺术》、《剪佛集》、《大荒集》、《京华烟云》、《风声鹤唳》、《苏东坡传》、《奇岛》等。他的散文题材非常庞杂,几乎无所不谈。他的小品文常常都是从一件具体事物谈开去,引发出对传统文化与外来文明比较冲突的许多联想,在其中,贯穿了对国民性改造以及传统文化转型的思考。追求幽默的情味,文笔优美,饶有趣味,文化含量很高。

一切艺术的问题都是韵律问题。所以,要弄懂中国的艺术,我们必须从中国人的韵律和艺术灵感的来源淡起。我们承认韵律是普遍存在的,并非中国人的专利,但这并不妨碍我们去探索一个不同的侧重点。在讨论理想的中国妇女时,笔者已经指出,西方艺术总是到女性人体那里寻求最理想、最完美的韵律,把女性当作灵感的来源。而中国的艺术家和艺术爱好者则通常满足于高兴地赏玩一只蜻蜓、一只青蛙、一只蚱蜢或一块嶙峋的怪石。由此看来,西方艺术的精神较为耽于声色,较为热情,较为充满艺术家的自我;而中国艺术的精神较为高雅,较为含蓄,较为和谐于自然。我们可以借用尼采的话来说明它们的不同,中国艺术是太阳神的艺术,而西方艺术是酒神的艺术[2]。这一巨大差别只有具备对韵律不同的理解与欣赏才能形成。无论在哪个国度,艺术问题总是韵律问题,这一点毫无疑问。但直到晚近,韵律才在西方艺术中起到决定性的作用,而在中国,韵律一直占有举足轻重的地位——这一点也是毫无疑问的。

很奇怪,这种对韵律理想的崇拜首先是在中国书法艺术中发展起来的。一幅寥寥几笔画出的顽石图,挂在墙上,供人日夜观赏。人们面对它沉思冥想,并得到一种奇异的快感。西方人士要想懂得此种快感，就非懂得中国书法艺术的原则不可。学习书法艺术，实则学习形式与韵律的理论，由此可见书法在中国艺术中的重要地位。我们甚至可以说，书法提供给了中国人民以基本的美学，中国人民就是通过书法才学会线条和形体的基本概念的。因此，如果不懂得中国书法及其艺术灵感，就无法谈论中国的艺术。比方说，中国的建筑，不管是牌楼、亭子还是庙宇，没有任何一种建筑的和谐感与形式美，不是导源于某种中国书法的风格。

这样，中国书法在世界艺术史上的地位实在是十分独特的。毛笔使用起来比钢笔更为精妙，更为敏感。由于毛笔的使用，书法便获得了与绘画平起平坐的真正的艺术地位。中国人已经充分认识到这一点，他们把绘画和书法视为姐妹艺术，合称为“书画”，几乎构成一个单独的概念，总是被人们相提并论。假如要问二者之中哪一个得到了更多人的喜爱，回答毫无疑问是书法。于是，书法成了一门艺术。人们对之投以的满腔热忱和献身精神，以及它丰富的传统，人们对它的尊崇，这些都丝毫不亚于绘画。书法标准与绘画标准一样严格，书法家高深的艺术造诣远非凡夫俗子所能企及，如同其他领域的情形一样。中国的大画家，像董其昌、赵孟頫等人[3]，通常也都是大书法家。赵孟頫是最著名的中国画家之一。他在谈到自己的绘画时说：“石如飞白木如篆[4]，六法原与八法通[5]，若也有人能会此，须知书画本来同。”

在我看来，由于书法代表了韵律和构造最为抽象的原则，它与绘画的关系，恰如纯数学与工程学或天文学的关系。欣赏中国书法，是全然不顾其字面含义的，人们仅仅欣赏它的线条和构造。于是，在研习和欣赏这种线条的魅力和构造的优美之时，中国人就获得了一种完全的自由，全神贯注于具体的形式，内容则撇开不管。绘画总有一个客体要传达，但一个写得很好的字却只传达其本身线条和结构的美。在这绝对自由的天地里，各种各样的韵律都得到了尝试，各种各样的结构都得到了探索。正是中国的毛笔使每一种韵律的表达成为可能。而中国字，尽管在理论上是方方正正的，实际上却是由最为奇特的笔划构成的，这就使得书法家不得不去设法解决那些千变万化的结构问题。于是通过书法，中国的学者训练了自己对各种美质的欣赏力，如线条上的刚劲、流畅、蕴蓄、精微、迅捷、优雅、雄壮、粗犷、谨严或洒脱，形式上的和谐、匀称、对比、平衡、长短、紧密，有时甚至是懒懒散散或参差不齐的美。这样，书法艺术给美学欣赏提供了一整套术语，我们可以把这些术语所代表的观念看作中华民族美学观念的基础。

由于这门艺术具有近两千年的历史，且每位书法家都力图用一种不同的韵律和结构来标新立异，这样，在书法上，也许只有在书法上，我们才能够看到中国人艺术心灵的极致。某些美学鉴赏范畴，如对参差不齐之美的尊崇，对那些乍看摇摇欲坠，细看则安如磐石的结构的尊崇，这些美学范畴会使西方人大为吃惊。如果他们知道这些范畴在中国艺术的其他领域中并不容易看到，他们就更会惊叹不已。

对西方来说，更有意义的事实是，书法不仅为中国艺术提供了美学鉴赏的基础，而且代表了一种万物有灵的原则。这种原则一经正确地领悟和运用，将硕果累累。如上所说，中国书法探索了每一种可能出现的韵律和形式，这是从大自然中捕捉艺术灵感的结果，尤其来自动物、植物——梅花的枝丫、摇曳着几片残叶的枯藤、斑豹的跳跃、猛虎的利爪、麋鹿的捷足、骏马的遒劲、熊罴的丛毛、白鹳的纤细，或者苍老多皱的松枝。于是，凡自然界的种种韵律，无一不被中国书法家所模仿，并直接地或间接地形成了某种灵感，以造就某些特殊的"书体"。如果一位中国学者在一棵枯藤之上看到了某种美，它那不经意的雅致，可伸可缩的韧性，枝头弯弯曲曲，几片叶儿悬挂其上，漫不经心，却又恰到好处，他就会把这种种的美融于自己的书法之中。如果另一位学者看到一棵松树树干弯曲、树枝下垂而不直立，表现出一种惊人的坚韧和力量，他也会将这种美融入自己的书法风格。于是，我们就有了"枯藤"和"劲松"的笔法。

曾经有一位名僧兼书法家先前习书多年却无长进。一天，他闲步于山径之间，偶见两条大蛇在争斗，各自伸长脖颈，颇有一股外柔内刚之势。他猛然有所感悟，顿生灵感，回去后便练就了一种极有个性的书体，称作"斗蛇"体[6]，表现了蛇颈的伸展和弯曲。中国的"书圣"王羲之[7]在谈书法艺术时，也使用了自然界的意象：

每作一横画，如列阵之排云；每作一戈，如百钧之弩发；每作一点，如高峰坠石；每作一折，如屈折钢钩；每作一牵[8]，如万岁枯藤；每作一放纵，如足行之趋骤[9]。

如欲通晓中国书法，必先仔细观察蕴藏在每个动物体内的形态和韵律，每种动物都有其和谐优美之处，这是一种直接出自其生理机能，尤其是运动机能的和谐。一匹腿部多毛，躯干高大的负重拉车之马，有其独特的美，正如一匹光滑灵巧的赛马有其独特的美一样。这种和谐还存在于身体细长、蹦蹦跳跳、快速灵活的灵猩身上，也存在于长毛的爱尔兰㹴狗身上，它的头和四肢在一起几乎构成了一个方形物，极似中国书法中的"隶书"(流行于汉代，后由清代邓石如[10]发展成为一种艺术)。

有一点很重要，需要注意。这些动植物的外形之所以美，是因为它们蕴藏着一种动势。试想一枝盛开的梅花，具有多么不经意的美丽和充满艺术感的不规则变化!彻底而艺术化地领悟这种美，就等于领会了万物有灵的内在原则，领悟了中国艺术。这枝梅花，即使花朵凋谢或被拨落，仍然美丽无比，因为它还活着，因为它表达了一种生的冲动。每一棵树的外形都显示了一种韵律；它源自某种生命的冲动，它要生长，要拥抱阳光，要保持自己生命的平衡；它也源自抵御风暴的必要。每一棵树都是美的，因为它暗示了这些冲动，尤其是因为它暗示了一种朝某个方向的运动，一种向某个地方的延伸。它并没有想美，它只是想生存，结果却是极端的和谐与令人十分满意的美。

大自然给予灵猩犬以高度弯曲的身躯和一条连接身体与后腿的曲线，以使它跑起路来迅捷无比。除此之外，大自然并没有人为地赐给它什么抽象的美。这些器官之所以美，是因为它们代表了某种速度，从这些和谐的器官中产生了一种和谐的形式。

猫儿轻柔的举动，导致了其柔软的外形。即使是一只固执地蹲伏在那里的哈叭狗的线条，也能反映出它本身力大性猛的美。这样，我们就解释了自然界无穷无尽的形态，这些形态总是那么和谐，那么富有韵律，变化万端，无以穷尽。换言之，自然界的美是动态的姜，而非静态的美。

这种运动的美正是理解中国书法的钥匙。中国书法的美在动不在静，由于它表达了一种动态的美，它生存了下来，并且也同样是千变万化，不可胜数的。迅捷稳重的一笔之所以是完美的，是因为它是速度和力量的象征。不能摹仿，不能更改，因为任何更改都会带来不和谐。这也就是为什么书法作为一门艺术非常难学的原因。

把中国书法的美归结为万物有灵原则，并非著者的独创，汉语中的不少说法可资证明和参考，比如笔划的“肉”、“骨”、“筋”等等。其哲理性内涵从来被有意识地揭示出来过，只有当我们想方设法理解中国书法时，我们才开始探索。王羲之曾从师的东晋女书法家卫夫人[11]说道：

> 善笔力者多骨，不善笔力者多肉。多骨微肉者，谓之筋书；多肉微骨者，谓之墨猪。多力丰筋者圣，无力无筋者病。

运动的动态原理生发出一种结构原理，这是理解中国书法的要旨。单纯的平衡匀称之美，绝不是美的最高形式。中国书法的原则之一，即方块字绝不应该是真正的方块，而应是一面高一面低，两个对称部分的大小和位置也不应该绝对相同，这条原则叫作“势”，代表着一种冲力的美。结果，在这种艺术的范型中，我们有了不少看似不平衡，实际却十分平衡的结构形态。这种冲力之美与纯静态之美的区别，有如一个人站立或静坐之图景，与挥舞高尔夫球棒或把足球猛一脚踢上天时的图景的区别。又如一位女士把头往后一仰的照片，要比她正视前方的照片动态感更强。所以中国字笔画起端总是侧向一方，这比平平地划过去要艺术得多。这种结构的范例可见于《张猛龙碑》[12]，其中字体似有倒塌之势，却又能很好地保持平衡。这种书体的现代范式可见于监察院长于右任的字，他个人有今日的高位，在很大程度上得益于自己高级书法家的名望。

现代艺术正在探索各种韵律，试验各种新的结构形式，但至今尚无所获。它惟一的成功是给予我们一种逃避现实的印象。它最为明显的特征，不是努力抚慰我们的心灵，而是竭力刺激我们的感官。由于这一原因，对中国书法及其万物有灵原则的研究，归根结底也就是在万物有灵或韵律活力的原则指导下，对自然界韵律所进行的再研究，它会为现代艺术开辟广阔的前景。直线、平面和锥体的相互交错和反复运用，可以使我们激动不已，却不具备生动活泼的美。正是这些平面、锥体、直线和曲线，看来已经使现代艺术家的才智衰竭了。何不回归自然，向自然求救呢?看来有待于一些西方艺术家不畏艰险，开始用毛笔练习写英语。练上 10 年之后，如果他天资聪慧，真正弄懂万物有灵原则的话，他将可以用真正称得上一门艺术的线条和形式在泰晤士广场上书写招牌和广告牌。

中国书法作为中国美学的基础，其中的全部含义将在研究中国绘画和建筑时进一步看到。在中国绘画的线条和构思上，在中国建筑的形式和结构上，我们将可以分辨出那些从中国书法发展起来的原则。正是这些韵律、形态、范围等基本概念给予了中国艺术的各种门类，比如诗歌、绘画、建筑、瓷器和房屋修饰，等等，以基本的精神体系。

【注释】

[1]选自《中国人》(旧译《吾土吾民》)，郝志东、沈益洪译，学林出版社，1994 年 12 月第 1 版。

[2]尼采在《悲剧的诞生》中认为，由于希腊人意识到了个体生命的有限和现实生存的不幸，因而要在艺术中寻求解脱。其精神方式分为两类：一类缘自阿波罗(Apollo)崇拜，即所谓“日神精神”；一类缘自狄俄尼索斯(Dionysus)崇拜，即所谓“酒神精神”。前者是个体化原则的守护神，它以一种梦幻般的手法，制造出一种和谐、美妙的生活幻觉，通过凝视存在的形象以逃避变幻乃至死亡的痛苦；后者则剥去个体的表象而直通存在的本质，它要在一种醉态的境界中投身于表象背后的意志，并通过现象的毁灭以获得不断的新生。前者是精神的沉醉，表现为一种禁欲的对精神世界、宇宙本原的不顾一切的追求；后者是肉体的沉醉，表现为一种纵欲的对感性生活、肉体存在的忘乎所以的肯定。

[3]董其昌(1555—1636)：字玄宰，号思白，又号香光，松江(今上海市)华亭人。明代著名画家、书法家。赵孟頫(1254—1322)：字子昂，号松雪道人，湖州(今江苏省湖州)人，本为宋宗室后裔，元代著名书法家、画家。书法兼擅篆、隶、楷、行、草诸体，以楷、行最为著名，对当时及明代以后书法影响甚大。

[4]飞白：书体名，据说为蔡邕所创。唐张怀瓘《书断》记载：“汉灵帝熹平年，诏蔡邕作《圣皇篇》，篇成，诣鸿都门上。时方修饰鸿都门，伯喈待诏门下，见役人以垩成字，心有悦焉，归而为飞白之书。”

[5]六法：谢赫《古画品录》中提出画有“六法”：一曰气韵生动，二曰骨法用笔，三曰应物象形，四曰随类赋彩，五曰经营位置，六曰传移模写。“六法”作为中国绘画范畴史上仅见的一个完整而严密的艺术纲领，千百年来，承前启后，对中国绘画史的发展产生了巨大影响。八法：即“永字八法”。古人把楷书的用笔总结为八法，分别以“永”字的八笔来代表，称为“永字八法”。所谓“八法”者，即“点为侧，平横为勒，直为努，钩为超，仰横为策，长撇为掠，短撇为啄，撩为磔。”

[6]“斗蛇”体：陆羽《僧怀素传》：“贫道观夏云多奇峰，辄尝师之，夏云因风变化，乃无常势，其痛快处如飞鸟出林，惊蛇入草，纵遇拆避之路，一一自然。”

[7]王羲之(321—379，一作 303—361)：字逸少，祖籍琅琊临沂，出生于会稽山阴(今浙江绍兴)。官至右将军，人称“王右军”。其书法兼擅草、隶、八分、飞白、章行诸体，尤以行、草、楷书著名，为古今书法之冠，被尊为“书圣”，其书作《兰亭集序》被称为“天下第一行书”。

[8]牵：竖。

[9]放纵：此谓打钩超笔，作此笔先要顿，然后如足行之趋骤。趋骤：是一种势猛力大的动作。

[10]邓石如(1743—1805)：初名琰，字石如，后改字顽伯，号完白山人，安徽怀宁人。清代著名书法家。篆、隶、楷、行、草五体兼工，以篆、隶最为著名。

[11]卫夫人(272—349)：姓卫，名铄，字茂漪，是著名书法家卫恒之从妹，汝阴太守李矩之妻，河东安邑(今山西夏县)人。人称“卫夫人”。善书法，师法钟繇。王羲之曾从她学书。

[12]《张猛龙碑》：北魏碑刻，楷书。书法雄肆、险劲，风格独特，为北魏碑刻的代表作之一。

导读

在这篇谈论中国书法的文章中，作者首先指出，一切艺术的问题都是韵律问题，韵律一直在中国艺术中占有举足轻重的地位；而对韵律理想的崇拜，首先是在中国书法艺术中发展起来的，学习书法艺术，实则学习形式与韵律的理论。书法代表了韵律和构造最为抽象的原则，它撇开内容，只传达汉字本身的线条和结构的美，从而给美学欣赏提供了一整套术语，这些术语构成了中华美学观念的基础。其次，林语堂先生认为，中国书法代表了一种万物有灵的原则。中国书法的韵律和形式，是从大自然中抽象出来的，自然界的美是和谐、优美、动态的美，中国书法的美也是如此。运动的动态原理生发出一种结构原理，这是理解中国书法的要旨。中国书法最高形式的结构不是平衡匀称，而是动态平衡。中国书法的美既是抽象的美，同时又是生动活泼的美。它不仅能给人们的视觉感官以刺激和愉悦，更重要的是让人与大自然更加接近，通过感悟与体验大自然内在的韵律和形式之美，使人的心灵得到抚慰，这正是中国书法艺术不同于西方现代艺术的地方，也是中国书法独特的魅力所在。

这篇文章篇幅不长，但抓住了中国书法艺术的本质特征，高屋建瓴，见解不凡，给研究整个中国艺术的人以无穷的启迪。用诗一般优美的文字来论述深奥的艺术理论问题，并能够深入浅出，引人入胜，这是林语堂先生的独特之处，也是这篇文章值得借鉴的地方。

思考与练习

1.为什么说“书法提供给了中国人民以基本的美学”？

2.为什么说中国书法的韵律和形式是从大自然中捕捉艺术灵感的结果？书法的美与大自然的美有何联系？

3.联系中国诗歌、绘画、书法、建筑等艺术门类，体会中国艺术的基本精神。

◎宗白华

中国古代的绘画美学思想[1]

宗白华(1897—1986),原名之櫆,字伯华。安徽安庆人。宗白华是我国现代美学研究的先行者和开拓者之一。1920年留学德国,在佛兰府大学、柏林大学攻读哲学和美学。回国后即在大学教授哲学、美学,致力于美学研究,在美学研究特别是对中国艺术审美特征的研究方面达到了精深微妙的境界。他的美学思想主要体现在他的艺术批评、艺术鉴赏和对人生理想的描述中,是他对美的生活的体验和追求的结晶。美学著作有《美学散步》、《艺境》等。

宗白华是五四新文化运动的积极参加者,早在1918年,他就参加李大钊、邓中夏等发起的"少年中国学会",并在上海负责编辑该组织的刊物《少年中国》月刊。这一时期,他写了许多新诗,在中国新诗的花苑中,他的《流云小诗》曾与冰心、冯雪锋、沈尹默、许地山、朱自清等人的小诗和散文一样,散发着时代的芳香,产生过广泛的影响。

宗白华还是一个有着独特风格的翻译家,他对美学、文学的翻译有着自己的看法。他不以字义的准确为满足,而是努力去捕捉那些论著的"灵魂"——内在的精神和逻辑的联系,极力传达那些大师们笔下特有的神韵。他的翻译著作有《判断力的批判》、《拉奥孔》(节译)、《歌德论》、《罗丹在谈话和信札中》、《欧洲现代派画论选》等,北京大学出版杜出版有《宗白华美学文学译文选》。

(一)从线条中透露出形象姿态

我们以前讲过,埃及、希腊的建筑、雕刻是一种团块的造型。米开朗基罗[2]说过:一个好的雕刻作品,就是从山上滚下来也滚不坏的,因为他们的雕刻是团块。中国就很不同。中国古代艺术家要打破这团块,使它有虚有实,使它疏通。中国的画,我们前面引过《论语》"绘事后素"[3]的话以及《韩非子》"客有为周君画荚者"[4]的故事,说明特别注意线条,是一个线条的组织。中国雕刻也像画,不重视立体性,而注意在流动的线条。中国的建筑,我们以前已讲过了。中国戏曲的程式化,就是打破团块,把一整套行动,化为无数线条,再重新组织起来,成为一个最有表现力的美的形象。翁偶虹[5]介绍郝寿臣[6]所说的表演艺中的"叠折儿"说:折儿是从线条中透露出形象姿态的意思。这个特点正可以借来表明中国画以至中国雕刻的特点。中国的"形"字旁就是三根毛,以三根毛来代表形体上的线条。这也说明中国艺术的形象的组织是线纹。

由于把形体化成为飞动的线条,着重于线条的流动,因此使得中国的绘画带有舞蹈的意味。这从汉代石刻画和敦煌壁画(飞天)可以看得很清楚。有的线条不一定是客观实在所有的线条,而是画家的构思、画家的意境中要求一种有节奏的联系。例如东汉石画像上一幅画,有两根流动的线条就是画家凭空加上的。这使得整个形象表现得更美,同时更深一层的表现内容的内部节奏。这好比是舞台上的伴奏音乐。伴奏音乐烘托和强化舞蹈动作,使之成为艺术。用自然主义的眼光是不可能理解的。

荷兰大画家伦勃朗[7]是光的诗人。他用光和影组成他的画,画的形象就如同从光和影里凸出的一个雕刻。法国大雕刻家罗丹[8]的韵律也是光的韵律。中国画却是线的韵律,光不要了,影也不要了。"客有为周君画荚者"的故事中讲的那种漆画,要等待阳光从一定角度的照射,才能突出形象,在韩非子看来,价值就不高,甚至不能算作画了。

从中国画注重线条,可以知道中国画的工具——笔墨的重要。中国的笔发达很早,殷代已有了笔,仰韶文化的陶器上已经有用笔画的鱼,在楚国墓中也发现了笔。中国的笔有极大的表现力,因此笔墨二字,不但代表绘画和书法的工具,而且代表了一种艺术境界。

我国现存的一幅时代古老的画,是一九四九年长沙出土的晚周帛画。对于这幅画,郭沫若作了这样极有诗意的解释:

> 画中的凤与夔,毫无疑问是在斗争。夔的唯一的一只脚伸向凤颈抓拿,凤的前屈的一只脚也伸向夔腹抓拿。夔是死沓沓地绝望地拖垂着的,凤却矫健鹰扬地呈现着战胜者的神态。
>
> 的确,这是善灵战胜了恶灵,生命战胜了死亡,和平战胜了灾难。这是生命胜利的歌颂,和平胜利的歌颂。
>
> 画中的女子,我觉得不好认为巫女。那是一位很现实的正常女人的形象,并没有什么妖异的地方。从画中的位置看来,女子是分明站在凤鸟一边的。因此我们可以肯定的说,画的意义是一位好心肠的女子,在幻想中祝祷着:经过斗争的生命的胜利、和平的胜利。
>
> 画的构成很巧妙地把幻想与现实交织着,充分表现着战国时代的时代精神。
>
> 虽然规模有大小的不同,和屈原的《离骚》的构成有异曲同工之妙。但比起《离骚》来,意义却还要积极一些:因为这里有斗争,而且有斗争必然胜利的信念。画家无疑是有意识地构成这个画面的,不仅布置匀称,而且意象轩昂。画家是站在时代的焦点上,牢守着现实的立场,虽然他为时代所限制,还没有可能脱尽古代的幻想。
>
> 这是中国现存的最古的一幅画,透过两千年的岁月的铅幕,我们听出了古代画工的搏动着的心音。(《文史论集》,第296~297页)

现在我们要注意的是,这样一幅表现了战国时代的时代精神的含义丰富的画,它的形象正是由线条组成的。换句话说,它是凭借中国画的工具——笔墨而得到表现的。

(二)气韵生动和迁想妙得(见洛阳西汉墓壁画)

六朝齐的谢赫[9],在《古画品录》序中提出了绘画“六法”,成为中国后来绘画思想、艺术思想的指导原理。“六法”就是:(1)气韵生动;(2)骨法用笔;(3)应物象形;(4)随类赋彩;(5)经营位置;(6)传移模写。

希腊人很早就提出“模仿自然”。谢赫“六法”中的“应物象形”、“随类赋彩”是模仿自然,它要求艺术家睁眼看世界:形象、颜色,并把它表现出来。但是艺术家不能停留在这里。否则就是自然主义。艺术家要进一步表达出形象内部的生命。这就是“气韵生动”的要求。气韵生动,这是绘画创作追求的最高目标,最高的境界,也是绘画批评的主要标准。

气韵,就是宇宙中鼓动万物的“气”的节奏、和谐。绘画有气韵,就能给欣赏者一种音乐感。六朝山水画家宗炳[10],对着山水画弹琴,“欲令众山皆响”,这说明山水画里有音乐的韵律。明代画家徐渭[11]的《驴背吟诗图》,使人产生一种驴蹄行进的节奏感,似乎听见了驴蹄的的答答的声音。这是画家微妙的音乐感觉的传达。其实不单绘画如此。中国的建筑、园林、雕塑中都潜伏着音压感——即所谓“韵”。西方有的美学家说:一切的艺术都趋向于音乐。这话是有部分真理的。

再说“生动”。谢赫提出这个美学范畴,是有历史背景的。在汉代,无论绘画、雕塑、舞蹈、杂技,都是热烈飞动、虎虎有生气的。画家喜欢画龙、画虎、画飞鸟、画舞蹈中的人物。雕塑也大多表现动物。所以,谢赫的“气韵生动”,不仅仅是提出了一个美学要求,而且首先是对于汉代以来的艺术实践的一个理论概括和总结。

谢赫以后,历代画论家对于“六法”继续有所发挥。如五代的荆浩[12]解释“气韵”二字;“气者,心随笔运,取象不惑。韵者,隐迹立形,备遗不俗。”(《笔法记》)这就是说,艺术家要把握对象的精神实质,取出对象的要点,同时在创造形象时又要隐去自己的笔迹,不使欣赏者看出自己的技巧。这样把自我溶化在对象里,突出对象的有代表性的方面,就成功为典型的形象了。这样的形象就能让欣赏者有丰富的想像的余地。所以黄庭坚[13]评李龙眠[14]的画时说,“韵”者即有余不尽。

为了达到“气韵生动”,达到对象的核心的真实,艺术家要发挥自己的艺术想像。这就是顾恺之[15]论画时说的“迁想妙得”。一幅画既然不仅仅描写外形,而且要表现出内在神情,就要靠内心的体会,把自己的想像迁入对象形象内部去,这就叫“迁想”;经过一番曲折之后,把握了对象的真正神情,是为“妙得”。颊上三毛[16],可以说是“迁想妙得”了——也就是把客观对象真正特性,把客观对象的内在精神表现出来了。

顾恺之说:"台榭一定器耳,难成而易好,不待迁想妙得也。"这是受了时代的限制,后来山水画发达起来以后,同样有人的灵魂在内,寄托了人的思想情感,表现了艺术家的个性。譬如倪云林[17]画一幅茅亭,就不是一张建筑设计图,而是凝结着画家的思想情感,传达出了画家的风貌。这就同样需要"迁想妙得"。

总之,"迁想妙得"就是艺术想像,或如现在有些人用的术语:形象思维,它概括了艺术创造、艺术表现方法的特殊性。后来荆浩《笔法记》提出的图画六要中的"思"("思者,删拔大要,凝想形物"),也就是这个"迁想妙得"。

(三)骨力、骨法、风骨

前面说到,笔墨是中国画的一个重要特点。笔有笔力。卫夫人说:"点如坠石",即一个点要凝聚了过去的运动的力量。这种力量是艺术家内心的表现,但并非剑拔弩张,而是既有力,又秀气。这就叫做"骨"。"骨"就是笔墨落纸有力、突出,从内部发挥一种力量,虽不讲透视却可以有立体感,对我们产生一种感动力量。骨力、骨气、骨法,就成了中国美学史中极重要的范畴,不但使用于绘画理论中(如顾恺之《魏晋胜流画赞》,几乎对每一个人的批评都要捉到"骨"字),而且也使用于文学批评中(如《文心雕龙》有《风骨》篇)。

所谓"骨法",在绘画中,粗浅来说,有如下两方面的含义。

第一,形象、色彩有其内部的核心,这是形象的"骨"。画一只老虎,要使人感到它有"骨"。"骨",是生命和行动的支持点(引伸到精神方面,就是有气节,有骨头,站得住),是表现一种坚定的力量,表现形象内部的坚固的组织。因此"骨"也就反映了艺术家主观的感觉、感受,表现了艺术家主观的情感态度。艺术家创造一个艺术形象,就有褒贬,有爱憎,有评价。艺术家一下笔就是一个判断。在舞台上,丑角出台,音乐是轻松的,不规则的,跳动的;大将出台,音乐就变得庄严了。这种音乐伴奏,就是艺术家对人物的评价。同样,"骨"不仅是对形象内部核心的把握,同时也包含着艺术家对于人物事件的评价。

第二,"骨"的表现要依赖于"用笔"。张彦远[18]说:"夫象物必在于形似,形似须全其骨气;骨气形似,皆本于立意而归乎用笔。"(《历代名画记》)这里讲到了"骨气"和"用笔"的关系。为什么"用笔"这么要紧?这要考虑到中国画的"笔"的特点。中国画用毛笔。毛笔有笔锋,有弹性。一笔下去,墨在纸上可以呈现出轻重浓淡的种种变化。无论是点,是面,都不是几何学上的点与面(那是图案画),不是平的点与面,而是圆的,有立体感。中国画家最反对平扁,认为平扁不是艺术。就是写字,也不是平扁的。中国书法家用中锋写的字,背阳光一照,正中间有道黑线,黑线周围是淡墨,叫作"绵裹铁"。圆滚滚的,产生了立体的感觉,也就是引起了"骨"的感觉。中国画家多半用中锋作画,也有用侧锋作画的。因为侧锋易造成平面的感觉,所以他们比较讲究构图的远近透视,光线的明暗等等。这在画史上就是所谓叫“北宗”[19](以南宋的马、夏[20]为代表)。

“骨法用笔”,并不是同“墨”没有关系。在中国绘画中,笔和墨总是相互包含、相互为用的。所以不能离开“墨”来理解“骨法用笔”。对于这一点,吕凤子[21]有过很好的说明。他说:

> “赋采画”和“水墨画”有时即用彩色水墨涂染成形,不用线作形廓,旧称“没骨画”。应该知道线是点的延长,块是点的扩大;又该知道点是有体积的,点是力之积,积力成线会使人有“生死刚正”之感,叫做骨。难道同样会使人有“生死刚正”之感的点和块,就不配叫做骨吗?画不用线构成,就须用色点或墨点、色块或墨块构成。中国画是以骨为质的,这是中国画的基本特征,怎么能叫不用线构的画做“没骨画”呢?叫它做没线画是对的,叫做“没骨画”便欠妥当了。
>
> 这大概是由于唐宋间某些画人强调笔墨(包括色说)可以分开各尽其用而来。他们以为笔有笔用与墨无关,笔的能事限于构线,墨有墨用与笔无关,墨的能事止于涂染;以为骨成于笔不是成于墨与色的,因而叫不是由线构成而是由点块构成——即不是由笔构成而是由墨与色构成的画做“没骨画”。不知笔墨是永远相依为用的;笔不能离开墨而有笔的用,墨也不能离开笔而有墨的用。笔在墨在,即墨在笔在。笔在骨在,也就是墨在骨在。怎么能说有线才算有骨,没线便是没骨呢?我们在这里敢这样说:假使“赋采画”或“水墨画”真是没有骨的话,那还配叫它做中国画吗?(《中国画法研究》,第27~28页)

现在我们再来谈谈“风骨”。刘勰说:“怊怅述情[22],必始乎风;沈吟铺辞[23],莫先于骨。”“结言端直[24],则文骨成焉;意气骏爽[25],则文风清焉。”(《文心雕龙·风骨》)对于“风骨”的理解,现在学术界很有争论。“骨”是否只是一个词藻(铺辞)的问题?我认为“骨”和词是有关系的。但词是有概念内容的。词清楚了,它所表现的现实形象或对于形象的思想也清楚了。“结言端直”,就是一句话要明白正确,不是歪曲,不是诡辩。这种正确的表达,就产生了文骨。但光有“骨”还不够,还必须从逻辑性走到艺术性,才能感动人。所以“骨”之外还要有“风”。“风”可以动人,“风”是从情感中来的。中国古典美学理论既重视思想——表现为“骨”,又重视情感——表现为“风”。一篇有风有骨的文章就是好文章,这就同歌唱艺术中讲究“咬字行腔”一样。咬字是骨,即结言端直,行腔是风,即意气骏爽,动人情感。

(四)“山水之法,以大观小”

中国画不注重从固定角度刻画空间幻景和透视法。由于中国陆地广大深远,苍苍茫茫,中国人多喜欢登高望远(重九登高的习惯),不是站在固定角度透视,而是从高处把握全面。这就形成中国山水画中“以大观小”的特点。宋代李成[26]在画中“仰画飞檐”,沈括[27]嘲笑他是“掀屋角”。沈括说:

李成画山上亭馆及楼塔之类，皆仰画飞檐，其说以谓“自下望上，如人平地望塔檐间，见其榱桷[28]”。此论非也。大都山水之法，盖以大观小，如人观假山耳。若同真山之法，以下望上，只合见一重山，岂可重重悉见，兼不应见其溪谷间事。又如屋舍，亦不应见其中庭及后巷中事。若人在东立，则山西便合是远境；人在西立，则山东却合是远境。似此如何成画？李君盖不知以大观小之法，其间折高、折远，自有妙理，岂在掀屋角也！(《梦溪笔谈》卷十七)

画家的眼睛不是从固定角度集中于一个透视的焦点，而是流动着飘瞥上下四方，一目千里，把握大自然的内部节奏，把全部景界组织成一幅气韵生动的艺术画面。“诗云：鸢飞戾天，鱼跃于渊，言其上下察也。”(《中庸》)这就是沈括说的“折高折远”的“妙理”。而从固定角度用透视法构成的画，他却认为那不是画，不成画。中国和欧洲绘画在空间观点上有这样大的不同。值得我们的注意。谁是谁非？

【注释】

[1]本文是《中国美学史中重要问题的初步探索》一文中的第三部分。《中国美学史中重要问题的初步探索》一文原载上海文艺出版社出版的《文艺论丛》1979 年第 6 辑，后收入上海人民出版社 1981 年版的《美学散步》。

[2]米开朗基罗(1475—1564)：意大利文艺复兴时期雕塑家、画家、建筑师、诗人。生于佛罗伦萨。重要作品有雕像《大卫》、《摩西》、《奴隶》，壁画《最后的审判》等。

[3]绘事后素：绘画时，应先有洁白的底子，然后才在其上描绘华美的文饰。作为一种美学思想，“绘事后素”说的是内在之美先于外在之美，有内美方可言外美。绘事：绘画。素：白色的生绢，引申为质朴，本色的。

[4]客有为周君画荚者：《韩非子·外储说》载：“客有为周君画荚者，三年而成。君观之于髹(xiū) 荚者同状，周君大怒。画荚者曰：‘筑十版之墙，凿八尺之牖，而以日始出时加之其上而观。’周君为之，望见其状尽成龙蛇禽兽车马，万物之状备具，周君大悦。此荚之功非不微难也，然其用于髹荚同。”

[5]翁偶虹：生于 1909 年，原名翁麟声，笔名藕红，后改偶虹，曾被聘任为中华戏剧专科学校戏曲改良委员会主任委员。后为程砚秋、李少春、袁世海等演员以及中华戏曲专科学校、富连成科班编写剧本。一生共编写剧本(包括移植、整理、改编)100 余出，其代表剧作有《宏碧缘》、《火烧红莲寺》、《三妇艳》等。

[6]郝寿臣(1886—1961)：京剧演员，工架子花脸。原籍河北香河，幼年随父迁京。熔铜锤、架子花脸于一炉，唱念上自成一格，世称郝派。从 1952 年起，任北京市戏曲学校校长，为京剧艺术培养出大批优秀人才。有《郝寿臣演出剧本选集》、《郝寿臣脸谱集》等著作行世。

[7]伦勃朗(1606—1669)：荷兰画家。他的画是以《圣经》故事和希腊神话为题材而加以世俗化的油画和腐蚀版画。在肖像画和人物构图中，他善以概括的手法表现人物的性格特征。擅用聚光及透明阴影突出主题，运用笔法表现质感。作品有《夜巡》、《戴金盔的人》、《磨坊》等。

[8]罗丹(1840—1917)：法国雕塑家。深受米开朗基罗作品的启发，确立了现实主义的创作方法。作品有《青铜时代》、《思想者》、《雨果》、《巴尔扎克》、《吻》等。其创作对欧洲近代雕塑的发展有较大

影响。

[9]谢赫:生卒年不详,南齐画家。其肖像画技法精妙,所撰《古画品录》,是我国现存最早的绘画理论著作,其中提出了著名的"六法论"。

[10]宗炳(375—443):南朝宋画家。字少文,南朝涅阳(今河南省邓县东北)人,家居江陵(今属湖北)。出身士族,东晋末至宋元嘉中,当局屡次征他做官,俱不就。擅长书画和弹琴,信仰佛教。著有《画山水序》、《明佛论》等。

[11]徐渭(1521—1593):明代文学家、书画家。初字文清,改字文长,号天池山人、青藤道士,山阴(今浙江绍兴)人。善诗文,奇崛有个性。所作戏曲论著、杂剧,颇有超越前人见解和打破陈规之处。工书法,行草纵逸飞动、雄肆奇崛。擅长写意花鸟画,大笔放纵,水墨淋漓,对后世的写意花鸟画有很大影响。

[12]荆浩:生卒年不详,五代后梁画家。字浩然,沁水(今山西沁水)人。曾隐居在太行山的洪谷,自号洪谷子。善画山水,皴染并用,浓淡分明,兼唐代吴道子和项容之长而成一家之体。有《画山水诀》一卷。

[13]黄庭坚(1045—1105):宋代诗人、书法家。字鲁直,号山谷,又号涪翁。豫章洪州分宁(今江西省修水县)人。著有《豫章文集》、《山谷集》等。其诗讲究修辞造句,追求奇拗瘦硬的风格,开创了江西诗派。擅长行、草书,初以周越为师,后取法颜真卿及怀素,受杨凝式影响,尤得力于《瘗鹤铭》。以侧险取势,纵横奇崛,自成风格。为"宋四家"之一。书迹有《华严书》、《松风阁诗》及草书《廉颇蔺相如传》等。

[14]李龙眠(1047—1106):名公麟,字伯时,自号龙眠居士,宋代舒州舒城(今安徽舒城)人。历任南唐长垣尉、泗州录事参军,官至朝仪郎。初以画马得名,后从事佛道宗教画和人物故事画。注重写生,画技博取前人之长,承继顾恺之、吴道子等人笔法。存有作品《五马图》、《临韦偃牧放图》等。

[15]顾恺之(约 346—407 年):字长康,小字虎头。晋陵无锡(今江苏省无锡市)人。官僚地主家庭出身。博学有才气。曾任东晋大司马桓温荆州刺史殷仲堪的参军。善画人物、佛像、山水、鸟兽,特别善于以色彩绘画人物画、肖像画、佛像画等。还善于点睛传神。他的这些画艺术水平很高,受到当时人们的高度评价。

[16]颊上三毛:南朝宋刘义庆《世说新语·巧艺》:"顾长康画裴叔则,颊上益三毛。人问其故?顾曰:'裴楷俊朗有识具,正此是其识具。看画者寻之,定觉益三毛如有神明,殊胜未安时。'"后以"颊上三毛"比喻文章或图画的得神之处。

[17]倪云林(1301—1374):原名倪瓒,字元镇,又字玄瑛,别号莉蛮民、净名居士、海岳居士等,题名诗画时常用云林。无锡人,作品个性鲜明,笔墨奇峭简拔,境界旷远,呈现出苍凉古朴、静穆萧疏的意向。

[18]张彦远(815—875):晚唐书法家、书画理论家。字爱宾。河东(今山西水济西)人。著有《历代名画记》。

[19]北宗:山水画派之一。董其昌《容台别集·画旨》云:"禅家有南北二宗,唐时始分;画之南北二宗,亦唐时分也,但其人非南北耳。北宗则李思训父子着色山水,流传而为宋之赵干、赵伯驹、赵伯骕,以至马(远)、夏(圭)辈;南宗则王摩诘(维)始用渲淡,一变钩斫之法,其传为张噪、荆(浩)、关(仝)、董(源)、巨(然)、郭忠恕、米家父子(芾、友仁),以至元之四大家(黄公望、吴镇、倪瓒、王蒙),以至六祖(慧

能)之后,有马驹、云门临济儿孙之盛,而北宗(神秀为代表)微矣。”

[20]马、夏:马远、夏圭。南宋著名画家,与李唐、刘松年并称为南宋四大家。马远,生卒年不详,字遥父,号钦山,祖籍河中(今山西永济),生长在钱塘(今杭州)。为南宋光宗、宁宗两朝(约1190—1224年)的画院待诏。善山水、花鸟,以雄健的大斧劈皴画奇峭坚实的山石峰峦,尤善于在章法上大胆取舍剪裁,描绘山之一角,水之一崖的局部,画面上流出大幅空白以突出景观,表现空濛的空间及浓郁的诗意,因此时人称为“马一角”。传世代表作有《雪滩双鹭图》、《寒江独钓》等。夏圭(1180—1230),字禹玉,浙江钱塘人。宁宗时为画院待诏。擅长画人物、山水,随手画画,奇特突出。山水构图喜欢大胆剪裁,突破全景而仅画半边之景,时人称为“夏半边”。善长卷铺陈。其作品有《溪山无尽图卷》、《溪山清远》、《松溪泛艇图》等。

[21]吕凤子(1886—1959):中国画家。原名浚,号凤子。江苏丹阳人,清末两江优级师范学堂图画手工科毕业。历任中大艺术科教授,国立艺专校长,正则艺专校长,江苏师范学院艺术系教授。擅长书、画,善画人物、花鸟,尤以仕女和罗汉著称。其人物画大多取材现实生活,或寓嘲讽,线条有力,运转变通,具有表现力。间作山水。工隶书,行、草皆以篆、隶之法行之,古雅奇肆。著《中国画法研究》,出版《吕凤子画集》。

[22]怊怅述情:深切动人地表达感情。怊怅:惆怅。

[23]沈吟铺辞:反复推敲地运用文辞。沈吟:低声吟咏。

[24]结言端直:措辞明白正确。

[25]骏爽:快利爽朗。

[26]李成(919—967):字咸熙,本为唐朝宗室后裔,五代时祖上迁家青州(今山东境内)。李成幼富才华,长于诗文,善琴棋,喜饮酒,尤其擅长山水画。其性情“旷荡”。李成山水画出自荆浩、关仝一派,更师法自然,发挥创造精神,脱去前人窠臼,自成一家法。对元明清的文人山水画,产生了极为深远的影响。

[27]沈括(1031—1095):字存中,钱塘(今浙江杭州)人,北宋时期著名的科学家,杰出的政治家和军事家。所著《梦溪笔谈》,内容包括数学、天文、气象、地质、地理、地图、物理、化学、冶金、水利、建筑、生物、农学和医药等许多领域,是世界科技史中的一份宝贵的遗产。

[28]榱桷(cuī　jué):椽子。常比喻担负重任的人物。

导读

宗白华先生在《中国美学史中重要问题的初步探索》这篇重要而著名的美学论文里,分别探讨了先秦工艺美术和古代哲学、文学、中国古代绘画、中国古代音乐中的美学思想以及中国艺术意境结构的特点。《中国古代的绘画美学思想》是其中的第三部分。在这篇论文中,宗白华先生站在世界美术史的高度审视中国古代绘画史,抽绎出了中国古代绘画蕴含的四大独特的美学思想:一是不同于埃及、希腊艺术的重立体感,中国绘画注重线条,而线条是凭借中国画的特殊工具——笔墨而得到表现的;二是不同于希腊绘画的“模仿自然”,中国绘画追求的最高目标是表达出形象内部的生命,即所谓“气韵生动”,为了达到“气韵生动”,艺术家需要“迁想妙得”;三是不同于西方绘画的注重色彩、形象,中国绘画注重“骨力”,即内在的力量,而“骨”的表现要依赖于“用笔”，即所谓“骨法用笔”；四是不同于西方绘画的焦点透视法，在空间构成上，中国山水画采取“以大观小”、“流观”的方法(可称为“散点透视法”)。这一观点是中国古代绘画美学思想的高度概括和精辟总结，显示了宗白华先生对中国古代美学的超凡领悟和深刻理解，不仅是对中国古代美学思想研究的重要成果，而且对中国画的继承发展具有重要的指导意义。

在论述中，宗白华先生处处采取了中西对比、将各种艺术门类进行联系与对比的方法，从而很好地凸现了中国古代绘画美学思想的独特价值。文笔的生动优美，也是本文的一大特色。

思考与练习

1.中西绘画的主要区别是什么？

2.阅读有关论述笔墨的文章，体会笔墨在中国绘画中的重要性。

3.什么叫“气韵生动”？如何在绘画中达到“气韵生动”？

4.什么是“风骨”？

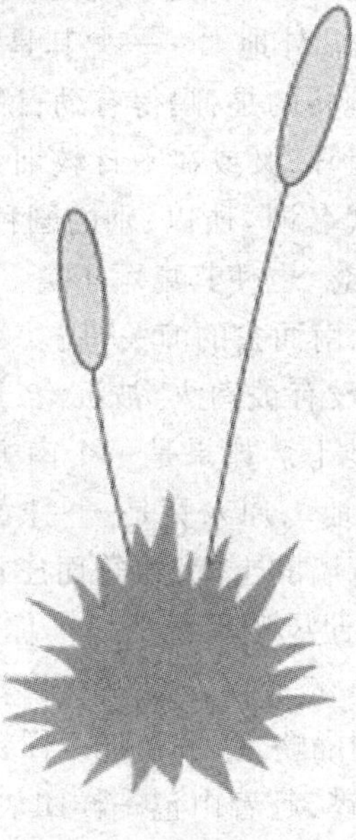

◎贾平凹

秦　腔[1]

贾平凹(1953—　)，陕西丹凤人。1975年毕业于西北大学中文系。历任陕西人民出版社《长安》杂志编辑，陕西作家协会专业作家、副主席，并任散文刊物《美文》主编。1973年开始发表作品，主要有：短篇小说集《兵娃》、《山地笔记》、《贾平凹小说新作集》；中篇小说集《天狗》、《腊月·正月》、《小月前本》；长篇小说《浮躁》、《废都》、《白夜》；散文集《日迹》、《爱的踪迹》、《心迹》、《商州杂录》、《贾平凹散文自选集》。其中，《满月儿》获1978年全国优秀短篇小说奖，《腊月·正月》获1984年全国优秀中篇小说奖，长篇小说《浮躁》获美国美孚飞马奖，《爱的踪迹》获新时期全国优秀散文集奖。

山川不同，便风俗区别；风俗区别，便戏剧存异。普天之下人不同貌，剧不同腔，京、豫、晋、越、黄梅、二簧、四川高腔，几十种品类。或问：历史最悠久者，文武最正经者，是非最汹汹者？曰：秦腔也。正如长处和短处一样突出便见其风格，对待秦腔，爱者便爱得要死，恶者便恶得要命。外地人——尤其是自夸于长江流域的纤秀之士——最害怕秦腔的震撼。评论说得婉转的是：唱得有劲；说得直率的是：大喊大叫。于是，便有柔弱女子，常在戏台下以绒堵耳，又或在平日教训某人：你要不怎么怎么样，今晚让你去看秦腔！秦腔成了惩罚的代名词。所以，别的剧种可以各省走动，唯秦腔则如秦人一样，死不离窝。严重的乡土观念，也使其离不了窝。可能还在西北几个地方变腔走调的有些市场，却绝对冲不出往东南而去的潼关[2]呢。

但是，几百年来，秦腔却没有被淘汰、被沉沦，这使多少人在大惑而不得其解。其解是有的，就在陕西这块土地上。如果是一个南方人，坐车轰轰隆隆往北走，渡过黄河，进入西岸，八百里秦川大地[3]，原来竟是：一抹黄褐的平原；辽阔的地平线上，一处一处用木椽[4]夹打成一尺多宽墙的土屋，粗笨而庄重；冲天而起的白杨、苦楝、紫槐，枝杆粗壮如桶，叶却小似铜钱，迎风正反翻覆……你立即就会明白了：这里的地理构造竟与秦腔的旋律惟妙惟肖的一统！再去接触一下秦人吧，活脱脱的一群秦始皇兵马俑的复出：高个，浓眉，眼和眼间隔略远，手和脚一样粗大，上身又稍稍见长于下身。当他们背着沉重的三角形状的犁铧，赶着山包一样团块组合式的秦川公牛，端着脑袋般大小的耀州瓷[5]碗，蹲在立的卧的石碾子碌碡[6]上吃着牛肉泡馍，你不禁又要改变起世界观了：啊，这是块多么空旷而实在的土地，在这块土地挖爬滚打的人群是多么“二愣”[7]的民众！那晚霞烧起的黄昏里，落日在地平线上欲去不去的痛苦的妊娠[8]，五里一村，十里一镇，高音喇叭里传播的秦腔互相交织、冲撞。这秦腔原来是秦川的天籁[9]、地籁、人籁的共鸣啊！于此，你不渐渐感觉到了南方戏剧的秀而无骨吗？不深深地懂得秦腔为什么形成和存在而占却时间、空间的位置吗？

八百里秦川，以西安为界，咸阳、兴平、武功、周至、凤翔、长武、岐山、宝鸡，两个专区几十个县为西府，三原、泾阳、高陵、户县、合阳、大荔、韩城、白水，一个专区十几个县为东府。秦腔，就源于西府。在西府，民性敦厚，说话多用去声，一律咬字沉重，对话如吵架一样，哭丧又一呼三叹，呼喊远人更是特殊：前声拖十二分地长，末了方极快地道出内容。声韵的发展，使会远道喊人的人都从此有了唱秦腔的天才。老一辈的能唱，小一辈的能唱；男的能唱，女的能唱；唱秦腔成了做人最体面的事。任何一个乡下男女，只有唱秦腔，才有出人头地的可能。大凡有出息的，是个人才的，哪一个未曾登过台，起码不能吼一阵秦腔呢?!

农民是世上最劳苦的人，尤其是在这块平原上，生时落草在黄土炕上，死了被埋在黄土堆下；秦腔是他们大苦中的大乐。当老牛木犁疙瘩绳，在田野已经累得筋疲力尽，立在犁沟里大喊大叫来一段秦腔，那心胸肺腑，关关节节的困乏便一尽儿涤荡净了。秦腔与他们，是和"西凤"白酒、长线辣子、大叶卷烟、牛肉泡馍一样成为生命的五大要素。若与那些年长的农民聊起来，他们想像的伟大的共产主义生活，首先便是这五大要素。他们有的是吃不完的粮食，他们缺的是高超的艺术享受。他们教育自己的子女，不会是那些文豪们讲的，幼年不是祖母讲着动人的迷丽的童话，而是一字一板传授着秦腔。他们大都不识字，但却出奇地能一本一本整套背诵出剧本，虽然那常常是之乎者也的字眼从那一圈胡子的嘴里吐出来十分别扭。有了秦腔，生活便有了乐趣。高兴了，唱"快板"，高兴得像被烈性炸药爆炸了一样，要把整个身心粉碎在天空！痛苦了，唱"慢板"，揪心裂肠的唱腔却表现了多么有情有味的美来，美给了别人以享受，美也熨平了自己心中愁苦的皱纹。当他们在收获时节的土场上，在月挂中天的庄院里，大吼大叫唱起来的时候，那种难以想像的狂喜、激动、雄壮，与那些献身于诗歌的文人，与那些有吃有穿却总感空虚的都市人相比，常说的什么伟大的永恒的爱情，是多么渺小、有限和虚弱啊！

我曾经在西府走动了两个秋冬，所到之处，村村都有戏班，人人都会清唱。在黎明或者黄昏的时分，一个人独独地到田野里去，远远看着天幕下一个一个山包一样隆起的十三个朝代帝王的陵墓，细细辨认着田埂上、荒草中那一截一截汉唐时期石碑上的残字，高高的土屋上的窗口里就飘出一阵冗长的二胡声，几声雄壮的秦腔叫板，我就痴呆了，感觉到那村口的土尘里，一头叫驴的打滚是那么有力；猛然发现了自己心胸中一股强硬的气魄随同着胳膊上的肌肉疙瘩一起产生了。

每到农闲的夜里，村里就常听到几声锣响：戏班排演开始了。演员们都集合起来，到那古寺庙里去。吹、拉、弹、奏、翻、打、念、唱，提袍甩袖，吹胡瞪眼，古寺庙成了古今真乐府[10],天地大梨园[11]。导演是老一辈演员,享有绝对权威;演员是一家几口,夫妻同台,父子同台,公公儿媳也同台。按秦川的风俗:父和子不能不有其序,爷和孙却可以无道;弟与哥嫂可以嬉闹无常,兄与弟媳则无正事不能多言。但是,一到台上,秦腔面前人人平等,兄可以拜弟媳为帅为将,子可以将老父绳绑索捆。寺庙里有窗无扇,屋梁上蛛丝结网;夏天蚊虫飞来,成团成团在头上旋转,熏蚊草就墙角燃起,一声唱腔一声咳嗽。冬天里四面透风,柳木疙瘩火当中架起,一出场一脸正经,一下场凑近火堆,热了前怀,凉了后背。排演到什么时候,什么时候都有观众,有抱着二尺长的烟袋的老者,有凳子高、桌子高趴满窗台的孩子。庙里一个跟斗未翻起,窗外就哇地一声叫倒好,演员出来骂一声:谁说不好的滚蛋!他们抓住窗台死不滚去,倒要连声讨好:翻得好!翻得好!更有殷勤的,跑回来偷拿了红薯、土豆,在火堆里煨熟给演员作夜餐,赚得进屋里有一个安全位置。排演到三更鸡叫,月儿偏西,演员们散了,孩子们还围了火堆弯腰踢腿,学那一招一式。

一出戏排成了,一人传出,全村振奋,扳着指头盼那上演日期。一年十二个月,正月元宵日,二月龙抬头,三月三,四月四,五月初五过端午,六月六日晒丝绸,七月过半,八月中秋,九月初九,十月一日,再是那腊月五豆,腊八,二十三……月月有节,三月一会,那戏必是上演的。戏台是全村人的共同的事业,宁肯少吃少穿也要筹资积款,买上好的木石,请高强的工匠来修筑。村子富不富,就比这戏台阔不阔。一演出,半下午人就扛凳子去占坐位了;未等戏开,台下坐的、站的人头攒拥,台两边阶上立的、卧的是一群顽童。那锣鼓就叮叮咣咣地闹台,似乎整个世界要天翻地覆了。各类小吃趁机摆开,一个食摊上一盏马灯,花生、瓜子、糖果、烟卷、油茶、麻花、烧鸡、煎饼,长一声短一声叫卖不绝。锣鼓还在一声儿敲打,大幕只是不拉,演员偶尔从幕边往下望望,下边就喊:开演呀,场子都满了!幕布放下,只说就要出场了,却又叮叮咣咣不停。台下就乱了,后边的喊前边的坐下,前边的喊后边的为什么不说最前边的立着;场外的大声叫着亲朋子女名字,问有坐处没有,场内的锐声回应快进来;有要吃煎饼的喊熟人去买一个,熟人买了站在场外一扬手,"日"地一声隔人头甩去,不偏不倚目标正好;左边的喊右边的踩了他的脚,右边的叫左边的挤了他的腰,一个说:狗年快完了,你还叫啥哩?一个说:猪年还没到,你便拱开了!言语伤人,动了手脚;外边的趁机而入,一时四边向里挤,里边向外抗。人的旋涡涌起,如四月的麦田起风,根儿不动,头身一会儿倒西,一会儿倒东;喊声、骂声、哭声一片。有拼命挤将出来的,一出来方觉世界偌大,身体胖肿,但差不多却光了脚,乱了头发。大幕又一挑,站出戏班头儿,大声叫喊要维持秩序,立即就跳出一个两个所谓"二杆子"[12]人物来。这类人物多是头脑简单、四肢发达、却十二分忠诚于秦腔,此时便拿了树条儿,哪里人挤,往哪里打去,如凶神恶煞一般。人人恨骂这些人,人人又都盼有这些人,叫他们是秦腔宪兵。宪兵者越发忠于职责,虽然彻夜不得看戏,但大家一夜满足了,他们也就满足了一夜。

终于台上锣鼓停了，大幕拉开，角色出场。但不管男的女的，出来偏不面对观众，一律背身掩面，女的就碎步后移，水上漂一样，台下就叫：瞧那腰身，那肩头，一身的戏哟！是男的就摇那帽翎，一会双摇，一会单摇，一边上下飞闪，一边纹丝不动，台下便叫：绝了，绝了！等到那角色儿猛一转身，头一高扬，一声高叫，声如炸雷豁啷啷直从人们头顶碾过，全场一个冷颤，从头到脚，每一个手指尖儿，每一根头发梢儿都麻酥酥的了。如果是演《救裴生》，那慧娘站在台中往下蹲，慢慢地，慢慢地，慧娘蹲下去了，全场人头也矮下去了半尺，等那慧娘往起站，慢慢地，慢慢地，慧娘站起来了，全场人的脖子也全拉长了起来。他们不喜欢看生戏，最欢迎看熟戏，那一腔一调都晓得，哪个演员唱得好，就摇头晃脑跟着唱，哪个演员走了调，台下就有人要纠正。说穿了，看秦腔不为求新鲜，他们只图过过瘾。

在这样的地方，这样的环境，这样的气氛，面对着这样的观众，秦腔是最逞能的。它的艺术享受，是和拥挤而存在，是有力气而获得的。如果是冬天，那风在刮着，像刀子一样，如果是夏天，人窝里热得如蒸笼一般，但只要不是大雪、冰雹、暴雨，台下的人是不肯撤场的。最可贵的是那些老一辈的秦腔迷，他们没有力气挤在台下，也没有好眼力看清演员，却一溜一排地蹲在戏台两侧的墙根，吸着草烟，慢慢将唱腔品赏。一声叫板，便可以使他们坠入艺术之宫，"听了秦腔，肉酒不香"，他们是体会得最深。那些大一点的，脾性野一点的孩子，却占领了戏场周围所有的高空，杨树上、柳树上、槐树上，一个枝杈一个人。他们常常乐而忘了险境，双手鼓掌时竟从树杈上掉下来；掉下来自不会损伤，因为树下是无数的人头，只是招致一顿臭骂罢了。更有一些爬在了场边的麦秸垛上，夏天四面来风，好不凉快；冬日就趴个草洞，将身子缩进去，露一个脑袋。也正是有闲阶级享受不了秦腔吧，他们常就瞌睡了；一觉醒来，月在西天，戏毕人散，只好苦笑一声，悄然没声儿地溜下来回家敲门去了。

当然，一次秦腔演出，是一次演员亮相，也是一次演员受村人评论的考场。每每角色一出场，台下就一片喊喊喳喳：这是谁的儿子，谁的女子，谁家的媳妇，娘家何处？于是乎，谁有出息，谁没能耐，一下子就有了定论。有好多外村的人来提亲说媒，总是就在这个时候进行。据说有一媒人将一女子引到台下，相亲台上一个男演员，事先夸口这男的如何俊样，如何能干；但戏演了过半，那男的还未出场。后来终于出来，是个国民党的伪兵，持枪还未走到中台，扮游击队长的演员挥枪一指，"叭"地一声，那伪兵就倒地而死，爬着钻进了后幕。那女子当下哼了一声，闭了嘴，一场亲事自然了了。这是喜中之悲一例。据说还有一例，一个老头在脖子上架了孙孙去看戏，孙孙吵着要回家，老头好说好劝只是不忍半场而去，便破费买了半斤花生。他眼盯着台上，手在下边剥花生，然后一颗一颗扬手喂到孙孙嘴里，但喂着喂着，竟将一颗塞进孙孙鼻孔，吐不出，咽不下，口鼻出血，连夜送到医院动手术，花去了七十元钱。但是，以秦腔引喜的事却不计其数。每个村里，总会有那么个老汉，夜里看戏，第二天必是头一个起床往戏台下跑。戏台下一片石头、砖头，一堆堆瓜子皮、糖果纸、烟屁股，他掀掀这块石头，踢踢那堆尘土，少不了要捡到一角两角甚至三元四元钱币来，或者一只鞋，或者一条手帕。这是村里钻刁人干的营生，而馋嘴的孩子们有的则夜里趁各家锁门之机，去地里摘那香瓜来吃，去谁家院里将桃杏装在背心兜里回来分红。自然少不了有那些青春妙龄的少男少女，则往往在台下混乱之中眼送秋波，或者就悄悄退出，相依相偎到黑黑的渠畔树林子里去了……

秦腔在这块土地上，有着神圣的不可动摇的基础。凡是到这些村庄去下乡，到这些人家去做客，他们最高级的接待是陪着看一场秦腔；实在不逢年过节，他们就会要合家唱一会乱弹，你只能点头称好，不能耻笑，甚至不能有一点不入神的表示。他们一生最崇敬的只有两种人，一是国家领导人，一是当地的秦腔名角。即使在任何地方，这些名角没有在场，只要发现了名角的父母，去商店买油是不必排队的，进饭馆吃饭是会有座位的，就是在半路上挡车，只要喊一声：我是某某的什么，司机也便要嘎地停车。但是，谁要侮辱一下秦腔，他们要争死争活地和你论理，以至大打出手，永远使你记住教训。每每村里过红白丧喜之事，那必是要包一台秦腔的；生儿以秦腔迎接，送葬以秦腔致哀；似乎这个人生的世界，就是秦腔的舞台。人只要在舞台上，生、旦、净、丑，才各显了真性；恶的夸张其丑，善的凸现其美，善使他们获得了美的教育，恶的也在丑里化作了美的艺术。

广漠旷远的八百里秦川，只有这秦腔，也只能有这秦腔。八百里秦川的劳作农民，只有也只能有这秦腔使他们喜怒哀乐。秦人自古是大苦大乐之民众，他们的家乡交响乐除了大喊大叫的秦腔还能有别的吗？

1983 年 5 月 2 日于五味村

【注释】

[1]本文选自《贾平凹文集·求缺卷》。秦腔，本为戏曲剧种，流行于陕西、甘肃、宁夏、青海、新疆等省区。一般认为，明中叶以前在陕西、甘肃、山西一带的民歌基础上形成。音调激越高亢，以梆子击节，唱词基本为七字句，音乐为板腔体。明末清初流传南北各地，对许多剧种都有不同程度的影响。

[2]潼关：关名，在陕西省潼关县北，当陕西、山西、河南三省要冲，历来为军事重地。

[3]秦川：古地区名。“川”指平川而言，或泛指今陕西、甘肃秦岭以北的平原地带，因春秋、战国时地属秦国而得名。

[4]木椽(chuán)：指放在檩上架着屋面板和瓦的木条。

[5]耀州瓷：宋代著名瓷窑之一。窑址在今陕西铜川市黄堡镇附近，宋代属耀州，故名。耀州窑是北方民间青瓷的主要产地之一，对临近瓷窑有较大影响。

[6]碌碡(lù zhóu)：农具，用石头做成，圆柱形，用来压谷物，平场地。也叫石磙。

[7]二楞：指鲁莽，含讥讽意。

[8]妊娠(rèn shēn)：人或动物母体内有胚胎发育成长。

[9]籁(lài):原指从孔穴里发出的声音,后来泛指各种声音。

[10]乐府:原是汉代朝廷的音乐官署,它的主要任务是采集各地民间诗歌和乐曲。这里把寺庙比喻成了乐府官署。

[11]梨园:本是唐玄宗命乐工教授宫女乐曲的地方,后世因称戏班为梨园。

[12]二杆(gǎn)子:与"二流子"相近,意为游手好闲、不务正业的人。

导读

贾平凹从农村题材起步创作,一向关注社会变迁带给人生的新体味。文艺评论家雷达曾评价他"是自然之子、平民之子、中国文化精神之子"。

《秦腔》主要以20世纪80年代秦川农村生活为背景,以"秦腔"为线索,展现秦川地区的自然地理、人情风貌。并通过作者亲身目见,缀写了几个细致的乡村生活场景:一是农闲唱秦腔,二是过节唱秦腔,三是秦腔一台戏。其中又穿插一些因看戏听戏而发生的趣事,使作为秦川人民生存特征承载体的秦腔,在一定程度上超出戏曲范畴,成为秦川百姓昂然生存的象征。

贾平凹在叙述时,首先,紧紧抓住秦腔永远不变的地域特征和秦川人民喜爱秦腔的生存因素与心理因素,突出了培育这种富有另类艺术风格的一方水土、一方人民,在广袤旷远和粗犷苍凉的映衬中,展现秦腔的生存根基,表达寓于天地之间的一种强烈的生命渴望,设置了一出循土寻根的生活情境。其次,贾平凹并不平铺直叙,而是穿插往来,将秦腔、地理、人民三者时刻穿插在一起,共同表现一个寻根命题。其间又夹叙夹议,表现作者自己的生活思考和感悟。如"……我就痴呆了,感觉到那村口的土尘里,一头叫驴的打滚是那么有力;猛然发现了自己心胸中一股强硬的气魄随同着胳膊上的肌肉疙瘩一起产生了",一个热爱着自己的祖国和人民及大地的作家那种智慧和敏感渗入了字里行间。

文章的语言自然、含蓄,富有浓郁的乡土韵味。

思考与练习

1.简要分析本文写作的背景。

2.说明"秦腔"产生的地域状况和当地人民的生活状况,并藉此分析为什么秦腔那样地被当地人民所喜爱。

3.作为一篇散文,作品是如何围绕"秦腔"这一线索展开记叙和议论的?

◎金　庸

神雕重剑（节选）[1]

金庸（1925—　），本名查良镛，浙江海宁人。1955年，查良镛偶试身手，以首部武侠小说《书剑恩仇录》一举成名，“金庸”作为一个“神话”也由此诞生。他有两枝笔：一枝是写武侠小说的“世界第一侠笔”，另一枝是写社评的“香港第一健笔”。香港市民喜欢看他的社评，连政府要人甚至美国国务院也剪辑他的社评，作为资料加以研究参考。1972年，金庸封笔。

他的武侠小说影响巨大，数量也很多，长篇和短篇加在一起共有十五部。他曾以玩笑的口吻将自己除了《越女剑》外的十四部武侠小说书名嵌成一联：“飞雪连天射白鹿，笑书神侠倚碧鸳。”分别指《飞狐外传》、《雪山飞狐》、《连城诀》、《天龙八部》、《射雕英雄传》、《白马啸西风》、《鹿鼎记》、《笑傲江湖》、《书剑恩仇录》、《神雕侠侣》、《侠客行》、《倚天屠龙记》、《碧血剑》、《鸳鸯刀》。这十五部作品收入《金庸全集》。

那日杨过与郭芙在襄阳郭府之中言语冲突以致动手，郭芙怒火难忍，抓起淑女剑往他头顶斩落。杨过中毒后尚未全愈，四肢无力，眼见剑到，情急之下只得举右臂挡在面前。郭芙狂怒之际，使力极猛，那淑女剑又锋利无比，剑锋落处，杨过一条右臂登时无声无息地给卸了下来。

这一剑斩落，竟致如此，杨过固然惊怒交迸，郭芙却也吓得呆了，知道已闯下了无可弥补的大祸，但见杨过手臂断处血如泉涌，不知如何是好，过了一会，突然哇的一声，哭了出来，掩面夺门奔出。

杨过一阵慌乱过后，随即镇定，伸左手点了自己右肩“肩井穴”的穴道，撕下被单，紧紧缚住肩膀以止血流，再用金创药敷上伤口，寻思：“此处是不能再耽的了，我得赶紧出城去。”慢慢扶着墙壁走了几步，只因流血过多，眼前一黑，几欲晕去。

便在此时，只听得郭靖大声说道：“快，快，他怎么了？血止了没有？”语音中充满了焦急之情。杨过当时心中只一个念头：“我决不要见郭伯伯，无论如何不可见他。”猛力吸一口气，从房中冲了出去。

他奔出府门，牵过一匹马翻身便上，驰至城门。守城的将士都曾见他在城头救援郭靖，对他十分钦仰，见他驰马而来，立即开了城门。

此时蒙古军已退至离城百余里外。杨过不走大路，纵马尽往荒僻之处行去。寻思：“我身中情花剧毒，但过期不死，或许正如那天竺神僧所言，吸了冰魄银针的毒之后，以毒攻毒,反而延了性命。但剧毒未去,迟早总要发作。此刻身受重伤,若到终南山去找寻姑姑,定然不能支持,难道我命中注定,要这般客死途中么?”想到一生孤苦,除了在古墓中与小龙女相聚这段时日之外,生平殊少欢愉,这时世上唯一的亲人已舍己而去,复又给人断残肢体,命当垂危,言念及此,不禁流下泪来。

他伏在马背之上,昏昏沉沉,只求不给郭靖找到,不遇上蒙古大军,随便到哪里都好,有意无意之间,渐渐行近前一晚与武氏兄弟相斗的那个荒谷。

黄昏时分,眼见四下里长草齐膝,一片寂静,料知周遭无人,在草丛中倒头便睡。他这时早将生死置之度外,什么毒虫猛兽全没加以防备。这一晚创口奇痛,哪里睡得安稳?

次晨睁眼坐起,忽见离身不到一尺处两条蜈蚣僵死在地,红黑斑斓,甚是可怖,口中却染满了血渍。杨过吓了一跳,只见两条蜈蚣身周有一大滩血迹,略一寻思,已明其理,原来他创伤处流血甚多,而血中含有剧毒,竟把两条毒虫毒死了。

杨过微微苦笑,自言自语:“想不到我杨过血中之毒,竟连蜈蚣也抵挡不住。”愤激悲苦,难以自已,忍不住仰天长笑。

忽听得山峰顶上咕咕咕的叫了三声,杨过抬起头来,只见那神雕昂首挺胸,独立峰巅,形貌狰狞奇丑,却自有一股凛凛之威。杨过大喜,宛如见了故人一般,叫道:“雕兄,咱们又相见啦!”

神雕长鸣一声,从山巅上直冲下来。它身躯沉重,翅短不能飞翔,但奔跑迅疾,有如骏马,转眼间便到了杨过身旁,见他少了一条手臂,目不转睛地望着他。

杨过苦笑道:“雕兄,我身遭大难,特来投奔于你。”神雕也不知是否能懂他的说话,转身便走。杨过牵了马匹,跟随在后。

行不数步,神雕回过头来,突然伸出左翅在马腹上一拍。那马吃痛,大声嘶叫,倒退几步,不住跳跃。杨过点头道:“是了,我既到雕兄谷中,也不必再出去了,要这马何用?”心想此雕大具灵性,实不逊于人,于是松手放开缰绳,大踏步跟随神雕之后,他重伤之余,体力衰弱,行不多时便坐下休息,神雕也就停步等候。

如此边行边歇,过了一个多时辰,又来到剑魔独孤求败埋骨处的石洞。

杨过见了那个石坟,不禁大是感慨,心想这位前辈奇人纵横当时,并世无敌,自是武功神妙莫测,瞧他这般行径,定是恃才傲物,与常人落落难合,到头来在这荒谷中寂然而终,武林之中既没流传他的名声事迹,又没遗下拳经剑谱、门人弟子,以传他的绝世武功,这人的身世也真可惊可羡,却又可哀可伤。只可惜神雕虽灵,终是不能言语,否则也可述说他的生平一二。

他在石洞中呆呆出神,神雕已从外衔了两只山兔回来。杨过生火炙了,饱餐一顿。

如此过了多日,伤口渐渐愈合,身子也日就康复,每当念及小龙女,胸口虽仍疼痛,但已远不如先前那么难熬难忍。他本性好动,长日在荒谷中与神雕为伴,不禁寂寞无聊起来。

这一日见洞后树木苍翠，山气清佳，便信步过去观赏风景。行了里许，来到一座峭壁之前。那峭壁便如一座极大的屏风冲天而起，峭壁中部离地约二十余丈处，生着一块三四丈见方的大石，便似一个平台，石上隐隐刻得有字。极目上望，瞧清楚是“剑冢”两个大字，他好奇心起：“何以剑亦有冢？难道是独孤前辈折断了爱剑，埋葬在这里？”走近峭壁，但见石壁草木不生，光秃秃的实无可容手足之处，不知当年那人如何攀援上去。

瞧了半天，越看越是神往，心想他亦是人，怎能爬到这般的高处，想来必定另有妙法，倘若真的凭借武功硬爬上去，那直是匪夷所思了。凝神瞧了一阵，突见峭壁上每隔数尺便生着一丛青苔，数十丛笔直排列而上。他心念一动，纵身跃起，探手到最低一丛青苔中摸去，抓出一把黑泥，果然是个小小洞穴，料来是独孤求败当年以利器所挖凿，年深日久，洞中积泥，因此生了青苔。

心想左右无事，便上去探探那剑冢，只是剩下独臂，攀援大是不便，但想：“爬不上便爬不上，难道还有旁人来笑话不成？”于是紧一紧腰带，提一口气，窜高数尺，左足踏在第一个小洞之中，跟着窜起，右足对准第二丛青苔踢了进去，软泥迸出，石壁上果然又有一个小穴可以容足。

第一次爬了十来丈，已然力气不加，当即轻轻溜了下来，心想：“已有二十多个踏足处寻准，第二次便容易得多。”于是在石壁下运功调息，养足力气，终于一口气窜上了平台。见自己手臂虽折，轻功却毫不减弱，也自欣慰，只见大石上“剑冢”两个大字之旁，尚有两行字体较小的石刻：

“剑魔独孤求败既无敌于天下，乃埋剑于斯[2]。

呜呼！群雄束手，长剑空利，不亦悲夫！”

杨过又惊又羡，只觉这位前辈傲视当世，独往独来，与自己性子实有许多相似之处，但说到打遍天下无敌手，自己如何可及。现今只余独臂，就算一时不死，此事也终身无望。瞧着两行石刻出了一会神，低下头来，只见许多石块堆着一个大坟。这坟背向山谷，俯仰空阔，别说剑魔本人如何英雄，单是这座剑冢便已占尽形势，想见此人文武全才，抱负非常，但恨生得晚了，无缘得见这位前辈英雄。

杨过在剑冢之旁仰天长啸，片刻间四下里回音不绝，想起黄药师曾说过“振衣千仞冈，濯足万里流”之乐，此际亦复有此豪情胜慨。他满心虽想瞧瞧冢中利器到底是何等模样，但总是不敢冒犯前辈，于是抱膝而坐，迎风呼吸，只觉胸腹间清气充塞，竟似欲乘风飞去。

忽听得山壁下咕咕咕的叫了数声，俯首望去，只见那神雕伸爪抓住峭壁上的洞穴，正自纵跃上来。它身躯虽重，但腿劲爪力俱是十分厉害，顷刻间便上了平台。

那神雕稍作顾盼，便向杨过点了点头，叫了几声，声音甚是特异。杨过笑道：“雕兄，只可惜我没公冶长[3]的本事，不懂你言语，否则你大可将这位独孤前辈的生平说给我听了。”神雕又低叫几声，伸出钢爪，抓起剑冢上的石头，移在一旁。杨过心中一动：“独孤前辈身具绝世武功，说不定留下什么剑经剑谱之类。”但见神雕双爪起落不停，不多时便搬开冢上石块，露出并列着的三柄长剑，在第一、第二两把剑之间，另有一块长条石片。三柄剑和石片并列于一块大青石之上。

杨过提起右首第一柄剑，只见剑下石上刻有两行小字：

“凌厉刚猛，无坚不摧，弱冠[4]前以之与河朔[5]群雄争锋。”

再看那剑时，见长约四尺，青光闪闪，确是利器。他将剑放回原处，拿起长条石片，见石片下的青石上也刻有两行小字：

“紫薇软剑，三十岁前所用，误伤义士，不祥，乃弃之深谷。”

杨过心想：“这里少了一把剑，原来是给他抛弃了，不知如何误伤义士，这故事多半永远无人知晓了。”出了一会神，再伸手去拿第二柄剑，只提起数尺，呛啷一声，竟然脱手掉下，在石上一碰，火花四溅，不禁吓了一跳。

原来那剑黑黝黝的毫无异状，却是沉重之极，三尺多长的一把剑，重量竟自不下七八十斤，比之战阵上最沉重的金刀大戟尤重数倍。杨过提起时如何想得到，出乎不意的手上一沉，便拿捏不住。于是再俯身拿起，这次有了防备，拿起七八十斤的重物自是不当一回事。见那剑两边剑锋都是钝口，剑尖更圆圆的似是个半球，心想：“此剑如此沉重，又怎能使得灵便？何况剑尖剑锋都不开口，也算得奇了。”看剑下的石刻时，见两行小字道：

“重剑无锋，大巧不工。四十岁前恃之横行天下。”

杨过喃喃念着“重剑无锋，大巧不工”八字，心中似有所悟，但想世间剑术，不论哪一门哪一派的变化如何不同，总以轻灵迅疾为尚，这柄重剑不知怎生使法，想怀昔贤，不禁神驰久之。

过了良久，才放下重剑，去取第三柄剑，这一次又上了个当。他只道这剑定然犹重前剑，因此提剑时力运左臂。哪知拿在手里却轻飘飘的浑似无物，凝神一看，原来是柄木剑，年深日久，剑身剑柄均已腐朽，但见剑下的石刻道：

“四十岁后，不滞于物，草木竹石均可为剑。自此精修，渐进于无剑胜有剑之境。”

他将木剑恭恭敬敬地放于原处，浩然长叹，说道：“前辈神技，令人难以想像。”心想青石板之下不知是否留有剑谱之类遗物，于是伸手抓住石板，向上掀起，见石板下已是山壁的坚石，别无他物，不由得微感失望。

那神雕咕的一声叫，低头衔起重剑，放在杨过手里，跟着又是咕的一声叫，突然左翅势挟劲风，向他当头扑击而下。顷刻间杨过只觉气也喘不过来，一怔之下，神雕的翅膀离他头顶约有一尺，便即凝住不动，咕咕叫了两声。

杨过笑道：“雕兄，你要试试我的武功么？左右无事，我便跟你玩玩。”但那七八十斤的重剑怎能施展得动，于是放下重剑，拾起第一柄利剑。神雕忽然收拢双翼，转过了头不再睬他，神情之间颇示不屑。

杨过立时会意，笑道：“你要我使重剑？但我武功平常，在这绝壁之上跟你过招，决非雕兄敌手,可得容情一二。"说着换过了重剑,气运丹田,力贯左臂,缓缓挺剑刺出。神雕并不转身,左翅后掠,与那重剑一碰。杨过只觉一股极沉猛的大力从剑上传来,压得他无法透气,急忙运力相抗,"嘿"的一声,剑身晃了几下,但觉眼前一黑,登时晕了过去。

也不知过了多少时候,这才悠悠醒转,只觉口中奇苦难当,同时更有不少苦汗正流入咽喉,睁开眼来,只见神雕衔着一枚深紫色的圆球,正喂入他口中。杨过闻到此物甚是腥臭,但想神雕通灵,所喂之物定然大有益处,于是张口吃了。只轻轻咬得一下,圆球外皮便即破裂,登时满口苦汁。

这汁液腥极苦极,难吃无比。杨过只想喷了出去,总觉不忍拂逆神雕美意,勉强吞入腹中,过了一会,略行运气,但觉呼吸顺畅,站起身来,抬手伸足之际非但不觉困乏,反而精神大旺,尤胜平时。他暗暗奇怪,按理被人强力击倒,闭气晕去,纵然不受重伤,也必全身酸痛,难道这深紫色的圆囊竟是疗伤的灵药么?

他俯身提起重剑,竟似轻了几分。便在此时,那神雕咕的一声,又是展翅击了过来。杨过不敢硬接,侧身避开,神雕跟着踏上一步,双翅齐至,势道极是威猛。杨过知它对己并无恶意,但想它虽然灵异,总是畜生,它身具神力,展翅扑击之时,发力轻重岂能控纵自如?若给翅膀扫上了,自空堕下,哪里还有命在?眼见双翅扫到,急忙退后两步,左足已踏到了平台的边缘。

那神雕竟是毫不容情,秃头疾缩迅伸,弯弯的尖喙竟自向他胸口直啄。杨过退无可退,只得横剑封架,它一嘴便啄在剑上。杨过只觉手臂剧震,重剑似欲脱手,眼见神雕跟着右翅着地横扫,往自己足胫上掠来。杨过吃了一惊,纵身跃起,从神雕头顶飞跃而过,抢到了内侧,生怕它顺势跟击,反手出剑,噗的一响,又与它尖嘴相交。杨过这一下死里逃生,吓出了一身冷汗,叫道:"雕兄,你不能当我是独孤大侠啊!"只觉双足酸软,坐倒在地。神雕咕咕低叫两声,不再进击。

杨过无意中叫了那句"你不能当我是独孤大侠",转念一想,此雕长期伴随独孤前辈,瞧它扑啄趋退间,隐隐然有武学家数,多半独孤前辈寂居荒谷,无聊之时便当它是过招的对手。独孤前辈尸骨已朽,绝世武功便此湮没,但从此雕身上,或能寻到这位前辈大师的一些遗风典型。想到此处,心中转喜,站起身来,叫道:"雕兄,剑招又来啦!"重剑疾刺,指向神雕胸间。神雕左翅横展挡住,右翅猛击过来。

神雕力气实在太强,展翅扫来,疾风劲力,便似数位高手的掌风并力齐施一般,杨过手中之剑又太也沉重,生平所学的什么全真剑法、玉女剑法等等没一招施用得上,只有守则巧妙趋避,攻则呆呆板板的挺剑刺击。

斗得一会,杨过疲累了,便坐倒休息。他只一坐倒,神雕便走开两步。如此玩了一个多时辰,一人一雕才溜下平台,回入山洞。

次晨醒转,神雕已衔了三枚深紫色腥臭圆球放在他身边,杨过细加审视,原来是禽兽的胆囊,想到初遇神雕时它曾大食毒蛇,又与巨蟒相斗,想来必是蛇胆。又想毒蛇之胆不知是否也具剧毒，但昨日食后精神爽利，力气大增，反正自己体内就有情花和冰魄银针的剧毒，也不用多加理会，于是一口一个吃了，静坐调息。突然之间，平时气息不易走到的各处关脉穴道竟尔畅通无阻。杨过大喜，高声叫好。本来静坐修习内功，最忌心有旁骛，至于大哀大乐，更是凶险，但此时他喜极而呼，周身内息仍是绵绵流转，绝无阻滞。

他跃起身来，提起重剑，出洞又和神雕练剑。此时已去了几分畏惧之心，虽然仍是避多挡少，但在神雕凌厉无伦的翅力之间，偶然已能乘隙还招。

如此练剑数日，杨过提着重剑时手上已不如先前沉重，击刺挥掠，渐感得心应手。同时越来越觉以前所学剑术变化太繁，花巧太多，想到独孤求败在青石上所留"重剑无锋，大巧不工"八字，其中境界，远胜世上诸般最巧妙的剑招。他一面和神雕搏击，一面凝思剑招的去势回路，但觉越是平平无奇的剑招，对方越难抗御。比如挺剑直刺，只要劲力强猛，威力远比玉女剑法等变幻奇妙的剑招更大。他这时虽然只剩左手，但每日服食神雕不知从何处采来的蛇胆，不知不觉间膂[6]力激增。

这日出外闲步，在山谷间见有三条大毒蛇死在地下，肚腹洞开，蛇身上被利爪抓得鲜血淋漓，知道自己所食果是蛇胆。只是这些毒蛇遍身隐隐发出金光，生平从所未见，自是不知其名，心想：神雕力气这样大，想必也是多食这些怪蛇的蛇胆之故。

过得月余，竟勉强已可与神雕惊人的巨力相抗，发剑击刺，呼呼风响，不自禁的大感欣慰。武功到此地步，便似登泰山而小天下，回想昔日所学，颇有渺不足道之感。转念又想，若无先前根柢，今日纵有奇遇，也决不能达此境地，神雕总是不会言语的畜生，诱发导引则可，指教点拨却万万不能，何况神雕也不能说会什么武功，只不过天生神力，又跟随独孤求败日久，经常和他动手过招，记得了一些进退扑击的方法而已。

这一日清晨起身，满天乌云，大雨倾盆而下。杨过向神雕道："雕兄，这般大雨，咱们还练武不练？"神雕咬着他衣襟，拉着他向东北方行了几步，随即迈开大步，纵跃而行。杨过心想："难道东北方又有什么奇怪事物？"提了重剑，冒雨跟去。

行了数里，隐隐听到轰轰之声，不绝于耳，越走声音越响，显是极大的水声。杨过心道："下了这场大雨，山洪暴发，可得小心些！"转过一个山峡，水声震耳欲聋，只见山峰间一条大白龙似的瀑布奔泻而下，冲入一条溪流，奔胜雷鸣，湍急异常，水中挟着树枝石块，转眼便流得不知去向。

这时雨下得更大了，杨过衣履尽湿，四顾水气濛濛，蔚为奇观，但见那山洪势道太猛，心中微有惧意。

神雕伸嘴拉着他衣襟，走向溪边，似乎要他下去。杨过奇道："下去干么？水势劲急，只怕站不住脚。"神雕放开他的衣襟，咕的一声，昂首长啼，跃入溪中，稳稳站在溪心的一块巨石之上，左翅前掮，将上流冲下来的一块岩石打了回去，待那岩石再次顺水冲下，又是挥翅击回，如是击了五六次，那岩石始终流不过它身边。到第七次顺水冲下时，神雕奋力振翅一击，岩石飞出溪水，掉在右岸，神雕随即跃回杨过身旁。

杨过会意,知道剑魔独孤求败昔日每遇大雨,便到这山洪中练剑,自己却无此功力,不敢便试,正自犹豫,神雕大翅突出,刷的一下,拂在杨过臀下。它站得甚近,杨过出其不意,身子直往溪中落去,忙使个"千斤坠"身法,落在神雕站过的那块巨石之上。双足一入水,山洪便冲得他左摇右晃,难于站稳。杨过心想:"独孤前辈是人,我也是人,他既能站稳,我如何便不能?"当即屏气凝息,奋力与激流相抗,但想伸剑挑动山洪中挟带而至的岩石,却是力所不及了。

耗了一炷香时分,他力气渐尽,于是伸剑在石上一撑,跃到了岸上。他没喘息得几下,神雕又是挥翅拂来。这一次他有了提防,没给拂中,自行跃入溪心,心想:"这位雕兄当真是严师诤友,逼我练功,竟没半点松懈。它既有此美意,我难道反无上进之心?"于是气沉下盘,牢牢站住,时刻稍久,渐渐悟到了凝气用力的法门,山洪虽然越来越大,直浸到了腰间,他反而不如先前的难以支持。又过片刻,山洪浸到胸口,逐步涨到口边,杨过心道:"虽然我已站立得稳,总不成给水淹死啊!"只得纵跃回岸。

哪知神雕守在岸旁,见他从空跃至,不待他双足落地,已是展翅扑出。杨过伸剑挡架,却被它这一扑之力推回溪心,扑通一声,跌入了山洪。

他双足站上溪底巨石,水已没顶,一大股水冲进了口中。若是运气将大口水逼出,那么内息上升,足底必虚,当下凝气守中,双足稳稳站定,不再呼吸,过了一会,双足一撑,跃起半空,口中一条水箭激射而出,随即又沉下溪心,让山洪从头顶轰隆轰隆地冲过,身子便如中流砥柱般在水中屹立不动。心中渐渐宁定,暗想:"雕兄叫我在山洪中站立,若不使剑挑石,仍是叫它小觑了。"他生来要强好胜,便在一只扁毛畜生之前也不肯失了面子,见到溪流中带下树枝山石,便举剑挑刺,向上流反推上去。岩石在水中轻了许多,那重剑受水力一托,也已大不如平时沉重,出手反感灵便。他挑刺掠击,直练到筋疲力尽,足步虚晃,这才跃回岸上。

他生怕神雕又要赶他下水,这时脚底无力,若不小休片时,已难与山洪的冲力抗拒,果然神雕不让他在岸上立足,一见他从水中跃出,登时举翅搏击。

杨过叫道:"雕兄,你这不要了我命么?"跃回溪中站立一会,实在支持不住,终又纵回岸上,眼见神雕举翅拂来,却又不愿便此坐倒认输,只得挺剑回刺,三个回合过去,神雕竟然被他逼得退了一步。杨过叫道:"得罪!"又挺剑刺去,只听得剑刃刺出时嗤嗤声响,与往时已颇不相同。神雕见他的剑尖刺近,也已不敢硬接,迫得闪跃退避。

杨过知道在山洪中练了半日,劲力已颇有进境,不由得又惊又喜,自忖劲力增长,本来决非十天半月之功,何以在水中击刺半日,剑力竟会大进?想是那怪蛇的蛇胆定有强筋健骨的奇效,以致在不知不觉之间早已内力大增,此时于危急之际生发出来,自己这才察知。

他在溪旁静坐片刻,力气即复,这时不须神雕催逼,自行跃入溪中练剑。二次跃上时只见神雕已不在溪边,不知到了何处。眼见雨势渐小,心想山洪倏来倏去,明日再来,水力必弱，乘着此时并不觉得如何疲累，不如多练一会，当下又跃入溪心。

练到第四次跃上，只见岸旁放着两枚怪蛇的蛇胆，心中好生感激神雕爱护之德，便即吃了，又入溪心练剑。练到深夜，山洪却渐渐小了。

当晚他竟不安睡，在水中悟得了许多顺刺、逆击、横削、倒劈的剑理，到这时方始大悟，以此使剑，真是无坚不摧，剑上何必有锋？但若非这一柄比平常长剑重了数十倍的重剑，这门剑法也施展不出，寻常利剑只须拿在手里轻轻一抖，劲力未发，剑刃便早断了。

其时大雨初歇，晴空一碧，新月的银光洒在林木溪水上。杨过瞧着山洪奔腾而下，心通其理，手精其术，知道重剑的剑法已尽于此，不必再练，便是剑魔复生，所能传授的剑术也不过如此而已。将来内力日长，所用之剑便可日轻，终于使木剑如使重剑，那只是功力自浅而深，全视自己修为，至于剑术，却至此而达止境。

他在溪边来回闲步，仰望明月，心想若非独孤前辈留下这柄重剑，又若非神雕从旁诱导，自己因服怪蛇蛇胆而内力大增，那么这套剑术世间已不可再而得见。又想到独孤求败全无凭借，居然能自行悟到这剑中的神境妙诣，聪明才智实是胜已百倍。

独立水畔想像先贤风烈，又是佩服，又是心感。寻思："姑姑见到我此刻的武功，可不知有多欢喜了。唉，不知她此时身在何处？是否望着明月，也在想我？"一念及小龙女，胸口便是一阵剧痛。

转念又想："我虽悟到了剑术的至理，但枯守荒山，又有何用？倘若情花之毒突然发作，明天便即死了，这至精至妙的剑术岂非又归湮没？"想到此处，雄心登起，自言自语地道："我也当学一学独孤前辈，要以此剑术打得天下群雄束手，这才甘心就死。"

回眼看着右臂断折之处，想起郭芙截臂之恨，不禁热血涌上胸间，心道："这丫头自恃父亲是当代大侠，母亲是丐帮帮主，自来不把我放在眼里，自小我寄居她家，不知受了她多少白眼，多少折辱？我谎言欺骗武氏兄弟，其实也是为了她好，倘若武氏兄弟中有一人为她而死，岂非也是她的罪过？哼哼，她乘我重病之际斩我一臂，此仇不报，非丈夫也！"

他向来极重恩怨，胸襟殊不宽宏，当日手臂初断，躲在这荒谷中疗伤，那是无可奈何，此刻臂伤已愈，武功反而大进，报仇雪恨之念再也难以抑制。

当下心念已决，连夜回到山洞，向神雕说道："雕兄，你的大恩大德，终究报答不了，小弟在江湖上尚有几桩恩怨未了，暂且分别，日后再来相伴。独孤前辈这柄重剑，小弟求借一用。"说着深深一揖，又向独孤求败的石冢拜了几拜，掉首出谷。那神雕直送至谷口，一人一雕搂抱亲热了一阵，这才依依而别。

【注释】

[1]本文选自金庸《神雕侠侣》第二十六回。前文讲小龙女和杨过到了襄阳城后，师徒爱情没有得到郭靖夫妇认可。在黄蓉的干涉下，小龙女独自黯然离开，而杨过却被骄蛮任性的郭靖长女郭芙误用小

龙女留下的淑女剑砍断右臂。后文讲杨过再回襄阳欲图找郭芙报仇,却反助郭靖抵御蒙古武士。这是杨过断臂后跑进深山遇到神雕,得以练成重剑神功的一段。

[2]于斯:即于此,在这里。

[3]公治长:姓公冶,名长,字子长,是孔子的学生和女婿。传说他懂得鸟语。

[4]弱冠:古人讲究男子二十岁,要行冠礼,就是戴上正式的帽子表示成年,但是由于还没达到壮年,所以称为弱冠。后世泛称男子二十岁左右年纪为弱冠。

[5]河朔:地区名,泛指黄河以北。

[6]膂(lǔ)力:即体力。

导读

金庸的武侠小说底蕴丰厚,并善于以现代意识观照古代文化和人文精神,宣扬人性自由。《神雕侠侣》是一个大寓言,用杨过和小龙女之间真挚的爱情和冲向自由的勇气,宣告人性的真实存在与压制人性的虚伪荒谬。

选段是一个小寓言,通过主人公杨过的卑微和叛逆以及得到神雕相助成功练剑,表现了人物由自轻到自重,由自苦到自觉的心理发展历程,深刻贯彻了"自由"命题。

金庸以杨过的人生故事为叙事主线,着重个性化的塑造。选段是杨过这一形象发展过程中不可或缺的内容。他肉体和心灵上蒙受了世俗的伤害逃入深山,在尘外之世得遇奇缘,才自舐伤口;在自由的境地苦练神功,积聚力量,为重返俗世、挑战世俗、从根本上获得自由奠定了先决的基础。他给我们的最大启示在于对自由的不断争取,这里"神雕"和"重剑"成为一种人获得进步的象征目的物。

选段秉承了金庸一贯的叙事风格。一、设结做扣。每逢读者以为故事无法再继续下去的时候,偏是绝处逢生,而又合乎逻辑,不突兀无凭。如杨过断臂后逃入深山,委顿几死,正在读者为之忧心如焚时,神雕出现造成了新转机,但由于对独孤大侠的补述,这只奇怪的神雕就有了存在依据,并不荒唐难信。二、把个人生命意识投放在社会生活的繁杂乱流中,彰显真实的人性。如杨过的断臂、他的自我伤苦、他神功练成后的雄心再起,都成为生活中遭遇创痛之人的真实比照。

金庸创造性地超越了传统武侠小说叙述模式的局限,表现出独特的金庸叙述风格。

思考与练习

1.理解并说明本篇的叙述主题。

2.说明杨过的性格特征和他身上所体现的精神力量。

3.以此段文字为例,说明金庸小说的叙述风格。

◎阿瑟·克拉克

地球历险记

阿瑟·克拉克,1917年生于英格兰的萨玛西特。早年以优异成绩毕业于伦敦国王学院。1941年进入部队服役,从事技术工作。1945年提出著名的全国卫星通讯理论,为现代通讯奠定了理论基础。从1950年起开始科幻小说的创作,先后出版了《童年的终结》、《星》、《2001太空探险》、《与玛拉相会》、《天堂的喷泉》、《2001太空探险》等一系列经典之作。他获奖无数,其中《2001太空探险》被改编成电影,成为科幻电影史上的里程碑,并获奥斯卡金像奖。他是世界大师级科幻作家,同时也是一位国际知名的科学家。曾任英国国际星际学会主席,现为英国皇家天文学会成员。

飞碟穿云破雾,急驶直下,在离地面约50英尺的地方猛然刹住,然后是一阵剧烈的碰撞声,飞碟降落在一块杂草丛生的荒地上。

"这次降落真卑劣!"船长吉克斯普特尔说道。显然他的用词并不确切,他说话的声音,在人类听起来,就像只生气的母鸡在咯咯叫。机长克尔特克勒格把他的三只触手从控制盘上挪开,把四条腿伸了伸,舒适地放松了一下。

"这不是我的错,自动控制装置又出故障了,"他喃喃抱怨着说,"可是你对这条五千年以前拼凑起来的飞船,又能有多大指望呢?要是这该死的东西是在基地的话……"

"行了!我们总算没摔成碎片,这比我预料的要好得多。让克利斯梯尔和当斯特到这儿来吧,我要在他们出发前跟他们说几句话。"

克利斯梯尔和当斯特显然同其他船员不一样。他们只有一双手和两只脚,脑袋后面也没有长眼睛,还有一些他们的伙伴极力回避的生理缺陷。然而正是由于这些缺陷,才使他们被挑选来执行这一特殊任务。这样,他们用不着怎么化装,就能像人类一样顺利地通过各种盘查。

"你们完全了解自己的使命吗?"船长问。

"当然了解,"克利斯梯尔有点生气地说道,"我跟原始人打交道又不是第一次,要知道我在人类学方面所受的训练……"

"好。那么语言呢?"

"那是当斯特的事。不过我现在也能说得相当流利。这是一种非常简单的语言,何况我们研究他们的广播节目已有两年多了。"

"你们在出发前还有什么问题吗？"

"嗯——只有一件事，"克利斯梯尔犹豫了一下，"从他们广播的内容来看，很明显，他们的社会制度是很原始的，而且犯罪和违法现象到处都是。有钱人不得不使用一种叫做'侦探'或'特务'的人来保护他们的生命财产。当然我们知道这是违反规定的，但是我们不知道是否……"

"什么？"

"是这样，如果我们能随身带两只马克 M 号分裂器，就会感到更安全了。"

"这样对你们并不安全！如果大本营听到这话，我会受到军法制裁的。如果你们伤害了当地的居民——那'星际政治局'、'土著居民保护局'，还有其他几个有关机构就会缠住我不放了。"

"如果我们被杀了，不一样也很麻烦吗？"克利斯梯尔显然有些激动。"不管怎么说，你对我们的安全要负责。别忘了我给你讲的那个广播剧，剧中描写了一个典型的家族，在开演不到半小时，就出现了两名杀人犯！"

"嗯……好吧。不过只能给你们马克 0 号……希望你们在遇到麻烦时不要造成太大的破坏。"

"谢谢，这样我们就放心了。我会像你要求的那样，每 30 分钟向你报告一次，我们离开你不会超过两小时的。"

吉克斯普特尔船长目送他俩消失在山顶后，深深地叹了一口气。

"我真不知道为什么，"他说道，"为什么一船人非选他们俩不可？"

"毫无办法，"驾驶员回答说，"这些原始人碰到怪事会受惊吓的。如果他们看到我们来了，就会恐慌，到那时，当炸弹扔到我们头上时，我们还不知怎么回事哩。所以对这事你不能急躁。"

吉克斯普特尔漫不经心地把自己的触手弯成一个 6 条腿的支架，他在忧虑时总爱这么做。

"当然，"他说，"如果他们回不来，我仍然可以回去，然后报告说这个地方太危险。"他心里忽然一亮，接着说："对，这样还可以省不少麻烦。"

"那我们这几个月对地球的研究就白干了？"驾驶员挖苦地说。

"这不算白干，"船长回答说，"我们的报告对下一批考察船会有用处的，我建议等过——对，等过五千年以后再来一次。那时，这鬼地方可能变文明了。虽然，坦率地说，我并不相信这一点。"

山姆·霍金斯波斯姆正准备吃他那配有奶酪和苹果酒的美餐，忽然看到有两个人影沿着小巷向他走来。他用手背擦了擦嘴，把酒瓶小心地放在像篱笆一样整齐的工具旁边，用略带惊骇的眼光凝视着他们走来。

"早上好！"他口含奶酪，微笑着向他们招呼。

陌生人停下来。其中一个偷偷地翻一本小书。这本小书收集了一些常用短语和套话，例如“在播送天气预报以前，先播送一项大风警报。”“不许动，把手举起来！”“向所有的汽车喊话！”等等。但当斯特不需要这本书帮助自己的记忆，他立刻走上前去答话。

“早上好，伙计！”他操着 BBC(英国广播公司)播音员的口音说，“你能把我们带到离这儿最近的村庄、城镇或类似的公民集居的地方去吗？”

“什么？”山姆一边说，一边怀疑地对两个陌生人瞟了一眼。他发现他们的衣着有些奇特。他隐约地意识到这个人没穿一般人常穿的翻领衬衫和时兴的细条纹外衣。那个一直迷在书里的家伙实际上穿的是晚礼服，除了一条发亮的红领带、一双土气的靴子和一顶布帽子之外，简直可以说无懈可击。

克利斯梯尔和当斯特曾在衣着方面，尽了他们最大的努力。他们看的电视剧太多了！在没有任何其他资料的情况下，凭电视来缝制的服装虽然可笑，至少也会被人们理解。

山姆一边用手搔头，一边暗自猜想：是皮货商吗？可城里人也不会这么打扮呀！

他用手指指路，以一种 BBC 对西部地区广播的浑厚的口音告诉他们应去的方向。这种口音只有西部地区居民才能听懂，其他地区的人恐怕连三分之一也难以明白。

克利斯梯尔和当斯特，这两个来自遥远行星的天外来客，面对这种情况简直一筹莫展。他们彬彬有礼地退了回去，极力想弄清楚一个大概意思，同时开始怀疑自己的英语是否像他们想像的那么好。

人类和天外来客的第一次史无前例的会见，就这样匆匆结束了。

“我看哪，”当斯特若有所思，但又不大有把握地说道，“是他不愿意帮忙吧。这倒也省了我们不少麻烦。”

“我看不像。从他的衣着和所干的活计来看，他不会是个有知识的或者说有价值的人。我怀疑他是否明白我们是谁。”

“嘿，又来了一个！”当斯特嚷道，用手指了指前面。

“小心点，动作别太猛，要不会惊动他的。我们自然而然地走过去吧，让他先讲话。”

前面那人大踏步地走过来了，好像一点也没有注意到他们。可是当他们还未明白是怎么回事，那人又忽然向远处跑去。

“怎么啦！”当斯特说道。

“没什么，”克利斯梯尔像哲学家似的回答，“也许他也没有什么用处。”

“别自我安慰了。”

他们生气地盯着菲西蒙斯教授离去的背影。只见他身穿老式旅行装，一边走一边聚精会神地读着一本“原子理论”，逐渐消失在小巷之中。克利斯梯尔开始不安地觉得，跟人打交道真不像他以前想像的那么简单。

小米尔顿是一个典型的英国村庄，半隐半现地坐落在一个笼罩着神秘色彩的小山脚下。夏天的早晨，路上行人很少。男人们都干活去了。村妇们在她们的主人离家之后，正在整理家务。克利斯梯尔和当斯特一直走到村子中央，才遇到一个送完邮件骑自行车回来的投递员。他满面怨气，因为他不得不多走两英里多路去把一封一个便士的明信片送到道格逊农庄，而且计那·依万斯这个星期给他妈妈寄回的换洗衣服比平常要重得多，里面还夹了他从厨房里偷来的四听牛肉罐头。

“请原谅，”当斯特有礼貌地说。

“我没功夫，”邮递员根本就没有心思应酬这一偶然的问话。“我还得再跑一趟哩！”说完他就走了。

“真叫人无法容忍！”当斯特嚷道，“难道他们都是这样吗？”

“你还得耐心点，”克利斯梯尔说，“别忘了他们的习惯同我们的大不一样。要取得他们的信任还得需要时间。以前，我同原始人打交道时也遇到过这种麻烦。作为一个人类学家，一定要习惯这点。”

“那么，”当斯特说，“我建议咱们到他们家里去，这样他们该没法逃走了吧。”

“好吧，”克利斯梯尔半信半疑，“可是，千万别走进那些像寺庙一样的房子，否则我们会遇到麻烦的。”

老寡妇汤姆金丝的住宅谁也不会弄错，即使最没经验的探险家也不会弄错。这位老太太看到有两位绅士站在她家门口，显得非常激动。至于两个人衣饰的奇特之处，她丝毫没有注意。她正在想那笔意料之外的遗产和新闻记者对她一百周岁生日的采访(她实际只有95岁，但她隐瞒了这一点)。她拿起一直挂在门边的石板，愉快地走向前去同她的客人打招呼。

“你们要说什么都写下来吧，”她手拿石板痴笑着说，“这20年来我一直耳聋。”

克利斯梯尔和当斯特沮丧地面面相觑，这真是一个预料不到的障碍，因为他们惟一见过的文字就是电视节目里出现过的通知，而且他们至今也未完全弄懂它的意思。但是，有着像照相机一样记忆力的当斯特，这时随机应变，趋步向前，尴尬地拿起粉笔，在石板上写了一句他自认为一定适合这种场合的英语。

她的神秘的客人悲伤地走了。汤姆金丝太太无限困惑地凝视着石板上的符号，花了好一会儿功夫，才猜出那是些什么字(当斯特把好几个地方都写错了)。可是，面对着这一句莫名其妙的话，她仍然搞不清是什么意思。

这句话是：“通话将尽快恢复。”

当斯特已经尽了最大的努力。可是这位老太太一直不明白这是什么意思。于是他们又到另外一家去试。这次运气好一点。出来开门的是一位年轻妇女，说起话来满脸堆笑。可是过不一会儿，她就翻脸了，“砰”的一声关上了门。门内传出歇斯底里似的笑声。这时,克利斯梯尔和当斯特心情沉重,开始怀疑他们伪装成普通人的本领并不像想像的那么有效。

在第三家门口,他们遇到非常健谈的史密斯夫人。她说话像连珠炮似的,每分钟120个字。可是她的口音却像山姆一样,根本听不懂。当斯特好不容易找机会道了声歉,然后又继续向前走去。

“难道这些人跟他们广播里讲的话不一样吗?”当斯特叹道,“他们要是都这么说话,那怎么能听得懂自己的节目呢?”

“莫非是我们把着落地点搞错了?”克利斯梯尔说。他这个一贯自信和乐观的人,也开始动摇。他们为自己的错误感到沮丧和难过。

在第六次,也许是第七次试探中,他们见到的不再是家庭妇女。门开了,一个瘦削的青年走出来,湿润的手上拿着一样东西,使这两位来客大为着迷。这是一本杂志,封面是一枚巨大的火箭,正从一个布满弹坑的行星上飞起。不管这是什么行星,反正不是地球。画面深处印着几个字:“伪科学惊险小说,售价25美分。”

克利斯梯尔看了看当斯特。他们交换了一下眼色,说明他们一致认为:他们终于在这里找到了能够理解自己的人。当斯特兴奋极了,于是走上前去,跟那个青年人讲话。

“我想你一定能帮我们,”他彬彬有礼地说,“我们发现要使这里的人理解我们非常困难。我们刚从太空来到这个行星上,很想同你们的政府取得联系。”

“呵!”吉米·威廉斯说,他还没有从土星外部空间的探险中完全恢复过来。“你们的飞船在哪儿?”

“在山里边;我们不愿意惊动你们。”

“是火箭吗?”

“啊,天哪!那东西早在几千年前就淘汰了。”

“那么它是怎样飞行的呢?是用原子能吗?”

“我想是的,”当斯特说,他的物理学不怎么好。“还有其他动力吗?”

“别扯远了,”克利斯梯尔有点不耐烦地说道,“我们问问他,看他知不知道在哪儿能找到他们的官员。”

当斯特还未来得及说话,只听一个尖厉的声音从房内传来。

“吉米,谁在那儿?”

“两个……”吉米有点怀疑地说,“起码,他们看起来像是人,他们是从火星上来的。我不是常说,这种事会发生的。”

随着一阵沉重的声音,一个体壮如牛的女人满脸凶气地从黑暗中走了出来。她用一种嫌恶的眼光瞪着这两个不速之客,又看了看吉米手里拿着的杂志,然后说:“真不知羞耻!”她说着,打量了一下克利斯梯尔和当斯特。“我们家养了这么个没用的孩子,简直糟透了。他整天浪费时间读这些乱七八糟的东西,这都是没有人管教的结果呀!你们是从火星上来的吗?我看你们是从那些飞碟上来的吧!”

“我从来就没有说我们是火星上来的呀!”当斯特无力地申辩道。

“砰”的一声,门关了,屋里传出了激烈的争吵声,然后是撕书的声音和一阵恸哭声。

“好了,”当斯特终于说道,“下一步该怎么办?他为什么说我们是从火星上来的呢?如果我记得不错的话,火星是离我们很远的星球啊!”

“我也不知道,”克利斯梯尔说,“但是我想他们会很自然地想到我们是从邻近的星球上来的。要是他们知道事情的真相,会大吃一惊的。火星,哼!从我看到的报告来看,那儿比这里更糟。”很明显,他的科学超然态度已开始动摇了。

“咱们离开这些屋子吧!”当斯特说道,“外边会有更多的人的。”

他们的话完全正确,还没走多远,就发现自己被一群孩子团团围住了。这些小男孩说话也是那么粗俗和令人费解。

“我们要不要送点礼物哄哄他们?”

“好,你带礼物了吗?”

“没有,我还以为你……”

当斯特话还没说完,这几个家伙已经一溜烟似地跑到旁边一条街上去了。

这时,从街上走来一个身穿蓝色制服、仪表威严的人。

克利斯梯尔睁大了眼睛。

“是警察!”他说道,“大概是去调查一件凶杀案的吧。也许他会跟我们说两句话。”他半信半疑地补充道。

P.C.亨克斯惊奇地看着这两个陌生人,极力不让自己的感情流露出来。

“你好,先生们!你们在这儿找什么东西吧?”

“是的,正是这样,”当斯特用最友好、最讨人喜欢的语调回答道,“也许你能帮我们的忙吧。事情是这样的,我们刚降落在这个星球上,想和你们的有关当局取得联系。”

“什么?”亨克斯大吃一惊,愣住了。但不一会儿他又恢复了平静,因为亨克斯毕竟是一个聪明的青年人,他并不打算一辈子在这里干乡村警察。“那么,你们是刚着陆的,是吗?是坐太空船来的吧?”

“是的,”当斯特大大地松了一口气。这警察既不怀疑,也不发火,这要是在其他原始星球上,听到这种话肯定会激动的。

“好,好!”亨克斯用一种他希望能引起对方信任和好感的腔调说(即使他们使用暴力也没有关系,因为他们看起来是那样的瘦小)。“你们需要什么就尽管说好了,我会尽力帮忙的。”

“你真好，”当斯特说，“我们选择这么一块偏僻的地方着陆，因为我们不愿意制造恐慌。在跟你们的政府取得联系之前，知道我们的人越少越好。”

“我完全明白，”亨克斯回答道，一边急躁地用眼四处看了看，想找个人帮着给警长传个信。“那你们打算到这儿来干什么呢？”

“在这里谈论我们对地球的长远规划恐怕不合适，”当斯特怀有戒心地说道，“我能说的只是宇宙的这一部分应当得到调查和开发。我们一定能在很多方面帮助你们。”

“那真是太感谢你们了，”亨克斯会心地说道，“我看最好的办法是请你们跟我到派出所去一趟，在那儿我们可以给总理打个电话。”

“非常感谢，”当斯特怀着感激的心情说道。他们信任地跟亨克斯并排走着，尽管他有点想故意走在他们后边。就这样，他们来到了村派出所。

“这边走，先生，”亨克斯说，有礼貌地把他们领进一间陈设简陋、照明很差的房间。这间房简直是最原始的房间。他们还未来得及看完周围的环境，只听“咔”的一声，一扇铁栅栏门就把他们同向导隔开了。

“别着急！”亨克斯说道，“一切都会顺利的，我一会儿就回来。”

克利斯梯尔和当斯特用惊奇的目光互相打量了一下，很快地得出了一个可怕的结论。

“我们被关起来了！”

“这是一座监狱！”

“现在该怎么办？”

“我真不知道你们这些家伙懂不懂英语，”黑暗里传出了一个倦怠的声音，“你们倒是让我睡个安稳觉呀！”

这两个囚徒这才意识到他们并不孤独，在这地窖的墙角里有一张床，床上躺着一个衣着不整的青年人，正用一双不满的眼睛迷茫地注视着他们。

“天哪！’当斯特嚷道，“你看他是个危险的罪犯吗？”

“暂时看起来不像很危险，”克利斯梯尔审慎地说道。

“喂！你们怎么也进来了？”青年人问道，摇晃着身子坐了起来。“看来你们是刚参加完化装舞会吧。哟，我这该死的头！”他难受地朝前俯伏下去。

“化了装就得像这样被关起来吗？”善良的当斯特说道，然后继续用英语说，“我真不知道我们怎么会到这儿来的，我们只是告诉了警察我们是从哪儿来的，这就是全部经过。”

“那么，你们是谁？”

“我们刚刚降落——”

“喂，没有必要再重复了，”克利斯梯尔打断他的话，“没有人会相信的。”

“嘿！”青年人再次坐了起来，“你们用什么语言讲话？我才疏学浅，从来未听过你们这种话。”

“我看，”克利斯梯尔对当斯特说道，“你应该告诉他，反正在警察回来之前什么也干不成。”

这时，亨克斯正在电话中同当地疯人院院长认真地交谈着，院长一再坚持他的病人一个也没有少，然而还是答应再检查一遍，待有了结果就给他回电话。

亨克斯怀疑是否有人在故意跟他开玩笑，放下听筒后，便悄悄地走向地窖。看起来这三个犯人正在友好地交谈，他便踮起脚尖走开了。应该让他们冷静一下，这样对他们有好处。他轻轻揉揉眼睛，脑子里还萦绕着他清晨时抓格拉哈姆进监狱时的那场搏斗。

这位年轻人现在已经清醒过来了，他对昨天能参加圣餐庆祝会并不感到后悔。可是当他听到当斯特讲的故事并期望得到他的回答时，又开始担心是否自己还未完全清醒。

格拉哈姆想，在这种情况下，最好的办法还是在幻觉消失以前就把这事尽量当成真的。

“如果你们真在山里有飞船，”他说道，“那你们肯定可以同他们取得联系，并让他们派人来救你们。”

“我们想自己解决，”克利斯梯尔不卑不亢地说，“另外，你还不了解我们的船长。”

格拉哈姆想，看来他们非常自信。这整个故事凑在一起也很合理，可是……

“你们能建造星际飞船，可是连一座乡村派出所也出不去，真叫人有点不敢相信。”

当斯特看了看拖着沉重脚步的克利斯梯尔。

“要逃出去真是太容易了，”人类学家说道，“但是，我们不到万不得已时是不会轻易使用暴力手段的。你不了解这会引起什么麻烦，也不了解我们将填写一种什么报表。此外，如果我们逃走了，你们的追捕队恐怕会在我们到达飞船以前就会抓住我们的。”

“起码在小米尔顿是抓不着的，”格拉哈姆咧开嘴笑着说，“如果我们能设法穿过‘白鹿’，他们就更抓不着了，我的汽车就在那儿停着。”

“啊，是这样呀！”当斯特说道，他的精神又重新振作起来。他转过身去和他的同伴激动地交谈了几句，然后谨慎地从内衣口袋里掏出一个黑色的小钢瓶，他小心翼翼地摆弄着它，就像一个少女第一次拿着一支上了膛的火枪一样。克利斯梯尔很快地退到地窖的墙角里。

就在这时，格拉哈姆忽然肯定地觉得自己非常清醒，确信刚才听到的故事完全是真的。

没有忙乱,没有电火花或五颜六色的射线,一段3英尺见方的墙壁静悄悄地溶化了,崩溃成一堆锥形的小沙堆。阳光射进了阴暗的地窖,当斯特松了一口气,一边把他那神秘的武器收了起来。

“好了,过来吧,”他对格拉哈姆说道,“我们等你呐。”

没有人追他们,因为亨克斯还在电话中争吵不休。如果几分钟以后他回到地窖时,一定会发现他政治生涯中最叫人惊奇的事。当格拉哈姆重新在“白鹿”出现时,没有人感到奇怪,他们都知道昨天晚上他到哪儿去了,并希望在开庭审判时法官会宽恕他。

克利斯梯尔和当斯特极为不安地爬进一辆“班特力”牌小轿车的后座里,这辆汽车样子奇特,显得很不平稳,可是格拉哈姆亲切地称它为“玫瑰”。幸而放在一个生了锈的铁罩子下面的发动机是好的,很快,他们以每小时50英里的速度吼叫着驶出了小米尔顿。这简直是一种慢得惊人的相对速度,因为近几年来,克利斯梯尔和当斯特一直是以每秒钟几百万英里的速度遨游太空,现在却感到从未有过的害怕。当克利斯梯尔稍微恢复正常后,便掏出袖珍报话机向飞船喊话。

“我们正在返回途中,”他在狂风中嚷道,“我们找到了一个非常有知识的人,他现在正跟我们在一起,我们大概——呜——对不起——刚才我们正穿过一座桥——10分钟以后就回来。什么?不,当然不是,我们一点麻烦也未遇到,一切都很顺利。再见。”

格拉哈姆回过头看了一眼他的乘客,这一看使他感到很不安,他们的耳朵和头发由于粘的不够牢,已经被风吹掉了,他们的真面目开始显露出来。格拉哈姆开始不安地怀疑,这两人似乎连鼻子也没有。唉,没什么,习惯成自然,呆长了什么都会习惯的,今后他还有足够的时间同他们打交道。

以后的事当然不说你们也会知道,可是这个关于第一次到地球着陆的故事,以前从来还未记述过。就是在那种特殊的条件下,格拉哈姆成了人类奔赴浩瀚宇宙的第一位代表。我们这些材料,都是当我们在天外事务部工作时,经过克利斯梯尔和当斯特的允许,从他们的报告中摘录出来的。

很明显,由于克利斯梯尔和当斯特在地球上获得的成功,他们被上司挑选去拜访我们神秘的邻居火星人。同样,毫无疑问,克利斯梯尔和当斯特鉴于上次的经历,当他们登船出发时,是那样地勉强。而从那以后,我们再也没有听到过他们的消息。

导读

外星人的飞碟第一次造访地球。善良的外星人,为了避免惊扰人类,把飞碟降在一个偏僻山区。外星人大都有三只触手、四条腿,形象十分怪异。为了避免惊扰人类,他们选了两位残疾的却同人类较为相像的外星人,来同人类联系。两位心地善良又自以为是的外星人,一路访来,却无人理睬。他们自以为英语不错,却没人能听得懂。在闹了很多笑话之后，总算遇到了一个愿意接待他们的警察。可是，在警察的心目中，他们压根儿不是什么外星人，而是从疯人院逃出来的疯子，并把他们同醉鬼一起关在了地窖中。这就是《地球历险记》的主要内容。描写外星人访问地球的科幻小说，多得难以计数，但通过外星人的眼睛来反映地球人与外星人交往的作品，还不多见。这正是科幻大师阿瑟·克拉克的高人之处。

外层空间究竟有没有生命，有没有智慧生物，长久以来，这个问题一直困扰着人类。如果外星人来到地球，他们会怎么样对待地球人，也是地球人所关心的问题。而外星人来到地球，地球人会怎样对待外星人，关心的人却不会太多。作者从这个角度入手，提出问题，展开情节，塑造形象，颇有新意，值得深思，也值得玩味。

思考与练习

1.我们应该如何看待外星人问题？

2.通过对科幻小说的阅读，归纳其基本特征。

3.请你谈谈该文本的叙事风格。

◎叶永烈

腐　蚀

叶永烈,1940 年 8 月生于浙江省温州市，毕业于北京大学。19 岁时创作小品集《碳的一家》。从 1960 年开始参与编写大型科普丛书《十万个为什么》。大学毕业后,曾在上海一家科学研究所工作,后主动要求调往上科教电影制片厂任编导。1961 年创作科幻小说《小灵通漫游未来》,曾屡遭出版社退稿,1978 年才得以出版,首印 150 万册,顿时风行全国,在社会上引起巨大反响。20 世纪下半叶,发表了大量的科幻小说,成为中国最有影响的科幻作家。后来,他把主要精力放在了传记文学创作方面,出版了很多有影响的名人传记。现为世界科幻小说协会(WSF)理事,美国传记文学研究所顾问,中国作家协会会员。

一

一架雪白的直升飞机,机身上漆着巨大的红十字,正在中国西北部的大沙漠上空匆匆飞行。飞机离地面只有四五百公尺。

机舱里,人们穿着白大褂,戴着白帽子,神情严峻。除了响着发动机单调的轰鸣声外,人们沉默不语。

半球形的舷窗玻璃像金鱼眼般凸出在舱外,一位姑娘伸长脖子,正透过玻璃细细地观看着脚下的大地。

沙漠,无边无涯的沙漠,有的看上去像木纹,有的像一大张平整的砂纸。盛夏的烈日喷射着明亮的光芒，在沙漠上可以看到一个清晰的移动着的黑点——直升飞机的影子。

姑娘那对黑宝石般的大眼睛,一直望着窗外。她长得很丰满,高高的胸脯象征着充满活力的青春。她的脸色红润,鼻子小巧挺直,嘴唇微微噘起,显得十分自信。白帽下,露出一绺棕黄色的烫发。此刻,她双眉紧蹙,无心欣赏窗外的沙漠景象,而在那里搜寻什么。突然,姑娘像哥伦布发现新大陆似的,大叫起来:“在那里！在那里！”也就在这时,坐在机舱左边的另几个人,也不约而同地喊了起来。

在直升飞机左前方,那浅黄色的沙漠上有一团醒目的红白相间的东西,旁边,斜卧着一只黑褐色的锥形物体。

直升飞机朝左前方飞去,姑娘又大声说道:“是降落伞！是‘银星号’！”“银星号”飞船是中国发射的，它在太空中作了漫长的遨游之后，溅落在大沙漠上。飞船中载有一名宇航员。不知什么原因，在归途中，宇航员与地面站失去了联系。

直升飞机降落在离“银星号”飞船一百多公尺的地方。降落时，螺旋桨像巨大的风扇，搅起弥天黄沙，弄得天昏地暗。

机舱里开放着冷气。舱门一开，一股炙人的热浪立即扑面而来。人们戴上墨镜，在松软的沙漠上一脚低、一脚高地奔跑着。每踩下一脚，都立即扬起一股尘沙。

走在最前面的是宇航救护队队长。他来到指令舱前，十分熟练地打开了舱门。这时，姑娘和几位救护队员都气喘吁吁地赶到了。他们朝里一瞧，一股刺鼻的蒜臭味直窜脑门。宇航员穿着宇航服，歪着身子，斜躺在指令舱的角落里。头盔、宇航椅都已经碎裂。显然，宇航员早已被死神夺去了生命。

队长爬进舱里。他的脚一踩进去，几乎惊叫起来：地板变得像沙漠似的软绵绵，一脚下去就踏出一个深深的凹坑，扬起一股细尘！

舱里零乱不堪。队长随手拿起宇航椅的坐垫，谁知就像豆腐似的松散，裂成许多碎屑从手中掉了下去。队长走向宇航员，他的手一碰宇航服，竟然马上碰破一个大洞。要知道，宇航服是用十多层坚牢的合成纤维做成的，如今却变得像草纸做成似的！

“腐蚀！腐蚀！遭到了极为严重的腐蚀！”队长作出了这样的判断。他退向舱门，正好踩在姑娘的脚上。原来，姑娘也爬进舱里，忍着奇臭，蹲在地上拾取碎屑，装入样品瓶……

二

无线电波把来自大沙漠的令人震惊的信息，迅速地传递到中国宇航中心的总指挥部。

“‘银星’号内部遭到严重的腐蚀，原因不明。宇航员早已遇难。”这短短的电文，像一颗猛烈的炸弹，在总指挥部爆炸了。

自从一九五七年十月四日人类第一次征服太空以来，从未发生过这样的事情！中国的宇宙飞船曾多次访问各个星球，也从未发生过这样的事情！

总指挥部立即召开了紧急会议。腐蚀？腐蚀？严重腐蚀？特别是“内部遭到严重腐蚀”，令人百思不解。

宇航材料专家手持电文，两道浓眉几乎拧在一起，自言自语道：“跟‘银星’号一样的飞船，不知道在太空中飞行过多少次，从来没有发生‘内部遭到严重腐蚀’的呀！”尽管原因不明，总指挥部仍然作出了决定：宇航救护队立即返航——因为宇航员已经遇难。

队长把“银星”号指令舱的舱门重新关上，迈着沉重的步伐走向直升飞机，准备让全队返航。这时，姑娘却突然要队长把返航时间推迟半小时。“请允许我用半小时时间，把腐蚀的原因查一下。”

飞机的舱门敞开着。姑娘闷在火炉般的机舱里，正在用显微镜观察着从“银星”号上取到的样品。队长虎彪彪地站在旁边，用急切的目光注视着姑娘的一举一动。姑娘叫李丽，大学微生物专业的毕业生。她屏气敛息地专心观察着。一刻钟过去了，驾驶员跳上了座位，准备起飞。“怎么样？”队长又问道。“再给我五分钟。”李丽连头也不抬，答道。

五分钟终于过去了，李丽霍地站了起来。她的脸色非常严肃，一字一顿地说道：“韩队长，我们不能返航！”“为什么？”“你看看。”队长蹲了下来，把眼睛凑近显微镜的目镜。他的视野中，蓦地出现了许许多多呈“X”形的鲜黄色的小东西，在不停地蠕动着。“这是什么？”

“这……连我也无法说清楚。”李丽说道，“这是一种地球上没有见过的微生物，可能是从太空中带来的。据我推测，‘银星’号就是被它腐蚀掉的。这是一种腐蚀力非常强的微生物。如果确实是这样，我们就不能返航——因为我们的救护队员，我们的飞机，都沾染了它。我们飞到哪里，就会把它带到哪里，把那里的一切都毁灭！”

队长没有马上答话，他又把眼睛凑近目镜。过了一会儿，他猛然抬头，对已经坐在那里作起飞准备的驾驶员大声说道：“推迟起飞！”队长召开了全队紧急会议。李丽的话，使队员们都感到意外。

“队长同志……”驾驶员说道，“李丽同志的意见，我同意。如果确实是从太空来了一种可怕的微生物，我的飞机绝不能带着它到处飞行，污染祖国，污染地球。不过，现在正是中午。根据我的经验，在沙漠里，几乎每天中午三点钟之后都要起风，到了傍晚便飞沙走石。这里一马平川，无遮无挡，狂风会摧毁飞机！”

“即使明知飞机被摧毁，我们也不能动身返航！”队长刚说完，就觉得浑身发冷。在热浪滚滚的沙漠上，这位关东大汉居然冷得发抖，上下牙齿厮打起来。“队长可能感染了太空微生物——烈性腐蚀菌！”李丽作出了这样的判断。

正当李丽打算弯腰扶起队长，忽然觉得自己的手也在发抖！顿时，李丽一点也不觉得热，一股寒气从脚底窜向脑门。

李丽深知自己也受了感染。她推开了扶救她的队员，赶紧从衣袋里掏出笔记本，用颤抖的手写下这样的话：

> 总指挥部，请立即转告杜微老师，我在“银星”号内查出来自太空的烈性腐蚀菌，鲜黄色，X形，从未见过。全队受感染，无法返回。请不要组织营救，以防烈性腐蚀菌扩散。

李丽写完，吃力地撕下笔记，抖抖索索地递给发报员。此刻，她已精疲力竭，倒在火辣辣的沙漠上，居然一点也不觉得烫。

就在发报员发报的时候，李丽猛然间又记起什么，咬紧牙关挣扎起来，在笔记本上补写了一行字：烈性腐蚀菌似乎不能腐蚀飞船外壳——金属钛。李丽写毕，像虾似的蜷曲着身体，即使用双手紧抱脑袋，依然冷得全身直打寒颤。

发报员的手也开始发抖。他意识到，生命已经非常有限。他伸手拿起李丽补充的几句话，准确无误地发了出去，刚发完，已经没有气力接收总指挥部的回电了。

无线电波在沙漠上空嘶哑地呼叫着，然而，救护队员一个个倒在沙漠上，蜷曲着，颤抖着，没人理会远方的呼唤。

渐渐起风了。风越来越大，裹挟着沙粒漫天飞舞。一阵狂风袭来，吹断了直升飞机的螺旋桨。紧接着，势头更大的一阵狂风，猛地推倒了直升飞机……

三

就在李丽生死攸关的时刻，杜微却正在葡萄架下一边喝着龙井绿茶，一边下围棋。

杜微，瘦小的老头儿，五短身材，花白的小平头，一点也没有教授的派头。他的眼睛右大左小，左眼角有很深的鱼尾纹，据说这是一种“职业特征”——长期眯着左眼看显微镜所造成的。杜微是国内首屈一指的微生物专家，曾给李丽上过课。

他的对手是个三十来岁的青年，身材像绿豆芽似的，又高又细。大抵由于脸色白净，两颊瘦削，眼珠像围棋黑子似的，显得又大又黑又明亮，一望而知是一个绝顶聪明的人。他穿着长裤、长袖衬衫，手中的折扇不停地挥摇着；他叫王璁，外号“小白脸”，杜微的得意高足。

就在这时，响起了急匆匆的脚步声。杜师母领着一个年轻人来了。

这个青年中等个子，三十来岁，国字脸，粗眉大眼，嘴唇显得有点厚。他穿着短袖衬衫，短西装裤，露出黝黑、发达的肌肉。他叫方爽，杜微的另一位助手。“杜老师，系里刚收到的加急电报。”方爽说着，把电报递给了杜微。王璁见方爽满头大汗，马上把手中的折扇递给了他。杜微拆看了电报，眉间皱起像幕布的褶裥似的竖纹。

“太疏忽了！”杜微长叹了一口气。他记得，在宇宙航行初期，他的老师和另几位微生物学家曾预言过，在太空中，在其它星球上，可能存在着某些可怕的微生物。那时候宇航员天外归来，总是要用“碘氢氧化钠”之类消毒剂严格消毒。后来，经过多次宇宙航行，从未遇上什么“可怕的微生物”，人们大意起来，取消了消毒手续，宇宙飞船上也取消了消毒设施，很多人甚至嘲笑杜微的老师是杞人忧天！如今，杜微的老师虽然早已成为故人，而他的真知灼见却被现实所证明。不过，不幸中万幸，“银星”号是溅落在沙漠上，烈性腐蚀菌在极度的干旱中难以迅速繁殖、扩散。如果飞船溅落在大海里，那小小的天外怪物将吞噬地球，变万物为齑粉……杜微把李丽的电报递给两位助手。

方爽看了电报，这位习惯于未开口先笑的人，脸色变得板滞起来，肌肉仿佛僵化了似的。方爽已是讲师，也曾教过李丽。此刻，他的脑海中闪现了这位爽朗而又执著的姑娘的形象。他仿佛看到，一朵含苞待放的鲜花，在火辣辣的沙漠上干枯了，焦萎了，凋谢了。他的心，像灌了铅似的，变得异常沉重。

王璁看了电报，脸色惨白，双眼变得无神。他同样曾教过李丽，这位迷人而又聪颖的姑娘，使他产生了一种异样的感情。不过，他身为老师，而且大学里“耳目众多”，学生们对这类事情最为敏感，因此他只能对李丽进行“热水瓶”式——内心热而外表冷的恋爱。由于他的“保密”工作做得很好，就连杜微、方爽都未曾发觉，只有李丽心领神会。李丽毕业后，他们之间书信来往。别人问起，王璁总是掩饰道：“李丽要我代查文献……”如今，这份突如其来的电报，给王璁迎头泼了一盆冷水，顿时也使他感到浑身发冷。他仿佛看到，李丽倒在沙漠之中，狂风夹带着弥天黄沙，正倾泻在她的遗体上，把她深深地埋掉……

沉默了一会儿，杜微用缓慢而严肃的语调，说出了自己的意见：“这是一个关系到全人类安危的重大问题。我马上飞往宇航中心，然后赶往现场。我以为，必须建立专门的实验室，深入地研究这种天外微生物，而实验室必须建立在沙漠深处，以防烈性腐蚀菌扩散。我要亲自去那里建立实验室，从事研究。不过，我已经年老体弱，希望你们两人之中，去一个，和我一起工作。这一去，恐怕要在沙漠里‘隔离’三年五载。谁去谁留，我想听听你们的意见。”

杜微说完，用期待的目光望着王璁。在老教授的心目中，论才华，王璁在方爽之上。面临着如此重大的研究课题，他当然希望带最得力的助手去。

“我去！”方爽快人快语，抢先答道。

“由老师决定吧！”过了一会儿，王璁答道，“去是工作，留下来也是工作。我不论去留，都可以。”“好，等我向杨校长请示以后再定。”杜微说道。

四

杜微和方爽过着与世隔绝的生活，在茫茫沙海之中，度过了五个春秋。

五年前，杜微和方爽坐着直升飞机，在“银星”号溅落点上空款款低飞，亲眼看到许多穿白大褂的人蜷曲着身体，倒毙在黄沙上，有的遗体已被黄沙埋掉了一半。

杜微选中了沙漠中心作为实验基地。直升飞机一次次在那里降落，宇航中心调派了一批年轻人，在几天之内，就建造起一座实验室。实验室一半埋在地下，一半露出地面。实验室是圆形的，看上去像座碉堡。实验室银光闪闪，四壁、天花板、地板、器具，绝大部分是用金属钛做的。

钛，是一种具有英雄气概的金属，银亮，轻盈，坚牢。在化学上，大名鼎鼎的强腐蚀剂“王水”能够吞噬白银、黄金，以至把号称“不锈”的不锈钢侵蚀，变得锈迹斑驳，面目全非。然而，“王水”对钛却无可奈何。在“王水”中浸泡了几年的钛，依旧锃亮，光彩照人！在十八世纪，当人们发现钛的时候，就把它作为英雄，用希腊神话中巨人族中的英雄——泰坦(Titan)来命名它。在古希腊,“泰坦精神”就是勇往直前的同义词。由于李丽临终前的提醒,杜微选用了这种英雄的金属来对付来自天外的恶魔。

银亮的碉堡建成之后,杜微要年轻人坐着直升飞机一批批撤离。最后,那里只剩下杜微、方爽,还有一架微型直升飞机。

一切准备工作都已经就绪。杜微和方爽穿上特制的保护衣。这种保护衣的样子像宇航服,表面镀了一层金属钛,就连头盔上也镀了钛——尽管从外面看过去像镜子一般,从里面却能看见外面的一切。杜微和方爽相视而笑,他们浑身闪耀着银色的光芒,杜微说像中世纪披着铠甲的武士,方爽则用大白话来形容——像只热水瓶胆!

方爽平素喜欢体育运动,会开汽车、摩托车、摩托艇,也能驾驶直升飞机。他在驾驶椅上坐定之后,忽然回头对杜微说,他忘了带水壶,请老师替他去实验室里拿一下。方爽从来没有支差过他的老师。杜微以为他真的忘带水壶,便下了飞机,朝实验室走去。

这时,杜微猛地听见身后传来轰鸣声,回头一看,微型直升飞机的螺旋桨在急速转动,扬起一股黄沙。一转眼,微型直升飞机腾空了,把杜微孤零零地撇在沙漠里。

望着逐渐远去的直升飞机,晶莹的泪花,又一次从杜微的眼角落下来。杜微心里明白:方爽怕到溅落点取样很危险,故意把老师支开,独自以“泰坦精神”赴汤蹈火去了!

渐近中午,寸草不生的沙漠上热不可耐。可是,杜微仍呆呆地望着连一只飞鸟也没有的万里碧空。

过了两个多小时,终于响起隐隐约约的轰鸣声。杜微循声望去,只见小黑点渐渐变大,果真是方爽平安归来。

杜微忐忑不安的心放下来了,急切地朝飞机奔去。谁知方爽刚下飞机,就像怒狮般朝老师猛吼道:“闪开!”

方爽穿着银光闪闪的保护衣,拿着一只银光闪闪的样品瓶,朝实验室的消毒间走去。他随手把门反锁,消毒液朝他上上下下喷洒。按照沙漠的“惯例”,下午三点以后,起风了。呼啸的狂风,吹毁了那架轻盈小巧的微型直升飞机。直到傍晚五点多,方爽经过极为严格的消毒,这才脱掉那件甲壳似的保护衣,走出消毒间。

“菌种取来了!”方爽见了老师,马上报告道。接着,他讲述了现场目击的惨相:救护队员都遭到了强烈腐蚀,连面目都难以辨别,有一具尸体的白帽下露出一绺棕黄色的烫发,他认出是李丽,捧起黄沙把她掩埋了……

“如果刚才消毒不彻底,我们会遭到和李丽同样的命运。”杜微一边说,一边闪动着明亮的目光,“研究科学就跟打仗一样,有时要以生命为代价才能换取胜利的成果。趁现在还活着,你赶紧把现场所见所闻写下来。万一我们遭到不幸,这些白纸上的黑字也许会给后人以启示。”从那天起,他们每天写下了详细的工作记录,他们随时都作好了与这个世界"告别"的准备。

方爽兼做报务员，用无线电波与宇航中心经常保持联系。他们需要什么，就请宇航中心派直升飞机空投。不过，杜微决不允许任何一架飞机在这里降落，也不许任何人前来访问，以杜绝任何造成烈性腐蚀菌外传的机会。当然，他们俩也绝不离开那里。

沙漠里的生活，就像沙漠本身一样枯燥。这里的水，比金子还贵。水，全靠空投。杜微和方爽除了把水用于实验之外，差不多把每滴水掰成几瓣用！每天临睡前，师生俩总是光着脚在沙漠里散步，以沙"洗"脚，去掉臭味，以省掉洗脚水。他们的惟一消遣，就是在实验之余，杀上一盘象棋或者围棋。

杜微和方爽小心翼翼地把天外恶魔囚禁在金属钛容器里，研究它的形态、构造、习性、生活史、繁殖方式。花费了一年多光阴，初步查清了这些问题。

紧接着，一个颇为棘手的问题，耗费了他们许多精力：烈性腐蚀菌为什么具有那么强烈的腐蚀性？能不能利用它为人类服务？

辛勤的耕耘，会获得丰硕的果实。杜微和方爽经过几年苦斗，终于查明：烈性腐蚀菌的秘密，在于它能分泌出一种烈性腐蚀剂。它的腐蚀本领，来自腐蚀剂。尽管烈性腐蚀菌会传染，毒害人类，而它所分泌的烈性腐蚀剂除了会腐蚀许多物体之外，并不会贻害人类。这正如青霉菌分泌的青霉素，能够作为药剂，治病救人。

历尽千辛万苦，杜微和方爽提取到纯净的烈性腐蚀剂——一种淡黄色的油状液体。用水冲稀几百亿倍之后，在岩石上喷了一点点，好端端的岩石便被腐蚀，变成一堆细土！喷在保险柜上，它被腐蚀成一堆铁锈！它不能盛在玻璃瓶中，转眼之间，玻璃瓶便化为乌有！就连白银、黄金，无不被腐蚀，失去光辉。

夜间，杜微和方爽在那"碉堡"里，望着天幕上历历可数的星斗，浮想联翩：在不久的将来，要拆除水泥钢筋大厦，只消喷一点烈性腐蚀剂，便把它化为一堆细土；筑铁路遇上大山，用烈性腐蚀剂可以化峭壁为通途；成千上万吨城市垃圾已成为一种越来越重的负担，一旦化为细土，可以用来垫平低洼田；要开采地下深处的宝藏，也不必凿竖井、挖坑道，只消用烈性腐蚀剂腐蚀表面岩层，便可以露天开采……

憧憬着美好的前景，使杜微和方爽忘记了因干燥而皲裂的嘴唇和手、脚，忘记了沙漠的单调和寂寞，忘记了他们的生命随时可能"报销"……他们争分夺秒，连"杀一盘"的闲暇也没有了。

五

这五年，王璁是在滨海大学度过的，是在非常愉快的气氛中度过的。然而，不久前的一件小事，却使王璁感到莫大的不快。

那一天不比往常，杨校长在几天前就通知他，有一个重要的外国科学代表团前来访问，要他参加接待。在与外宾见面时，杨校长介绍道："这位是生物系代系主任王璁副教授。”

一刹那间，在王璁的脸上，闪过不愉快的神色。虽然他很快就出现了笑容，与外宾一一握手，可是这一天他的内心一直闷闷不乐。一个“代”字，一个“副”字，刺痛了他的心！

这五年间，王璁一帆风顺：发表了好多论文，从讲师提升为副教授，当上生物系代主任——这“代”字，是由于系主任杜微教授还在人世。王璁记起了已经被他渐渐淡忘了的系主任杜微教授……

五年前，当杜微和方爽初到沙漠，他们与王璁之间的联系是非常频繁的。杜微三天两头往宇航中心发电报，请他们转告王璁，要往沙漠里运什么仪器，要代查什么文献，或者询问系里的工作情况。那时候，王璁常为自己未跟杜微一起奔赴沙漠而感到一种隐隐约约的负疚，所以他对杜微的托付总是尽力去办。特别是在杜师母病倒的时候，王璁日夜守候在她身边，劝慰师母，请她宽心。

随着时间的流逝，当王璁知道杜微和方爽困守在沙漠之中，没有多大进展，与他们的联系就慢慢减少。在王璁当上代系主任之后，工作忙碌，就很少顾及杜微和方爽了。杜微仍不时由宇航中心转来电报，要查阅文献，王璁忙不过来，把这些事儿交给了自己的助手。

尽管这样，每逢过年过节，王璁总是记起了杜微。公务再忙，他无论如何也要抽空去拜访师母，问候一番，以尽师生之礼。

这天，王璁拎着一盒月饼来看望杜师母。想不到，师母告诉他：杜微在几天前来过电报，说是研究工作有了重大进展！尽管杜师母说不出“重大进展”的具体内容，然而，王璁马上意识到这是不平常的信息。

在回家的路上，月明如洗。王璁望着银球般的月亮，那上面出现的不是嫦娥的形象，而是杜微的形象。王璁暗自思忖道：“难道他们是‘几年不鸣，一鸣惊人’？”王璁已经走到自己家门口了。不知怎么搞的，他突然转过身子，朝自己的助手的家走去。

王璁细细翻阅着助手收到的宇航中心转来的杜微的电报，他明白了：杜微和方爽正面临着重大的突破！

回到家里，已经很晚了。妻子和三岁的小女儿，正在清凉的月光下等他吃“团圆饭”。

王璁无心赏月，吃了几口月饼，就独自到书房里去了。他的心情是复杂的。这几年，他一直暗暗地为自己没有陷身沙海而庆幸。如果当年跟随杜微去的话，今天他不会成为代系主任、副教授，也没有温暖的小家庭。然而，如今他猛然发觉，经过几年苦心经营，沙漠深处已经竖立起高高的发射架，即将把一颗震惊世界的科学明星发射出去！王璁是很懂得科学“行情”的人，他相信自己从电报中所作出的判断是准确无误的。他明白，如果天外恶魔真的在沙漠深处被制服，这将意味着什么？

王璁对那颗科学明星一旦发射成功以后的形势，作了这样的估计：对于杜微教授来说，倒没什么，因为他本来就已经是国内微生物界坐第一把交椅的人物，新的胜利将会提高他的国际声望。俗话说，"名师出高徒"，老师名望的提高，将会使王璁也沾光。王璁最担心的是方爽，他俩本是"脚碰脚"，同班毕业，同时留校，同时成为杜微的研究生，同时当助教，同时提升为讲师。王璁深知，论业务，论才智，他在方爽之上。正因为这样，杜微教授喜欢他胜过喜欢方爽。这几年，王璁发表的论文接二连三，已经是副教授，再这样继续下去，过几年教授的桂冠自然会戴到他的头上；方爽呢，这几年一个字也未发表过，依旧是个讲师而已。要知道，从助教升到讲师并不算难，从讲师到副教授却不那么容易——许多人在学术上没有成就，一直到退休，也只是个讲师呢！然而，一旦方爽"一鸣惊人"，那样重大的学术成就会震惊世界微生物界的。到了那时候，方爽从沙漠凯旋而归，不仅可能被越级擢升为教授，甚至当个学部委员也不在话下！

一股强烈的嫉妒感，冲击着王璁的心扉。他的心跳怦怦加快了，耳根热了，眼睛也红了。第二天上午，王璁向沙漠深处发去一纸电文："欣悉进展神速。如需助战，当尽绵薄之力。"

想不到，当天中午，宇航中心就转告了来自大沙漠的信息：杜微教授很欢迎王璁参加到征服烈性腐蚀菌的行列中去！杜微教授认为，他能够很快弄清楚烈性腐蚀剂的分子结构，下一步便是如何用化学方法人工地合成它。然而，在沙漠之中，人少力单，限于条件，不能开展这项规模宏大的工作，希望王璁组织一个班子，邀请化学系的教师参加，着手这个重要项目的研究。由于烈性腐蚀剂是非生命物质，不会像烈性腐蚀菌那样会传染、繁殖，因此在滨海大学开展这样的研究工作是安全的，不会造成污染。王璁满脸愁云一扫而光，立即复电："照办。"

六

为了便于随时联系，滨海大学生物系也设立了专用电台，与沙漠深处进行对话。从此，电文不必请宇航中心代转了。

在生物系实验大楼里，出现了一间特殊的实验室——天花板、地板、四壁、门窗、桌椅、仪器，全用银光闪闪的金属钛做成。

王璁到底是富有才华的人，在他的领导之下，经过一年努力，人工合成烈性腐蚀剂的工作，很快就有了眉目。

也就在这个时候，一批外国同行前来参观，王璁穿着笔挺的西装，用流利的英语向同行们介绍生物系的情况。当他陪着同行们走过一间实验室，那银亮的紧闭着的门窗，引起了他们的注意。

尽管杜微曾一再关照过王璁，"不到火候不揭锅"，切不可过早向外介绍研究情况，然而此刻面对着那么多外国同行投来的期待的目光，一种无法抑制的炫耀的感情，使王璁开了口，透露了这一惊人的研究工作。

这消息当然几乎使外国同行们目瞪口呆。他们把王璁团团围住，无论如何要参观实验室，王璁只得以“防止传染”为借口挡驾了。

半个月后，世界微生物学会主席约翰逊先生发来了电报，邀请中国派出学者前往讲学，介绍第一次被人类擒获的太空微生物——烈性腐蚀菌。《世界微生物学报》编辑部也发来电报，愿意立即发表中国学者的这一研究论文，并告知将按该刊最高稿费十倍的标准付给酬金。编辑部认为，能够发表这样的论文，将使《世界微生物学报》增光。

说出去的话，像泼出去的水，无法收回。两份电报都是拍给王璁的，不过，约翰逊的电报中并未指出邀请王璁。王璁本来想马上把电报转交杨校长，但是细细一想，觉得还是先电告杜微的好。

杜微的回电很快就发来了。当然，他批评了王璁过早地“揭锅”。不过，话既然讲了出去，国际上又这样重视，就当派人出国讲学。派谁呢？惟一的人选，就是王璁！因为杜微和方爽不能离开沙漠——万一身上或飞机沾带了烈性腐蚀菌，后果不堪设想。

杜微的电报，正是王璁想得到而果然得到的答复。王璁匆匆来到杨校长办公室，把国外来电放在杨校长面前。

于是，王璁又得到了他想得到而果然得到了的答复：“既然国外来电邀请，而杜微教授提议你出国讲学，校领导也同意。”轻轻松松，顺顺利利，王璁出国讲学就这么定了下来。王璁那白净的脸上，泛起了喜悦的红晕。紧接着，王璁着手办理另一件大事——写作论文。

王璁有点踌躇起来，荡漾在嘴角的笑意也消失了。因为这项研究工作是杜微和方爽花了多年心血所做的，王璁对于详尽的情况，并不了解。尽管王璁文思敏捷，然而巧媳妇难为无米之炊。王璁只做了化学合成方面的一部分工作，只能写这一小部分。怎么办呢？惟一的办法是请杜微和方爽写作论文。

王璁在给杜微和方爽发去电报之后，又习惯地背剪双手，踱起方步来了。他们会不会留一手？会不会不把关键性的数据写上去？——特别是方爽，跟他“脚碰脚”，也许会留一手。根据他的经验，在科学界，留一手是常有的事。不留一手，怎能在关键性的时候胜人一筹呢？

王璁不断踱着方步，又担心起另一个问题：论文该怎样署名？署名，是件大事儿，表明论文发表后所带来的学术荣誉应该属于谁，这就像在专利权证书上签名一样神圣。王璁认为，这篇论文的作者，当然是三个——杜微、方爽和他。署名的顺序，可能是杜微、方爽、王璁。把杜微这样的权威放在首位，是理所当然的，是科学界的惯例。关键是他与方爽的排名顺序，如果把方爽排在他的前面，那么……

杜微曾说过王璁“聪明过人”，但又“聪明过度”。此刻，王璁不停地来回踱着，内心正在受着聪明过度的折磨。一个多星期以后，长长的电文，从收报机中泻出。不言而喻，发来的是论文电稿。

王璁迫不及待地看着电文。在论文标题之后，照例是作者的姓名。尽管王璁聪明过人，这一次却万万没有料到，名列首席的不是杜微，不是方爽，不是王璁，竟然是李丽！

像闪电一般，在王璁的眼前浮现着一位姑娘的倩影：脸色红润，鼻子小巧挺直，嘴唇微微噘起，一对黑宝石般的大眼睛，一头棕黄色的波浪形烫发……王璁对她是那么熟悉，一度把整个身心交给了她。然而，经过六个春秋，他淡忘了……王璁的眼睛睁得大大的。他没有想到，杜微和方爽还一直牢记着她，把她的名字放在第一个。

王璁的视线重新落在电文稿上。在李丽之后，写着另三位作者的名字，顺序为杜微、王璁、方爽。

这又使王璁的心猛烈地颤动了一下。尽管他很希望自己的名字能够排在方爽之前，但是他很难置信从沙漠中发出的论文稿上会是这么排列的！

王璁一字不漏地读着长长的论文。他是内行，一看就知道论文的内容很扎实，条理清楚，数据详尽，没有"留一手"的痕迹，这使王璁深感满意。论文中以显著的地位提到了李丽，称颂她是烈性腐蚀菌的发现者，世界上第一个明确描绘了烈性腐蚀菌的形态的人，第一个指出了烈性腐蚀菌不能腐蚀金属钛。她的这些发现，为尔后的研究工作开辟了道路。论文建议把烈性腐蚀菌命名为"李氏菌"，以纪念这位为此而献身的中国青年女科学家。

王璁把论文一连看了三遍，论文的执笔者是方爽。王璁除了根据杜微教授的意见，补充了化学合成部分的内容之外，其余的一字未改。他把论文译成英文，送去打字。

论文的英文打字稿送来了，王璁的目光久久地停留在那行作者名字上，自言自语道："李丽已成故人，放在首位无碍。杜微放在第二位，理所当然。至于我放在方爽之前，原文如此嘛！"王璁一边得意，一边自我安慰。一切，都如愿以偿。

尽管王璁也曾出过国，不过，由于他资历浅，在国际会议上只是一名普通的代表而已。然而，这一次今非昔比。他，成了红极一时的新闻人物。他的形象，出现在报纸上、电视荧光屏上、电影银幕上。

"王——征服太空恶魔的英雄"，"王——像钛一样不畏腐蚀的人"，"王——开创了微生物学的新纪元"，"王——太空微生物学的奠基人"……国外报纸用大字标题，向读者介绍了尊贵的王璁先生。王璁看到这些报道，心花怒放，他从未享受过这样高的荣誉。然而，当他一想到沙漠，他的炽热的心一下子就冷了，他有一种说不出的空虚感。荣誉与虚浮，交织出一张花色复杂的感情之网。多少年来，王璁日日盼，夜夜盼，期待着有朝一日能够闻名世界，想不到这一天果真到来时，他的内心却又隐隐地感到痛苦。雪花般的宴会请帖，向王璁飞来。王璁一天出席三次宴会，还应接不暇。

在世界微生物学会主席约翰逊举行的私人宴会上，他在跟王璁频频干杯之后，半开玩笑地对王璁说：“王先生，你考虑过没有？也许，你们的这一成就，会获得世界科学奖金！”“哦？”王璁吃了一惊，这是他从未想到过的。

“真凑巧啊。”约翰逊眯着碧蓝的眼睛，双眉一扬，笑嘻嘻地说，“世界科学基金会规定，如果某项获奖成果是由许多人做出的，至多只能有三人获奖。获奖是莫大的荣誉，可是常常由于只能三人得奖而引起一场纠纷。用你们中国人的话来说，叫做‘摆不平’。你们这项研究，正巧是你和杜先生、方先生3人合作，将来3人一起获奖，不会有什么纠纷。王先生，让我冒昧地为预祝你获得世界科学奖金而干杯！”

真是“言者无意，听者有心”，学会主席随便说说的话，深深地印在王璁的脑海之中。尽管王璁也了解，一年一度的世界科学奖金是由S国科学院在极为秘密的会议上评定的，不仅获奖者本人事先不知道，外国科学界人士也无从预闻。约翰逊的话，当然是酒后闲聊罢了。不过，这几句话却提醒了王璁——那篇还没有交出去的论文打字稿上，印着四个作者的名字！王璁在作学术报告时，虽然谈到了李丽为此而牺牲，但是谈到研究工作时，只提到了杜微和方爽。这样，约翰逊当然以为论文的作者是3个。

深夜，王璁穿着羔皮软底拖鞋，在宾馆的打蜡地板上来回缓缓踱着。他低垂着脑袋，紧皱眉头。桌上，摊着论文打字稿，还有一瓶刚买来的退色灵药水。讲学将于明天结束，论文必须在明天交出。王璁很庆幸，约翰逊在今天提醒了他。王璁收住了脚步，在桌子前坐下。论文上，清楚地印着四位作者的姓名：李丽　杜微　王璁　方爽

王璁手里拿着退色灵药水，瓶塞下插着一枝毛笔。这枝笔朝谁的名字上一涂，转眼之间，谁的名字顿时就会从纸上消失。去掉谁的名字好呢？去掉杜微，去不掉，也用不着去掉；去掉自己吧，当然不可能；刷掉方爽吧，嗯，这正是自己所希望的。不过，方爽去不得！去掉了方爽，显得自己太露骨了，会惹麻烦的。把方爽的名字排在自己的大名之后，已经算是很委屈他了。想来想去，惟一可以去掉的，只有李丽！看到李丽的名字，王璁的脑海中又浮现出姑娘爽朗而迷人的形象。王璁记得，当李丽考入滨海大学生物系的第一天，他就对李丽产生了好感；王璁记得，他借解答难题和指导实验，逐渐接近李丽，而又不敢吐露真情，那时，这种“热水瓶”式的单相思，曾多么痛苦地折磨着他；王璁记得，当李丽终于发觉他在暗暗地爱着自己，投来羞涩的目光时，又曾使他感到多么兴奋；王璁记得，在李丽毕业的时候，他曾千方百计把李丽的名字写入留校名单，而李丽却坚持要到边疆的宇航中心去工作，要他在留校名单上擦去自己的名字；难以忘怀的往事，使王璁犹豫了。要去掉李丽的名字，使他受到良心的责备！

然而，不久，王璁又终于找到了去掉李丽的理由：第一，李丽并没有参加研究工作，何必把她作为论文的作者；第二，在论文中已经很郑重地提到她，并建议用她的姓来命名烈性腐蚀菌，这很够了……

王璁拿起了小毛笔，手显得有点颤抖。当他的手朝“李丽”两字伸去时，抖得更厉

害了。他咬紧了嘴唇,竭力镇定下来,终于用退色灵刷掉了李丽的名字。

王璁顺手拿起一张报纸，遮掉那只剩下三个作者姓名的论文。谁知报上赫然大字,又深深刺痛了他的心:“王——征服太空恶魔的英雄！”

七

王璁回国不久,就收到《世界微生物学报》编辑部寄来的三本杂志。一打开,论文刊登在首页,赫然印着“杜微、王璁、方爽”的大名。

杜微和方爽仍不断来电,报告新的信息:他们正在着手研究一种“抗腐蚀剂”。这样,在使用烈性腐蚀剂时,凡是不需要被腐蚀的部分,涂上抗腐蚀剂,就不会化为齑粉。这是降服天外恶魔的重要武器。杜微和方爽在荒漠上开始度过第六个冬天。

雪花飞扬,朔风呼啸。上午八点整,王璁来到温暖如春、窗明几净的系主任办公室里,习惯地沏好一杯龙井绿茶,把台历翻到新的一页——11 月 10 日。电话铃声响了。“一上班就来电话？”王璁随手拿起了耳机。

从耳机上传来接线员的清脆的声音:“滨海大学生物系吗?S 国通过通讯卫星打来长途电话,请杜微、王璁或方爽接电话。”这突如其来的长途电话,使王璁的心一下子提到喉咙口。

“S 国?世界科学奖金?”王璁那灵活的脑子中,在一刹那间,马上闪过这样的念头。王璁意识到这是很重要的电话,按下了电话机上的录音键。这样,录音机就能把通话声录下来。

王璁屏气敛息听完了电话,以为自己在做梦。他按了一下还音键,从电话中传出刚才通话的录音,从头至尾重听了一遍,方知不是梦。

电话是 S 国科学院秘书打来的,通知他,为了表彰中国微生物学家杜微教授、王璁副教授和方爽讲师在研究天外微生物李氏菌方面所作出的杰出贡献，决定授予本年度的医学和生理学世界科学奖金。授奖仪式在 12 月 10 日。秘书还委托王璁,把这一通知转告另外两位获奖者——杜微教授和方爽讲师。

王璁的目光重新落在台历上,他这才意识到:今天是 11 月 10 日,离 12 月 10 日正好一个月。按照惯例,S 国科学院总是授奖前一个月,把获奖消息用长途电话通知获奖者本人。台历也证实不是梦,绝不是梦!

王璁克制着内心的极度兴奋,把录音磁带复制了一份。他带了复制磁带,驾驶着轿车,直奔校长办公室。他心里想:等请示杨校长之后,再通知杜微和方爽。看来,为了去掉李丽的名字,还得向杜微教授作一番解释工作。不过,杜微也许不会责备他,因为不去掉李丽,名列第四的论文作者——方爽,就不会成为世界科学奖金获得者呀。就用这样的理由向杜微教授解释吧……

王璁连敲门都忘了,一把推开校长办公室的门。他一眼就看见,杜师母坐在那里,跟杨校长谈话。王璁机灵的脑袋中,立即猜测道:难道S国科学院通知了杜师母?她已经知道这消息?杨校长站了起来,对王璁说道:“你来得正好。我正让秘书打电话找你!”王璁在杜师母身边坐了下来,这才发觉气氛不大对头,杜师母的眼眶里,噙着泪花!发生了什么事情?王璁仿佛又堕入梦境,对于眼前急剧的变化感到莫名其妙,不知所从。杨校长见王璁呆呆地坐着,便说道:“你还不知道?听听这长途电话录音……”

杨校长一按电话上的还音键,传出了通话录音,语调是低缓而沉重的:“杨校长吗?我是宇航中心。对,对,我是宇航中心。向你报告一个不幸的消息。今天是十一月十日。我们在每月十日、二十日、三十日,总是按时给杜微和方爽同志空投给养,一月三次。今天清晨五点,当我们用无线电联络时,对方没有回电——这在六年中是第一次。喷气运输机按时起飞。七点五十分,飞临目的地上空,没有人出来接货——这在六年中也是第一次。喷气运输机无法在沙漠中降落,只好一边照旧空投物品,一边发急电告知我们。估计是杜微和方爽同志出了意外。我们准备立即派出救护队。总指挥部认为,救护队中必须配备微生物学专家,指导这一抢救工作。我们等待你的回电。”

这突如其来的意外消息,像一盆冷水,浇在王璁那发热的脑袋上。

王璁抬起头来,看到杨校长正用恳切的目光注视着他。王璁明白这目光中所包含的意思——希望王璁能够奔赴现场。显然,王璁是惟一的最合适的人选,因为他既是杜微教授的高足,方爽的同事,又是熟悉烈性腐蚀菌的专家。

如果说,在六年前,当李丽发生意外时,杜微决定带一名助手奔赴现场,是从两人之中选一个,那么,如今却没有任何选择余地了。面对着校长,面对着师母,王璁张口说出这样的话:“由校领导决定吧。”“那你马上出发,奔赴现场!”杨校长像指挥官似的,下达了命令。

王璁站了起来,杜师母紧握着他的手,用有点颤抖的声音说道:“王璁,千万小心。从飞机上看看就行了,别下去,你的家里,请放心,我会照料。”王璁走出校长办公室,忽然又折了回来。他从衣袋里掏出复制的录音磁带,交给了杨校长。

八

一架雪白的直升飞机,正在中国西北部大沙漠上空匆匆飞行。机舱里,人们穿着白大褂,戴着白帽子,神情严峻。除了响着发动机单调的轰鸣声外,人们沉默不语。沙漠,无边无涯的沙漠。王璁平生还是第一次亲眼看到荒凉、单调、乏味、寂寞的沙漠。

午后,直升飞机飞临目的地上空。那银光闪闪的“碉堡”孤零零地矗立在一片黄沙之上,在灿烂的阳光下显得格外醒目。

尽管飞机的轰鸣声在空中响着,地面上却毫无反响。人们注视着“碉堡”,没有一个人从里面出来表示欢迎。

由于情况不明,飞机不敢在沙漠上降落。万一毒菌在那里蔓延,将会使救护队遭到六年前同样的悲惨命运。总指挥决定放下直升飞机的绳梯,先派一个人下去探明情况。这样的人选,当然只有王璁最合适。

没有任何选择的余地,王璁只得穿上镀钛的保护衣,一步一步走下绳梯。他与总指挥约定:当他走进实验室,一切都正常的话,发射绿色信息弹,直升飞机马上接他回去;如果需要其他救护队员下去帮忙,则发射黄色信号弹;只有在万不得已的情况下,他发射红色信号弹,这表明他已受到传染,不能回去,请直升飞机撇下他直接返航。

王璁的脚,第一次踏在沙漠之上。他这才发觉,沙漠是那么松软,在沙漠上行走是那么吃力。王璁颤颤巍巍朝银光耀眼的实验室走去。每走一步,都在沙上留下了清晰的脚印。王璁走进实验室。三分钟过去了,五分钟过去了,十分钟过去了,一刻钟过去了,竟毫无动静!直升飞机停在空中,救护队员们用焦急的目光,注视着"碉堡"。总指挥着急了,穿上了镀钛保护衣,准备亲自下去。队员们也穿上了保护衣,争着要下去。二十分钟过去了,仍然没有动静。总指挥沿着绳梯,朝下走去。

就在总指挥快要到达沙漠的时候,突然,从"碉堡"的窗口发出响亮的"啪"的一声,一颗鲜红的信号弹出现在明净的碧空之中。总指挥不得不折回去,沿着绳梯回到机舱。直升飞机返航了,沙漠上起风了。

王璁为什么会发红色信号弹?他发生了什么意外?人们猜测着,焦虑着。

当天晚上,宇航中心指挥部收到了来自沙漠深处的长长的电报。电报是王璁发来的,终于详尽地报告了情况——

宇航中心并速转滨海大学杨校长:

我已查明原因。当我走进实验室,在实验桌前,有人坐在那里,低垂着脑袋,仿佛靠在桌上睡着了。我赶紧走上前去,使劲摇着他的身体,想把他叫醒。这时,我才发觉他浑身僵硬,早已离开了人世!

他是谁呢?我几乎不认识他了。他的头发又乱又长,已经夹杂着许多白发。他的脸像紫铜般颜色,满腮胡子。如果不是前额左上方有一块明显的疤,我几乎无法相信他就是方爽同志!在我的印象中,他如犍牛般壮实,一副运动员的派头,眼下竟皮包骨头,双眼深凹!

我可以断定,他并不是受烈性腐蚀菌的感染而死,因为他的遗体没有遭到腐蚀的迹象,从方爽同志死去的姿势来看,他在临死前夕还在坚持工作。他是死于过度劳累!

我挂念着杜微老师,奇怪的是,在小小的"碉堡"里,从上至下,都不见杜微老师的踪影。他到哪里去了呢?

我在方爽的实验桌上,看到厚厚的工作记录本,用端端正正的字记载着他们到达沙漠之后的每一天的工作。

我从记录本上获知,杜微教授一年多以前——去年夏天,因年老体衰,在天气奇热的一天夜里突然中暑而死。我这才第一次明白，从沙漠中发来那篇论文电稿时，杜微老师早已不在人世了！

方爽在记录本上这样写道："请组织上原谅，我没能把杜微教授不幸逝世的消息立即报告你们。因为我担心报告之后，你们会另派别的同志到这里工作。这里是一个只进不出的地方，条件恶劣。虽然我也极想有一个人来作伴，但是考虑到我一个人能够胜任这儿的工作，所以我决定不向你们报告。"

说实在的，我从飞机上下来，是想看一下就回去的。所以我在手枪里，已预先装好了绿色信号弹。只消一扣扳机，就可以发射出去。然而，进入"碉堡"以后，我深深地被杜微老师和方爽同志的无私献身精神所感动。我决定留下来，接替他们的未竟之业。我从手枪里卸下绿色信号弹，装上红色信号弹，发射出去。

在飞机远去之后，整个下午，我忙着安葬方爽同志。从笔记本上获知，杜微教授安葬在实验室旁边。我找到了他的墓，墓前竖着一块亮闪闪的金属钛做成的牌子，刻着这样的字："吾师杜微教授之墓　学生方爽敬立。"我把方爽安葬在杜微教授旁边，在墓前也立了一块金属钛制成的牌子，刻着这样的字："挚友方爽同志之墓　　王璁敬立。"现在，屋外响着呼呼的风声。在这大沙漠，只我孤身一人。

我在灯下详细地翻阅着实验笔记。我一边看，一边感到深深的内疚：尽管我的肌体健全，但是一种无形的"烈性腐蚀菌"已经腐蚀了我的灵魂！这是用显微镜所看不见的"烈性腐蚀菌"。我早已受到感染，却不觉得。尽管李丽、杜微、方爽都已离开了人世，但他们的灵魂是完美的、纯洁的，他们的科学道德是无比高尚的。他们是用特殊材料——金属钛制成的人。他们是真正的"泰坦"，真正的英雄。

我决心留在这儿长期工作。我要在这里制成抗腐蚀剂。它将不仅用来对付天外来的烈性腐蚀菌，同时也将使我的灵魂不再受到腐蚀。请不必给我派助手。我的身体很好，能够独立完成工作。最后，请杨校长立即打长途电话给S国科学院秘书，作如下更正：

论文作者应为李丽、杜微、方爽、王璁。世界科学奖金获得者应为论文的前三名作者，即李丽、杜微、方爽。

王璁

（本文选编时有删节）

导读

太空生物入侵地球，一直是科幻小说创作的热门题材。《腐蚀》以“银星”号飞船从太空返回，带回太空微生物烈性腐蚀菌、飞船遭到严重腐蚀、宇航员遇难为切入点，展开丰富的科学幻想，通过生动的笔触，描写了李丽、杜微、方爽、王璁等科学家为了保卫地球、保卫人类，破译烈性腐蚀菌的秘密，进而征服烈性腐蚀菌的经过。《腐蚀》是一篇十分优秀的科幻小说。作品中不仅描写了烈性腐蚀菌的可怕，以及它带来的灾难性后果，更重要的是展示了科学家战胜烈性腐蚀菌，使它变害为宝，造福人类的诱人前景。烈性腐蚀菌的腐蚀作用是非常可怕的，更可怕的是“名利”对人灵魂的腐蚀。王璁作为一位科学家，过分看重名利，以至沽名钓誉，走向歧途。这也许是作者创作《腐蚀》的真正意图。在《腐蚀》中，科幻仅仅是一种外在的形式，其内在的意义，还是对人的关注，是对人的价值的关注。《腐蚀》在人物形象塑造方面也是非常成功的，李丽的胆大心细，杜微、方爽的无私无畏，王璁从精于算计到幡然悔悟，都让人过目难忘，受益匪浅。

思考与练习

1.文中关于烈性腐蚀菌的描写，对你有什么启发？
2.如何评价主人公的献身精神？
3.该文本在人物形象塑造方面，有哪些特点？

附录

外国文学概述

外国文学包括东方文学和西方文学,综观其数千年的发展历程,不同地区的文学发展很不平衡,且有阶段性、差异性和相互交融性等突出的特征。从历史、文化发展的纵向观之,外国文学发展史大致可以分为四个阶段:古代—中古—近代—现代。

外国古代文学

包括外国古代文学原始社会和奴隶社会的文学。在西方,古希腊、罗马是欧洲文学的发祥地。早在公元前12至前8世纪的"荷马时代",就有了丰富多彩的神话和史诗。此后在公元前8世纪末至公元前7世纪初期,出现了一位著名的叙事诗人赫西俄德,他为后世留下了两首叙事长诗《工作与日子》以及《神谱》。伴随着古希腊奴隶主民主制的进程,希腊戏剧取得了辉煌的成就,出现了三大悲剧诗人和"喜剧之父"阿里斯托芬。古罗马人在移植和借鉴希腊文学的基础上发展自己的文学,至"奥古斯都"时期,出现了以维吉尔、贺拉斯、奥维德为代表的诗歌、文艺理论等的繁荣。在亚非的文明古国,文学起源早于西方。亚非的两河流域、恒河流域、黄河和长江流域、尼罗河流域以及地中海东岸和约旦河流域之间,都较早地出现了文学的繁荣。如古埃及的宗教诗集《亡灵书》,古巴比伦的史诗《吉尔伽美什》,希伯来人的文学总集《旧约》,古印度的诗歌总集《吠陀》和两大史诗《摩诃婆罗多》、《罗摩衍那》以及寓言故事集《五卷书》,都为后世文学的繁荣奠定了坚实的基础。

外国中古文学

中古文学指封建时代的文学。欧洲的中世纪,由于封建统治和基督教神学的束缚,文学在各国发展既缓慢,又不平衡,教会文学占统治地位。但与此同时,世俗文学暗流涌动,在英雄史诗、骑士传奇和抒情诗、城市文学等方面取得了突出的成就。中世纪欧洲文学突出的艺术特征是多采用象征、寓意、梦幻等手法。中世纪欧洲文学的集大成者是意大利诗人但丁，他是“中世纪最后一位诗人，同时又是新时代的最初一位诗人”(恩格斯语)。他的幻想旅行记、长诗《神曲》由《地狱》、《炼狱》和《天堂》三部分组成，深刻反映了欧洲从中世纪向文艺复兴过渡时期的社会生活，同时寓意性地指出，人类经过苦难和磨砺，必将达到真理与至善的境地。中古时期也是东方各国文学的繁荣时期，著名的阿拉伯民间故事集《一千零一夜》(又作《天方夜谭》)对世界近代文学影响极大，它广泛地反映了中古阿拉伯国家的社会制度、风土人情，控诉了统治者的凶残与贪婪，描写了底层人的苦难，歌颂了商人的海外冒险生活，故事离奇曲折，想像极尽其妙。此外，日本、印度、波斯、朝鲜等国的文学也取得了突出的成就。日本奈良时期的抒情诗集《万叶集》、平安时期紫式部的长篇小说《源氏物语》(世界最早的一部长篇小说)引人注目，特别是后者，通过主人公源氏、熏君同周围许多女子之间悲欢离合的故事，反映了宫廷贵族的精神空虚和权利之争。朝鲜在汉文化的影响之下，也出现了像《春香传》这样家喻户晓的作品。

外国近代文学

进入资本主义时代，欧洲各国在14~16世纪先后迎来了“文艺复兴”运动。文学方面，在意大利、法国、西班牙、英国分别涌现出卜迦丘(《十日谈》)、拉伯雷(《巨人传》)、塞万提斯(《堂·吉诃德》)、莎士比亚(《威尼斯商人》、《哈姆莱特》)等一大批优秀的小说家、戏剧家和诗人。其中，英国伊丽莎白统治时期的诗人兼剧作家莎士比亚被誉为“人类最伟大的戏剧天才”，他的悲剧创作，把近代欧洲资产阶级文学推向了高峰。《哈姆莱特》一剧，通过丹麦王子哈姆莱特为父报仇的悲剧故事，真实地再现了英国乃至欧洲社会进入资本主义以来“乾坤颠倒”、需要重新整顿的黑暗现实，表现了人文主义者对人类前途命运的深切关注和对文艺复兴运动的整体反思。

17世纪，由于路易十四的扶持和奖掖，古典主义文艺思潮在法国迅猛发展并迅速影响了周围各国，出现了高乃依、莫里哀等戏剧大师和布瓦洛、圣·艾弗蒙等理论大师。古典主义以古希腊、罗马的创作和理论为典范，以笛卡尔唯理主义哲学为理论基础，为民族国家的形成和巩固服务。古典主义文学的基本特征是：(1)拥护王权，歌颂贤明君主；(2)崇尚理性至上原则；(3)效法古代，模仿自然；(4)讲求形式，恪守“规则”。古典主义在欧洲文坛的影响达200多年之久，终因其保守与局限性而退出了历史舞台。

18世纪，出现了为启蒙运动服务的启蒙文学。在英国，启蒙文学的成就表现为以丹尼尔·笛福的《鲁滨逊漂流记》、斯威夫特的《格列佛游记》、菲尔丁的《汤姆·琼斯》为代表的现实主义小说。在法国，文学成了启蒙思想家们传播其进步思想的工具，出现了哲理小说的创作热潮，孟德斯鸠的《波斯人信札》、伏尔泰的《老实人》、狄德罗的《修女》、《宿命论者雅克》、《拉摩的侄儿》等、卢梭的《新爱洛伊斯》、《忏悔录》以及教育小说《爱弥尔》,不仅把矛头直指封建社会,而且富于哲理性、政论性和对社会的剖析欲望。启蒙文学在德国取得的成就最大。德国启蒙文学的任务主要是唤醒民族意识,争取民族统一,创立民族文学。莱辛、歌德、席勒等天才诗人、艺术家、理论家的出现,使德国在18世纪40年代以后迎来了文学的极度繁荣。歌德的《少年维特的烦恼》是“狂飙突进运动”中涌现的代表性作品,它以维特的自杀,向保守而令人窒息的德国社会发出了强烈的抗议,使德国文学真正跻身于世界文学之林。歌德用毕生心血写就的诗剧《浮士德》,概括总结了文艺复兴以来300年间资产阶级知识分子所做的不懈的精神探索,表达了资产阶级知识分子积极向上的进取之心和克服困难、谋求自由幸福的坚定信心。在艺术上,《浮士德》实现了现实主义与浪漫主义的完美结合,注重在矛盾对比中塑造人物,善用多种表现手法和词藻富丽、富于韵律的诗歌语言表达复杂的情感。

18世纪末至19世纪20、30年代,浪漫主义盛行于欧洲各国,在法国以夏多布里昂、雨果为代表,在英国则以诗人雪莱、拜伦为代表。雨果的小说《巴黎圣母院》情节怪诞、新颖,具有强烈的反封建、反教会的色彩,并致力于表现人性的善恶。拜伦的长诗《恰尔德·哈洛尔德游记》塑造了以“反抗、孤独、忧郁”为特征的“拜伦式英雄”形象,洋溢着反帝制、争自由的浪漫主义气息。至19世纪30、40年代,现实主义文学充分发展而成为文学的主流,一大批作家在法、英、俄等国相继出现,取得了举世瞩目的成就。法国小说家司汤达的《红与黑》是现实主义文学的奠基之作,它取材于现实,以主人公于连的个人奋斗为经,以19世纪20年代的法国社会风貌为纬,对天主教会、封建贵族、资产阶级的丑恶作了淋漓尽致的揭露和批判,同时在典型环境、典型人物塑造和心理描写等方面表现出杰出的才能。巴尔扎克的《人间喜剧》包括了96部小说,其中以《高老头》、《欧也妮·葛朗台》等为代表,展现了资产阶级必将取代贵族阶级而成为新的主人的历史必然性,同时也揭露了资产阶级罪恶肮脏的发迹史,特别是通过一系列令人触目惊心的事例,揭露了金钱这个新的“上帝”对社会的危害和对人的毁坏、扭曲。英国在19世纪中期出现了狄更斯、萨克雷、夏洛蒂·勃朗特以及盖斯凯尔夫人等一批优秀的小说家,他们的作品致力于表现人与人之间的金钱关系,反映劳资矛盾,站在底层人民的立场上,向不公正的社会发出一种人道主义的抗议。

19世纪后期,以法国作家福楼拜为代表的西欧批判现实主义文学继续发展,但批判锋芒已经大不如前。此时,北欧的挪威出现了以戏剧家易卜生为代表的现实主义文学的繁荣;东欧的俄国更是人才辈出。继普希金之后,列夫·托尔斯泰等一大批作家在思想和艺术上都达到了相当的高度,把现实主义创作推向了又一个高峰;巴黎公社文学是无产阶级文学的又一次实践,在诗歌创作方面独具特色;这一时期,资产阶级颓废思潮兴起,在文学上促发了自然主义、象征主义、唯美主义的出现,使文学多元发展的未来格局初见端倪。19世纪也是美国文学长足发展的一个世纪，浪漫主义、现实主义以及在南北战争前后出现的废奴文学都取得了巨大的成就。

19世纪，亚非地区尽管备受西方的殖民侵略之苦，但文学发展不绝如缕，它以反帝反封建的民族主义文学为主要内容，以唤醒民族自觉意识和唤起民众起而斗争为己任，涌现出夏目漱石（日本）、泰戈尔（印度）等杰出的世界级小说家和诗人。

外国现代文学

20世纪以后的文学称为现代文学。在西方，资产阶级传统的现实主义文学继续发展，俄苏的社会主义现实主义文学取得了突出的成就。前者的代表性作家有法国的罗曼·罗兰（《约翰·克里斯多夫》）、美国的德莱塞（《美国的悲剧》）和海明威（《老人与海》）等，后者则以高尔基（《母亲》）、肖洛霍夫（《静静的顿河》）的成就最为突出。此外，20世纪西方文学的发展中出现了以后期象征主义、表现主义、意识流等为代表的现代主义思潮，该思潮在二战时期沉寂一段后，又转而以后现代主义的面貌出现，出现了诸如存在主义、荒诞派戏剧、黑色幽默、魔幻现实主义等形形色色的文学思潮。现代主义和后现代主义，除反映西方社会政治、经济和思想的危机外，致力于表现现代人的精神空虚和悲观落寞情绪，不少作品表现出对人类文化、人类命运的终极追寻，在艺术上进行了大胆的探索和试验，拓宽了文学艺术的表现空间。

亚非现代文学也取得了巨大的成就，其中亚洲文学成就最大，出现了泰戈尔、川端康成（日本）等大师。亚非现代文学的特点是：反帝反封建性质明显；受西方文学影响较大；并增加了无产阶级生力军，组织性较强。

外国文学源远流长，各民族、各地区作家层出不穷，作品浩如烟海，流派纷然杂呈。限于篇幅，此处仅提供一个极其简单的轮廓。

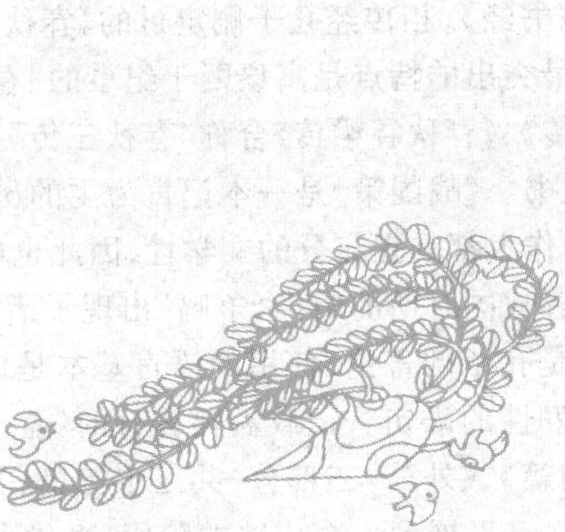

中国古代文学概述

中国是一个有着悠久历史的国家，文学起源早，在漫长的岁月中发展了诗歌、散文、戏剧、小说等文学诸样式，并取得辉煌的成就。

先秦文学

先秦是我国文学萌芽和发展的时期。

在这一时期出现了我国第一部诗歌总集——《诗经》。《诗经》又称“诗三百”，收有305篇诗歌，分为“风”、“雅”、“颂”三部分，其作品以四言句式为主，为了增加声韵的美感，大量使用双声、叠韵、叠字，在艺术手法上采用了“赋”、“比”、“兴”以增加形象性，《诗经》是我国诗歌的一个光辉的起点。战国时期，在楚地出现了新的诗歌形式——楚辞，代表诗人是屈原，著有《离骚》、《九歌》等，在作品中他以纵恣的文笔表达强烈而激越的情感，并大量借用楚地的神话材料，用奇丽的幻想，使诗歌的境界大为扩展，显示出恢宏瑰丽的特征。这为中国古典诗歌的创作，开辟出一条新的道路。他的诗篇辞藻华美、色泽艳丽，在形式上，屈原打破了《诗经》那种以整齐的四言句为主、简短朴素的体制，创造出句式可长可短、篇幅宏大、内涵丰富复杂的“骚体诗”，具有极重要的意义。

现存最早的先秦历史著作是《尚书》。《尚书》意为“上古之书”，是中国上古历史文献和部分追述古代事迹作品的汇编。春秋战国时称《书》，到了汉代，才改称《尚书》。儒家尊之为经典，故又称《书经》。相传经孔子删定过的《春秋》是我国编年体史书之祖，它的语言表达谨严精练，最突出的特点是寓褒贬于纪事的“春秋笔法”。《左传》原名《左氏春秋》，它与《春秋公羊传》、《春秋谷梁传》合称“春秋三传”。相传为左丘明所作。《国语》是我国第一部国别体史书。《战国策》是一本记言为主的历史著作，经西汉刘向整理修订并定名。这些历史著作大都具有充分的文学性，因此也成为先秦文学的重要内容。

在散文方面，伴随着战国时期的“百家争鸣”出现了诸子散文。《论语》是早期的语录体散文，主要记载的是孔子的言论，使用的语言基本是口语，简明易懂，其中不乏言简意赅、富于哲理和启发性的语句。记载孟轲言行的《孟子》最大的特点是富有气势。《庄子》分为《杂篇》、《内篇》、《外篇》三部分，共三十三篇，其文章体制已经脱离语录体的形式，标志着先秦散文已发展到一个成熟的阶段，也代表先秦散文的最高成就。《荀子》和《韩非子》达到先秦论说文的新高度。

秦汉文学

秦王朝存在的时间很短，较著名的是政论文，主要是李斯的《谏逐客书》。

汉代是文学价值受到重视的朝代，出现了一批专门从事创作的作家。此时在吸收楚辞和先秦其他文学成就的基础上出现了新型的辞赋，西汉前期主要的成就是骚体赋的创作，成就最高的是贾谊，代表作有《吊屈原赋》和《鵩鸟赋》。重要的赋家如枚乘，他的《七发》标志着汉代新体赋的正式形成，这部作品既奠定了典型的汉代大赋的基础，又是辞赋中特殊的一支——“七”体的开山之作。司马相如的《子虚》、《上林》二赋最后确立了汉代大赋的体制，在作品里呈现出过去文学从未有过的广阔丰富的图景和宏伟壮丽的气势，同时也表现出高度的修辞意识和修辞技巧。西汉后期最著名的赋家是扬雄，他对司马相如的作品十分倾慕，创作以模拟为主，主要有《甘泉赋》等；到了晚年他看法有所改变，认为赋是“劝百讽一”、“劝而不止”，转而写一些学术性的著作。这个时候的赋家还有既是宗室又是文学家的刘向、刘歆父子。东汉前期的辞赋依旧很发达，如班固的《两都赋》，中期有张衡的《二京赋》，在东汉中期还出现了新的抒情小赋，张衡的《归田赋》为创始之作。后期的重要赋家是赵壹，在他的《刺世疾邪赋》等作品中充满了不平之气。

历史散文在这个时期成就也很大，西汉时出现了司马迁的《史记》，这是我国第一部通史，分为本纪、世家、列传、书、表几个部分，司马迁采用了全新的艺术手法——“互见法”，即将一个人的事迹分散在不同的地方，而以其本传为主；或将同一件事分散在不同的地方，而以一个地方的叙述为主。在语言上，《史记》代表着骈文出现以前我国古文的最高成就。东汉班固的《汉书》是我国第一部断代史，以后我国的“正史”在体例上都以其为基准，也都是断代史。《汉书》的体例基本承继《史记》，变化的是将“书”改为“志”，取消“世家”并入“列传”；它的语言详赡严密，工整凝炼，倾向排偶，又喜用古字，重视藻饰，崇尚典雅。政论散文方面主要是贾谊的《过秦论》等文。

汉代诗歌主要是乐府诗。“乐府”一词，最初是指主管音乐的官府，汉代人把乐府配乐演唱的诗称为“歌诗”，这种“歌诗”在魏晋以后也称为“乐府”，同时，魏晋六朝文人用乐府旧题写作的诗，有合乐有不合乐的，也一概称为“乐府”。继而在唐代出现了不用乐府旧题而只是仿照乐府诗的某种特点写作的诗，被称为“新乐府”或“系乐府”。宋元以后，“乐府”又用作词、曲的别称。汉乐府的代表作是《孔雀东南飞》。汉代文学的主流是文人创作，文人创作的主流是辞赋。作为民间创作的乐府民歌是非主流的存在，但它以强大的生命力逐渐影响了文人的创作，最终促使诗歌蓬勃兴起，取代了辞赋对文坛的统治。所以，它在中国文学史上，有着极其重要的地位。它奠定了我国古代叙事诗的基础，它还采用了新的诗型，即以整齐的五言句式为主。受其影响，汉代一些文人也开始创作五言诗，如班固、张衡等，最著名的则是东汉末年流传下来的由不知名文人创作的《古诗十九首》。这一组诗既代表汉代文人五言诗的最高成就，同时也标志了汉代文人五言诗发展的新阶段。

魏晋南北朝时期的文学

汉末建安时期，文坛上涌现了大量的作家，"三曹"、"七子"和蔡琰是其中的代表。他们都曾被卷入极度动乱的时代漩涡，生活和思想都有较大的变化。他们继汉乐府之后，打破了汉代文人诗歌消沉的局面，第一次掀起了文人诗歌的高潮。他们直接继承了汉乐府民歌的现实主义精神，反映了丰富的社会生活，表现了新的时代精神，具有"慷慨悲凉"的独特风格，并且形成了"建安风骨"这一优良传统。同时他们普遍采用新兴的五言形式，奠定了五言诗在文坛上的坚固的地位。曹操(字孟德)的诗歌代表作是《短歌行》、《观沧海》等，他的以乐府古题写时事的做法对后来的新乐府诗有很大的启示。曹丕(字子桓)的五言诗和七言诗的成就较高，代表作是《燕歌行》；他的散文既有建安时期散文通脱自然的共同倾向，又有自己清丽的风格，如《与吴质书》；他的《典论·论文》是中国文学批评史上第一部专门性的论著。曹植(字子建)早期的诗歌以《白马篇》为代表，诗中充满豪迈乐观的精神，后期的重要作品是《赠白马王彪》，他的诗歌特点是"骨气奇高，词采华茂"；他还善于写作抒情小赋，如著名的《洛神赋》等。这个时期的重要作家除了"建安七子"(孔融、陈琳、王粲、徐干、阮瑀、应玚、刘桢)外，还有一位女作家蔡琰(字文姬)，写有著名的《悲愤诗》。

建安文学之后的正始文学，以阮籍、嵇康为代表。阮籍(字嗣宗)的《咏怀诗》十分著名，而嵇康(字叔夜)的《与山巨源绝交书》则是一篇有浓厚的文学意味和大胆的反抗思想的散文。

西晋文学的主要代表是陆机(字士衡)，他的成就主要在散文方面，代表作《吊魏武帝文》等得到后人很高的评价。左思(字太冲)是这个时期别具一格的作家，他的《咏史诗》借古讽今，抒发个人怀抱，是对这一时期诗歌形式的创新。

西晋末年开始出现的"玄言诗"到了东晋蔚然成风，此时的诗歌成就主要体现在陶渊明(字元亮，或云名潜，字渊明)的创作中，他创立了田园诗，在文学上第一次把农村生活和田园风光作为重要的审美对象。《归园田居》等诗作的艺术魅力在于将诗人的人生理想寄托于田园生活的描写中，从而开创了新的审美领域和新的艺术境界。陶渊明其他著名的作品还有散文《桃花源记》、《五柳先生传》，辞赋《归去来辞》。

南朝时期文学追求新变，在内容上主要反映文人自身的日常生活情趣、周围环境，以及他们所认识到的人生的普遍现象；另一方面是对新的艺术形式的追求。在这个时期沈约等人提出"四声八病"之说，促使诗歌走向格律化，也在一定程度上推动了骈体文的形成。谢灵运是一位擅长写山水诗的诗人,《登池上楼》等作品表现出他对自然景物之美的高度敏感和刻画、再造而使之成为精美的诗歌意象的能力,意境幽深、明丽、孤峭。此外还有与谢灵运、颜延之并称为"元嘉三大家"的鲍照(字明远),他的《拟古》、《拟行路难》等乐府体诗歌用辞警醒、色泽浓郁、节奏奔放,显示出感情的冲动、激荡与紧张,造成前所未有的、富于刺激性的总观。他还是南朝最早有意识地写作边塞题材的诗人,通过战争、边塞风光、军旅生活等激动人心的内容,追求高度紧张、富于刺激、雄壮有力的诗情,主要作品有《代出自蓟北门行》等。齐朝的谢朓(《晚登三山还望京邑》)也善于写山水诗,他清新秀丽、自然流转的诗风对后来的李白影响很大,还有写作骈文《北山移文》的孔稚珪。梁代昭明太子主持编撰《文选》(又称《昭明文选》),这是我国现存最早的一部诗文总集,所录始于先秦而迄于梁,而以魏晋以后作品占据较大比重,主要按文体和题材分类编排,并在编选中明确注意到文学与非文学的区别。他的弟弟萧纲命徐陵主编了《玉台新咏》,这是一部爱情诗集。江淹的诗以善于模拟著称,他的成就主要在辞赋写作上,名作是《恨赋》、《别赋》,吴均的《与宋元思书》是南朝最杰出的写景小品文。南朝民歌十分兴盛,现存作品按曲调可分为几个主要类型:《子夜歌》、《子夜四时歌》、《读曲歌》、《懊侬歌》、《华山畿》、《神弦歌》、《西曲歌》等,《乐府诗集》收录在《杂曲歌辞》一类中、称为"古辞"的《西洲曲》,可能也是经过文人加工的南朝民歌(或谓江淹所作)。

代表北朝本土文人最高创作成就的,是两部并非纯文学的著作——郦道元的《水经注》和杨衒之的《洛阳伽蓝记》。王褒(《渡河北》)和庾信(字子山)都是从南方到北方的作者。庾信善写辞赋,他的《哀江南赋》中文字以四、六句式为主,这逐渐形成骈文的一种格式,唐代以后定型,所以骈文又称四六文;此外他在写作中还善于运用典故,文章形成了厚重的风格。他的创作代表了北朝骈文、骈赋的最高成就。北朝的民歌与南朝民歌风格迥异,现存作品有六十多首,大多收录在《乐府诗集·梁鼓角横吹曲》中,另有几篇收在《杂曲歌辞》和《杂歌谣辞》中。其风格质朴粗犷、豪迈雄壮,著名的有《敕勒歌》、《木兰诗》等。

魏晋南北朝是中国小说史上一个重要的阶段,在这一时期出现了一批专谈神异灵怪与人物佚事的作品,前者又称志怪小说。魏晋志怪小说最有代表性的是干宝的《搜神记》,其中的《韩凭夫妇》、《李寄斩蛇》等名篇对后代文学有很大影响。在这之后优秀的志怪作品还有刘义庆的《幽明录》等。记载人物佚事的作品又叫作志人小说,刘义庆撰写的《世说新语》(原名《世说》)是同类著作中惟一完整地保存下来、也是集大成的一种。《世说新语》按照类书的形式编排,分为《德行》、《言语》、《政事》、《文学》等36篇,以类相从。内容主要记述自东汉至东晋文人名士的言行,尤重于晋。所记事情,以反映人物的性格、精神风貌为主。

魏晋以后被鲁迅称作是"文学自觉的时代",这主要指的是这个时期出现了不少文学理论著作，除了曹丕的《典论·论文》外，还有钟嵘的《诗品》，刘勰（字彦和）的《文心雕龙》也出现在这个时期。《文心雕龙》书名的意思是“文章写作精义”，其本意虽是写作指导，但立论从文章写作的一系列基本原则出发，广泛涉及各种问题，结构严谨，论述周详，具有理论性质。它的系统性和完整性是前所未有的。它的核心思想主要是强调文学的美质、主张宗经、提倡雅正，在原则上排斥一切离经叛道的文学，这是一种保守的文学观念。但在对待具体作品的时候，态度并不那么褊狭。尤其在以后的各篇中，并没有以是否雅正的标准随意否定有成就的作家与作品。

隋唐文学

隋朝立国短暂，在文化方面没有太多的建树，主要是由北朝入隋的三位诗人——卢思道、杨素、薛道衡留下一些颇有特色的诗作。

唐代诗歌有了重大发展，除了诗人队伍和诗歌反映的社会层面的扩展，还表现在诗歌流派和风格的多样化以及诗歌形式的完善方面。初唐宋之问、沈佺期的创作完成了律诗的体制和扩大律诗的影响，这个时期还出现了被称为“初唐四杰”的卢照邻、骆宾王、王勃、杨炯，而推进唐代诗歌高潮到来的是诗人陈子昂，他的《感遇》等诗充满了对新的人格理想的呼唤和塑造。同一时期唐诗的浪漫气质也日益强化，表现在刘希夷（《代悲白头翁》）和张若虚（《春江花月夜》）等人赞美青春、表现对生命永恒之渴望的诗篇中。盛唐时期第一个大力写作山水诗的是孟浩然，在他笔下山水诗又被提升到新的境界，主要表现在：诗中情景水乳交融，意境单纯明净，结构也更加完美。王维（字摩诘）是在盛唐时代文化全面高涨的历史条件下所产生的一个多才多艺的作家，他对后世影响最大的是山水田园诗，后人评价他“诗中有画，画中有诗”，在诗情和画意的互相渗透和生发中，丰富和发展了中国古典诗歌的抒情艺术。代表作有《鸟鸣涧》、《积雨辋川庄作》等。李白（字太白）的诗歌是盛唐气象的典型代表，他善于捕捉形象，当澎湃诗情无法为寻常的形象所容纳时，就展开天马行空式的想像和幻想，以气骋词，来实现艺术的变形，使形象突破常规而染上了奇幻的色彩；他的“以气为主”，还表现为壮浪纵恣的抒情形式；他融古朴森茂的汉魏乐府和清新明丽的六朝乐府为一炉，以其俊逸的才气创造了新鲜的诗歌语言。诗作名篇有《蜀道难》、《梦游天姥吟留别》等。杜甫（字子美）的诗歌自古以来就有“诗史”的美誉，其诗歌最显著的特点是“沉郁顿挫”，所谓“沉郁”，主要表现为意境开阔壮大、感情深沉苍凉；所谓“顿挫”，主要表现为语言和韵律屈折有力。他留下了《春望》、《悲陈陶》、《北征》，以及“三吏”、“三别”等大量传世名篇。盛唐的著名诗人还有《登鹳雀楼》的作者王之涣、《芙蓉楼送辛渐》的作者王昌龄、《黄鹤楼》的作者崔颢、善写七言歌行的高适（《燕歌行》）、以《白雪歌送武判官归京》闻名的边塞诗人岑参等。人们常用“奇崛险怪”来形容中唐时期的韩愈（又称韩昌黎，字退之）以及他身边的一群诗人们的创作。韩愈诗歌以气势见长，在语言和意象上刻意求奇，常常把散文、骈赋的句法引进诗歌，使诗句可长可短、跌宕跳跃、变化多端，代表作有《山石》、《早春呈水部张十八员外》等。韩愈周围的诗人中，贾岛（字浪仙）的诗在内容上抒发个人的孤寂凄清心境，表现闲适淡泊的情趣，以五言律体为主，迁就格律并且偏重中间两联字句的工巧、精警、清丽。这种诗风影响了晚唐甚至宋代的不少诗人。李贺（字长吉）是其中成就最高的一位，他的诗歌想像奇异甚至于荒诞；同时追求语言和意象的新颖，常常是在荒凉中追寻斑斓的色彩，在死寂中表现生命的活动，于是，浓郁与艳丽、衰残与惊耸、幽冷与华美，共同构成了李贺诗歌意象的特殊美感；加上他跳跃性极大的构思方式，给中国诗歌开辟了一种新的境界。诗作有《金铜仙人辞汉歌》等。与孟郊、韩愈同一时期，有一批诗人掀起了“新乐府运动”，其中包括张藉、王建、元稹、白居易等人，他们以乐府、特别是新题乐府的形式，来反映社会问题，针砭政治弊端，以期达到实际的社会效果。同时在艺术表现上，这群诗人也大多努力以平易浅切的语言、自然流畅的意脉来增加诗歌的可读性。白居易（字乐天）为其中代表，他最为人称道的作品是“讽喻诗”《秦中吟》、《卖炭翁》，而被他归类为“感伤诗”的《长恨歌》、《琵琶行》则代表了他最高的艺术成就。与上述诗人风格不同又自有建树的中唐诗人还有刘禹锡（《乌衣巷》）和柳宗元（《江雪》）等。晚唐的诗歌笼罩着哀婉和衰飒的气氛，代表诗人李商隐（字义山，号玉豀生），他擅长用精美华丽的语言，含蓄曲折的表现方式，回环往复的结构，构成朦胧幽深的意境，来表现心灵深处的情绪与感受。他的一系列《无题》诗非常著名。杜牧（字牧之）则以明丽的意象和俊逸的气骨，加上他特有的历史感所形成的深远开阔的视野，构成了诗歌的特殊境界，如《夜泊秦淮》、《过华清宫》等。晚唐后期著名的诗论家是司空图（字表圣），他在《二十四诗品》等论著中强调“味外之旨”、“韵外之致”，即强调诗歌所要表现的是语言意义层面之外的某种可以感受却不可究诘的韵味。这一时期还出现了一个新的文学样式——词，温庭筠的词，可以说是文人词成熟的一个标志。他是第一个大量写词的文人，也是晚唐一个重要的诗人，所以他常常把晚唐诗歌中那种层次丰富，含意深婉，善于表现细腻的官能感受，色彩明丽，意脉曲折回环的特色移植到词里来，开拓了词的一个新境界。代表作是《菩萨蛮》（小山重叠金明灭）。唐后五代时期，西蜀词人的作品大多被编入赵崇祚的《花间集》里，这些词人又被称为“花间词人”，韦庄的词以色彩清淡、结构疏朗、意脉流畅的特点于其中独树一帜。在南唐词人中，冯延巳（字正中）的词风由秾艳开始转向了清新流畅、深婉含蓄。“虽不失五代风格”，但已“开北宋一代风气”。李煜（即李后主，字重光）是五代最有成就的词人，他的词流动清晰，多以描述对象的心理活动、感情起伏为主线，把视觉意象贯穿在情绪主线之中一一呈现，意象与意蕴结合得十分自然。他后期的词如《破阵子》（四十年来家国）主要写亡国的痛苦、悔恨和绝望，成就最高。

散文创作方面，在中唐时，出现了“古文运动”。所谓“古文”，是韩愈等人针对“时文”即魏晋以来形成、至初盛唐仍旧流行的骈体文而提出的一个概念，指先秦两汉时单行散句、没有规定形式的文体。而古文的“复兴”则有赖于韩愈的出现。在主张“文以明道”的同时也承认作者个人的内在情感在散文中表现的合理性，在主张“师古人”的同时又强调语言的创新和风格的个性化，这是韩愈散文理论的精华所在。他的散文具有各种体式，风格也有所不同，其最显著的特征是气势雄大、感情充沛而文字奇崛新颖、句式参差交错、结构开阖变化，著名的作品有《原道》、《师说》、《张中丞传后叙》等。与韩愈在散文中直接宣泄情感不同，柳宗元比较偏重于情感的含蓄表达方式，他写得最好的是像《钴鉧潭西小丘记》、《至小丘西小石潭记》这样的山水游记。他以极其优美、凝炼、精致的语言通过对山水的描述来表达自己的感受；在布局谋篇时，他又极善于运用虚实相生、忽叙忽议的方法，使文章开阖变化，意趣无穷；他的语言以“峻洁”著称，文字准确而简洁有力，又兼有含蓄、自然之长，体现出孤高脱俗的人生情调，是一种与人格相统一的散文风格。他的散文创作与韩愈的以奇崛雄放为特征的创作一道，为号为“古文”而实为新体散文的成功奠定了基础。晚唐时皮日休、陆龟蒙都写作讽刺性短文，写得最好的是罗隐（字昭谏），他对社会持一种尖锐的批评态度，他的短文如《秋虫赋》等大多数是以借古讽今、借物喻人的方式来抒写心中激愤，批评时俗弊端的。

唐代出现了新的小说式样——“传奇”，它的出现宣告中国古典小说开始进入成熟期。早期唐传奇较著名的有张鷟的《游仙窟》、王度的《古镜记》和《补江总白猿传》。小说的兴盛出现在中唐，许多文人投入到创作中，提高了传奇的艺术性。有沈既济的《任氏传》，李公佐的《南柯太守传》等，元稹的《莺莺传》是第一篇完全不涉及神怪、专写人世间男女情爱的作品，在传奇的发展过程中具有重要意义。这一时期的小说集，以牛僧孺所作《玄怪录》最为著名。晚唐时期出现了豪侠小说，裴铏的《聂隐娘》和袁郊的《红线传》为其中名篇。

唐代话本小说留存数量有限，艺术粗糙，无法与传奇相比，但在小说史的研究上有重要的价值。

宋代文学

宋朝时期外患频仍，“靖康之变”后宋王朝迁都临安，以此为界，分为北宋和南宋。

北宋前期的诗歌大体上依然是晚唐五代时盛行的三大诗歌流派。效仿白居易的诗人中著名的有徐铉和王禹偁；学习贾岛的诗人中，林逋的《山园小梅》是比较著名的诗作，他们的创作对宋后代诗歌在语言上喜欢翻新出奇的倾向有一定影响；模仿李商隐的诗人有杨亿、刘筠、钱惟演等，在他们的诗集《西昆酬唱集》问世后，这种被称为“西昆体”的诗风进一步在社会中盛行。中期，北宋社会发生了一系列的变革，文学也不例外。诗歌方面，率先起来反对“西昆体”的诗人有梅尧臣、苏舜钦等，梅尧臣的诗歌以“古硬”、“平淡”见称，苏舜钦的《淮中晚泊犊头》等小诗十分精致。北宋中期的文学变革，是在宋代文学总体上处于衰退的情况下产生的。它一面顺应着思想控制强化的时代文化，一面寻求文学的新的立足点和艺术风格。在这里起着中枢作用的是欧阳修(字永叔)，他的诗总体上带有重理智的特点，特别在古体诗中，散文化的叙述和说理成分往往占很大比率；但也有一些以近体为主的短篇之作，以浅近自然的语言写景抒情，有一种亲切流畅的风格。如著名的《戏答元珍》。王安石(字介甫，晚号半山)的诗歌受其“务为有补于世”的文学观念的影响，在创作上有意向杜甫靠拢，除了一些反映现实、抒写人生理想的诗作外，他还写有不少偏重抒情的作品，在《泊船瓜洲》这样的诗作中体现了他语言精炼而圆熟、意境清丽而含蓄的风格。苏轼(字子瞻，号东坡)的创作代表了北宋诗文变革的最高成就，他的诗歌在保持宋代诗歌偏重理性的特点的同时也取得了很大成就。他最为人们喜好的是那些通过描绘日常生活经历和自然景物来抒发人生情怀的作品。这些作品中有相当一部分以庄禅超时空的观照框架理解俗世人生，带有很强的哲理性，因而把古诗中常见的一些题材提升到很高的层次上，诗的内涵显得深厚，同时也表现出旷逸豁达的人生态度。“妙”是苏诗特有的趣味，它表现为种种新颖独特的感受、巧妙妥帖的比喻、出人意外的联想等等。他脍炙人口的诗有《和子由渑池怀旧》、《游金山寺》等。北宋中期的重要诗人还有被称为“苏门四学士”的黄庭坚、张耒、秦观和晁补之。其中以黄庭坚的成就最大。黄庭坚(字鲁直，自号山谷道人，又号涪翁)与苏轼并称“苏黄”，他们虽然彼此相重，但文学观念却不相同。黄庭坚提倡“温柔敦厚”的诗风，往往以奇峭的风格来表达情绪的跃动，他主张以丰厚的书本知识作为写诗的基础，喜欢在作品中使用拗句，如《寄黄几复》等。由于他对此有一套较明确的理论，追随他的诗人很多，被后人称为“江西诗派”。这一派诗人中以陈师道最为著名。

北宋初年，词的创作基本上还是对五代时期的延续，许多作者本身也是诗人，他们把精力主要还是放在诗歌上，词的风格与各人的诗风基本相近。到了中期，出现了一批出色的作家，在词的内容、技巧、风格等方面都有了极大的拓展。晏殊是衔接宋词前期和中期的关键人物，他善于写伤春感时、在寂寞中留恋光景的情怀的作品，如《浣溪沙》(一曲新词酒一杯)等，他的创作进一步奠定了疏淡清丽、精致柔婉的风格在宋词中的地位，也使宋词更加文人化、典雅化了。还有因擅长写“影”而被人称为“张三影”的张先，他是这一时期较早也较多地创作长调的词人。欧阳修有词集《欧阳文忠公近体乐府》，他除了像《蝶恋花》(庭院深深深几许)这样描写男女恋情的词外，还将由仕宦生涯所引起的个人身世感慨写入词中，对当时狭隘的词风有所突破。另外还有《小山词》的作者晏几道，他与他的父亲晏殊合称“二晏”。上述作家代表了北宋中叶词风格的主流。主流之外的柳永(字耆卿，原名三变)在词的体制方面有两个突破：一是采用了许多新曲调,另一个就是大量创作长调词,从而扩大了词的容量。在内容上他也有许多拓展,如《望海潮》(东南形胜)等作所描绘的繁华都市,是前人所未有的。在艺术技巧方面,他的贡献在于成熟地运用了长调词适于铺叙、层次丰富、变化多端的特点,为后人在词中融抒情、叙事、说理、写景于一体,容纳更复杂的内涵,开拓了新路。苏轼以雄大的才力、开阔的胸襟进入词的创作领域,才大大开拓了词的题材、意境、风格与表现手法,从而在中国词史上占有特殊的地位。他的词作风格随表达的情感的不同而不同:写抱负和理想的《江城子·密州出猎》慷慨豪迈;而像《念奴娇·赤壁怀古》这样表达自己面对自然、感怀今昔时产生的哲理性人生感受的词,则高逸旷达;写恋情、写伤感的《江城子》(十年生死两茫茫)则委婉细密。在语言上,他最大的特点就是"以诗为词"。北宋后期最重要的词人是周邦彦(字美成,号清真居士),他融合诸家之长,使词这一体裁变得更加精致。他极端重视词与音乐的配合,使词的声律进一步规范化、精密化,同时他又注意锤炼语言,做到既浑成自然、又精致工巧,这些对后世的词都产生了很大的影响,他的词作名篇有《苏幕遮》(燎沉香)。秦观(原字太虚,后改为少游)是苏门学士中最出色的词人,他的《踏莎行》(雾失楼台)、《鹊桥仙》(纤云弄巧)等写得纤细轻柔,意境凄婉。另一个重要词人是贺铸,他以秾丽精致的语言写男女恋情,名篇有《青玉案》(凌波不过横塘路)。

在晚唐就已经消失的古文运动,在北宋初年又重新开展,由于这一时期理学逐渐兴盛,它的进行也十分顺利。作为古文运动代表的"唐宋八大家"中只有韩愈、柳宗元是唐代人。欧阳修的散文融合了骈文的长处,文字浅易流畅,节奏徐缓宛转,他那些记事兼抒情的散文最为著名,如《丰乐亭记》、《醉翁亭记》。王安石的散文则无论是《答司马谏议书》还是《伤仲永》都有很实际的用意,不是为了抒发感情或表现文学才思而作的。苏轼的散文讲究"以意为主",他的《贾谊论》等史论、政论文章往往能就常见的事情翻奇出新,从别人意想不到的角度切入而得出不一般的结论,语言自然流畅又波澜起伏,具有较强的力度和感染力;他的游记、杂记等抒情性强的作品更是出色,写作手法十分自由,在看似松散的结构中有意脉贯穿,名篇有《石钟山记》等;他的《记承天寺夜游》对后代小品文的发展有重要影响。同一时期的其他散文名家还有苏洵、苏辙、曾巩等。

南宋初期最重要的诗人是陈与义,他的《伤春》一类感怀世变、苍凉悲愤的作品十分引人注目。中期,出现了"中兴四大诗人",其中杨万里(字廷秀,号诚斋)所创的"诚斋体"从根本上摆脱了江西诗派的束缚,《晓出净慈寺送林子方》等作机智风趣,活泼自然,这是他把理学与禅宗观物体验方式引入诗歌的结果。范成大的诗歌反映社会生活面很广阔,揭露社会问题也很深刻,最有代表性的是他出使金国所做的七十二首绝句和他晚年的《四时田园杂兴六十首》。陆游(字务观,号放翁)的诗虽然讲究技巧,但在艺术追求上以归于平淡自然为主, 他的诗根据内容不同而风格各异, 抒发报国之志、悲愤之情的作品，风格深沉郁勃，如《悲愤》;《游山西村》这类描写日常生活、自然景物的作品则偏向简淡古朴。南宋后期，出现了一批被称为“江湖诗人”的作家，其中包括“永嘉四灵”(赵师秀、徐玑、徐照、翁卷)，他们的诗歌意境清远幽深，语言则是在固定的形式、狭小的境界中翻空出奇。在他们之后，刘克庄成为诗坛盟主。南宋后期出现了一部非常重要的诗歌理论著作，即严羽(字仪卿，号沧浪逋客)的《沧浪诗话》。他论诗立足于诗歌“吟咏性情”的基本性质，指出作诗之道在于“妙悟”——即超乎理性认识、逻辑分析的直觉体验。这部作品对后世的诗歌创作和理论发展都有重大的影响。

南宋初年，南渡词人的创作十分活跃，张元幹、张孝祥等人所创作的感怀时事、抒发报国壮志的作品共同构成了南宋词坛上以悲愤为情感基调的主旋律。此时最重要的词人是李清照(号易安居士)，她的词作从女性心理出发，以女性细腻的笔法加以组织，别有风致。早期的词以《一剪梅》(红藕香残玉簟秋)为代表，后期的《声声慢》(寻寻觅觅)在情感表述上更为深切。她强调词的艺术独特性，注重词的声律形式，追求典雅而又浑成的语言，取得极高的艺术成就。辛弃疾(字幼安，号稼轩)是中期的重要词人，他的名作《水龙吟·登建康赏心亭》(楚天千里清秋)气势雄放阔大，主观情感浓烈、主观理念执著；而《清平乐》(茅檐低小)这样描写山居生活的作品则写得清新秀丽、灵动活泼。他的词在语言上比过去的词作更加自由、松散，善于将前人的语汇、典故等化入自己的作品中，被人称作是“以文为词”。同一时期与他风格相近的词人还有陈亮、刘过等。姜夔(字尧章，号白石道人)活跃在南宋后期，他善于写长调词，如《暗香》、《疏影》等。后人评价他的作品，最大的特点是“清空”，这包含了四层意思：即词中表达的情感是文人士大夫那种高雅清洁的意趣；艺术手法上追求言外之意和空灵的神韵；语言和意象淡雅素净；意境疏朗开阔。在他之后的吴文英(字君特，号梦窗)是写词的又一大家，他的词中意象密集，色彩秾丽明艳，意脉端绪跳跃，如他的《渡江云三犯·西湖清明》(羞红颦浅恨)。南宋末年的周密、张炎、王沂孙等人都是姜夔、吴文英的继承者，其中张炎写的《词源》是一部词的理论著作，书中提出“雅正”与“清空”两条重要准则。

宋代出现了以白话文体创作的“话本”，这本是说话艺人的底本，是随着说话技艺发展起来的一种文学形式。和以前的小说相比，话本注重情节的生动性，开始用典型的细节来刻画人物性格，出现了人物心理描写，通过戏剧性的对话来表现人物性格特征。这标志着我国古典小说的现实主义手法开始趋向成熟。现存话本小说主要有见于宋代的《京本通俗小说》、明代的《清平山堂话本》和《喻世明言》、《警世通言》、《醒世恒言》中，其中描写爱情的《碾玉观音》，写公案的《错斩崔宁》等都是名篇。

与宋朝同时，在中国北方还存在着少数民族建立的政权，如辽、金等。他们受到汉文化的影响，也发展了自己的文学。其中元好问的诗词、董解元的《西厢记诸宫调》代表了金文学的最高成就。元好问将辽文学以来的任情率真的特点与汉文学的艺术手法、技巧等结合起来,取得了显著成就,如他的《摸鱼儿》(问人间、情是何物)等都是脍炙人口的名作。《西厢记诸宫调》的作者董解元,真名不详,"解元"只是当时对士人的一种称呼。这部作品的突破性在于:首先作者以爱情与礼教的冲突为主要矛盾线索,并以爱情的胜利告终;其次,着力刻划人物的思想感情;最后,他还注意到完整地揭示人物性格的发展过程。

元代文学

元朝是由少数民族建立的封建王朝,在这个时期民族矛盾和社会矛盾十分激烈,影响了文学的发展。元代文学的成就主要表现在杂剧方面。

元杂剧是在金院本和诸宫调的直接影响之下,融合各种表演艺术形式而成的一种完整的戏剧形式。并在唐宋以来话本、词曲、讲唱文学的基础上创造了成熟的文学剧本。杂剧有一定的结构体式,一般是一本四折,有的在第一折或折与折间还穿插有"楔子",每折限用同一宫调的曲牌组成的一套曲子,全部由正旦或正末演唱,其他角色只有说白,故称为"旦本"或"末本"。剧本的主要内容是曲词和宾白,宾白包括对白和独白,另外剧本还规定了主要动作表情和舞台效果,叫作科范,简称"科"。

杂剧最兴盛的时期是元前期,这个时期的关汉卿是我国历史上最早的也最伟大的戏剧家,是我国戏曲的奠基人。他的杂剧从内容上可分为三类:一类以《窦娥冤》为代表,歌颂人民的反抗斗争、揭露社会黑暗和统治者的残暴;一类描写下层妇女的生活和斗争,表现她们的机智与勇敢,如《救风尘》;还有《单刀会》所代表的歌颂历史英雄的杂剧。关汉卿的杂剧对社会生活的反映广阔而深刻,善于塑造典型的人物形象,戏剧场面安排得紧凑、集中,情节发展变化多端,他的戏剧语言十分本色,使他成为元代本色派杂剧家的代表性人物。王实甫的《西厢记》则是较早的一部以多本杂剧连演一个故事的剧本。它的成就主要在于:根据人物的性格特征来展开错综复杂的戏剧冲突,从而完成莺莺、张生、红娘等艺术形象的塑造;人物性格和情节的展开紧密地结合,成功地表现了事件曲折的过程;第三,作者善于描摹景物、渲染气氛,来衬托人物的内心活动,使作品风格十分优美;最后,善于选择和融化古代诗词里优美的词句以及提炼民间活泼生动的口语,使曲词自然而华美。此外,康进之的《李逵负荆》、高文秀的《双献功》、纪君祥的《赵氏孤儿》、白朴的《梧桐雨》、马致远的《汉宫秋》等作共同形成了元前期剧坛的繁荣景象。元后期南方城市的经济得到恢复和发展,杂剧的创作中心也由大都转到杭州,杂剧进入创作的衰微期。后期杂剧的主要作家是郑光祖,他的剧作情致凄婉,词曲清丽,代表作《倩女离魂》也是后期杂剧的优秀之作。此外还有宫天挺(《死生交范张鸡黍》)和秦简夫(《东堂老劝破家子弟》)。

元末还出现了南戏,南戏是南曲戏文的简称,原来流行于浙东沿海一带,又称温州杂剧或永嘉杂剧。它的形式在元末明初逐步定型下来：一般先由副末开场，报告演唱宗旨和全剧大意；从第二出起，生旦等重要角色相继出场，逐步展开情节，并经过种种悲欢离合，以生旦团圆终场。南戏称一场为一出，每出照例有下场诗，重要人物上场时先唱引子，继以一段自我介绍的长白，叫作定场白。曲词的组织，一般有引子、过曲和尾声。这是从元末明初到清中叶戏曲创作的主要形式，也就是后人用以区别于杂剧的传奇戏。元末成就较高影响也较大的是高明的《琵琶记》，改编自早期南曲《赵贞女》，为了宣扬封建道德，高明将原来谴责蔡伯喈背亲弃妇的主题改为歌颂蔡伯喈的全忠全孝。这部作品因其艺术成就而被尊为"南戏之祖"。元末明初出现了合称"四大传奇"的《拜月亭》、《白兔记》、《荆钗记》、《杀狗记》，它们继承南戏的传统，又吸收杂剧的成就，是在民间长远流传的作品。

元代还出现了一种新的诗歌形式——散曲。散曲包括小令和套曲，小令是独立的只曲，套曲是由两首以上同一宫调的曲子相连而成的组曲，一般有尾声。散曲在元代的发展可分为前后两个时期。前期的主要作家有关汉卿，他的散曲成就虽然比不上杂剧，但也有独到之处，如代表作〈南吕·一枝花〉《不伏老》。马致远是现存作品最多的前期散曲作家，他擅长描写景物，其作〈天净沙〉《秋思》被称作"秋思之祖"。元后期的散曲在内容上越来越远离社会现实，语言上也日益典雅工丽，失去原来自然朴素的面貌，比较重要的作家有张养浩、睢景臣等。

元代诗文总体成就不大，前期的重要作家有刘因，后期除了王冕外，萨都剌、黄镇成等人也颇有可观之作。

明代文学

明代文学就总体而言，散文、诗词的创作处在衰退期，而适应社会经济和文化思想的小说、戏曲、民间文学却有着很大的成就。

明初出现了章回小说，这是我国古典长篇小说唯一的形式，它是由宋元讲史话本发展而来的。最早的章回小说是罗贯中的《三国演义》，这也是我国最有成就的长篇历史小说。《演义》擅长表现各个封建统治集团以及各集团内部复杂尖锐的矛盾斗争，尤其善于描写战争；通过这些描写作者成功地塑造了一系列人物形象，如诸葛亮这一形象，在我国已经成为智慧的化身。此外，小说的语言简洁、明快而生动，结构宏大而不失精密工巧。与《三国演义》同时出现的还有施耐庵、罗贯中的《水浒传》，这部描写农民起义的作品成功地塑造了许多英雄人物的形象，在它的影响下后世出现了许多英雄小说。《西游记》也是明代前期的长篇小说，它以唐三藏法师取经的故事为蓝本，开创了后代神魔小说的传统。明代中叶以后，数量最多的是历史小说和英雄传奇小说，前者有冯梦龙的《新列国志》，后者以熊大木的《北宋志传》为代表，神魔小说以许仲琳的《封神演义》最为出名。万历年间出现的《金瓶梅》(兰陵笑笑生)既是我国第一部由文人独立创作的小说,又是我国第一部描写家庭生活题材的小说。短篇小说方面,这个时期出现了拟话本,它与话本的最大不同在于,话本是说话艺人说话的底本,拟话本是摆放案头供人阅读的,篇幅较前者长,描写也更加细腻。重要的作品有冯梦龙的《喻世明言》、《警世通言》、《醒世恒言》(即“三言”)和凌濛初的《初刻拍案惊奇》和《二刻拍案惊奇》(即“两拍”)。明末清初还出现了《石点头》、《照世杯》等拟话本小说集。

明初昆腔开始兴盛,由于它一开始就具有柔媚的特征,此后的发展走上了典雅化的道路。初期的《浣纱记》、《鸣凤记》十分流行,其后的创作上出现了以沈璟为代表的吴江派,他的代表剧作是《红蕖记》;还有汤显祖代表的临川派。汤显祖(字义乃,号若士)著有“临川四梦”——《牡丹亭》、《紫钗记》、《邯郸记》、《南柯记》,其中《牡丹亭》既是作家的代表作,也是我国浪漫主义文学的杰作。作者通过“梦而死”、“死而生”的幻想情节表现理想与现实的矛盾,宾白饶有机趣,曲词兼有北曲的泼辣动荡和南曲的婉转精丽,在他的影响下以后明戏曲创作的浪漫主义倾向十分明显。后期还有孙仁孺的《东郭记》、周朝俊的《红梅记》等作品。徐渭(字文长,号青藤,又号天池)的杂剧创作也很有特色,他的《四声猿》包括《渔阳弄》、《雌木兰》、《女状元》、《翠乡梦》,剧作充分表现他狂放不羁的性格和愤世嫉俗的叛逆精神,充满浪漫主义色彩,对后代影响很大。

明初,由于理学、科举对文人思想的严重禁锢,加上历次“文字狱”的打击,诗文的创作十分沉寂。初期文坛上流行“台阁体”诗歌,创作上唯一与之形成鲜明对照的诗人是于谦,他的代表诗作有《石灰吟》等。中期以后,出现了以李梦阳、何景明为代表的“前七子”以及李攀龙、王世贞代表的“后七子”,他们在创作上都反对“台阁体”,提倡复古、拟古,创作成就不大。而作为前后七子的反对派出现的,是提倡唐宋古文的“唐宋派”,其中成就最大的是归有光(字熙甫),他把生活琐事引到“载道”的“古文”中来,使古文和生活联系得更为密切,他的散文善于即事抒情,文风纡徐平淡,亲切动人,如《寒花葬志》、《项脊轩志》等。之后起来继续反对拟古的还有袁宗道、袁宏道、袁中道代表的“公安派”,他们认为文学是随着时代的变化而变化的,因此反对贵古贱今、反对单纯拟古。三袁中袁宏道最著名,他认为作家必须先有思想修养,文章首先应有思想内容,而不是在形式上一味地模仿秦汉,并且从作家或文章的主观角度提出了“性灵说”,即强调自然天真或自然趣味。同一时期反对拟古的还有钟惺、谭元春代表的“竟陵派”。晚明出现了大量小品散文,这是“公安派”、“竟陵派”文学革新的直接产物。张岱(字宗子,又字石公)的小品散文题材内容十分广泛,从风景名胜到世情风习、戏曲技艺等等,他的散文语言清新活泼,形象生动,博观约取,简洁有力。出名的有《西湖七月半》等文。明末出现的“复社”提倡复古,代表人物为张溥(《五人墓碑记》),他们的复古是要使古学为现实服务,和前后七子是不同的,因而在创作上颇有成绩。

清代文学

清朝入关后实行残酷的封建统治和民族镇压，引起全国人民激烈的反抗，这个时期一些前明遗民在创作中主要表达亡国之痛、民族情绪，他们的诗文风格或沉郁或激昂。主要的作家有顾炎武、黄宗羲、王夫之等，还有晚节不保的侯方域，他的散文在当时富有盛名，有《李姬传》等。另外一些诗人则在清朝建立后就入仕为官，其中钱谦益是清朝最早的诗人，吴伟业则擅长歌行体，《圆圆曲》写得委婉含蓄而又沉着痛快。其中最有名的是王士祯，诗作主要以神韵风致见长，他的诗对于纠正专学盛唐的肤廓、晚唐的缛丽和宋人以议论、学问为诗的偏向起了一定的作用。在词的创作方面，有多在字句声律上下工夫的朱彝尊，模仿苏辛的陈维崧，和风格自然流丽、颇近李煜的纳兰性德。在多次"文字狱"的镇压下，清代许多文人放弃了顾炎武等人"经世致用"的积极精神，而兴起钻故纸堆的"考据"风，在这种情形下，文坛上拟古主义和形式主义的风气蔓延。诗歌上彻底反对这种风气的著名诗人是袁枚(字子才，号简斋)，他的诗作能直抒"性灵"，即写自己的生活感受，如《春柳》等诗。"桐城派"是这一时期最著名的散文流派，其古文理论是由方苞创立的，他们古文的特点是：选取事例和运用语言，只期阐明立意——即中心思想或基本观点所在，不重罗列材料，堆砌文字。他们的文章风貌一般简洁平淡，而鲜明生动不足。较好的作品有方苞的《狱中杂记》、姚鼐的《登泰山记》等。而清中叶以后，骈文的创作出现了"复兴"的局面，出现了大量的骈文作家，他们与重考据的汉学家一起和桐城派形成尖锐的对立。从鸦片战争起到辛亥革命的七十年间，中国社会发生了激烈的动荡，传统的古典诗文在面对日益复杂的社会形势时，已经力不从心，于是在"小说界革命"的口号出现的同时，也出现了"诗界革命"和"文界革命"的口号。诗歌方面，主要的表现是以黄遵宪代表的"新诗派"出现和梁启超提倡"诗界革命"；在散文方面，主要有两个流派，一是由曾国藩所领导的承桐城派余绪的"湘乡派"，一是由梁启超所提倡的"新文体"。他们都重视文章的实用功能，所以这一时期单纯文艺性质的散文并不发达。

清初重要的戏曲作家是李玉(字玄玉，别号苏门啸侣)，他在明末的作品以"一笠庵四种曲"，即《一捧雪》、《人兽关》、《永团圆》、《占花魁》为最有名。他与朱素臣等人合作的《清忠谱》是第一次把市民的政治斗争搬上戏曲舞台的作品，同时也是第一部"事具实按"的剧作。李渔(字笠翁)的《闲情偶寄》中有许多富有建设性的戏曲理论，分为词曲和演习两部。词曲部从结构、词采、音律、宾白、科诨、格局六方面论戏曲文学，演习部从选剧、变调、授曲、教白、脱套五方面论戏曲表演。他注重剧本的结构，提出了立主脑——即确立主题的问题，将主题思想与结构联系起来，要求戏剧语言要浅白等。他的剧作中较著名的有《风筝误》、《比目鱼》等。洪昇的《长生殿》场面壮丽，情节曲折，曲词清丽流畅，富有诗意，代表了清代戏曲的最高艺术成就。而孔尚任的《桃花扇》是写南明兴亡的历史剧，语言上“宁不通俗，不肯伤雅”，在文人创作的剧本中很有代表性。清末出现的弹词和鼓词是流行于不同地区的说唱相兼的曲艺形式。其中，弹词多在城市演唱，受到妇女的欢迎，因此，她们要求突破封建束缚，改变长期受压迫地位的愿望也就在作品中有所体现。有不少作品出于妇女作家之手，像《天雨花》(陶贞怀)、《再生缘》(陈端生作前十七卷，后三卷由梁德绳续成)、《笔生花》(丘心如作)等。

清朝中叶及以后，小说的创作收获颇丰。在短篇小说方面，宋元话本、拟话本开创了我国的白话小说传统，相对地，文言小说自唐传奇以后就没有什么优秀作品。这一时期出现的《聊斋志异》创造性地继承文言小说的传统，用唐传奇的手法来志怪，使文言小说发展到一个更高的阶段。作者蒲松龄，字留仙，别号柳泉。他在广泛吸收前代文学经验的基础上创作的《聊斋志异》是一部短篇小说集，作品最主要的特色是善于塑造人物，文章结构波澜起伏，语言摇曳生姿，富于浪漫主义气息。在这部作品的影响下，出现了许多类似的创作，其中最为出色的是纪昀(字晓岚)的《阅微草堂笔记》，其优点正如鲁迅所言：“隽思妙语，时足解颐；间杂考辨，亦有灼见”。长篇白话小说也出现了许多优秀作品。吴敬梓(字敏轩，一字文木)的《儒林外史》开创了我国古典小说中讽刺小说的传统。作者的创作是建立在现实的基础上，对他所掌握的真实的材料进行典型概括以及适度夸张，从来不做主观的说明，让读者从客观事物中自己有所领悟。他常用的讽刺手法是把相互矛盾的事物放在一起以突出它们的不合理性，另外，他以准确、洗练、富有形象性的语言在三言两语中使人物“穷形极相”。《红楼梦》的原作者曹雪芹(名霑，字梦阮，号雪芹、芹溪、芹圃)，他在书未完全定稿时去世，后四十回一般认为是高鹗续作的。《红楼梦》继承我国古典诗词和戏曲里情景交融的传统，善于把人物放在特定的气氛里以烘托其内心情绪，给读者以强烈的感染力；它还突破了古典小说不重视人物心理描写的缺陷，深入、细腻、成功地揭示了人物的精神面貌和内心秘密；语言简洁而纯净，准确而传神，朴素而多彩，达到了炉火纯青的地步，作者把诗词与小说内容很好地结合起来，使之对人物的塑造起到了不可忽略的作用。《红楼梦》的影响不仅在于此后大量类似作品的出现，还表现在以它为研究对象、在我国学术界形成了一种专门的学问——“红学”，这在我国文学史上是少有的。其他作品还有西周生的《醒世姻缘传》、李汝珍的《镜花缘》、陈忱的《水浒后传》、钱采和金丰的《说岳全传》等。清末出现了我国四大谴责小说，分别是李宝嘉的《官场现形记》，吴沃尧的《二十年目睹之怪现状》，刘鹗的《老残游记》，曾朴的《孽海花》。此外，还有较好的英雄侠义小说《儿女英雄传》，写得平淡自然的倡优小说《海上花列传》等。值得注意的是，清末开始出现翻译小说。最著名的翻译作家是林纾，他的《茶花女遗事》、《迦茵小传》等作在当时流传极广、影响很大。

清代是中国最后一个封建王朝，之后中国进入民主革命时期，开始了全面现代化的进程，中国文学也揭开新的一章。

中国现当代文学概述

中国现当代文学包括中国现代文学和中国当代文学两个部分。从时间上限——即发生文学革命的1917年算起，它几乎涵盖了整个20世纪，因此近年也有人提出将它统称为20世纪中国文学。为了叙述的方便，本文无论是在时间上还是在称呼上将仍旧沿用传统的划分方法。

中国现代文学

所谓"现代文学"指的是"用现代文学语言与文学形式，表达现代中国人的思想、感情、心理的文学"。现代文学以1917年1月胡适在《新青年》上发表《文学改良刍议》为开端，止于1949年7月第一次全国文学艺术工作者代表大会在北京召开，时间跨越三十余年，又称"中国现代文学三十年"。

1917年发生的文学革命，标志着古典文学的结束，现代文学的开始。1917—1927年为现代文学的第一个十年。在这一时期，由于文学革命的发生与发展，及在大量涌入的外国文艺思潮的影响下，许多觉醒的青年和文学作者纷纷选择运用西方各种文学样式和创作手法进行创作，成为新文学的第一代作家，他们又根据各自的不同倾向而形成了作家群，从而出现了许多新文学团体，其中成立最早也最有代表性的是文学研究会，它的主要作家有周作人、沈雁冰、郑振铎等，他们在创作中十分注重文学的社会功利性。郭沫若、郁达夫等人创立了创造社，他们的创作构成了现代文学史上浪漫主义文学的一个高峰。还有徐志摩等人创办的"新月社"、鲁迅支持的"语丝社"等。这些文学社团的建立，说明了新文学运动已经从开始的侧重破坏旧文学转向致力建设新文学。

在第一个十年里，具有现代意义的中国文学从无到有、并发展壮大。第一个十年里最重要的作家是鲁迅。1918年他在《新青年》上发表小说《狂人日记》，这是中国现代小说史上第一篇用现代体式创作的白话短篇小说，它以内容和形式上的现代化特征成为中国现代小说的伟大开端，开辟了我国文学(小说)发展的一个新时代。而鲁迅的小说集《呐喊》、《彷徨》则是中国现代小说成熟的标志，其中的《阿Q正传》还是最早介绍到世界去的中国现代小说。而鲁迅的散文集《朝花夕拾》、《野草》分别开创了现代散文的两个创作潮流与传统——"闲话风"散文和"独语体"散文。

在中国古典文学中，小说一直处于不受重视的状态，被认为是闲暇时用来消遣的

"雕虫小技"。到了"五四"时期,小说终于取得了文学的正宗地位,创作上也有极大的收获。冰心的《斯人独憔悴》首先开创了"问题小说"的风气,之后又出现了人生派小说,这类小说的代表作家有叶圣陶,还有由王鲁彦、彭家煌等构成的乡土小说作家群。这一时期还出现了郁达夫为代表的"自叙传"抒情小说,他的小说集《沉沦》充分体现了他创作上的特色:即以情绪流动和心理变化来形成情感的结构,作品描写的主人公都是一些"零余者",在风格上具有感伤美和病态美。在这个时期里就总体而言,短篇小说的发展要优于长篇小说。

在诗歌方面,胡适等人在提倡白话文运动的同时也发起了新诗运动,早期的白话诗主要表现出了散文化的倾向,以有别于注重格律的旧诗。1921 年郭沫若的《女神》发表,这部作品不仅使"五四"时代的自由精神在新诗里得到更为充分的体现,而且诗人也更加重视诗歌本身的艺术规律,正是在这个意义上,《女神》堪称中国现代新诗的奠基之作。1922 年汪静之、冯雪峰、潘漠华、应修人出版了名为《湖畔》的诗歌合集,因而又被称为"湖畔诗人"。冰心的《繁星》、《春水》则引起了人们对"小诗体"的关注和兴趣。早期新月派提出了"理性节制情感"的美学原则和诗的形式格律化的主张,至此,中国新诗创作进入一个"自觉"的时期。另外,以李金发为代表的象征派诗歌、蒋光慈开创的无产阶级诗歌在这个时期也都出现了。

这一时期的散文有周作人的"言志"小品文、冰心的"冰心体"散文等,重要的散文作家还有朱自清,他的散文被公认为现代白话文创作的典范。戏剧家田汉、丁西林、白薇等创作活动也很活跃,由此中国现代话剧产生并发展起来。

新文学的第二个十年(1928—1937)里,社会形势变得更为复杂,这对文学创作也产生了极大的影响。这一时期的文学发展具有三个主要特征:一是文学的主潮随着社会的变革而变得空前政治化;二是无产阶级革命文学运动推进了马克思主义文艺理论的传播与初步的运用,并在相当程度上决定着此后二三十年间文坛的面貌;三是在左翼文学兴发的同时,自由主义倾向的作家的文学以及其他多种倾向的文学也并存着。

文坛上除了有以蒋光慈、丁玲、张天翼等人为代表的左翼小说外,还有京派作家的小说,其中叶圣陶的《倪焕之》与茅盾的《子夜》一起成为中国现代长篇小说的真正开端。在上海有海派小说,如施蛰存、穆时英以及新感觉派的作品。诗歌方面,有以穆木天、蒲风等人为代表的中国诗歌会,他们承接了上一时期的无产阶级诗歌传统。还有由后期新月派与 20 年代末的象征诗派演变而来的现代派,这一诗派是因《现代》杂志而得名的,著名的诗人有戴望舒、卞之琳等。散文的创作在第二个十年里也很活跃,鲁迅此时主要致力于杂文的写作,他的杂文风格恣肆,辛辣深刻,形成了他独有的个性化文体,不少左翼作家模仿他的杂文风格进行创作,被称为"鲁迅风"杂文。除了杂文外,这个时期还出现了报告文学,夏衍的《包身工》是早期报告文学的代表作。而林语堂的幽默闲适小品文和郁达夫的山水游记也是不容忽视的。中国的现代话剧随着曹禺的《雷雨》、《原野》等作品的发表而走向成熟。曹禺对话剧的贡献不仅于此,更在于他的极富想像力与创造力的实验性的创作,为中国现代话剧的发展开拓了广阔的领域,提供了丰富的可能性以及展示了多元的、自由创造的发展前景。

这个时期在小说创作上出现了许多重要的作家。茅盾为其中之一,他的小说《子夜》建立起了革命现实主义文学模式,从而使20世纪30年代的文学有别于“五四”,成为另一个文学时代,他还是中国现代批评的开创者之一。作家老舍(《骆驼祥子》、《四世同堂》等)的小说富于“京味”和幽默,他创作的成功标志着我国现代小说(主要是长篇小说)在民族化与个性化的追求中取得重要突破。巴金是深受青年喜爱的作家,他的中长篇小说带有强烈的主观性和抒情性,他善于写旧家庭的没落,如《家》;抗战爆发后他开始在作品中反映抗战的现实生活,作品《寒夜》以其深沉的悲剧艺术打动了读者,是最能代表巴金后期创作风格以及艺术水平的一部长篇力作。沈从文则用小说、散文建造起他特异的“湘西世界”,这个文学世界用“湘西人”这一主体来叙述、观照,而其中“供奉”的“人性”。通过作品,沈从文表现了他的人与自然“和谐共存”的、本于自然回归自然的哲学意识。他的小说代表作是《边城》,还著有散文集《湘行散记》等。

1937年7月至1949年是现代文学最后一个十年。期间中国大陆上先后发生了抗日战争和国内战争,国内形式十分复杂,社会矛盾空前激化,这些都对文学的发展产生极大的影响。战争时期,国家被割裂为不同的政治区域,身处其中的作家们根据各自特殊的环境而形成不同的创作特征。

国统区的小说主要是讽刺与追忆小说。抗战初期,人们的爱国情绪被空前激发,作家创作的着眼点也多在于表现民族精神与力量,随着抗战的持续与深入,他们的视线由光明转向了黑暗,1938年张天翼发表讽刺名作《华威先生》,掀起了暴露讽刺小说的浪潮,小说以提供了一个“包而不办”的抗战文化官僚的典型形象而著称。具有与鲁迅逼似的、沉郁厚重的讽刺美学品格的作家是沙汀,他的短篇代表作是《在其香居茶馆里》,长篇力作是《淘金记》。艾芜(《山野》)的创作以暴露为主。国统区40年代的讽刺最后是由钱钟书收束的,他是一位学者型讽刺小说家,作品《围城》熔道德、风俗、人情的批判于一炉,使一种机智讽刺得以确立,并大大增加了它的现代性质。这一时期的写实小说也在发生着变异,过去的抒情情结在20世纪40年代的部分作家看来已经过时,逐渐被对现实的体验所代替。体现了小说文体这种发展趋势的,是“七月派”作家的创作。通过路翎(《财主底儿女们》)、冯至(《伍子胥》)等人的创作我们可以理解到,40年代的体验型小说是在现实生活与历史生活的错综之中,升华出一个存在主义的人生命题:在关于怎样取舍的决定中,使人感受到生命的意义。师陀的《无望村的馆主》、《果园城记》属于追忆小说,还有汪曾祺,他的小说有写“最后一个”的模式,表现出对逝去的美的倚重。另外萧红的《呼兰河传》、骆宾基的《北望园的春天》等都是很好的作品。因特殊的政治背景、进步青年读者的大量流失以及商业文化更形突出等原因,以上海为首的沦陷区都市中小说并行地呈现出通俗和先锋的两面。予且是新市民小说的代表。还有张爱玲,她最主要的文学切入点是用华美绚丽的文辞来表现沪、港两地男女间千疮百孔的经历,她所提供的正是处于现代环境下依然顽固存留的中国式封建心灵的文化错位,代表作有《金锁记》等。此外还有《风萧萧》的作者徐訏和无名氏等作家。解放区出现了社会主义现实主义新型小说,这类小说在一种文艺政策的指导下,与西北广大贫瘠的农村和文化程度较低的农民读者相结合,具有民间化的特点,同时也与苏联文学、西方现实主义和浪漫主义文学有着一定联系,但与现代主义的世界文学潮流有着某种隔绝,相对形成了自足的体系。1942年延安文艺座谈会召开,毛泽东在会上做了讲话,次年,《在延安文艺座谈会上的讲话》正式发表。《讲话》的精神被贯彻在解放区的文艺创作实践活动中,随着中国共产党取得全国政权,解放区文学对50年代以后的中国文学产生了深远的影响。解放区作家中,孙犁是仅次于赵树理的重要作家,他的短篇小说着重于挖掘农民的灵魂美和人情美,艺术上追求诗的抒情性和风俗化的描写,带有浪漫主义的艺术气质,在他的《荷花淀》、《走出以后》等作品中表现了劳动妇女的灵魂美。康濯(《我的两家房东》)和孔厥(《受苦人》)也是善于描写农村题材的作家。还有表现部队生活的军事题材,如刘白羽的《无敌三勇士》等。解放区随后开展的"土地改革"斗争给作家们带来了新的创作题材,这类小说又被称为"土改小说",代表作品有丁玲的《太阳照在桑干河上》、周立波的《暴风骤雨》等。此外在解放区还出现了通俗文学,它与一般通俗文学不同在于,首先它是毛泽东文艺思想推动的结果,它还是一般革命的新文学家手中的武器。其作品除了赵树理的创作外,还有马烽、西戎合作的《吕梁英雄传》和孔厥、袁静的《新儿女英雄传》等。

抗战时期的中国新诗是以一个颇具戏剧性的简单认同为其开端的。芦沟桥事变震撼了诗人敏感的心灵与神经,几乎所有的人们都在一起唱起了民族解放的战歌,此时,中国诗歌会所倡导的具有强烈时代性、战斗性的写实主义诗风风靡诗坛,成为不同流派的诗人的共同归趋,新诗创作呈现出同声歌唱的局面。受此影响,自由诗体再次崛起,成为抗战时期诗歌形式的主流。抗战初期最受欢迎的诗人田间正是这样应运而生的"时代鼓手"。稍后,诗人们对初期所丢失的诗的艺术个性重新有了新的自觉追求。这一时期,在艾青的影响下,以理论家兼诗人胡风为中心,以《七月》以及后来的《希望》等杂志为基本阵地而形成了一个青年诗人群——七月诗派,七月诗派的历史地位主要是他们的艺术实践:诗人"突入"生活的发现,注入客观对象的主观精神、个性,他们所塑造的抒情主人公的形象,给诗坛所提供了新的东西。这个时期还出现了一批校园诗人,他们追求"诗"与"思"的融合,产生了中国新诗史上并不多见的"沉思的诗"。最早实现这种诗歌理想并显示出鲜明个性特征的是老诗人冯至,他的《十四行诗集》使中国现代诗歌第一次具有了"形而上的品格"。此外还出现了以穆旦为代表的中国新诗派。在20世纪40年代的敌后根据地里,由于"文艺为工农兵服务"成为主流意识形态,并得到根据地政权的支持,"诗的歌谣化"发展到了极致。所谓的"新歌谣"就是在民间传统歌谣形式中注入革命的内容，以达到宣传、教育、普及革命思想的目的。堪称这一时期歌谣体新诗代表作的是李季的《王贵与李香香》。值得注意的是，到了40年代，开始出现了如艾青的《诗论》、朱自清的《新诗杂话》、朱光潜的《诗论》等一批把新诗艺术探讨提到理论高度的学术著作，现代新诗终于有了自己的现代诗学的雏形，这也是现代新诗趋向成熟的又一个重要标志。

散文方面，报告文学在这个时期开始勃兴，最初取得成绩的是新闻性的战地报告，著名的作者有丘东平、骆宾基等，还出现了一些实写抗战中著名人物的纪实性散文，也称人物特写，比较接近传记的写法，既有文学性也有时事性。杂文继承鲁迅传统，创作也相当繁荣，出现了写作《蛇与塔》的聂绀弩，写作《长短书》的唐弢。小品散文虽然相对沉寂，还是有其特色，著名的散文作家如萧红、巴金、张爱玲、梁实秋、丰子恺等都没有停止创作。

戏剧方面，首先在敌后根据地出现了"新歌剧"的创造实验，其中的代表作《白毛女》更是成为现代民族歌剧的奠基之作。而在大后方和上海"孤岛"，"剧场戏剧"再次兴起，"剧场戏剧"的创作有三股潮流：一是历史剧创作的繁荣。除了郭沫若的作品外，还有阿英的三大南明史剧：《碧血花》、《海国英雄》、《杨娥传》。二是出现了正面描写知识分子的潮流。这表明了对现代知识分子在现代文学中理所当然的正面主人公历史地位的一种确认。作品有夏衍的《法西斯细菌》、陈白尘的《岁寒图》和《万世师表》、吴祖光的《风雪夜归人》等。三是讽刺戏剧的创作也得到发展。陈白尘(《升官图》)、老舍、丁西林都有不少的作品。

现代文学最后一个十年的重要作家，在小说方面有赵树理，他是在对"五四"以来新文学"欧化"倾向进行反省的基础上，建立他那种格外偏重大众化、通俗化的文学主张的，主要从民间文学中汲取艺术营养。在《小二黑结婚》等作品中他塑造了历史变革中的农民形象，采用评书体现代小说形式，使用的语言明白如话，富于幽默感，为广大农村读者所喜爱。诗人艾青的诗在中国新诗发展历史上所完成的是历史的"综合"的任务，一方面，他坚持并发展中国诗歌会诗人"忠于现实的、战斗的"传统，另一方面又克服、扬弃其"幼稚的叫喊"的弱点，批判地吸收现代派诗人在新诗艺术探讨中取得的某些成果，进一步丰富与发展新诗艺术，成为新诗第三个十年中最有影响的代表诗人。

中国现代文学的产生与发展是与本世纪中国所发生的政治、经济、科技、文化等的全面现代化的历史进程相适应的，也是其不可或缺的有机组成部分。文学更是在促进思想现代化、人的现代化方面发挥了特殊的作用。相应地，现代化进程中的中国社会、中国人也成为文学描写的主要内容，现代化对中国产生的影响也在文学上打下了深深的烙印。而"文学现代化"所发生的最深刻并具有根本意义的变革是文学语言与样式的变革，以及与此相联系的美学观念与品格的变革。现代文学虽然是对传统文学的变革与改造，但毕竟是中国自己的文学，它同时也不可避免地受到传统文学的影响，可以说，文学的民族化与文学的现代化一样成为中国现代文学必须解决的历史性课题，许多作家在理论与实践上为之作出了大量的探索，并积累了丰富的经验与教训，为中国文学后来的发展奠定了坚实的基础。

中国当代文学

中国当代文学指的是从1949年7月至今的中国文学。在中国共产党取得政权，全国统一之后，社会发生了翻天覆地的变化，文学的发展也相应的发生了变化。

1949年7月，中华全国文学艺术工作者第一次代表大会在北平召开，在这次会上确定了以延安文学所代表的文学方向作为当代文学的方向。至此，20世纪中国文学的发展出现了一次“转折”。“转折”在这里，指的主要是40年代文学格局各种倾向、流派、力量的关系重组。以延安文学作为主要构成的左翼文学，进入50年代成为惟一的文学事实；20年代后期开始，左翼文学为选择最理想的文学形态、推进文学“一体化”的目标所做的努力，进入一个新的阶段；毛泽东的文艺思想成为“纲领性”的指导思想；文学写作的题材、主题、风格等，形成了应予遵循的体系性“规范”；还有作家的存在方式，写作方式，作品的出版、阅读和批评等文学活动的方式也出现了重大变化。这一时期的作家发生了整体性更迭，一批40年代作家“边缘化”，他们中的大部分人都停止了创作或陷入创作困境；而“中心作家”也表现出与他们极不相同的“文化性格”。首先从作家出身的地域，以及生活经验、作品取材的区域而言，出现了从东南沿海向西北、中原的转移；其次，对这一时期“中心作家”的多数人来说，文学写作与参加革命活动是同一事情的不同方面，文学被看作是服务于革命事业的一种独特的方式；另外，这些作家大多学历不高，在文学写作上准备普遍不足。这就使得“高潮”就是“终结”的“一本书作家”在此时成为普遍现象。

20世纪50至70年代，小说的创作有其独有的规范。在题材上，这个时期小说的题材是被严格分类的，不同的题材类别被赋予不同的价值等级，出现了“主要题材”、“次要题材”的概念。从小说的体裁上说，长篇小说因其把握生活素材的规模和容量而受到重视，它便于作家“反映这个伟大的时代”，写出“史诗式”的作品；而短篇小说则以能迅速、敏捷的反映生活而受到欢迎。在题材处理上，当代长篇小说侧重于表现“历史”，短篇小说更多关注“现实”。此时，那种写英雄典型、写生活中的矛盾冲突、设计有波澜起伏的情节线索的小说的主张，取得了绝对统治地位，同时也成为衡量作品价值的主要尺度，留给“诗化”、“散文化”小说的发展空间已经很狭小，导致了小说形态的单一化趋向。五六十年代农村小说艺术形态有两个发展趋势：一是对表现“现实斗争”的强调，即要求作家关注那些显示“中国社会”面貌“深刻变化”的斗争，这通常是指当时开展的政治运动；二是为了达到描写上的“深入核心”，作家在立场、观点、情感上要与自己的表现对象（农民)相一致。以农村生活为主要取材范围的作家有赵树理(《登记》、《三里湾》)等山西作家,以创作了《创业史》的柳青为代表的陕西作家,此外还有周立波(《山乡巨变》)、李准(《李双双小传》)等。中国现代革命历史成为这一时期历史小说主要的取材对象,这些小说大多采用长篇的形式,它们的主要目的在于以对历史"本质"的规范化叙述,为新的社会的真理性作出证明,以具象的方式,推动对历史的既定叙述的合法化,也为处于社会转折期中的民众提供生活准则和思想依据。在创作中,作家们自觉地将作品的史诗性作为自己的艺术追求。这类作品有杜鹏程的《保卫延安》、吴强的《红日》、梁斌的《红旗谱》、罗广斌与杨益言合作的《红岩》,还有欧阳山以"一代风流"为总题的小说《三家巷》、《苦斗》等。还有些作家主要采用短篇的形式来描写革命历史,有峻青的《党员登记表》、王愿坚的《七根火柴》、茹志鹃的《百合花》等。杨沫的《青春之歌》、高云览的《小城春秋》则是在写"革命历史"的同时也写知识分子"成长"的长篇。姚雪垠的《李自成》虽然描写的是历史上的农民起义,但作者用于考察起义军的思想基点,却是对20世纪工农红军的经验教训的总结,它也参与了当时长篇历史小说对现代历史本质的揭示。在新政权领导下的中国,过去那些为有闲阶级所把玩、消遣的都市通俗文学是不可能再出现了,但为了满足通俗作品读者的需求,出现了新的通俗文学,知侠的《铁道游击队》、冯志的《敌后武工队》、刘流的《烈火金刚》、曲波的《林海雪原》都是家喻户晓的作品。此外,这个时期还有表现工业题材的《百炼成钢》(艾芜)和表现城市生活的《上海的早晨》(周而复)。

这一时期对文学社会功能的强调,在诗歌上表现为对写实性的重视。这种"写实"倾向一方面表现为叙事诗异乎寻常地"兴盛",另一方面,大多数的抒情短诗都有着人物、场景、事件的框架。当代"写实"诗体的主要代表者有李季,在《玉门诗抄》等作品中他建立了一贯而单一的将战争和建设加以联结和转换的视角,作为他观察和体验的支点。还有写作了《天山牧歌》、《复仇的火焰》的闻捷以及张志民、阮章竞等人。而四五十年代社会"转折"所展现的诗意色彩也吸引了一批青年进入诗歌领域,他们当时大多在军队服役,走向诗和走向革命对他们而言是同一事情的不同方面,在创作准备上,他们主要是借鉴了"五四"以来、以自由体诗为核心的新诗以及在20世纪50年代仍很有很大影响的外国浪漫主义诗歌。其中最早获得诗界较高评价的是公刘,在《在北方》等作品中他形成了从现象描述到"哲思升华"的结构,在当时很快演化为一种"诗体"模式被广泛运用。在20世纪50年代末或60年代初,出现了"政治抒情诗"的概念。在"政治抒情诗"中,"诗人"会以"阶级"(或"人民")的代言者的身份出现,来表达对当代重要政治事件、社会思潮的评说和情感反应;在诗体形态上,表现为强烈的情感宣泄和政论式的观念叙说的结合;这类诗一般都是长诗,通常采用大量的排比句式对所要表现的观念和情绪进行渲染、铺陈,讲求节奏分明、声韵铿锵,经常使用马雅可夫斯基的"楼梯体"的组织方式,并不断融入中国古典诗歌的对偶、排比方法,以加强形式感。主要作者有贺敬之、郭小川等。

和诗歌的情形一样,这个时期散文的创作也更侧重于"纪实"方面,通讯、报告、特写在散文中占有绝对的分量。当时创作的两大主题，一是对“新时代”的歌颂，对当时展开的“社会主义建设”的描述；一是表现朝鲜战争的英雄行动。魏巍的《谁是最可爱的人》、《依依惜别的深情》等作品在当时影响最大。回忆录和“史传”性散文在50年代受到特别提倡，它们与革命历史小说一起，成为以“形象”的手段来确立对现代中国历史的权威叙述的重要凭藉。1956—1957年和60年代初先后出现了散文小品的“复兴”，持续的时间虽然很短，仍旧出现了许多有影响的作品、作品集，《荔枝蜜》、《茶花赋》的作者杨朔在散文中形成了“开头设悬念，卒章显其志”的结构模式；刘白羽在《长江三日》、《平明小札》等作品中经常采用现实生活场景和战争年代记忆相交织的构思方式，也记叙事件，也描绘场景，最重要的是抒发那种激越的感情。秦牧的散文表现出重视“知识性”的特点，其写法是杂文和随笔的调和，《古战场春晓》、《社稷坛抒情》等作被广泛称道。杂文创作一直相对沉寂，在两次“复兴”时也曾一度活跃，主要有邓拓的《燕山夜话》和吴南星的《三家村札记》。

五六十年代的剧作家队伍中，既有40年代的老作家，也有一批青年作家。在创作上和小说的状况一样，都强调题材的重要。这一时期反映现实生活的剧作成功的很少。其中，老舍的《茶馆》的写作与演出是这些年最值得重视的大事。他借北京城里一间茶馆在三个时期（清末1898年初秋、袁世凯死后军阀混战的民国初年、40年代抗战结束内战爆发前夕）的变化，来表现19世纪末以后半个世纪中国的历史变迁。他采用了被称为“图卷戏”或“三组风俗画”的创新形式，相对于“现实题材”，“历史题材”创作对现实政治反应的一定程度的间接性为作家的艺术创造提供了较大的空间，因而，在50年代末期到60年代初，出现了“历史剧”的创作热潮。有郭沫若的《武则天》、田汉的《关汉卿》、曹禺的《胆剑篇》等。

除了符合文学规范的作品外，这个时期还存在着一些或偏离或悖逆主流文学规范的主张和创作，可以用“非主流”一词来表述它们。最初的异端出现在50年代初，萧也牧的《我们夫妇之间》、路翎的《洼地上的“战役”》等后来都受到批判。1956年5月毛泽东提出“百花齐放，百家争鸣”的口号，一批作家响应号召起来探索文艺的新形式新道路，后来这些作家作品都受到了严厉批判，这一文艺方针在1957年上半年就结束了，于是1956—1957年之间被称为“百花时代”，其间出现的作品称“百花文学”。有刘宾雁的《在桥梁工地上》、王蒙的《组织部新来的青年人》、宗璞的《红豆》等，大部分都是短篇。

1966年，发表了《林彪同志委托江青同志召开的部队文艺工作座谈会纪要》，此后是长达十年的“文化大革命”，文学创作基本陷于沉寂，只有少数“样板”作品被允许出版、上演。有被称作“革命样板戏”的《红灯记》、《沙家浜》、《智取威虎山》，舞剧《红色娘子军》等，小说方面主要是浩然的《金光大道》。除了公开出版发行的文学作品外，当时还存在一种“地下文学”，一些作家秘密写作，一些作品以手抄本的形式在民间悄悄流传。老诗人穆旦在1975到1976年间，创作了《冥想》等三十余首诗，“知青”郭路生（食指）是写作较早而影响最大的，主要作品有《海洋三部曲》等，在体制和艺术方法上，他的诗作与当时的抒情诗没有很大差别，但他回到真实的情感和体验进行写作，在那个时代无疑具有强烈的叛逆性质。“文革”中青年诗歌写作形成一定规模和群体性的，是“白洋淀诗群”。他们是一群北京的知青，先后来到河北白洋淀及其附近地区插队，和同时代青年相比，他们有更多机会接触当时属于“禁书”的中外文学、政治、哲学等方面的书籍，为创作奠定了较好的基础。对于他们来说，写作甚至成为他们生存方式的重要构成，他们的诗有特定的“发表”和传播方式，主要靠小圈子传看、传抄的阅读方式传播。主要诗人有芒克、多多、根子等。手抄本小说中，张扬的《第二次握手》拥有大量的读者，靳凡的《公开的情书》、赵振开（北岛）的《波动》和礼平的《晚霞消失的时候》是“文革”后期的重要作品。

“文革”结束后，出现了刘心武的《班主任》、卢新华的《伤痕》，它们提示了文学“解冻”的一些重要特征：对个人的命运、情感创伤的关注，和作家对于“主体意识”的寻找的自觉。真正实现从“文革文学”转变的是20世纪80年代的作品。政府采取的一系列拨乱反正的措施，以及大量介绍、引进西方文化学术成果，对文学的发展起到很大的作用。作家群又一次开始了“重组”，不过这次是在读者和市场需求的引导下产生的，一些“文革”前的老作家重新开始创作，一批知青作家走上文坛，还有一些“文革”后已届中年才进入创作活跃期的作家，这个时期还出现了大批女作家，他们的创作极大地丰富了“文革”后的文学。

1985年以前，由于“文革”刚刚过去，一切记忆都还新鲜而痛切，对“文革”进行批判和反思成为小说的主要内容。最早出现的是揭露“文革”灾难，描述知青、知识分子、受迫害官员在“文革”中悲剧性遭遇的作品，被称为“伤痕文学”，即前面提及的刘心武等人的作品，稍后又有了“反思文学”，它是前者的深化。同时还有“改革文学”，蒋子龙发表于1979年的《乔厂长上任记》是开风气之作。老作家王蒙在八九十年代是个多产作家，他涉及“文革”的作品很快离开那种揭露、控诉的题材和情感方式，也离开当时普遍采用的历史事件的结构框架，它们表现出更关注人的心灵现实，和对历史理念、逻辑所作的哲理思辨的倾向。他除了《活动变人形》这样具有执著反省精神的长篇外，还有《春之声》、《坚硬的稀粥》等作。张贤亮的代表性作品是那些以自身近二十年“苦难生活”经历为素材的作品，如《绿化树》、《男人的一半是女人》等。高晓声在20世纪80年代初以表现当代农民的命运著称，象《李顺大造屋》、《陈奂生上城》等作品都揭示了当代农民性格心理的“文化矛盾”。其他作者还有李国文、从维熙等。这个时期，对那些作者本身是知青、作品也主要描写知青生活和命运的作品，人们用“知青文学”这一概念来指称。知青文学常带有明显的自传色彩，他们关心的是对自己“这一代人”的青春、理想的失落的寻找，后来转向表现新的生活矛盾与精神困惑上，如王安忆的《本次列车终点》和孔捷生的《南方的岸》。80年代中期以后，“知青文学”作为一种文学潮流已失去实质意义。1985年以“知青作家”为主的一些中、青年作家提出文学“寻根”的主张，其文学本身的动机在于希望用新的眼光观照中国文化，以重建既有民族特色又能走向世界的新文学。对风俗、地域文化的兴趣是这期间小说创作出现的重要现象。邓友梅的《那五》，冯骥才的《神鞭》，贾平凹的“商州系列”（《腊月·正月》、《天狗》等）以及长篇《浮躁》，莫言的《红高粱》系列等都是出色的作品。汪曾祺虽然是身处流派之外的作家，他的小说被文学寻根的提倡者认为是重视民族文化底蕴取得成功的例证，他的小说如《受戒》、《大淖记事》等注重风俗民情的表现，并呈现如日常生活的自然形态，文字简洁质朴，且不乏幽默典雅。刘索拉的中篇《你别无选择》也在1985年发表，有的批评家称之为“真正的”现代派小说。不久又出现了“先锋小说”（或称“实验小说”），它的出现应该说是同时从马原和残雪那里受到的启发：马原（《拉萨河的女神》）叙述的自觉；残雪（《山上的小屋》）以非现实的意象冷静地展示“恶”与“暴力”的能力。“先锋小说”作家还有苏童（《妻妾成群》）、格非（《褐色鸟群》）、叶兆言（《枣树的故事》）、孙甘露（《信使之函》）以及余华（《现实一种》）等。出现时间与“先锋小说”十分接近的是“新写实小说”，作家的创作意图是不作主观预设地呈现生活“原始”状态。池莉的《烦恼人生》、《不谈爱情》和《太阳出世》被称为“新写实三部曲”，方方的《风景》也被当作“新写实”的代表作。还有刘震云的《一地鸡毛》、刘恒的《伏羲伏羲》等。还有一些难以完全归入某一流派的当代重要作家：如韩少功，他的代表作有《爸爸爸》，以及发表于20世纪90年代的《马桥词典》；阿城在《棋王》等作品中，将寻根主要表现为从传统文化中寻找理想的精神，作为人对世俗生活超越的凭藉；史铁生的作品如《命若琴弦》等具有浓重的哲理意味；还有《古船》的作者张炜以及张承志（《黑骏马》）。1985年以后女性作家的创作进入一个繁荣期。女性作家中包括“文革”后恢复写作的老作家，一部分是“知青”作家，还有一些是出生于20世纪50年代末60年代初的年轻作家。谌容发表于1980年的《人到中年》被看成是“新时期”文学“复兴”的标志性作品。张洁则以写作具有女性意识和反映女性问题的作品而著称，如《爱，是不能忘记的》、《方舟》，她还有《沉重的翅膀》这样表现改革主题的作品。同一时期的女作家还有王安忆（《小鲍庄》）和铁凝（《哦，香雪》、《玫瑰门》）。在八九十年代之交，文坛出现了另一些女作家，除了池莉、方方等人，还有林白（《一个人的战争》）、陈染（《私人生活》）、海男和迟子建等人。

“文革”后的诗歌创作，主要由被称为“复出的诗人”的群体和一群青年诗人承担。1980年，艾青把他的第一本诗集定名为《归来的歌》，流沙河、梁南也写了题为《归来》和《归来的时刻》的诗，因此这些复出的老诗人被称为“归来者”，他们的诗有一些特征是共同的，如个人心理情绪的“自白性质”，以“历史反思”为核心的理性思辨倾向，对于社会人生理想的坚持和以感情直接抒写的诗歌表达方式。这类作品还有绿原的《又一个哥伦布》、曾卓的《悬崖边的树》、公刘的《哦，大森林》等。复出诗人在20世纪80年代后期和20世纪90年代仍保持创作活力的有牛汉（《悼念一棵枫树》）、郑敏（《诗人与死》）、昌耀（《慈航》）等，尤其是昌耀，他把自己的生活哲学意识——人类最基本的生活追求和最高贵的精神品格，就存在于现实的日常生活形态中，转化为他的诗的情感和思想方式；他的诗歌语言是充分“散文化”的，注重的是内在节奏的力度。20世纪70年代末一批青年诗人的出现是当时诗界的重要现象，他们的创作对当代诗歌规范表现出较多的“叛逆”特征，在开始时，被称为“朦胧诗”运动。1978年12月，《今天》在北京创办，是这个运动的重要标志。在“朦胧诗人”中舒婷是最先得到有限度的认可和出版诗集的机会的，《致橡树》等诗从整体上表现了对个性价值的尊重，语言清新而不落俗套。顾城则是这些诗人中年龄最小的，他出版有诗集《黑眼睛》等，在创作中，他以一个“任性的孩子”的感受，在诗中创造一个与城市、与世俗社会对立的“彼岸”世界，因此被称为“童话诗人”。其他“朦胧诗人”还有江河、杨炼、北岛等。之后，出现了一些比“朦胧诗人”更加年轻的作者，他们的探索有别于前者，称自己为“第三代人”，创作也被称作“第三代诗”或“后新诗潮”、“新生代”等。他们形成了一些有一定规模的实验性诗歌团体：南京的“他们文学社”、上海的“海上诗群”等，四川的诗歌实验活动十分活跃，在理论上他们提倡的有整体主义、新传统主义、“非非主义”、“莽汉主义”等。1985年，翟永明的组诗《女人》正式发表，这标志着“女性诗歌”在80年代中期成为第三代诗歌中可观的一部分。所谓“女性诗歌”，指那种“回到和深入女性自身”，表达她们基于独特的生命体验所获具的人性深度的诗歌。这一时期的重要诗人还有海子，他著有大量抒情短诗和被称为“《太阳》七部书”的七部长诗，他的抒情短诗有浪漫、梦幻的色彩，在他诗中常出现的意象是麦地、村庄、月亮、天空等，他赋予这些意象以新的诗意，使它们与现代社会的个人经验产生了联系。

20世纪80年代的散文，相对于当时的小说、诗歌等，其状况比较平淡，到了20世纪90年代，突然出现了热烈而繁荣的局面，各地热销的散文集子中，除了当代作家的作品外，还有许多是对20世纪20至30年代写日常生活、提倡闲适情调的小品的重新发掘，周作人、梁实秋等过去的散文作家不仅被当代读者重新“发现”，他们的作品也引导了20世纪90年代散文的重要写作方向。对20世纪80年代以来的文学而言，反思包括“文革”在内的“当代”中国历史是一个重要的主题，散文写作方面，也出现了一批书写“历史”的记忆的作品，主要是一些老年作家回忆往事，主要有巴金的《随想录》、杨绛的《干校六记》、丁玲的《“牛棚”小品》等。20世纪80年代以来文学创作的“主体性”得到强调，对散文创作而言，一方面是强调散文创作的文学“自觉”意识，另一方面则是突出文学的“向内转”，侧重表现创作主体的“个性”、“心灵”。因此一种可称为“抒情散文”的形态得到较多发展。主要的作家有贾平凹，他的散文无论在思想意蕴、文化趣味，还是在语言表达上都倾向于吸取中国文学传统因素，一种“虚”“静”的境界和简洁古朴的文风互为表里。一些女作家的散文也常常表现出“抒情性”的特征，她们善于从细微的日常生活中挖掘诗意，并在对自我情绪的敏感表达中，营造一种细腻而多情的情调，如唐敏、王英琦等人的创作。在这个时期，还出现了一种被人称为“学者散文”或“文化散文”的散文形态。这些散文的作者大多是一些从事人文学科或社会科学研究的学者，他们在专业研究之外，创作一些融会了学者的理性思考和个人的感性表达的文章。这种散文的出现，显示了知知识分子关注现实问题和参与文化交流的新的趋向。这类散文的作者有张中行(《负暄琐话》)、金克木、余秋雨(《文化苦旅》)、王小波等人。

20 世纪 90 年代以来，在中国大陆，市场经济全面展开并获得体制上的合法性，市场化不仅改变了作家的生存方式，也出现了作品自身与出版运作、广告宣传相配合而构成"畅销"热点的现象，如王朔的写作与他的《王朔文集》的出版。市场经济的发展，使得文学与政治间的结合远不如过去那么紧密。中国的消费文化在 20 世纪 90 年代基本成型，"大众文化"成为人们主要的文化需求，并基本上形成了一套工业形态的运作方式，文学的分化十分明显，"主流文化"(或官方文化)、知识分子文化(或高雅文化)和大众文化(或通俗文化)同时并存，这也造成了知识分子群体的进一步的分化。另外，此时的中国知识界对"现代化"的态度和想像已不同以往，20 世纪 80 年代那种进化论式的乐观情绪已经消失，取而代之的是更多的怀疑和思考，这个时期，"全球化"对中国的影响也是不容忽略的。在种种外在因素的影响下，20 世纪 90 年代以后的文学，一方面存在着保持"精英"立场、试图从文化理想中寻找反抗商业社会的实用主义和功利主义的精神资源的作家，同时也存在着表现现代都市生活物化的现实，甚至表现市民趣味的作品。总之，文学正在朝着日益多元化、个性化的方向发展。

科幻小说概述

一、科幻小说溯源

在很多人的眼里,科幻小说是一种新的文学样式。其实不然。科幻小说的历史源远流长,不过,在一个很长的时期,科幻小说在文学史上没有地位,未能得到人们足够的重视。

说到科幻小说的由来,首先要从人的幻想说起。幻想是人类的天性。没有幻想,就没有人类的发展。幻想也是文学的源头。人类失去了幻想,就不会有文学,不会有文学的发展。无论是浪漫主义文学、现实主义文学,还是其它流派的文学,都离不开幻想。幻想更是科幻小说的灵魂。著名科幻作家叶永烈认为,科幻小说就是科学+幻想+小说。也就是说,科幻小说由"科学"、"幻想"、"小说"三个要素组成。在这三个要素中,幻想是核心,是灵魂。一部科幻作品,没有好的幻想,就没有了灵魂,科幻作品与其他作品相比,就没有了区别,就会失去存在的意义。

科幻小说的发展,有一个漫长的过程。关于世界第一篇科幻小说的认定,学术界存在很大的争议。有人认为,世界上第一篇科幻小说,应该是中国古代著作《列子·汤问》中的《偃师造人》。这篇作品,描写一名工匠造了一个机器人献给国王。从故事内容看,它不同于神话和传说,具有浓烈的科幻色彩。但大多数人认为,科幻小说的前身是神话。科幻小说的源头,应从神话中寻找。

西方学者认为,近代科幻小说产生于西方。它的源头,是西方的浪漫主义文学。他们认为,西方浪漫主义文学始于原始神话,由原始神话发展为悲剧和史诗。后来,幻想文学发展为四个分支:宗教文学、乌托邦文学、假旅游文学和科幻小说。其中宗教文学的源头应该是《圣经》。无论是《旧约全书》还是《新约全书》,都有强烈的幻想色彩。在乌托邦文学中,从柏拉图的《理想国》到托马斯·莫尔的《乌托邦》,展示的都是人类幻想的生活样式。假旅游文学的文本数量极大。从西班牙作家塞万提斯的《唐·吉诃德》,到法国作家希拉诺的《日月——两个世界的旅行》、英国作家笛福的《鲁滨逊漂流记》等等,这些诞生于17世纪到18世纪的作品中,记载的大都是假想的旅游生活,其间充满了虚构的生活情景,有的甚至写到了外星人,如法国作家伏尔泰的《麦克·罗梅嘉》,已同现代科幻小说十分接近。

但是,真正意义上的科幻小说,其产生依赖于社会的进步和科学技术的发展。18世纪中叶以后,科学技术取得了巨大的进步,一系列科技成果的出现,日益深刻地影响着人们的生活。同时,西方资产阶级革命浪潮汹涌澎湃,人们的思想变得异常活跃,为现代科幻小说的产生奠定了坚实的科技基础和思想基础。

二、现代科幻小说的初创时期

从19世纪20年代到20世纪20年代,是现代科幻小说的初创时期。这一时期的著名的科幻作家,有玛丽·雪莱、儒勒·凡尔纳、乔治·威尔斯等。

被西方科幻界公认的第一部现代科幻小说,是英国著名诗人雪莱的夫人玛丽·雪莱的《弗兰肯斯坦》。玛丽·雪莱是当时罕见的叛逆女性,她敢做敢为,热情奔放,思想十分活跃。1816年,她同雪莱、拜伦等一行在瑞士旅游。一个雪夜,大家用讲恐怖故事来打发时间,并相约把各自讲述的恐怖故事写出来。后来,只有玛丽把自己讲的故事写了出来,这就是长篇小说《弗兰肯斯坦》,并于1818年正式出版,成为现代科幻小说的奠基之作。后来,她又写了长篇科幻小说《最后的人》。这两部作品,开创了科幻小说两大题材,即描写人造人和世界末日。

玛丽·雪莱之后，出现了科幻文学史上的两个巨人。一个是法国作家儒勒·凡尔纳。他写了至今仍很有影响力的《地心游记》、《气球上的星期五》、《海底两万里》等作品。另一位作家,是英国人乔治·威尔斯。他写了《时间机器》、《隐身人》、《星际战争》等作品。正是这两位作家，为现代意义上的科幻小说在文学史上确立了无可动摇的地位。

这一时期,还有一些作家,也写了数量不等的科幻小说,为科幻小说的发展起到了推动作用。如以写福尔摩斯探案故事而闻名于世的英国作家阿瑟·柯南·道尔,创作了《失去的世纪》、《有毒的地带》等,美国作家埃德加·赖斯·布鲁斯创作了人猿泰山系列,英国作家史蒂文森创作了《化身博士》等,美国作家艾德加·爱伦·坡出版了《爱伦坡科幻小说选》等。

现代科幻小说的初创时期长达一个世纪。在这漫长的100年中,科幻小说创作上的特点,可以归纳为以下几个方面:

一是作家的探索具有很大的随意性。作者和读者对科幻小说的认识很模糊,在很多国家,还没有科幻小说的概念。对科幻小说,没有一个固定的称谓,有人叫它"科学小说",有人叫它"科学浪漫文学",还有人叫它"不可能小说"、"变异小说"等等。不过,作为一种相对独立的文学样式,作为文学的一个重要分支,科幻小说的一些基本特征已经形成。

二是科幻作家人数较少。100年间,在文学史上留下姓名的科幻作家,只有数得着的几个人。其中成就最大的是凡尔纳和威尔斯。西方科幻界认为，威尔斯是科幻小说之父。在中国，则推崇凡尔纳。近百年来，中国是世界上翻译出版凡尔纳作品最多的国家之一。

三是科幻小说理论没有形成。极少有人专门研究科幻小说，科幻小说的特征和创作规律未能得到应有的理论总结。作为科幻作家，也只是把科幻小说作为文学的一种样式来写。由于科幻小说在文学上还没有应有的地位，甚至没有作家敢说自己写的是科幻小说，他们担心引起争议，也害怕受到文学界的批评和责难。

四是科幻小说已从科普作品中完全分离了出来。作家作品所关心的问题，已不是科技本身，而是科技进步对人类社会带来的影响。因此，科幻小说从一开始就是文学，它所关注的是人类的发展和命运。

五是科幻小说的艺术手法大都粗糙，作品中也缺乏比较深刻的社会思想和哲理。

六是作家尝试了包括太空旅行、深海探险、人体科学、时间旅行、域外生命、人工造人、重大灾难等在内的大部分科幻题材。

三、科幻小说的成熟期

20 世纪 30 年代至 60 年代，是科幻小说的成熟时期。这一时期，出现了大批优秀的作家和作品，出现了专门发表科幻小说的杂志。20 世纪的头 20 年，西方科幻小说界比较混乱，呈现出一种群龙无首的局面，很多所谓的科幻小说，不过是一种庸俗的科幻故事。20 世纪 30 年代，美国电气工程师雨果·根斯巴克主编著名的科学杂志《科学与发明》，经常在刊物上发表科幻小说。1932 年，该刊推出一期“科幻小说专号”，引起轰动。从此，科幻小说占据了该刊的重要位置。1937 年，美国科幻作家约翰·W·坎贝尔成了科幻刊物《惊人故事》的编辑。他编辑发表了大量的科幻小说，引起很大的反响。第二年，他把《惊人故事》改名为《惊人科幻小说》，成为专门发表科幻小说的刊物。这两个刊物，培养了一大批科幻作家，科幻小说迅速繁荣起来，逐渐走向了成熟，美国也因此成了西方科幻小说的主阵地，美国作家成了科幻小说创作的主力军。

这一时期，科幻小说创作的领军人物，是美国科幻大师艾萨克·阿西莫夫、罗伯特·A·海因莱因，英国科幻大师阿瑟·C·克拉克。

阿西莫夫生于俄国，3 岁时举家迁往美国，后加入美国籍。父亲是工人和推销员，后来开设一家糖果铺。阿西莫夫小时候生活贫困，上大学前，一直帮助父亲照顾店铺。他 16 岁开始业余创作，18 岁时认识了著名的科幻编辑坎贝尔，经常向坎贝尔主编的《惊人科幻小说》投稿，成为坎贝尔的挚友。1950 年，他出版了第一部长篇科幻小说《天空中的小石子》；1959 年成为《幻想与科学小说杂志》的专栏作家。

阿西莫夫的作品大都是短篇，早期作品收入自编的两卷本选集《早期的阿西莫夫》,此外还有 10 个短篇小说集,20 部长篇小说。他的代表作品是"机器人"系列和"基地"系列。他创作了"机器人"系列科幻小说,还和坎贝尔提出了著名的"机器人学三定律",即机器人必须为人服务;机器人在人类陷入困境时必须舍弃自己,救助人类;机器人要善于自救。后来,"机器人学三定律"成为作家创作机器人科幻小说时必须遵从的原则,对科幻小说的创作产生了重大影响。"基地"系列则是一个不封闭的系列长篇科幻小说。这一系列作品中,深刻地反映了人类社会的历史进程,揭示了科技进步对人类心理的影响。他的多数作品描写场面宏大,表现气势壮观,被后来的科幻作家奉为大场面作品的楷模。

阿西莫夫在小说创作方面成就卓著,除了科幻小说外,还写了很多科学著作。他的名气很大,也很自负。他这样概括自己的一生:我决定从化学方面取得哲学博士学位,我做到了;我决定娶一位不同寻常的姑娘,我做到了;我决定要两个孩子,一男一女,我做到了;我决定写故事,我做到了;以后我又决定写论述科学的书,我做到了;以后我又决定写小说,我做到了。

海因莱因于 20 世纪 30 年代末开始发表科幻小说。他的《生命线》、《道路必须滚滚向前》、《安魂曲》等一系列科幻小说,在读者中产生了很大的影响。后来,他开始有计划地创作以 1951 年至 2600 年的人类历史为背影的科幻小说,把一部美国历史搬到了未来,先后出版了《傀儡主人》、《通往夏天的门》、《金星伞兵》、《异乡异客》、《月亮是严厉的色女王》等作品。他擅长编写故事,更擅长通过科幻小说揭示人物的感情。他写过一部名为《时间足够你爱》的科幻小说,主人公 2360 岁。两千年间一直谈恋爱,谈得缠绵悱恻、难舍难分。

这一时期,可以与美国科幻作家一比高低的是英国科幻大师克拉克。他是一位著名的科幻作家,也是一位著名的科学家,在学术界有着崇高的地位。他是国际通讯卫星的奠基人,曾为通讯卫星的发展提出过重要的理论依据。

克拉克从事的专业是无线电通讯技术,他的科幻小说,也大都与太空航行有关。其代表作品有《童年的终结》、《城市的星星》、《与拉玛相会》等,其中最著名的是《2001 年太空探险》,场面十分宏大,展示了人类的过去、现在和未来。在科幻界,科幻小说被分为硬科幻和软科幻两种。一般认为,以描写自然科学为重点的科幻小说,属于硬科幻;侧重于社会科学描写的科幻小说,属于软科幻。克拉克的科幻小说,大都属于硬科幻。

这一时期,中国的科幻小说也进入了初创时期。从 19 世纪末到 20 世纪初,国内一些睁开眼看世界的文化人,陆续翻译出版了凡尔纳等人的科幻小说。中国人创作的第一部现代科幻小说,是徐念慈于 1905 年出版的《新法螺先生谭》;稍后,有萧然郁生的《乌托邦游记》和吴趼人的《光绪万年》等。民国时期,随着新文化运动的发展和西方文化的影响,出现了一大批科幻作家和作品,如顾均正的《和平的梦》、《性变》,老舍的

《猫城记》,许地山的《铁鱼的鳃》等。这一时期,中国的科幻小说,比较关注现实,关注民族的命运。单从作品的主题看,这一点,同西方科幻小说有着明显的区别。

就世界范围来看,这一时期的科幻小说,主要有以下特点:

一是作家和读者对科幻小说的认识趋向统一,科幻小说的概念开始确定下来,很多作家能够明确承认自己的作品是科幻小说。

二是科幻小说创作有了相对固定的模式。这个模式包括:科幻小说必须是一个有悬念的完整故事;这个故事必须与科学发展和科学家的工作生活有关;无论长篇还是短篇,科幻小说一定要有几个宏大的场面;科幻小说的结尾一定要有哲理。这一时期的作家,几乎都按这个模式写作。

三是科幻作家几乎开拓了所有的科幻题材。

四、"新浪潮"运动时期

从20世纪40年代后期开始,世界进入冷战时期,社会心态发生了重大变化。人们发现,科幻小说离现实太远,不能解决生活中的实际问题。特别是苏联第一颗人造卫星的上天,给西方世界以巨大的震动。西方人感觉到了来自苏联的威胁,迫切要求科技的迅速发展,以便解决科技上同苏联抗衡的问题。此外,长期以来,由于科幻小说形成了固定的模式,从而制约了科幻小说的发展,使科幻小说创作落入了低谷。在这种情况下,作为科幻作家,自然不甘寂寞。他们开始寻求创作上的突破。

20世纪60年代初期,这种探索有了结果,英国出现了一系列新的科幻小说。这些科幻小说,不再推崇传统的科学技术,不再过度重视科技本身的发展,而把注意力放在了心理学、社会学、政治学以至神学对人类社会的影响方面。这类作品,被人们称为"软科幻"。它注重文学性,侧重于对社会问题的超前反映。后来,部分科幻小说被女编辑朱迪丝·梅丽尔结集出版,命名为"新浪潮"。于是,以新浪潮为名,科幻小说创作进入了一个变革时期。这一时期,被科幻界称为"新浪潮运动时期"。这一时期,前后持续了近20年。

"新浪潮"运动的领军人物是英国作家J·G·巴拉德和布莱恩·奥尔迪斯。

巴拉德1930年生于中国上海。日军侵占上海后,巴拉德一家被日军关进了集中营。集中营的生活对他以后的创作产生了深刻影响。日本投降后,巴拉德返回英国,进入剑桥大学学习。1956年,他开始发表科幻小说。1961年,出版了第一部长篇小说《狂风世界》,引起很大反响。后来,他陆续出版了《沉没的世界》、《结晶的世界》、《残暴行为展览会》、《冲突》、《混凝土之岛》和《强光》等。巴拉德的科幻小说带有明显的探索性和人文关怀,特别注重探讨巨大灾难对人类的影响,因此成为"新浪潮"运动的旗手。

布莱恩·奥尔迪斯的作品,注重探讨科学与人性的关系。他的很多作品中,已经看不到传统科幻小说的影子。他坚持从科幻的角度思考社会的发展，侧重于描写人类的不幸与奋斗，揭示人性的本质。他的代表作有长篇小说《热房间》、《隐生代》和短篇小说《户外》等。

“新浪潮”运动也影响了美国。美国“新浪潮”运动的代表人物是菲立普·J·法玛。他开创了科幻小说中的性题材，其代表作品《恋人们》，曾引起巨大轰动。

“新浪潮”运动在西方兴起之时，正是新中国建立之初。新中国初建，百废待举，在科技战线上，掀起了向科学进军的热潮。这一热潮的兴起，为科幻小说的创作提供了前所未有的社会环境，于是，科幻小说创作蓬勃发展，出现了郑文光、鲁克、于止、迟叔昌、饶忠华、王国忠、刘兴诗、童恩正等一批有影响的科幻作家。值得一提的是，这一时期中国的科幻作家，大都是科学工作者，其作品，大都属于儿童文学的范畴，同西方的科幻小说相比，还显得有点稚嫩。

“新浪潮”运动时期的科幻小说，主要特点是开始向主流文学靠近，试图在传统的文学领域找到自己的位置，同时也开辟了一些新的题材，如宗教题材、性爱题材等，极大地扩大了科幻小说的社会影响面。此外，由于科幻影视作品的大量出现，与科幻小说相互作用，影响到了社会生活的方方面面，进一步提高了科幻作家的社会地位，提高了科幻小说的文学地位。

五、科幻小说发展的新时期

“新浪潮”运动时期的科幻小说，突出文学性，注重传统文学技巧和表现手法的应用，试图向主流文学靠拢，在主流文学领域找到自己的一席之地。不可否认，由于这种努力，诞生了一批优秀作品。但是，在现实生活中，如果一种形式无限制地向另一种形式靠拢，这种形式就会失去存在的价值。科幻小说向主流文学靠拢的结果，使科幻小说走向了末路。到了20世纪70年代末，所谓的“新浪潮”运动，走向了穷途末路，引起读者的强烈不满。这时，要求科幻小说向本体回归的呼声出现了。

到了20世纪80年代中期，科幻小说终于以强烈震撼的方式，开始向本体回归了。

20世纪下半叶，随着高科技的发展，特别是随着信息时代的到来，西方的科幻小说创作中，爆发了所谓的“赛伯朋克(Cyberpunk)”运动。“赛伯朋克”一词，是美国评论家伽得纳·多佐伊斯发明的一个新词，由“控制论”一词的前缀(Cyber)和新型文化活动方式者“朋克(punk)”一词构成，意思是指“具有超传统和极端未来主义观念的电脑工程师”。“赛伯朋克”运动时期的科幻小说创作，特征之一是向硬科幻靠拢。

“赛伯朋克”科幻文学运动的发源地是美国，主战场也是美国。这一时期，涌现出了一大批作家和作品，其中最有代表性的人物是威廉·吉布森和布鲁斯·斯特灵。威廉

·吉布森1984年开始发表作品，五年间推出了《神经漫游者》、《康特·杰罗》、《蒙娜·丽莎超速档》三部长篇小说。这三部小说，无论是构思还是风格，都非常奇特，在科幻文学界引起巨大的轰动。布鲁斯·斯特灵的主要作品有《心内海》、《人造孩子》、《晶体点阵》等。其中《心内海》同威廉·吉布森的《神经漫游者》有异曲同工之妙，讲述的都是主人公可以将自己的大脑与电脑网络相连，在高度信息化的网络中漫游。

这一时期，前苏联和日本等国的科幻小说，也得到了蓬勃发展。在前苏联，出现了阿·卡赞采夫、伊·叶菲列莫夫、阿·德聂伯洛夫、斯特鲁格特斯基兄弟等一批杰出的科幻小说作家。在日本，出现了星新一、柴野拓美、石川乔司、半村良、筒井康隆、丰田有恒、田中芳树等优秀的科幻作家。他们的作品，被翻译介绍到了世界各地，对新时期科幻小说的发展起到了积极的推动作用。

这一时期，中国的科幻小说也取得了前所未有的成就。随着十年内乱的结束，特别是1978年全国科学大会的召开，中国科幻小说的新时代开始了，一批老科幻作家重新拿起了笔，新的科幻作家接连涌现。这时期的优秀科幻作家主要有叶永烈、王晋康、金涛、郑文光、星河、绿扬、魏雅华等。同时，港台地区出现了倪匡(卫斯理)、黄易、黄海等一批有影响的科幻作家。

这里需要特别指出的是，由于科幻小说创作的繁荣，推动了科幻影视的发展。20世纪下半叶以来，科幻影视作品已成为影视作品中十分重要的组成部分，正日益深刻地影响着人们的生活。

从世界范围来看，20世纪80年代的科幻小说创作，其主要特点一是向硬科幻靠拢，作品中引入了大量的信息论、控制论、生物工程等高科技方面的内容；二是价值取向上更加反传统，高科技的发展对传统文化和伦理道德的冲击，成为作家关注的一个焦点；三是作家更加关注高科技发展下的人类的前途和命运；四是作家把笔触伸向了科技和社会生活的各个领域，创作题材更加广泛。

现代科幻小说，如果从玛丽·雪莱发表《弗兰肯斯坦》算起，已有近180年的历史。其间经过几代科幻作家的努力，已经发展成为世界上非常流行的一种文学样式。有人甚至大胆预言，未来的文学将是科幻小说的天下。这种预言也许不能实现，但科幻小说在社会生活中的意义是不能低估的。

科幻小说之所以流行，除了它本身的艺术魅力外，还有几个值得注意的原因。第一，科幻小说对科技的发展和人类社会的未来，常有不可思议的预见性。100多年来，科幻小说中的许多奇思妙想，都已变成现实，科幻作家幻想的诸如交通工具、药物、武器、技术乃至社会生活形态，很多已变成了现实。第二，科幻小说从思想方法和对趋势的想像方面，对科学技术的发展，对人类智慧的启迪，有着难以估价的积极作用。不少著名科学家，是在读了科幻小说之后，走上了科学研究的道路。原子弹发明者之一雷奥·斯里拉德就承认，他是在读了威尔斯的科幻小说后，才决定把爱因斯坦的理论应用于实际。没有伟大的幻想,就没有伟大的科学发现。没有想飞的幻想,人们不会去研究空气动力学;没有奔向月宫的幻想,人们不会去研制登月火箭。科学研究离不开幻想,只有大胆的幻想才能为其提供新的动力和灵感。在这一点上,科幻小说具有无可替代的意义。第三,科学家的活动离不开人文科学的范畴。人文科学从广义上研究科学,自然科学则从具体的某个方面研究科学。所以,人文科学的工作者要关心自然科学方面的问题,如自然科学的发展引起的伦理道德问题,原子能引起的社会危机问题,等等;而自然科学工作者也必须了解人文科学的发展,不仅是思想和方法上受到启发,更重要的是要关心自己的研究对社会带来的影响。应该说,科幻小说在人文科学和自然科学的沟通方面,也有无可替代的意义。

历届诺贝尔文学奖获奖作家

[注]依次为获奖年份、获奖者、国籍、获奖理由

1901　苏立·普吕多姆　法国　“是高尚的理想、完美的艺术和罕有的心灵与智慧的实证”

1902　特奥多尔·蒙森　德国　“今世最伟大的纂世巨匠,此点于其巨著《罗马史》中表露无疑”

1903　比昂斯滕·比昂松　挪威　“他以诗人鲜活的灵感和难得的赤子之心,把作品写得雍容、华丽而又缤纷”

1904　弗雷德里克·米斯塔尔　法国　“他的诗作蕴涵之清新创造性与真正的感召力,他忠实地反映了他民族的质朴精神”

1904　何塞·埃切加赖　西班牙　“由于他那独特和原始风格的丰富又杰出作品,恢复了西班牙喜剧的伟大传统”

1905　亨利克·显克维支　波兰　“由于他在历史小说写作上的卓越成就”

1906　乔祖埃·卡尔杜齐　意大利　“不仅是由于他精深的学识和批判性的研究,更重要是为了颂扬他诗歌杰作中所具有的特色、创作气势、清新的风格和抒情的魅力”

1907　约瑟夫·鲁德亚德·吉卜林　英国　“这位世界名作家的作品以观察入微、想像独特、气概雄浑、叙述卓越见长”

1908　鲁道尔夫·欧肯　德国　“他对真理的热切追求、他对思想的贯通能力、他广阔的观察,以及他在无数作品中辩解并阐释一种理想主义的人生哲学时所流露的热诚与力量”

1909　西尔玛·拉格洛夫(女)　瑞典　“由于她作品中特有的高贵的理想主义、丰饶的想像力、平易而优美的风格”

1910　保尔·约翰·路德维希·冯·海塞　德国　“表扬这位抒情诗人、戏剧家、小说家以及举世闻名的短篇小说家,在他漫长而多产的创作生涯中,所达到的充满理想主义精神之艺术臻境”

1911　莫里斯·梅特林克　比利时　“由于他在文学上多方面的表现,尤其是戏剧作品,不但想像丰富,充满诗意的奇想,有时虽以神话的面貌出现,还是处处充满了深刻的启示。这种启示奇妙地打动了读者的心弦,并且激发了他们的想像”

1912　盖哈特·霍普特曼　德国　“欲以表扬他在戏剧艺术领域中丰硕、多样而出色的成就”

1913　罗宾德拉纳特·泰戈尔　印度　“由于他那至为敏锐、清新与优美的诗;这诗出之于高超的技巧,并由于他自己用英文表达出来,使他那充满诗意的思想业已成为西方文学的一部分”

1915　罗曼·罗兰　法国　“文学作品中的高尚理想和他在描绘各种不同类型人物时所具有的同情和对真理的热爱”

1916　魏尔纳·海顿斯坦　瑞典　“褒扬他在瑞典文学新纪元中所占之重要代表地位”

1917　卡尔·耶勒鲁普　丹麦　“因为他多样而丰富的诗作——它们蕴含了高超的理想”

1917　亨利克·彭托皮丹　丹麦　“由于他对当前丹麦生活的忠实描绘”

1919　卡尔·施皮特勒　瑞士　“特别推崇他在史诗《奥林帕斯之春》的优异表现”

1920　克努特·哈姆生　挪威　“为了他划时代的巨著《土地的成长》”

1921　阿纳托尔·法郎士　法国　“他辉煌的文学成就,乃在于他高尚的文体、宽悯的人道同情、迷人的魅力,以及一个真正法国性情所形成的特质”

1922　哈辛特·贝纳文特·伊·马丁内斯　西班牙　“由于他以适切之方式,延续了戏剧之灿烂传统”

1923　威廉·勃特勒·叶芝　爱尔兰　“由于他那永远充满着灵感的诗,它们透过高度的艺术形式展现了整个民族的精神”

1924　弗拉迪斯拉夫·莱蒙特　波兰　“我们颁奖给他,是因为他的民族史诗《农夫们》写得很出色”

1925　乔治·萧伯纳　爱尔兰　“由于他那些充满理想主义及人情味的作品——它们那种激动性讽刺常涵蕴着一种高度的诗意美”

1926　格拉齐亚·黛莱达(女)　意大利　“为了表扬她由理想主义所激发的作品,以浑柔的透彻描绘了她所生长的岛屿上的生活;在洞察人类一般问题上,表现的深度与怜悯”

1927　亨利·柏格森　法国　“因为他那丰富的且充满生命力的思想,以及所表现出来的光辉灿烂的技巧”

1928　西格里德·温塞特(女)　挪威　“主要是由于她对中世纪北国生活之有力描绘”

1929　保尔·托马斯·曼　德国　“由于他那在当代文学中具有日益巩固的经典地位的伟大小说《布登勃洛克一家》”

1930　辛克莱·刘易斯　美国　“由于他充沛有力且深刻动人的叙述艺术,和他以机智幽默去开创新风格的才华”

1931　埃利克·阿克塞尔·卡尔费尔德　瑞典　“由于他在诗作的艺术价值上,从没有人怀疑过"
1932　约翰·高尔斯华绥　英国　"为其描述的卓越艺术——这种艺术在《福尔赛世家》中达到高峰"
1933　伊凡·亚历克塞维奇·蒲宁　俄国　"由于他严谨的艺术才能,使俄罗斯古典传统在散文中得到继承"
1934　路伊吉·皮兰德娄　意大利　"他果敢而灵巧地复兴了戏剧艺术和舞台艺术"
1936　尤金·奥尼尔　美国　"由于他剧作中所表现的力量、热忱与深挚的感情——它们完全符合悲剧的原始概念"
1937　罗杰·马丁·杜·加尔　法国　"由于在他的长篇小说《蒂博一家》中表现出来的艺术魅力和真实性;这是对人类生活面貌的基本反映"
1938　赛珍珠(珀尔·塞登斯特里克·布克)(女)　美国　"她对于中国农民生活的丰富和真正史诗气概的描述,以及她自传性的杰作"
1939　弗兰斯·埃米尔·西兰帕　芬兰　"由于他在描绘两样互相影响的东西——他祖国的本质,以及该国农民的生活——时所表现的深刻了解与细腻艺术"
1944　约翰内斯·威廉·扬森　丹麦　"由于藉着丰富有力的诗意想像,将胸襟广博的求知心和大胆、清新的创造性风格结合起来"
1945　加夫列拉·米斯特拉尔　智利　"他那由强烈感情孕育而成的抒情诗,已经使得他的名字成为整个拉丁美洲世界渴求理想的象征"
1946　赫尔曼·黑塞　德国　"……他那些灵思盎然的作品——它们一方面具有高度的创意和深刻的洞见,一方面象征古典的人道理想与高尚的风格"
1947　安德烈·纪德　法国　"为了他广包性的与有艺术质地的著作,在这些著作中,他以无所畏惧的对真理的热爱,并以敏锐的心理学洞察力,呈现了人性的种种问题与处境"
1948　托马斯·斯特恩斯·艾略特　英国　"对于现代诗之先锋性的卓越贡献"
1949　威廉·福克纳　美国　"因为他对当代美国小说做出了强有力的和艺术上无与伦比的贡献"
1950　帕特兰·亚瑟·威廉·罗素　英国　"表彰他所写的捍卫人道主义理想和思想自由的多种多样意义重大的作品"
1951　帕尔·费比安·拉格克维斯特　瑞典　"由于他在作品中为人类面临的永恒的疑难寻求解答所表现出的艺术活力和真正独立的见解"
1952　弗朗索瓦·莫里亚克　法国　"因为他在他的小说中剖析了人生的戏剧,对心灵的深刻观察和紧凑的艺术"
1953　温斯特·丘吉尔　英国　"由于他在描述历史与传记方面的造诣,同时由于他那捍卫崇高的人的价值的光辉演说"
1954　欧内斯特·海明威　美国　"因为他精通于叙事艺术,突出地表现在其近著

《老人与海》之中;同时也因为他对当代文体风格之影响”

1955　赫尔多尔·奇里扬·拉克斯奈斯　冰岛　“为了他在作品中所流露的生动、史诗般的力量,使冰岛原已十分优秀的叙述文学技巧更加瑰丽多姿”

1956　胡安·拉蒙·希梅内斯　西班牙　“由于他的西班牙抒情诗,成了高度精神和纯粹艺术的最佳典范”

1957　阿尔贝·加缪　法国　“由于他重要的著作,在这著作中他以明察而热切的眼光照亮了我们这时代人类良心的种种问题”

1958　鲍里斯·列昂尼多维奇·帕斯捷尔纳克　苏联　“在当代抒情诗和俄国的史诗传统上,他都获得了极为重大的成就”

1959　萨瓦多尔·夸西莫多　意大利　“由于他的抒情诗,以古典的火焰表达了我们这个时代中生命的悲剧性体验”

1960　圣琼·佩斯　法国　“由于他高超的飞越与丰盈的想像,表达了一种关于目前这个时代之富于意象的沉思”

1961　伊沃·安德里奇　南斯拉夫　“由于他作品中史诗般的力量——他藉着它在祖国的历史中追寻主题,并描绘人的命运”

1962　约翰·斯坦贝克　美国　“通过现实主义的、寓于想像的创作,表现出富于同情的幽默和对社会的敏感观察”

1963　乔治·塞菲里斯　希腊　“他的卓越的抒情诗作,是对希腊文化的深刻感受的产物”

1964　让·保尔·萨特　法国　“因为他那思想丰富、充满自由气息和探求真理精神的作品对我们时代发生了深远影响”

1965　米哈伊尔·亚历山大罗维奇·肖洛霍夫　苏联　“由于这位作家在那部关于顿河流域农村之史诗作品中所流露的活力与艺术热忱——他藉着这两者在那部小说里描绘了俄罗斯民族生活之某一历史层面”

1966　萨缪尔·约瑟夫·阿格农　以色列　“他的叙述技巧深刻而独特,并从犹太民族的生命汲取主题”

1966　奈莉·萨克斯(女)　德国　“因为她杰出的抒情与戏剧作品,以感人的力量阐述了以色列的命运”

1967　安赫尔·阿斯图里亚斯　危地马拉　“因为他的作品落实于自己的民族色彩和印第安传统,而显得鲜明生动”

1968　川端康成　日本　“由于他高超的叙事性作品以非凡的敏锐表现了日本人精神特质”

1969　萨缪尔·贝克特　法国　“他那具有奇特形式的小说和戏剧作品,使现代人从精神困乏中得到振奋”

1970　亚历山大·索尔仁尼琴　苏联　“由于他作品中的道德力量,藉着它,他继承了俄国文学不可或缺的传统”

1971　巴勃鲁·聂鲁达　智利　“诗歌具有自然力般的作用,复苏了一个大陆的命运与梦想”

1972　亨利希·伯尔　德国　“为了表扬他的作品,这些作品兼具有对时代广阔的透视和塑造人物的细腻技巧,并有助于德国文学的振兴。”

1973　帕特里克·怀特　澳大利亚　“由于他的史诗与心理叙述艺术,并将一个崭新的大陆带进文学中”

1974　埃温特·约翰逊　瑞典　“以自由为目的,而致力于历史的、现代的广阔观点之叙述艺术”

1974　哈里·埃德蒙·马丁逊　瑞典　“他的作品透过一滴露珠反映出整个世界”

1975　埃乌杰尼奥·蒙塔莱　意大利　“由于他杰出的诗歌拥有伟大的艺术性,在不适合幻想的人生里,诠释了人类的价值”

1976　索尔·贝娄　美国　“由于他的作品对人性的了解,以及对当代文化的敏锐透视”

1977　阿莱克桑德雷·梅洛　西班牙　“他的作品继承了西班牙抒情诗的传统和吸取了现代流派的风格,描述了人在宇宙和当今社会中的状况”

1978　艾萨克·巴什维斯·辛格　美国　“他的充满激情的叙事艺术,这种既扎根于波兰人的文化传统,又反映了人类的普遍处境”

1979　奥德修斯·埃里蒂斯　希腊　“他的诗,以希腊传统为背景,用感觉的力量和理智的敏锐,描写现在并为自由和创新而奋斗”

1980　切斯拉夫·米沃什　波兰　“不妥协的敏锐洞察力,描述了人在激烈冲突的世界中的暴露状态”

1981　埃利亚斯·卡内蒂　英国　“作品具有宽广的视野、丰富的思想和艺术力量”

1982　加夫列尔·加西亚·马尔克斯　哥伦比亚　“由于其长篇小说以结构丰富的想像世界,其中糅混着魔幻与现实,反映出一整个大陆的生命矛盾”

1983　威廉·戈尔丁　英国　“因为他的小说用清晰的现实主义叙述艺术和多样的、具有普遍意义的神话,阐明了当今世界的人类状况”

1984　雅罗斯拉夫·塞弗尔特　捷克斯洛伐克　“他的诗富于独创性、新颖、栩栩如生,表现了人的不屈不挠精神和多才多艺的渴求解放的形象”

1985　克洛德·西蒙　法国　“由于他善于把诗人和画家的丰富想像与深刻的时间意识融为一体,对人类的生存状况进行了深入的描写”

1986　沃莱·索因卡　尼日利亚　“他以广博的文化视野创作了富有诗意的关于人生的戏剧”

1987　约瑟夫·布罗茨基　美国　“他的作品超越时空限制,无论在文学上或是敏感问题方面都充分显示出他广阔的思想及浓郁的诗意”

1988　纳吉布·马哈富兹　埃及　“他通过大量刻画入微的作品——洞察一切的现实主义,唤起人们树立雄心——形成了全人类所欣赏的阿拉伯语言艺术”

1989　卡米洛·何塞·塞拉　西班牙　“带有浓郁情感的丰富而精简的描写,对人类弱点达到的令人难以企及的想像力”

1990　奥克塔维奥·帕斯　墨西哥　“他的作品充满激情,视野开阔,渗透着感悟的智慧并体现了完美的人道主义”

1991　内丁·戈迪默　南非　“以强烈而直接的笔触,描写周围复杂的人际与社会关系,其史诗般壮丽的作品,对人类大有裨益”

1992　德里克·沃尔科特　西印度群岛　“他的作品具有巨大的启发性和广阔的历史视野,是其献身多种文化的结果”

1993　托尼·莫里森(女)　美国　“其作品想像力丰富,富有诗意,显示了美国现实生活的重要方面”

1994　大江健三郎　日本　“通过诗意的想像力,创造出一个把现实与神话紧密凝缩在一起的想像世界,描绘现代的芸芸众生相,给人们带来了冲击”

1995　希尼　爱尔兰　“由于其作品洋溢着抒情之美,包容着深邃的伦理,揭示出日常生活和现实历史的奇迹”

1996　希姆博尔斯卡　波兰　“由于其在诗歌艺术中警辟精妙的反讽,挖掘出了人类一点一滴的现实生活背后历史更迭与生物演化的深意”

1997　达里奥·福　意大利　“其在鞭笞权威,褒扬被蹂躏者可贵的人格品质方面所取得的成就堪与中世纪《弄臣》一书相媲美”

1998　若泽·萨拉马戈　葡萄牙　“由于他那极富想像力、同情心和颇具反讽意味的作品,我们得以反复重温那一段难以捉摸的历史”

1999　君特·格拉斯　德国　“其嬉戏之中蕴含悲剧色彩的寓言描摹出了人类淡忘的历史面目”

2000　高行健　法国　“其作品的普遍价值,刻骨铭心的洞察力和语言的丰富机智,为中文小说和艺术戏剧开辟了新的道路”

2001　奈保尔　英国　“其著作将极具洞察力的叙述与不为世俗左右的探索融为一体,是驱策我们从扭曲的历史中探寻真实的动力”

2002　凯尔泰斯·伊姆雷　匈牙利　“表彰他对脆弱的个人在对抗强大的野蛮强权时痛苦经历的深刻刻画以及他独特的自传体文学风格”

2003　约翰·马克斯韦尔·库切　南非　“在人类反对野蛮愚昧的历史中,库切通过写作表达了对脆弱个人斗争经验的坚定支持”

2004　埃尔弗里德·耶利内克(女)　奥地利　“因为她的小说和戏剧具有音乐般的韵律,她的作品以非凡的充满激情的语言揭示了社会上的陈腐现象及其禁锢力的荒诞不经”

2005　哈罗德·品特　英国　“他的戏剧发现了在日常废话掩盖下的惊心动魄之处并强行打开了压抑者关闭的房间”

2006　奥罕·帕慕克　土耳其　“他在对家乡忧郁灵魂的探求中发现了文化冲突与融合的新象征”

2007　多丽丝·莱辛(女)　英国　“这个表述女性经验的诗人,以其怀疑主义精神,火一样的热情和丰富的想像力,对一个分裂的文化作了详尽细致的考察”

茅盾文学奖

茅盾文学奖是根据茅盾先生生前遗愿，为鼓励优秀长篇小说的创作，推动我国社会主义文学的发展而设立的，是我国具有最高荣誉的文学奖项之一。

茅盾文学奖由中国作家协会主办。

第一届茅盾文学奖获奖篇目

《许茂和他的女儿们》	周克芹	百花文艺出版社
《将军吟》	莫应丰	人民文学出版社
《李自成》(第二卷)	姚雪垠	中国青年出版社
《芙蓉镇》	古　华	人民文学出版社
《冬天里的春天》	李国文	人民文学出版社

第二届茅盾文学奖获奖篇目

《黄河东流去》	李　准	北京出版社
《沉重的翅膀》(修订本)	张　洁	人民文学出版社
《钟鼓楼》	刘心武	人民文学出版社

第三届茅盾文学奖获奖篇目

《平凡的世界》	路　遥	中国文联出版公司
《少年天子》	凌　力	北京十月文艺出版社
《都市风流》	孙　力　余小惠	浙江文艺出版社
《第二个太阳》	刘白羽	人民文学出版社
《穆斯林的葬礼》	霍　达	北京十月文艺出版社

荣誉奖

《浴血罗霄》	萧　克	解放军文艺出版社
《金瓯缺》	徐兴业	海峡文艺出版社

第四届茅盾文学奖获奖篇目

《战争和人》(一、二、三)	王　火	人民文学出版社
《白鹿原》(修订本)	陈忠实	人民文学出版社
《白门柳》(一、二)	刘斯奋	中国青年出版社
《骚动之秋》	刘玉民	人民文学出版社

第五届茅盾文学奖获奖篇目

《抉择》	张　平
《尘埃落定》	阿　来
《长恨歌》	王安忆
《茶人三部曲》(一、二)	王旭烽

第六届茅盾文学奖获奖篇目

《张居正》	熊召政	长江文艺出版社出版
《无字》	张　洁	北京十月文艺出版社出版
《历史的天空》	徐贵祥	人民文学出版社出版
《英雄时代》	柳建伟	人民文学出版社出版
《东藏记》	宗　璞	人民文学出版社出版

鲁迅文学奖

以中国新文化运动的伟大旗手鲁迅先生命名的鲁迅文学奖，是为鼓励优秀的中短篇小说、报告文学、诗歌、散文、杂文、文学理论和评论作品的创作，鼓励优秀的中外文学作品的翻译，推动社会主义文学事业的繁荣与发展而设立的，是我国具有最高荣誉的文学大奖之一。

鲁迅文学奖由中国作家协会主办。

第一届鲁迅文学奖获奖作品名单(以得票多少为序)

1995—1996年全国优秀短篇小说奖获奖作品

《老屋小记》	史铁生
《雾月牛栏》	迟子建
《赵一曼女士》	阿　成
《镇长之死》	陈世旭
《哺乳期的女人》	毕飞宇
《心比身先老》	池　莉

1995—1996年全国优秀中篇小说奖获奖作品

《父亲是个兵》	邓一光
《小的儿》	林　希
《挑担茶叶上北京》	刘醒龙
《年前年后》	何　申
《涅　槃》	李国文
《天知地知》	刘　恒
《没有语言的生活》	东　西
《黄金洞》	阎连科
《天缺一角》	李贯通
《双鱼星座》	徐小斌

1995—1996年全国优秀报告文学奖获奖作品

《锦州之恋》	邢军纪、曹 岩
《灵魂何归》(亦名:《没有家园的灵魂》)	杨黎光
《黄河大移民》	冷 梦
《黑 脸》	一 合
《恸问苍冥》	金 辉
《没有掌声的征途》	江宛柳
《东方大审判》	郭晓晔
《温故戊戌年》	张建伟
《淮河的警告》	陈桂棣
《大国长剑》	徐 剑
《敦煌之恋》	王家达
《共和国告急》	何建明
《走出地球村》	李鸣声
《开 埠》	程童一等
《毛泽东和蒙哥马利》	董葆存

1995—1996年全国优秀诗歌奖获奖作品

《生命是一片叶子》	李 瑛	解放军出版社
《今天没有空难》	匡 满	人民文学出版社
《韩作荣自选集》	韩作荣	百花文艺出版社
《在瞬间逗留》	沈 苇	百花文艺出版社
《鸟落民间》	张新泉	成都出版社
《狂 雪》	王久辛	解放军文艺出版社
《寻觅光荣》	辛 茹	百花文艺出版社
《拒绝末日》	李松涛	春风文艺出版社

第二届鲁迅文学奖各单项奖获奖作品名单(以得票数为序)

1997—2000年全国优秀短篇小说奖获奖作品

《鞋》	刘庆邦	《北京文学》
《清水里的刀子》	石舒清	《人民文学》
《吹牛》	红 柯	《时代文学》
《厨房》	徐 坤	《作家》

《清水洗尘》	迟子建	《青年文学》	

1997—2000年全国优秀中篇小说奖获奖作品

《梦也何曾到谢桥》	叶广芩	《十月》
《被雨淋湿的河》	鬼　子	《人民文学》
《永远有多远》	铁　凝	《十月》
《吹满风的山谷》	衣向东	《橄榄绿》
《年月日》	阎连科	《收获》

1997—2000年全国优秀报告文学奖获奖作品

《流泪是金》	何建明	《中国作家》	中国青年出版社
《远东朝鲜战争》	王树增		解放军文艺出版社
《西部的倾诉》	梅　洁	《报告文学》	
《中国863》	李鸣生	《北京文学》	山西教育出版社
《生死一线》	杨黎光	《深圳特区报》	《报告文学》

1997—2000年全国优秀诗歌奖获奖作品

《羞涩》	杨晓民	长江文艺出版社
《曲有源白话诗选》	曲有源	作家出版社
《地球是一只泪眼》	朱增泉	解放军文艺出版社
《西川的诗》	西　川	人民文学出版社
《纯粹阳光》	曹宇翔	明天出版社

1997—2000年全国优秀散文杂文奖获奖作品

《大雅村言》	李国文	东方出版中心
《山居笔记》	余秋雨	文汇出版社
《精神的归宿》	朱铁志	华东师范大学出版社
《昨夜西风凋碧树》	徐光耀	北京十月文艺出版社
《张抗抗散文》	张抗抗	解放军出版社

1997—2000年全国优秀理论评论奖获奖作品

《"五四"文化革命的再评价》	陈　涌	《文艺报》
《一九〇三:前夜的涌动》	程文超	山东教育出版社
《12个:1998年的孩子》	何向阳	《青年文学》

《西部:偏远省份的文学写作》	韩子勇	百花文艺出版社
《文学理论现代性问题》	钱中文	《文学评论》

1995—1998 年全国优秀文学翻译彩虹奖获奖作品

《济慈诗选》	屠　岸　译	人民文学出版社
《堂·吉诃德》	董燕生　译	浙江文艺出版社
《奥德赛》	王焕生　译	人民文学出版社
《秧歌》	董　纯　译	法国“中国之蓝”出版社
《圣殿》	陶　洁　译	上海译文出版社

第三届鲁迅文学奖获奖作品及作家名单

2001—2003 年优秀中篇小说奖

《玉米》	毕飞宇	《人民文学》
《松鸦为什么鸣叫》	陈应松	《钟　山》
《好大一对羊》	夏天敏	《当　代》
《歇马山庄的两个女人》	孙惠芬	《人民文学》

2001—2003 年优秀短篇小说奖

《上边》	王祥夫	《花　城》
《驮水的日子》	温亚军	《天　涯》
《大老郑的女人》	魏　微	《人民文学》
《发廊情话》	王安忆	《上海文学》

2001—2003 年优秀报告文学奖

《中国有座鲁西监狱》	王光明　姜良纲
《宝山》	李春雷
《瘟疫,人类的影子“非典”溯源》	杨黎光
《西藏最后的驮队》	加央西热(藏)
《革命百里洲》	赵　瑜　胡世全

2001—2003 年优秀诗歌奖

《野诗全集》	老　乡	敦煌文艺出版社
《郁葱抒情诗》	郁　葱	河北教育出版社
《幻河》	马新朝	中原农民出版社

《幸存的一粟》	成幼殊	山东画报出版社
《娜夜诗选》	娜夜(满)	甘肃文化出版社

2001—2003 年优秀散文、杂文奖

《贾平凹长篇散文精选》	贾平凹	陕西人民出版社
《大河遗梦》	李存葆	解放军文艺出版社
《病隙碎笔》	史铁生	陕西师范大学出版社
《独语东北》	素　素	百花文艺出版社
《一个人的经典》	鄢烈山	长江文艺出版社

2001—2003 年优秀文学理论、文学评论奖

《难度·长度·速度·限度——关于长篇小说文体问题的思考》	吴义勤	当代作家评论
《〈手稿〉的美学解读》	王向峰	渤海大学学报
《打开诗的漂流瓶——现代诗研究论集》	陈超	河北教育
《朱向前文学理论批评选》	朱向前	人民文学出版社

2001—2003 年优秀文学翻译奖

《神曲》(但丁著　意大利文)	田德望译	人民文学出版社
《雷曼先生》(斯文·雷根纳著　德文)	黄燎宇译	人民文学出版社

第四届鲁迅文学奖获奖作品名单

2004—2006 年全国优秀中篇小说奖获奖作品

《心爱的树》	蒋　韵	《北京文学》
《一个人张灯结彩》	田　耳	《人民文学》
《喊山》	葛水平	《人民文学》
《世界上所有的夜晚》	迟子建	《钟　山》
《师兄的透镜》	晓　航	《人民文学》

2004—2006 年全国优秀短篇小说奖获奖作品

《城乡简史》	范小青	《山　花》
《吉祥如意》	郭文斌	《人民文学》
《白水青菜》	潘向黎	《作　家》
《将军的部队》	李　浩	《朔　方》
《明惠的圣诞》	邵　丽	《十　月》

2004—2006 年全国优秀报告文学奖获奖作品

《天使在作战》	朱晓军	《北京文学》
《部长与国家》	何建明	《中国作家》
《用胸膛行走西藏》	党益民	解放军文艺出版社
《中国新教育风暴》	王宏甲	北京出版社
《长征》	王树增	人民文学出版社

2004—2006 年全国优秀诗歌奖获奖作品

《喊故乡》	田　禾	人民文学出版社
《看见》	荣　荣	宁波出版社
《行吟长征路》	黄亚洲	浙江文艺出版社
《大地葵花》	林　雪	春风文艺出版社
《只有大海苍茫如幕》	于　坚	长征出版社

2004—2006 年全国优秀散文杂文奖获奖作品

《山南水北》	韩少功	作家出版社
《辛亥年的枪声》	南　帆	海峡文艺出版社
《乡村记忆》	刘家科	河北教育出版社
《遥远的天堂》	裘山山	解放军文艺出版社

2004—2006 年全国优秀文学理论评论奖获奖作品

《见证一千零一夜——21 世纪初的文学生活》	李敬泽	新世界出版社
《无边的挑战——中国先锋文学的后现代性》(修订本)	陈晓明	广西师范大学出版社
《数字化语境中的文艺学》	欧阳友权	中国社会科学出版社
《当前文学创作症候分析》	雷　达	光明日报
《困顿中的挣扎——贾平凹论》	洪治纲	《钟山》

2004—2006 年全国优秀文学翻译奖获奖作品

《别了,我的书》(大江健三郎著　日文)	许金龙 译	百花文艺出版社
《笑忘录》(米兰·昆德拉著　法文)	王东亮 译	上海译文出版社
《斯特林堡文集》(五卷)(斯特林堡著　瑞典文)	李之义 译	人民文学出版社

相关人文网站目录

1.中国语言学会　http://www.China-language.gov.cn/jgsz/xh1.asp
2.中国民族语言学会　http://www.China-language.gov.cn/jgsz/xh2.asp
3.中国语文现代化学会　http://www.China-language.gov.cn/ywxdh/indes.htm
4.中国音韵研究会　http://www.China-language.gov.cn/jgsz/xh3.asp
5.中国训诂研究会　http://www.China-language.gov.cn/jgsz/xh5.asp
6.中国修辞学会　http://www.China-language.gov.cn/jgsz/xh4.asp
7.中国古文字研究会　http://www.China-language.gov.cn/jgsz/xh7.asp
8.中国语文报刊学会　http://www.China-language.gov.cn/jgsz/ywbkxh.asp
9.北京大学中文系　http://www.pku.edu.cn/
10.北京师范大学中文系　http://www.bnu.edu.cn/
11.南开大学中文系　http://www.nankai.edu.cn/
12.南京大学中文系　http://www.nju.edu.cn/
13.山东大学中文系　http://www.sdu.edu.cn/
14.中国人民大学中文系　http://www.ruc.edu.cn/
15.北京外国语大学中文系　http://www.bfsu.edu.cn/
16.东北大学中文系　http://www.neu.edu.cn/
17.浙江大学中文系　http://www.zju.edu.cn/
18.华中师范大学中文系　http://www.ccnu.edu.cn/
19.清华大学中文系　http://www.tsinghua.edu.cn/
20.北京语言文化大学中文系　http://www.blcu.edu.cn/
21.复旦大学中文系　http://www.fudan.edu.cn/
22.厦门大学中文系　http://www.xmu.edu.cn/
23.兰州大学中文系　http://www.lzu.edu.cn/
24.黄金书屋　http://www.wenxue.lycos.com.cn/
25.榕树下　http://www.rongshuxia.com/
26.千秋　http://www.ceqq.com /
27.书海　http://www.booksea.com /
28.文学城　http://www.wenxuecity.com/

29.清韵书院　http://www.qingyun.com./
30.春光书屋　http://book2000.126.com/
31.白鹿书院　http://www.oklink.net/
32.大唐中文书库　http://www8.silversand.net/com/dtbook
33.中华书库　http://hff.21cn.com:83/book/bg
34.文学殿堂　http://www.yesho.com/wenxue
35.所有文学　http://www.soyou.com/novell
36.文学精品屋　http://book.szptt.net.cn/
37.网络广场文学天地　http://www.netsquare.com/netbook
38.书香门第　http://www.tohome.net/book
39.全景中文图书　http://www.cnovel.com/
40.常青藤棋棋书吧　http://www.tonghua.com.cn/bookbar
41.绝类藏书　http://shotbook.126.com/
42.王朔个人网站　http://wangshuo.cww.com/
43.梧桐树下　http://d.coc.cc/
44.一兆书库　http://1m.126.com
45.晋江文学城　http://wenxue.jjinfo.com/
46.万维读者网络　http://www.creaders.net/
47.今日作家网　http://www.jrzj.com/
48.文学茶坊　http://www.scanchina.com/chafang
49.王家铺子　http://www.wz.zj.cninfo.net/~lehuan/
50.金庸网　http://www.jinyong.com/
51.亚美书院　http://www.aan.net/shuyuan.htm
52.新华书店　http://www.xinhuabookshop.com/
53.翰林书院　http://www.netbook.com.cn/
54.万圣书园　http://www.peopledaily.com.cn/allsages
55.华储网上电脑书店　http://www.huachu.com.cn/
56.汉林书城　http://www.hanlin.com/
57.新视觉书店　http://www.book-online.com.cn/
58.新知书城　http://www.xinz.com/
59.中国国家图书馆　http://www.nlc.gov.cn/
60.瑞德超星在线图书馆　http://www.rol.cn.net/library
61.读书时空　http://book.szonline.net/

图书在版编目(CIP)数据

大学人文导读/程金城,徐宏勋主编. —兰州:兰州大学出版社,2005.6

ISBN 978-7-311-02587-8

Ⅰ.大… Ⅱ.①程… ②徐… Ⅲ.人文科学—高等学校—教材 Ⅳ.C53

中国版本图书馆CIP数据核字(2005)第050867号

策划编辑 张爱民
责任编辑 锁晓梅
封面设计 张稳移

书 名 大学人文导读
主 编 程金城 徐宏勋
副 主 编 王骁勇 张克锋
出版发行 兰州大学出版社 (地址:兰州市天水南路222号 730000)
电 话 0931-8912613(总编办公室) 0931-8617156(营销中心)
0931-8914298(读者服务部)
网 址 http://www.onbook.com.cn
电子信箱 press@lzu.edu.cn
印 刷 兰州奥林印刷有限责任公司
开 本 787 mm×1092 mm 1/16
印 张 25
字 数 500千
版 次 2005年6月第1版
印 次 2014年3月第7次印刷
书 号 ISBN 978-7-311-02587-8
定 价 32.00元
